WESTEND

ULLRICH MIES (HG.)

MEGA-MANIPULATION

Ideologische Konditionierung in der Fassadendemokratie

WESTEND

Mehr über unsere Autoren und Bücher:
www.westendverlag.de

Die Deutsche Nationalbibliothek verzeichnet diese Publikation in der Deutschen Nationalbibliografie; detaillierte bibliografische Daten sind im Internet über http://dnb.d-nb.de abrufbar.

MIX
Papier aus verantwortungsvollen Quellen
FSC® C083411

ISBN 978-3-86489-285-1
2. Auflage 2020

Umschlaggestaltung: Buchgut, Berlin
Satz: Publikations Atelier, Dreieich
Druck und Bindung: CPI – Clausen & Bosse, Leck
Printed in Germany

Widmung

Dieses Buch ist Menschen wie Julian Assange, Edward Snowden, Chelsea Manning und vielen anderen gewidmet, die sich in ihrem Streben nach Wahrheit nicht beirren lassen. Die Zentren der Macht und ihre korrupten Kopflanger konzentrieren sich in ihren Rachefeldzügen insbesondere auf die, die ihre Verbrechen aufdeckten und ihnen besonders gefährlich wurden. Der Kampf um die Wahrheit wird nicht mit Orden, Bundesverdienstkreuzen oder Anerkennungsritualen belohnt. Umso wichtiger sind mutige Menschen, die sich auf dem Weg der Wahrheitssuche nicht korrumpieren, unterdrücken und kujonieren lassen.

Die wichtigsten Kampfbegriffe der Machtzentren, ihrer Hofschranzen und gedankenlosen Gefolgschaft, um Kritiker verächtlich zu machen, sind neben »Antisemit« und »antiamerikanisch« »Verschwörungstheorie«, »Verschwörungstheoretiker«. Mit diesen Kampfbegriffen aus dem Arsenal der psychologischen Kriegsführung vergiften sie das Meinungsklima systematisch und wollen Kritik generell unterdrücken.

> »Der Begriff ›Verschwörungstheorie‹ ist eine nichtssagende Phrase, die als Verkürzung des Denkens oder als Kurzschluss benutzt wird, um das Denken zu unterbinden. Meistens wird er als Trumpfkarte missbraucht, um vernünftige Diskussionen zu beenden, von legitimen Fragen abzuschrecken und die Menschen davon abzuhalten, sich am kognitiven Prozess zu beteiligen, indem sie die Fakten beobachten und die Beweise […] prüfen. In Wirklichkeit ist die Verwendung des Begriffs Verschwörungstheorie eine praktische Anwendung psychologischer

> Kriegsführungstaktiken, die in den letzten 40 Jahren vorherrschend waren, um die Kommunikation zu ersticken; es war eine Methode, um die illegalen Aktivitäten verdeckter Operationen geheim zu halten. […] Die Tatsache, dass die meisten Menschen unrealistische Ansichten über […] historische Ereignisse haben, ist kein Zufall – das ist genau die Verschwörung, die es wert ist, analysiert zu werden. Es gibt Interessengruppen, die wollen, dass Sie so weitermachen wie bisher, Ihr Leben weiterführen und keine Fragen zu wichtigen Themen stellen. Sie sind die Experten, und Sie sollen ihrem Beispiel folgen … Es gibt nichts zu lernen, was sie Ihnen nicht schon beigebracht haben.«
>
> Richard Grove[1]

Im Besonderen widme ich dieses Buch allen Journalistinnen und Journalisten, die in unermüdlicher Arbeit Licht in das Dunkel der Machtzentren werfen. Besonders erwähnen möchte ich die Teams, Autorinnen und Autoren der deutschen Online-Medien »KenFM«, »RUBIKON« und »Neue Rheinische Zeitung«. Aber auch die im letzten Kapitel dieses Buches genannten deutschen und englisch-sprachigen Online-Medien beziehe ich ausdrücklich in diese Widmung mit ein.

Inhalt

Widmung 5

Vorwort von Ulrich Teusch 11

Einleitung von Ullrich Mies 16

Ein Kompass für den Souverän

Ullrich Mies
Neoliberale Konterrevolution als Herrschaftsprojekt 35

Caitlin Johnstone
Zwölf Tipps für ein besseres Verständnis der Welt 48

Matthias Burchardt
Die große Manipulation – Wegbereiterin des Totalitarismus 57

Caitlin Johnstone
Was ehrbare Bürger und was verrückte Verschwörungstheoretiker glauben 66

Im Sumpf der Fassadendemokratie

Ullrich Mies
Gehirnverschmutzung im Zeitalter der Gegenaufklärung 73

Chris Hedges
Vorwärts, christliche Faschisten 87

Roland Rottenfußer
Die Zeitgeistmacher 94

Yana Milev interviewt von Beata Arnold
Kriegsrecht und Politagenda im Corona-Ausnahmezustand 109

Feindpropaganda, Kriegslügen und parasitärer Militärkomplex

Wolfgang Effenberger
Wie uns die transatlantischen Herrschaftscliquen in neue Kriege lügen 117

Tilo Gräser
Mediale Propaganda als Begleitmusik zu Intervention und Krieg 133

Nicolas Riedl, Ullrich Mies
Wir.dienen.nicht.Deutschland … 149

Staatsterrorismus, Geheimdienstoperation und Attentate

Kees van der Pijl
Der MH17-Prozess – Rechtsprechung als politisches Theater 165

Jens Bernert
Britische Qualitätspropaganda 183

Moritz Enders
Das Papstattentat 1981 – Fallbeispiel einer Medienmanipulation 197

Ernst Wolff
Der Herrhausen-Mord – Fiktion und Wirklichkeit 211

Mentaler Laufstall und neue Inquisition

Daniele Ganser
Wahrheitsforschung mit Konsequenzen:
Wer in der Schweiz 9/11 untersucht, ruiniert seine
akademische Karriere 231

John Pilger interviewt von Dennis J. Bernstein und Randy Credico
Der globale Krieg gegen Assange, Dissens und den Journalismus 247

Aktham Suliman
Al-Jazeera und der Syrienkrieg – Fake ist nicht Fake genug
Innenansichten eines ehemaligen Al-Jazeera-Journalisten 260

Andrea Drescher
Wenn Linke zu Rechten und Juden zu Antisemiten werden –
die Macht der antideutschen Transatlantifa 271

Claudia Zimmermann
Plötzlich Persona non grata 284

Ullrich Mies
Narrative, Diskurskollaps und Neusprech 294

Alternative Medien

Ullrich Mies
Ein kleiner Kompass: Alternative Medien 309

Das Autoren-Team 315

Danksagung 320

Anmerkungen 321

Vorwort

Von Ulrich Teusch

Kein Mensch arbeitet fehlerfrei. Daher leuchten die Entschuldigungen der Mainstream-Journalisten auch jedem ein: Auch wir, die Journalisten der Leit- und Qualitätsmedien, machen Fehler. Wir sind auch nur Menschen, mit allen Unzulänglichkeiten, die das Menschsein so mit sich bringt. Trotz redlichster Bemühungen sind wir nicht vollkommen. Wie überall, so findet sich auch in unseren Reihen zuweilen ein schwarzes Relotius-Schaf. Und gewiss, trotz aller Akribie und Sorgfalt unterlaufen uns Irrtümer. In der mörderischen Hektik unseres beruflichen Alltags kann schon mal etwas schiefgehen. Dafür solltet ihr, liebe Leser, Hörer und Zuschauer, Verständnis aufbringen. Wesentlich ist doch: Wenn wir tatsächlich falschgelegen haben, was nur sehr selten vorkommt, dann geben wir es zu. Wir korrigieren uns. Wir arbeiten dran. Wir werden jeden Tag ein bisschen besser. Unsere Selbst- und Qualitätskontrolle funktioniert. Wir sind nicht für uns oder andere da, sondern für euch, das Publikum. Wir haben stets die besten Absichten. Vertraut uns!

Dieses schmeichelhafte Selbstbild des Mainstream-Journalismus, sei's in Deutschland oder anderswo, hat mit der trostlosen Wirklichkeit wenig zu tun. Wobei es letztlich keine große Rolle spielt, ob ein Medium privatwirtschaftlich oder staatlich verfasst ist oder ob es in jener merkwürdigen, degenerierten Mischform daherkommt, die man hierzulande als »öffentlich-rechtlich« bezeichnet.

Zugegeben, hier und da haben Medien, etwa im Zusammenhang mit der desaströsen Ukraine- und Russlandberichterstattung, Fehltritte eingeräumt. Man hat sich entschuldigt. Doch man tat es nur, wenn es gar nicht mehr anders ging. Wenn also das Berichtete nachweisbar sachlich falsch war, die Fehlinformation so eklatant, dass kein anderer Ausweg mehr blieb, so man denn das Gesicht wahren wollte.

Dabei sind sachliche Fehler noch das geringste Problem! Aber schon angesichts dieser eher einfach zu ergründenden Fälle – stimmt's oder stimmt's nicht? – stellen sich unangenehme Fragen: Warum handelt es sich immer um pro-westliche »Fehler«? Und warum nie um pro-russische? Oder pro-chinesische? Gemäß der Gauß'schen Normalverteilungskurve müsste man doch erwarten, dass von den »Fehlern« mal die einen und mal die anderen profitieren. Es wäre wie im Fußball, wo sich die Fehlentscheidungen der Schiedsrichter – über die Saison betrachtet – irgendwie ausgleichen und es am Ende halbwegs gerecht zugeht.

Und dann die Entschuldigungen! Sie sind löblich, sicher. Aber ist es damit getan? Und alles in Ordnung? Selbstverständlich nicht. Sachliche Irrtümer können in der Tat jedem überall unterlaufen. Die eigentliche Misere liegt ganz woanders: in einer insgesamt tendenziösen, manipulativen Berichterstattung und Kommentierung, die unseren Medienschaffenden inzwischen zur zweiten Natur geworden ist, so selbstverständlich, dass sie ihnen kaum noch auffällt. Weshalb auch die viel gestellte Frage, warum Journalisten so und nicht anders handeln, letztlich belanglos ist. Tun sie es aus innerer Überzeugung? Oder wider besseres Wissen, also zynisch? Oder mit geballter Faust in der Tasche? Aus Karrierismus oder Opportunismus? Fragen dieser Art führen auf die falsche Spur. Denn das Problem lässt sich längst nicht mehr auf der individuellen Ebene lokalisieren. Es hat systemische Qualität angenommen.

Ob *New York Times*, *Le Monde* oder der *Guardian*, ob *FAZ*, *Süddeutsche* oder *Die Welt*, ob CNN oder BBC, ob ARD oder ZDF – sie alle unterdrücken absichtsvoll wichtige Nachrichten. Sie alle gewichten einseitig, pushen also die ihnen genehmen Informationen und halten die unangenehmen weit unten. Sie alle versehen Nachrichten mit einem Spin, liefern die Meinung, die man dazu haben soll, gleich mit. Sie alle messen mit zweierlei Maß, bedienen sich verbindlicher Sprachregelungen, konstruieren interessengeleitete Narrative, fahren Kampagnen, betreiben Propaganda. Und sie tun es alle auf die gleiche Weise. Es herrscht ein frappierender medialer Gleichklang. Statt vitaler Pluralität erleben wir eine stetig wachsende Homogenisierung des Mainstreams.

Bei alledem handelt es sich nicht um Fehler oder Unzulänglichkeiten. Es ist so gewollt. Es soll so sein. Die immer noch verbreitete Vorstellung, Medien berichteten »einfach so«, also interesselos, nach bestem Wissen und Gewissen, ist von bestürzender Naivität. Medien sind für die Herrschenden – auch in den sogenannten Demokratien – viel zu wichtig, als dass sie sich selbst überlassen werden könnten. Sie sind ins jeweils gegebene Macht- und Herrschaftssystem integriert. Im Zweifelsfall, wenn es ernst wird, wenn es darauf ankommt, dienen sie den etablierten Mächten, in deren Besitz oder unter deren Kontrolle sie sich befinden.

Es handelt sich um Systemmedien. Mit welcher Wucht die Besitz- und Kontrollstrukturen durchschlagen, hängt freilich von den jeweiligen gesellschaftlichen Rahmenbedingungen ab. In ruhigen, stabilen Zeiten zeigen sich auch die Herrschenden großzügig und liberal; da dürfen die Medien an der langen Leine laufen. So war es in den 1960er- und 1970er-Jahren, die Älteren erinnern sich bestimmt noch. In Krisen- und Kriegsperioden – wie gegenwärtig – sieht es ganz anders aus. Da wird der Zugriff hart und unerbittlich. Von »Vierter Gewalt« kann dann keine Rede mehr sein. Auch nicht davon, dass Medien eine irgendwie umfassende Informationsgrundlage bereitstellten, die uns eine unabhängige Urteilsbildung ermöglichen würde. Oder dass sie einen offenen und ehrlichen gesellschaftlichen Diskurs organisierten. Stattdessen gießen sie fleißig Öl ins Feuer, im Innern und nach außen.

Mainstream-Medien agieren immer seltener als Wachhunde und immer öfter als Kampfhunde. Sie ergreifen einseitig Partei – auch insofern, als sie sich dem Dialog mit ihren Kritikern verweigern. Von den beispielsweise zahllosen, wohlbegründeten Programmbeschwerden Volker Bräutigams und Friedhelm Klinkhammers[1] gegen das Gebaren von ARD-aktuell – verantwortlich für Tagesschau und Tagesthemen – fand bezeichnenderweise keine einzige die Anerkennung der Betroffenen. Sie wurden abgebügelt, ausnahmslos – und dies trotz erdrückender Beweislast. Trotzig beharrte man in der Hamburger Nachrichtenzentrale darauf, richtiggelegen zu haben, obwohl man nachweislich falschlag.

Die wenigen echten Journalisten, die in diesem lebensfeindlichen Milieu ausharren, die es anders machen oder anders machen wollen, kämpfen heute auf verlorenem Posten. Sie sind Auslaufmodelle, ihre Tage sind gezählt. Es haben sich weltweit mediale Machtstrukturen herausgebildet, die den Gedanken an »Medienreform« illusorisch erscheinen lassen. Der Point of no Return ist schon lange überschritten.

Medienkritik ist unverzichtbar. Aber sie braucht eine Zielgruppe, für die sich der ganze Aufwand lohnt. Nicht an die medialen Schleusenwärter und ihre Fußtruppen sollten sich Kritiker der herrschenden Zustände wenden, das wäre vergebliche Liebesmüh, sondern an die letztlich Betroffenen, an uns, die Rezipienten. Wir brauchen Unterstützung, wir benötigen medienkritische Kompetenz, uns gilt es aufzuklären.

Dass Medien Partei sind, haben inzwischen große Teile des Publikums gemerkt – und sie sind verstimmt. Sie artikulieren ihren Frust, zum Leidwesen der Macher. Gut so! Und weiter so! Aber es gibt nach wie vor viele Menschen, leider zu viele, die sich jeden Abend um 20 Uhr andächtig vor dem Fernseher versammeln in der irrigen Erwartung, umfassend und wahrheitsgemäß über das Tagesgeschehen informiert zu werden.

Auch diese Menschen gilt es zu erreichen. Skepsis, Misstrauen, Zweifel sind nur erste Schritte. Der zweite Schritt wäre, sich bei allem, was man in Nachrichtenmedien liest, sieht oder hört, einige Standardfragen zu stellen. Zum Beispiel: Wer will wem was damit sagen? Warum gibt man mir ausgerechnet diese Information? Was soll mir die Information mitteilen? Wer könnte ein Interesse daran haben, dass ich das weiß? Ist die Information überhaupt für mich, den Durchschnittsleser, -zuschauer, -hörer, bestimmt? Oder hat sie einen ganz anderen Adressaten? Und wer könnte das sein? Entspricht die Information den Tatsachen? Gibt es andre, zusätzliche Informationen, die man mir vorenthält? Und so weiter.

Medienkritik ist Machtkritik und damit Schwerstarbeit. Sie ist eine dringend notwendige Dienstleistung für ein Publikum, das sich nicht mit der täglichen Manipulations- und Propagandadosis abspeisen lassen will. In einer von Medien geprägten Welt kann es gar nicht genug Medienkritik geben – und gar nicht genug Medienkritiker.

Die wichtigste Lehre aus diesem Buch: Vertraut niemals nur einem einzigen Medium! Informiert euch kritisch-vergleichend, aus den verschiedensten Quellen, vor allem aus dem prosperierenden und von den etablierten Mächten bekämpften medialen Alternativsektor! Entwickelt eine skeptische Grundhaltung – immer und überall!

Die Autorinnen und Autoren dieses Sammelbandes zeigen, wie berechtigt diese skeptische Grundhaltung ist. Sie erweitern diese sogar noch, indem sie den Blick auf die Mega-Manipulation werfen. Diese vollzieht sich – nahezu unbemerkt – hinter dem Schleier des Mainstreams. Sie weisen an zahlreichen Beispielen nach, wie Manipulation und Propaganda in den modernen Gesellschaften des »freien Westens« funktionieren.

Ulrich Teusch im Mai 2020

Einleitung

Von Ullrich Mies

Sowohl Titel als auch Untertitel dieses Buches liegen drei Behauptungen zu Grunde:

1. Mega-Manipulationen finden statt.
2. Die Öffentlichkeit wird ideologisch konditioniert.
3. »Wir« leben in einer Fassadendemokratie.

Mega-Manipulation? Schon wieder eine dieser maßlosen Übertreibungen, Luft- und Fake-Nummern, um die Öffentlichkeit auf das falsche Gleis zu lenken? Um Verschwörungstheorien zu verbreiten? Und mit der Einordnung »unserer« Demokratie als Fassadendemokratie sogleich das ganze politische System und seine Repräsentanten zu verunglimpfen?

Für die ersten beiden Behauptungen liefern die Autorinnen und Autoren dieses Buches hinreichende Anhaltspunkte. Generell stellt sich aber die Frage: Warum finden Manipulation und Propaganda überhaupt statt, wenn »wir« – wie immer behauptet – in gut funktionierenden westlichen Demokratien leben? Und was sagt es über die Qualität der Demokratie aus, wenn sich die sogenannten Repräsentanten des Volkes und die Regierungen des »freiheitlichen Westens« für ihre kranke Politik die Zustimmung ihrer Völker nur noch mit Hilfe von Manipulationen und Propaganda sichern können? Und was bedeutet es, wenn *zumindest Teile* der Öffentlichkeit dennoch erkennen, dass Politik nahezu ausschließlich gegen die überwiegende Mehrheit betrieben wird und ihre Lebensrealität mit den propagierten Narrativen nicht in Einklang zu bringen ist? Sind »wir« dann nicht bereits in einer neuen Herrschaftsform angekommen? Ist die gezielte

Verwirrung und die tägliche Gehirnverschmutzung des »Souveräns« nicht der eindeutige Beweis für den Fassadencharakter der westlichen Demokratien?

Kurz vor Fertigstellung des Buches überraschten uns die Herrschenden mit einem transnationalen Ausnahmezustand im Zusammenhang mit der ausgerufenen Corona-Pandemie. Seit Ende Februar 2020 haben sie nun die Gewissheit, dass sie breite Massen mit der Herstellung von Angst jederzeit unter Kontrolle haben, sie psychologisch perfekt steuern und in lemminghaftes Panik-Verhalten versetzen können. Die Autoritätshörigkeit der Massen ist beklemmend, ebenso ihre angstgesteuerte Bereitschaft, auf alle bürgerlichen Freiheiten zu verzichten. Sie glauben ausgerechnet den Zentren der Macht und stellen sich nun bereitwillig unter den Schutz derjenigen, von denen sie seit Jahrzehnten verraten, ausgeplündert und kujoniert werden.[1]

> »Als Machttechnik ist die Erzeugung von Angst sehr viel wirksamer als eine Manipulation von Meinungen. […] Angst ist dabei eines der stärksten Gefühle; sie ist ein Grundaffekt unserer Psyche [….].«[2]

> »Regierungen lieben Krisen, denn wenn die Menschen Angst haben, sind sie eher bereit, Freiheiten gegen das Versprechen aufzugeben, die Regierung werde sich um sie kümmern. Nach dem 11. September haben die Amerikaner zum Beispiel die fast vollständige Zerstörung ihrer bürgerlichen Freiheiten durch die hohlen Sicherheitsversprechen des PATRIOT-Gesetzes akzeptiert. […] Der Wahnsinn über das Coronavirus beschränkt sich nicht nur auf Politiker und die medizinische Gemeinschaft. Der Chef des neokonservativen Atlantikrats hat diese Woche einen Leitartikel geschrieben, in dem er die NATO auffordert, eine Kriegserklärung nach Artikel 5 gegen das COVID-19-Virus zu verabschieden! Werden sie Panzer und Drohnen schicken, um diese mikroskopisch kleinen Feinde auszulöschen?«[3]

Die neoliberale Konterrevolution hat im Bildungswesen und damit im Bewusstsein der Massen erhebliche Spuren hinterlassen[4], sie für apolitisches, kritikloses Verhalten und autoritäre Konzepte empfänglich gemacht und zu einer tiefgreifenden kollektiven Verdummung geführt.[5] Die erschütterndste Erkenntnis aus der Corona-Krise ist jedoch das freigelegte deutsche »Kulturgut« des Untertanengeistes zahlloser Zeitgenossinnen und -genossen.

Die Massenmedien als sogenannte 4. Gewalt im Staate sind gescheitert. Sie haben ihre degoutante und servile Nähe zu Regierungen, Großkonzernen, NATO-Militärapparaten und dem marktradikalen EU-Projekt tausendfach bewiesen. Dasselbe gilt für eine Vielzahl sogenannter sozialer Medien und NGOs als nützliche Helfer der Machtzentren.

> »Die sogenannten sozialen Medien haben Wege eröffnet, die verbliebenen Reste argumentationsbasierter Kommunikation aus den Köpfen zu spülen und ein Rauschen zu erzeugen, das Machtverhältnisse einer rationalen Verstehbarkeit entzieht und somit unsichtbar macht.«[6]

Als kritische Begleiter des Zeitgeschehens und Kontrolleure der Mächtigen sind die Massenmedien ausgeschieden. Bis weit ins konservative Lager hinein haben sie ihre Glaubwürdigkeit verspielt und sind zur »Fünften Kolonne«[7] der Machtzentren degeneriert. Über die Manipulation der Bevölkerung durch die Massenmedien wurden in den letzten Jahren viele wertvolle Bücher und Beiträge geschrieben sowie Videos erstellt. Trotz alledem hat sich bis heute am intellektuellen Niedergang der Mainstream-Medien und an der beschämenden Konformität der Öffentlich-rechlichen nichts geändert. Im Dauergefecht gegen ihre Kritiker werden allein die Rechtfertigungen immer dummdreister, Ignoranz und arrogante Attitüde immer unerträglicher. Fakt, nicht Fake ist: Die Wagenburg der Mächtigen und ihrer opportunistischen medialen Hilfstruppen rückt immer enger zusammen. Wer weiß, wem die mediale Megamaschine gehört, auf wen sie hört und von wem sie kontrolliert wird, erwartet ohnehin nichts anderes.

Schockstrategie und Staatsstreich

War der Shutdown ganzer Nationalstaaten als Folge der von der WHO ausgerufenen Pandemie gerechtfertigt? Den totalen Shutdown ohne Rücksicht auf Verluste und kollektive Folgen anzuordnen, deutet jedoch auf ganz andere Absichten hin. Dies gilt insbesondere dann, wenn er, wie vom deutschen Zentral-Regime verordnet, mit dem Inlandseinsatz des Militärs gekoppelt wird.[8] Die politischen Hardliner innerhalb des deutschen Regimes konnten nun endlich den lang herbeigesehnten Inlandseinsatz des Militärs realisieren. Dieser Einsatz wäre gar nicht erforderlich, wenn das Regime im Laufe der neoliberalen Revolution zivile Sozialdienste und die Polizei nicht finanziell und personell ausgetrocknet hätte.

Den westlichen Machtzentren geht es offensichtlich vor allem darum, das heißgelaufene, toxisch-dystopische Wirtschafts- und Gesellschaftssystem des marktradikalen Kapitalismus mit seinen schmarotzenden Reichen, seinen Polit-, Militär- und Sicherheitskomplexen irgendwie aufrechtzuerhalten, um die Zivilgesellschaften als Wirtskörper weiter aussaugen zu können.[9] Zusätzlich nutzen sie die Gelegenheit, die Überwachung[10] der Menschheit zu perfektionieren. Dass die Herrschaftszentren nun im Rahmen von Corona Mitmenschlichkeit und gesellschaftliche Solidarität entdecken, ist bestenfalls lächerlich. Seit Jahrzehnten beweist ihr Treiben das genaue Gegenteil. Wenn die Regierungen in den letzten Dekaden etwas für die »Mitmenschlichkeit« hätten tun wollen, dann hätten sie unzählige Gelegenheiten dazu gehabt.

Die Corona-Krise wird dazu instrumentalisiert, ein mit allen Machtbefugnissen ausgestattetes diktatorisches Gesundheitswesen zu etablieren, das den Macht-»Eliten« jederzeit Hebel in die Hände gibt, sämtliche Verfassungsgrundsätze und Bürgerrechte zu suspendieren beziehungsweise ganz abzuräumen. Versammlungen, Kulturveranstaltungen, Demonstrationen können so unter grotesken Vorwänden verboten werden, auch wird der Durchgriff einer modernen Diktatur bis in die Privatsphäre möglich. Im Schatten der Krise werden Politiken exekutiert, die sonst niemals hätten durchgesetzt werden können.[11]

> »Die repressiven Gesundheitsvorkehrungen sind vor allem ein Mittel, um Kritik nicht öffentlich werden zu lassen. Es geht im Corona-Regime-Zeitalter offensichtlich darum, den Widerspruch gegen die exekutiven Maßnahmen zu unterdrücken. Wenn dabei Legislative und Judikative, Parlamente und Gerichte mitmachen, haben wir eine totalitäre Situation. Die Gewaltenteilung besteht nicht mehr.«[12]

Tatsache ist: Die parteienbasierte parlamentarische Demokratie repräsentierte noch nie die Interessen der breiten Bevölkerung. Sie war ein stets gegebenes, aber nie eingehaltenes Versprechen. Die Corona-Krise hat die Zustände noch radikalisiert, die parlamentarische Demokratie ist damit auf breiter Linie kollabiert.

Die herrschende Politkaste Deutschlands hat ihre Ziele mit Hilfe eines totalitären Gesundheitsregimes verwirklicht. Die Herrschaftszentren in den westlichen Fassadendemokratien haben sich mit der Corona-Krise Luft verschafft, um die Spielfiguren auf dem Schachbrett der Macht und der Weltherrschaft neu zu ordnen. Die Zwangsmaßnahmen ermöglichten es den Regierungen, das komplette Wirtschafts- und soziale Zusammenleben durch den präventiven Ausnahmezustand zu kontrollieren.[13] Die Corona-Krise ist der *»Impulsgeber«,* nicht die Ursache für den absehbaren Kollaps des internationalen Finanz- und Wirtschaftssystems.[14]

Bei der Corona-Krise handelt es sich offensichtlich um eine zentral orchestrierte *Schockstrategie* mit dem Ziel, die Gesellschaften in kollektive Angststarre zu versetzen. Naomi Klein hat bereits vor 13 Jahren in ihrem Buch »Die Schockstrategie«[15] eindrucksvoll beschrieben, wie die Herrschaftszentren Krisen ausnutzen, Gesellschaften unter Schock setzen, um ihnen dann innerhalb klar gesetzter Zeitfenster die »unumkehrbaren Veränderungen«, das heißt die »Schockbehandlungen«, aufzuherrschen. Es geht um Steuerkürzungen für Reiche, Freihandel, Einschnitte bei den Sozialausgaben, Privatisierungen und Deregulierungen aller Art sowie Umstrukturierungen der Wirtschaft im Schnellfeuertempo. Ganze Branchen werden abgeräumt.[16]

Diese Schockbehandlung empfahl Milton Friedman – einer der »Chicago-Boys« – unter anderem der faschistischen Diktatur unter Augusto Pinochet, um den Staat an Privatinvestoren zu verfüttern, solange sich die Bürger vom Schock noch nicht erholt hatten.

> »Nur eine Krise […] führt zu echtem Wandel. Wenn es zu einer solchen Krise kommt, hängt das weitere Vorgehen von den Ideen ab, die im Umlauf sind. Das ist meiner Ansicht nach unsere Hauptfunktion: Alternativen zur bestehenden Politik zu entwickeln, sie am Leben und verfügbar zu halten, bis das politisch Unmögliche politisch unvermeidlich wird.«[17]

In einem aktuellen Beitrag aus März 2020 äußert sich Naomi Klein ebenfalls zur Corona-Krise.[18]

> »Wir kennen das Drehbuch. Als wir 2008 das letzte Mal eine globale Finanzkrise erlebten, waren die gleichen schlechten Ideen für freie Firmenrettungsaktionen erfolgreich, und normale Menschen auf der ganzen Welt zahlten den Preis dafür. Und selbst das war völlig vorhersehbar. Vor dreizehn Jahren schrieb ich ein Buch mit dem Titel ›Die Schockstrategie: Der Aufstieg des Katastrophen-Kapitalismus‹, in dem eine brutale und immer wiederkehrende Taktik rechter Regierungen beschrieben wird. Nach einem schockierenden Ereignis – einem Krieg, einem Putsch, einem Terroranschlag, einem Marktcrash oder einer Naturkatastrophe – nutzen sie die Desorientierung der Öffentlichkeit aus, setzen die Demokratie außer Kraft, setzen eine radikale Politik der freien Marktwirtschaft durch, die das 1 % [der Superreichen und Reichen, U. M.] auf Kosten der Armen und der Mittelklasse bereichert. Aber hier ist, was meine Forschung mich gelehrt hat. Schocks und Krisen gehen nicht immer den Weg der Schockdoktrin. Tatsächlich ist es möglich, dass eine Krise eine Art Evolutionssprung auslöst. Denken Sie an die 1930er Jahre, als die Weltwirtschaftskrise zum New Deal führte.«[19]

Der Krieg ist die Fortsetzung der Politik mit anderen Mitteln, so Clausewitz. Der laufende Informationskrieg gegen die Öffentlichkeit ist die Fortsetzung der Politik eines Bündnisses zwischen internationalem Finanzkapital, Big-Media und der transnationalen diktatorischen Führungselite globaler Governance. 2020 befindet sich die westliche Welt im Häutungsprozess von einer postdemokratischen Fassadendemokratie mit noch bürgerlichen Freiheiten hin zu einem (proto-) faschistischen System, dessen schlussendliche Verfasstheit noch nicht offen zutage liegt.[20]

Die dystopische »New World Order«, die die Zentren der Macht für die Menschheit vorgesehen haben, kann sich nur dann entfalten, wenn die Kräfte der Vernunft kapitulieren.[21]

Vorstellung der Autorenbeiträge

Die Autorinnen und Autoren dieses Sammelbandes analysieren an einigen Beispielen die unglaubliche Perfidie der Bewusstseins-Manipulationen. Die Massenmedien sind oft nur Verteilerstationen von Narrativen. Die eigentlichen Akteure und Dirigenten der Gehirnverschmutzung sind jedoch die Unternehmen der PR- und Propaganda-Industrie, die im Auftrag von Konzernen, Regierungen, NATO, einzelstaatlichen Militärapparaten und Geheimdiensten operieren. Deren Narrative werden »von oben« eingespeist und über die Massenmedien schließlich zu Mega-Manipulationen. Damit ist nicht gesagt, dass die Medienmeute nicht auch ihre eigenen Narrative produziert oder vorauseilend der Herrschaft dienlich ist. Vor allem wird es dann hochproblematisch, wenn die verfälschte oder erlogene Erzählung zur einzig denkbaren Wahrheit wird. Dann ist die Gehirnverschmutzung als Massenphänomen perfekt. Allerdings ist es ein Ding der Unmöglichkeit, die unzähligen Aspekte möglicher Manipulationen, denen Menschen ausgesetzt sind, in nur einem Buch zu behandeln.

1. Ein Kompass für den Souverän

Mit dem Beitrag »Neoliberale Konterrevolution als Herrschaftsprojekt« leite ich den Sammelband ein.

Wenngleich zahllose Veröffentlichungen über die vom Neoliberalismus angerichteten gesellschaftlichen, wirtschaftlichen und ökologischen Verheerungen vorliegen, weiß der überwiegende Teil der Öffentlichkeit immer noch nicht, was Neoliberalismus im Kern bedeutet. Die permanente Desinformation führte dazu, dass sich nur wenige ein Gesamtbild der zerstörerischen Dynamiken machen können.

Caitlin Johnstone beschreibt in ihrem Beitrag »Zwölf Tipps zu einem besseren Verständnis der Welt«, wie es ihr gelungen ist, im Meer gezielter geistiger Verwirrung durch Medien- und Regierungspropaganda eine klare Orientierung zu behalten und »ihren Kompass« zu justieren.

Matthias Burchardt schreibt in seinem Artikel »Die große Manipulation – Wegbereiterin des Totalitarismus«, dass die Menschheit an der Schwelle zu dramatischen Umbrüchen steht. Nach Burchardt kündigen sich soziale, militärische, ökonomische und ökologische Katastrophen an. Die Herrschaft in den sogenannten westlichen Demokratien wandelt sich nach seiner Auffassung vom verdeckten Regieren durch Tiefenstrukturen zu einem manifesten Totalitarismus.

Der zweite Beitrag von Caitlin Johnstone »Was ehrbare Bürger und was verrückte Verschwörungstheoretiker glauben« ist eine Satire. Sie stellt klar, dass alle, die den Kurs ihrer Regierung hinterfragen, immer schon als »verrückte, dumme Verschwörungstheoretiker« galten. »Kluge, aufrechte Bürger« hingegen folgen autoritätshörig stets dem Kurs ihrer »gesetzestreuen und integren« Regierung.

2. Im Sumpf der Fassadendemokratie

In meinem Beitrag »Gehirnverschmutzung im Zeitalter der Gegenaufklärung« gehe ich der Frage nach, welche Akteure jenseits der Mainstream-Medien die Herrschaftsgedanken in die Köpfe der Öffentlichkeit einspeisen. Hier stelle ich einige wichtige Vertreter der Public-Relations- und Propagandaindustrie vor und gebe Hinweise, wie sie operieren. Diese Industrie arbeitet heute mit ausgefeilten Manipulationstechniken und dient den ökonomischen, militärischen und politischen Machtzentren als Dienstleister.[22] Der Informationskrieg gegen die Öffentlichkeit läuft auf Hochtouren.

Chris Hedges untersucht in seinem Beitrag »Vorwärts – christliche Faschisten« den wachsenden Einfluss christlicher Sekten unter der Präsidentschaft Donald Trumps. Hedges bezeichnet sie als »christliche Faschisten«, die maßgeblichen Einfluss auf die Geschicke des Landes nehmen und damit indirekt auf den Lauf der Dinge in der gesamten »westlichen Wertegemeinschaft«. Nach Hedges ist das größte moralische Versäumnis der liberalen christlichen Kirche, die Anhänger der christlichen Rechten nicht konsequent als Betrüger, Scharlatane, Demagogen und Anhänger des Obskurantismus zu entlarven. Nach dem Glauben der christlichen Faschisten sei die weiße Rasse, vor allem in den Vereinigten Staaten, der auserwählte Vertreter Gottes. Imperialismus und Krieg seien ihre göttlichen Instrumente, um die Welt von Ungläubigen und Barbaren, ja dem Bösen selbst zu reinigen.

Roland Rottenfußer analysiert in seinem Beitrag »Die Zeitgeistmacher«, warum PR-Phrasen nicht immer leicht zu erkennen sind. Dies gelte insbesondere, wenn sie als allgemein gültige Weisheitssprüche daherkommen wie *»Sozial ist, was Arbeit schafft«, »Deutschland geht es gut«, »Leistung muss sich lohnen«, »Wir müssen Humanität und Härte vereinen«*. Immer habe politische Propaganda versucht, das weltanschauliche Paradigma einer Epoche in ihrem Sinne zu beeinflussen. Wenn der Boden auf diese Weise bereitet sei, ließen sich dem »Souverän« auch harte politische Maßnahmen leichter verkaufen. So würden Menschen dazu verführt, ihrer eigenen Entrechtung widerstandslos zuzustimmen.

Yana Milev beschreibt in ihrem Interview mit Beata Arnold »Kriegsrecht und Politagenda im Corona-Ausnahmezustand«, dass »Corona« die Republik in einen Ausnahmezustand versetzt hat. Es würden rechtsfreie Räume geschaffen, in denen schließlich neoliberale Umverteilungen stattfinden. Die Situation erinnere sie an den Gesellschaftsumbau der DDR nach der Wende, aber auch an vieles, was nach 9/11 geschah. Eine zentrale Regierungsstrategie, auch in Deutschland, sei die Strategie der Täuschung und Tarnung. Hinter einer massenpsychologisch wirksamen PR-Fassade spiele sich der Gesellschaftsumbau durch Privatisierungen ab. Es gehe um Marktbereinigungen durch Umwälzungen und Übernahmen.

3. Feindpropaganda, Kriegslügen und parasitärer Militärkomplex

Tilo Gräser beschreibt in seinem Artikel »Mediale Propaganda als Begleitmusik zu Intervention und Krieg«, dass Kriege wie ein Film vorbereitet und orchestriert werden, und geht dabei auf Drehbuch, Dramaturgie und Regie ein. Hierzu gehören einige Darsteller auf der Bühne, Statisten und die begleitende Filmmusik. Damit beschreibt er einige grundlegende Mechanismen der Kriegstreiber. Die Ereignisse in Libyen 2011 und in Syrien seien dafür bis heute ebenso Beispiele wie die in Jemen. Auch die Einstimmung des Publikums auf neue »Kriegsschauspiele« gegen den Iran und Russland gehörten dazu.

Wolfgang Effenberger nennt seinen Beitrag »Wie uns die transatlantischen Herrschaftscliquen in neue Kriege lügen«. Zahllose Manipulationen, deren politische Wirkungen sich erst viel später entfalten, gehen auf Entscheidungen zurück, die Jahre, bisweilen Jahrzehnte zurückliegen und von langer Hand vorbereitet wurden. Dazu zählen zum Beispiel das Zerlegen des früheren Jugoslawiens und die zielgerichtete Re-Installation der NATO nach 1990, insbesondere deren Osterweiterung, sowie der systematische Aufbau Russlands und Chinas als neue Feinde des Westens. Umfangreiche Propagandaoperationen begleiteten diese Prozesse. Wer tief in die organisierte Friedlosigkeit des »freien Westens« eintaucht und die Neubelebung des Kalten Krieges verfolgt, landet schnell in den Abgründen der US-amerikanischen Welteroberungsmission, von Regierungskriminalität und Vasallengefolgschaft. Die USA und ihre »Partner« bereiten den großen Krieg gegen Russland vor, den führende US-Militärs für unausweichlich halten.[23]

Nicolas Riedl und der Herausgeber schildern in ihrem Beitrag »Wir. dienen.nicht.Deutschland …«, wie die Merkel-Regierung und das sie tragende Parteienkomplott gegen breite Teile der Bevölkerung regieren wie keine andere deutsche Regierung nach dem Zweiten Weltkrieg. Als »Krönung« ihrer Regentschaft betreibe das Regime die Militarisierung des öffentlichen Raumes mit großem Enthusiasmus. Die gigantische Aufrüstung der Bundeswehr sowie die mediale Kriegstreiberei gründeten auf einer beispiellosen Propaganda. Hierzu würden Dutzende Millionen Euro an Steuergeldern verprasst. Die beauftragten PR-Agenturen hätten die Aufgabe, Militär, Soldatsein, Kriegsvorbereitungen und Krieg als Selbstverständlichkeiten staatlichen Handelns in die Köpfe der Menschen zu hämmern. Ziel der Propagandaoperationen sei, »junges, frisches Kanonenfutter« für die imperialen Ressourcen- und Handelskriege der sogenannten freien Welt im Allgemeinen und Deutschlands im Besonderen zu gewinnen.

4. Staatsterrorismus, Geheimdienstoperationen und Attentate

Kees van der Pijl und Jens Bernert befassen sich in ihren Beiträgen mit der Frage, wie Geheimdienste Lügen konstruieren, welche Kräfte daran beteiligt sind und wie diese Lügen schließlich Eingang in die Massenmedien finden und zu dominanten Narrativen aufgeblasen werden. Den herrschenden westlichen »Eliten«, ihren Geheimdiensten und transatlantischen Kriegsenthusiasten ist keine Niedertracht, Manipulations- und Propaganda-Operation zu schmutzig, um ihre geopolitischen Ziele zu erreichen.

Kees van der Pijl schreibt zum Thema »MH17-Prozess – Rechtsprechung als politisches Theater«. Um den Kalten Krieg 2.0 zu entfachen, hätten sich geheimdienstlich operierende Netzwerke mit dem Ziel herausgebildet, den Propagandakrieg im Untergrund zu führen. Dieser Informationskrieg richte sich vor allem gegen die Bürgerinnen und Bürger. Sie sollen ideologisch konditioniert werden, um Russland, aber auch China als Feinde des »freien Westens« zu begreifen. Der MH17-Abschuss und seine juristische Bearbeitung spielen in diesem Kontext eine wichtige Rolle. In dieser schmutzigen Unterwelt mit vielen Akteuren komme dem britischen Geheimdienstkomplex eine führende Rolle zu.

Jens Bernert überschreibt seinen Beitrag »Britische Qualitätspropaganda« und ist davon überzeugt, dass Großbritannien in allen Techniken und Methoden der Desinformation immer noch Spitzenreiter, ja Weltmacht ist. Viele Geschichten und bekannte Akteure der aktuellen westlichen Propaganda hätten einen britischen Hintergrund, unter anderem die Skripal-Story, die Weißhelme und Bellingcat. Auch die BBC sei ebenfalls mit von der Partie, wenn es um Propaganda-Artefakte gehe. Die britische Einheit für Internetkriegsführung, die 77. Brigade mit ihren 1500 Soldaten, gehöre ebenfalls zum Propaganda-Zoo. Auch auf die Verleumdung von WikiLeaks-Gründer Assange werde die Öffentlichkeit ideologisch »eingeschworen«.

Viele Skandale und klandestine Verbrechen der Machtzentren kommen bisweilen erst nach Jahrzehnten – oder aufgrund von Geheimhaltung niemals – ans Tageslicht. Die meisten bleiben im Nebel von Geheimdienstplots oder organisierter Regierungskriminalität, wie Moritz Enders am Beispiel des Papstattentats 1981 und Ernst Wolff am Fall des 1989 ermordeten Bankiers Alfred Herrhausen aufzeigen.

In beiden Fällen war das Attentat selbst weniger von Bedeutung als die ausgesendete Sub-Botschaft, die ihre Wirkung nicht verfehlte.

Moritz Enders stellt seinen Beitrag unter den Titel »Das Papstattentat 1981 – Fallbeispiel einer Medienmanipulation«. Eine Vielzahl von Geheimdiensten hatten ihre schmutzigen Finger im Papstattentat, vor allem im späteren Cover-up. Plumpe Lügen seien nur etwas für Dilettanten. Derartige Operationen würden akribisch vorbereitet und nach der Durchführung würde ein ganzes Gestrüpp an Spuren ausgelegt, um die kriminalistische und investigativ-journalistische Arbeit maximal zu erschweren oder totlaufen zu lassen.

Ernst Wolff zeigt in seinem Beitrag »Der Herrhausen-Mord – Fiktion und Wirklichkeit« auf, dass die Ermordung des Deutsche-Bank-Chefs Alfred Herrhausen ein anschauliches Beispiel dafür ist, wie Mega-Manipulation funktioniert. Über Jahrzehnte hätte eine Einheitsfront aus Politik, Medien und Behörden entscheidende Fragen zu den Hintergründen des Verbrechens ausgeklammert, hielte verbissen an falschen Darstellungen fest und unterschlüge unbestreitbare Fakten. Nach Wolff lohnt es sich, den Dingen noch Jahrzehnte später auf den Grund zu gehen. Auch wenn eine sorgfältige Rekonstruktion der Vorgeschichte die Frage nach den Tätern nicht beantworten könne, so könne man dennoch einen Teil der Interessenkonflikte aufdecken, die möglicherweise der Grund des Attentats waren.

5. Mentaler Laufstall und moderne Inquisition

Wie die Zentren der Macht und ihre Hofschranzen mit »Abweichlern« umgehen, ist der Öffentlichkeit in aller Regel unbekannt. Wissenschaftler, Journalisten und Kulturschaffende, die die herrschenden Narrative hinterfragen oder kritisieren, wissen das aber sehr wohl. Sie werden drangsaliert, schikaniert, aus ihren Berufen gedrängt und um ihre Reputation oder sogar Existenz gebracht. Das ist der Preis, den Menschen zu bezahlen haben, wenn sie sich in der sogenannten westlichen Wertegemeinschaft der Wahrheit verpflichtet fühlen und mit den Machtzentren und ihren Hofschranzen anlegen. Zahllose Opfer dieser Machenschaften können ein Lied davon singen. Besonders kritisch wird es für diejenigen, deren Kritik in die Tiefe geht oder die sogar auf Kollisionskurs mit Militär- und Geheimdiensten geraten. Ein bezeichnendes Beispiel für den realen Undercover-Krieg gegen Kritiker der herrschenden Zustände ist jener Wissenschaftler, den ich um einen Beitrag für dieses Buch bat und der mir Folgendes antwortete:

> »Wenn Sie etwas schreiben, das in irgendeiner Hinsicht vom US-amerikanischen/britischen Diskurs abweicht, wird die Kampagne gegen Sie grausam und rücksichtslos sein, und je mehr Sie als Gelehrter anerkannt sind, desto brutaler wird der Versuch sein, Sie zu diskreditieren. Wenn Sie ein Buch in einem Bereich veröffentlichen, das mit Sicherheit einige Diskussionen auslösen wird, ist es sehr schwierig, an einer zweiten Diskussion teilzunehmen, die dann dazu benutzt wird, die erste zu diskreditieren. Schreiben ist in diesem Sinne ein Balanceakt, und wenn Sie ein Wort sagen, das ›kontrovers‹ ist, wenn Sie einen Schritt über den schmalen Grat hinausgehen, werden Sie in die dunkle Welt der ›Verschwörung‹ fallen, dort, wo Sie niemand mehr ernst nimmt. Das ist die Logik der ›öffentlichen Sphäre‹ von heute. Die öffentliche Sphäre im Habermas'schen Sinne gibt es nicht mehr, und in einem kleinen Land oder einem kleinen Dorf, in dem die soziale Kontrolle keinen Raum für einen divergierenden Diskurs bietet, ist es sehr schwierig. Das System ist wie eine Zentrifuge: Wenn man seine Füße nicht genau in die Mitte stellt – das heißt auf die offiziell anerkannte ›Wahrheit‹ –, dann verschwindet man ganz einfach.«

Was der Wissenschaftler hier beschreibt und erfahren hat, gilt in der einen oder anderen Form heute für zahllose Kritikerinnen und Kritiker der herrschenden Zustände. Eine gruselig-stickige Atmosphäre hat sich wie Mehltau über das Land gelegt, viele wagen wegen zu befürchtender Nachteile kaum mehr, den Mund aufzumachen. Wer in Deutschland den schmalen Korridor des gestatteten mentalen Laufstalls und den verordneten Tunnelblick verlässt, bekommt es nicht nur mit seinem Arbeitgeber oder sonstigen Kräften zu tun, sondern unter Umständen mit einem sehr spezifischen deutschen Phänomen: der zur Transatlantifa mutierten Antifa.

Vielen Nonkonformisten und Whistleblowern wurden Karriere, Existenz oder Reputation zerstört, einige landeten wegen ihrer Wahrheitstreue in Gefängnissen, weil sie den Mund nicht halten wollten. Wahrheitssuche ist auch in den sogenannten westlichen Demokratien mit massiven Risiken für diejenigen verbunden, die sich mit den Zentren der Macht anlegen. Daniele Ganser, Aktham Suliman und Claudia Zimmermann gehören zu ihnen. John Pilger berichtet in einem Interview, wie die Krakenarme der Macht bis tief in die korrupte Justiz seinen Freund Julian Assange terrorisieren, Andrea Drescher, wie die sogenannte Transatlantifa Andersdenkende zu unterdrücken versucht.

Die Terroranschläge vom 11. September 2001, kurz 9/11, erschütterten vor bald 20 Jahren nicht nur die USA, sondern die ganze Welt. Selbstverständlich müssen Wissenschaftler verschiedener Disziplinen wie Geschichte, Politik, Physik und Architektur der Frage nachgehen, was an diesem Tag wirklich geschah. Die Kernfrage lautet seit vielen Jahren: Wurden die Gebäude WTC1, WTC2 und WTC7 in New York gesprengt, oder sind diese drei Hochhäuser aufgrund von Feuer eingestürzt? Daniele Ganser berichtet in seinem Beitrag »Wahrheitsforschung mit Konsequenzen: Wer in der Schweiz 9/11 untersucht, ruiniert seine akademische Karriere«, was er im Rahmen seiner Wahrheitssuche erlebte und dass diese mit erheblichen persönlichen Risiken verbunden ist.

John Pilger äußert sich in seinem Interview »Der globale Krieg gegen Assange, Dissens und den Journalismus« über die Verfolgung von Julian Assange und den rasanten Niedergang des investigativen Journalismus im aufkommenden autoritären Staat. Er spricht mit seinen Interviewpartnern Dennis J. Bernstein und Randy Credico darüber, was mit dem Gründer und Herausgeber von WikiLeaks passiert und dass seine Verfolgung der Anfang vom Ende des modernen investigativen Journalismus sein könnte. Seit Assanges medienwirksamer Verhaftung und Einkerkerung in ein britisches Hochsicherheitsgefängnis wurden Journalisten und Informanten verfolgt und verhaftet, ihre Dokumente und Festplatten in den USA, Frankreich, Großbritannien und Australien beschlagnahmt.

Aktham Suliman war viele Jahre in führender Position für den Nachrichtensender Al-Jazeera tätig. Der Sender sollte der Stimme der Araber in einer westlich dominierten Medienwelt Gehör verschaffen. Doch der anfänglich vielversprechende Aufstieg des Senders Mitte der 1990er-Jahre endete nicht nur für den Autor, sondern auch für viele andere arabische Journalisten und Millionen Zuschauer mit einem bösen Erwachen. Innerhalb nur weniger Jahre entpuppte sich Al-Jazeera als ein weiterer Propaganda-Sender und unterschied sich damit kaum noch von staatlichen arabischen Sendern und von westlichen Mainstream-Medien. Aktham Suliman berichtet in seinem Beitrag »Al-Jazeera und der Syrienkrieg – Fake ist nicht Fake genug, Innenansichten eines ehemaligen Al-Jazeera-Journalisten« über die Wandlungen des Senders, die der Grund für seinen Ausstieg waren.

Andrea Drescher setzt sich in ihrem Artikel »Wenn Linke zu Rechten und Juden zu Antisemiten werden – Die Macht der antideutschen Transatlantifa« mit diesen Kräften auseinander. Diese Transatlantifa ist davon überzeugt, dass der »christlich-faschistische« Welteroberungs- und Kriegsstaat USA und die ultrarechte, demokratisch bemäntelte Militärdiktatur Israel im »weltweiten Kampf gegen den Faschismus« an der vordersten Front kämpfen. Darum haben sich die »intellektuell verwirrten Schutzengel« selbst ermächtigt, gegen Kritikerinnen und Kritiker der USA und Israels vorzugehen. Die Transatlantifa als nützlicher Helfer der Weltkriegstreiber weiß genau, was gesagt werden darf, sie weiß vor allem, wer als Faschist und Antisemit anzusehen ist und wer nicht. »Antisemit« ist nach ihrer verquasten Logik, wer gegen die USA oder Israel aufmuckt. Dass diese selbsternannte Meinungspolizei dabei immer häufiger Juden, Marxisten und Antifaschisten angreift, zeugt von ihrer Totalverwirrung.

Für Claudia Zimmermann, früher freie Mitarbeiterin des WDR, hatte ein Fernsehauftritt in den Niederlanden im Januar 2016 fatale Folgen. Sie hatte insbesondere gesagt, von den Rundfunkanstalten werde mehr oder weniger offen erwartet, dass sie regierungsfreundlich berichten. So viel Meinungsfreiheit ist in Deutschland nicht vorgesehen. Zimmermann bekam keine weiteren Aufträge mehr. In ihrem Beitrag »Plötzlich Persona non grata« berichtet sie über die Vernichtung ihrer beruflichen Existenz.

In meinem Beitrag »Narrative, Diskurskollaps und Neusprech« beschreibe ich unter anderem, dass die Bewusstseinsindustrie mit sechs Narrativen den Denkkorridor in der sogenannten westlichen Wertegemeinschaft festlegt. Die Machtzentren und ihre Bewusstseinsindustrie bekämpfen Positionen außerhalb dieser Narrative mit allen legalen und illegalen Mitteln. Integraler Bestandteil der Kulturrevolution »von oben« ist aber auch die Transformation der Sprache. Zur Transformation des kollektiven Bewusstseins gehört ferner die Political Correctness mit ihrer »Sprach-Polizei« als Türsteher »korrekter«, das heißt einzig gestatteter Sprech- und Schreibweise.

Viele Menschen, die die Mainstream-Medien und die Politikersprüche leid sind, fragen immer wieder: »Wo kann ich mich denn informieren?« Um eine Antwort auf diese Frage zu geben, habe ich eine kleine Auswahl alternativer deutsch- sowie englischsprachiger Internet-Medien zusammengestellt, die sich in ihren Wirklichkeitsinterpretationen grundsätzlich vom herrschenden Bewusstseinsbetrieb unterscheiden.

Ullrich Mies im Mai 2020

Ein Kompass
für den Souverän

Neoliberale Konterrevolution als Herrschaftsprojekt

Ullrich Mies

»Wir leben jetzt in einer Nation, in der Ärzte die Gesundheit zerstören, Anwälte Gerechtigkeit verhindern, Universitäten Wissen vernichten, Regierungen die Freiheit zerstören, die Presse Informationen verfälscht, die Religion die Moral untergräbt und unsere Banken die Wirtschaft ruinieren.«

Chris Hedges[1]

Hervorragende wissenschaftliche Publikationen über die Geschichte des Neoliberalismus und seinen Übergang in den Marktradikalismus füllen Bücherregale. Das Wissen über die von ihm angerichteten gesellschaftlichen, wirtschaftlichen und ökologischen Verheerungen ist somit vorhanden. Leider kann ich die Autorinnen und Autoren der Publikationen in diesem Beitrag nicht gebührend würdigen.[2] Für den überwiegenden Teil der Öffentlichkeit liegt jedoch im Dunkeln, was Neoliberalismus im Kern bedeutet, weil herrschende Politiker und Mainstream-Journalisten zu seinen begeisterten Anhängern zählen. Daher führt die permanente Desinformation dazu, dass sich kaum jemand ein Gesamtbild der Vernebelungstaktiken und zerstörerischen Dynamiken machen kann. Die Zentren der Macht manipulieren, konditionieren und terrorisieren die Bevölkerung. Das Resultat der neoliberalen Konterrevolution ist ein Putsch gegen die Demokratie, in dessen Folge sie zur Fassadendemokratie mutierte.

Im Folgenden möchte ich kurz auf einige zentrale Kampfbegriffe der Neoliberalen eingehen sowie die Folgen dieser menschenverachtenden Ideologie – einer Kulturrevolution »von oben« – skizzieren.

Öffentlichkeit ohne Kompass

Viele Menschen laufen ohne politischen »Kompass« durch die Welt. Ihnen fehlt die Zeit, das Interesse oder der Zugriff auf verlässliche Informationsquellen, damit sie im tosenden Meer des Informationskrieges »Kurs halten« können. An der Mega-Manipulation der Öffentlichkeit sind in Public Relations- und Propaganda-Agenturen unzählige Experten beteiligt. Sie beherrschen die erforderlichen Methoden und Techniken perfekt und verfügen über immense Finanzressourcen. Alle konzentrieren sich darauf, die Ideologie des Neoliberalismus, des marktradikalen Kapitalismus und des Krieges als logische Fortsetzung der Politik mit anderen Mitteln in den Köpfen breiter Bevölkerungsschichten zu verankern. Dabei vertuschen sie die massiven negativen Folgen marktradikaler Prozesse mit dem Ziel, den Zusammenhang aus Ursache und Wirkung zu verwischen. Um die von den Zentren der Macht verursachten gigantischen Schäden für die Allgemeinheit zu verschleiern und das gescheiterte neoliberale Projekt vor Kritik zu bewahren, läuft die Mega-Manipulation unter Einsatz aller Mittel auf Hochtouren:

> »Ideologien geben dem Leben der Menschen in der Gemeinschaft einen Sinn und liefern eine Handlungsbegründung. Gleichzeitig haben sie eine herausragende Bedeutung für die Etablierung und Aufrechterhaltung von Gesellschaftsordnungen. Sie bestärken die Privilegierten in ihrem Glauben an das System und spenden den Benachteiligten Trost.«[3]

Allerdings trifft auf den Neoliberalismus nicht zu, dass er den Bedrängten Trost spendet. Die Aussicht auf Verbesserung des Loses der Deklassierten besteht nach neoliberaler Diktion allein darin, genauso rücksichtslos zu werden wie die Systemträger.

Um das ideologische Korsett der Massenmanipulation, die »Grand Strategy«, zu umreißen, der die westliche Öffentlichkeit in Sonderheit nach der Wende 1989/90 ausgesetzt war, möchte ich zunächst einige grundsätzliche Ausführungen zur Transformation der Länder

der »westlichen Werteordnung« machen und aufzeigen, wie sehr das Klassen- und Herrschaftsprojekt der »neoliberalen Revolution von oben« die Gesellschaften des »freien Westens« zerfressen hat.[4]

Seit gut einer Generation sind die Herrschaftseliten des Westens damit beschäftigt, das »Ende der Demokratie – wie wir sie kennen«[5] in Szene zu setzen, die Gesellschaften zu zerstören und maximale Verwirrung zu stiften. Wir erinnern uns an den Ausspruch von Margret Thatcher: »So etwas wie Gesellschaft gibt es nicht.« Die neoliberale Kulturrevolution ist die unbestreitbare Meisterleistung der von Propagandisten erfolgten kollektiven Gehirnwäsche. Nur so konnten die Menschen dazu gebracht werden, folgende Prozesse hinzunehmen:

1. die Umwertung aller Werte,
2. die eigene Entpolitisierung,
3. die Entdemokratisierung der Nationalstaaten,
4. die Installation eines Konzern-Europa,
5. die Re-Feudalisierung der Verhältnisse,
6. die Plünderung (Privatisierung) der öffentlichen Güter,
7. die Spaltung der Gesellschaften in Arm und Reich,
8. die als Flexibilisierung getarnte Verschlechterung der Arbeitsverhältnisse,
9. den systematisch geschürten Unfrieden in den internationalen Beziehungen,
10. die Militarisierung der Staaten mit neuen Aufrüstungsrunden,
11. die »Modernisierung« der Atomwaffen[6],
12. die hemmungslose Hetze und Kriegstreiberei gegen Russland und China[7] und
13. die Ruinierung der Ökosysteme[8].

Weite Teile der Öffentlichkeit stehen den chaotischen politischen und ökonomischen Entwicklungen orientierungslos gegenüber, weil sie sich dem Dauerfeuer westlicher Propaganda nicht zu entziehen wissen oder aber weil ihnen die »neoliberalen Wahrheiten« bereits in Fleisch und Blut übergegangen sind – so wie es die Propagandisten beabsichtigten. Die Emanzipation von dem herrschenden Wahnsinn kann nur durch den bewussten Akt erfolgen, sich dem Einfluss der medialen Gehirnwäscher und Mega-Manipulateure zu entziehen.

Weitgehend unbemerkt von der Öffentlichkeit haben die Neoliberalen und ihre Propagandisten viele einst positiv besetzte Begriffe mit neuem Inhalt gefüllt, beispielsweise Freiheit, Wettbewerb, freier Markt und Demokratie.

Pervertierter Freiheitsbegriff

Freiheit ist der wichtigste Kampfbegriff der Neoliberalen. Er hat mit der Freiheit des Individuums auf Verwirklichung und Selbstentfaltung nichts zu tun. Es handelt sich um einen völlig pervertierten Freiheitsbegriff. »Freiheit« ist nach marktradikaler Lesart dann verwirklicht, wenn sich Finanzmärkte und multinationale Großkonzerne »frei« und ohne ethisch-moralische oder rechtliche Hemmnisse »entfalten« können. Als Hindernisse definieren sie gesetzliche Friktionen, zum Beispiel durch Sozial- und Umweltregulierungen, durch Arbeitnehmerorganisationen, Zölle und Kontingente.

»Freiheit« und auch individuelle Freiheit ist nach dieser Lesart dann verwirklicht, wenn die Freiheit des Marktes in all ihren Formen als Waren-, Dienstleistungs-, Kapital- und Arbeitsmarktfreiheit sichergestellt ist. Das gilt ebenso für den unbehinderten Zugriff des Kapitals auf das kollektive Eigentum (Staatseigentum) durch Privatisierungen aller Art und auf den Reichtum der Natur. Nach dieser Ideologie hat die Allgemeinheit die verursachten Schäden durch »Externalisierung der Kosten« zu tragen. Zudem müssen sich auch Individuen – Oligarchen/Plutokraten/Kleptokraten/Polemokraten und machtbesessene Psychopathen – ungehemmt zu Lasten der Allgemeinheit und der Natur bereichern können.

Der »freie« Markt

Das Glaubensbekenntnis der Neoliberalen lautet: Der »freie Markt« ist die »natürliche Ordnung der Dinge«. In ihrer Kampf- und Selbstimmunisierungsideologie stellen sie die Marktfreiheit und die unregulierte Freiheit des Kapitals über alle demokratischen Prinzipien. Der »freie Markt« steht über der Volkssouveränität, der Demokratie und ihren Institutionen. Normen, Gesetze, Regulierungen und demokratische Aktivitäten, die in das »freie« Marktgeschehen eingreifen, beispielsweise Sozialstandards, Umweltgesetze, Kapitalregulierungen, Gewerkschaftsaktivitäten, die Teilhabe der Arbeitnehmer am Produktivitätsfortschritt, Bürgerengagement, sind angeblich »marktverzerrend«. Daher müssen sie – gegebenenfalls mit polizeistaatlichen und diktatorischen Mitteln – bekämpft werden. Nach neoliberaler Diktion haben der Staat und seine Institutionen *allein* dem Markt zu dienen. Es war und ist die »große Propagandaleistung« der Neoliberalen, den »Ökonomismus« als eine neue säkulare Heilsreligion im Alltagsbewusstsein der Menschen verankert zu haben.

Auf Kritik der negativen Folgen des Neoliberalismus reagieren seine Träger mit immer penetranteren Rufen nach Reformen, um den Prozess der permanenten Marktentfesselung, das heißt die im Selbstzweck rotierende Geld-, Gütervermehrungs- und Profitmaximierungsmaschine noch zu beschleunigen. Damit wollen die Neoliberalen die Alleinherrschaft des Marktes aufrechterhalten. Im Extremfall gehen sie über Leichen, wie die Regierungsumstürze, zum Beispiel in Südamerika, in der Ukraine, aber auch die verheerenden Entwicklungen in Hongkong[9] eindrucksvoll zeigen.

Wettbewerb als Terrorprinzip

»Wettbewerb« steht für das kapitalistische Verdrängungsprinzip. Alle »Marktteilnehmer«, vom Individuum über Großunternehmen, Kommunen, Regionen, Bundesländer bis hin zur internationalen Staatengemeinschaft, haben sich dem »Wettbewerb« zu unterwerfen. Sich dem »Wettbewerb« zu stellen, bedeutet nicht »gesunde Konkurrenz« zum Wohl des Verbrauchers oder der allgemeinen Wohlstandsmehrung, sondern

- die Eingliederung in den globalisierten Markt,
- die gewaltsame Öffnung der »dem freien Spiel der Marktkräfte« und damit der hemmungslosen Profiterwirtschaftung noch nicht offenstehenden nationalen Märkte,
- das Niederkonkurrieren und Vernichten Schwächerer im täglichen Kampf.

»Übernahme- und Abwehrschlachten« bestimmen das Geschehen. »Jeder gegen jeden«, »alle gegen alle«, ist das als »Wettbewerb« kaschierte neoliberale Grundprinzip des entsolidarisierten Gesellschaftsmodells. Solidarisches, demokratisches Handeln sowie ein Leben im Einklang mit der Natur gelten grundsätzlich als marktverzerrend.

> »Die neoliberale Logik bringt Subjekte hervor, die diese Logik noch verstärken, da sie streng nach dem Gesetz des Stärkeren funktionieren.«[10]

Der Geltungsanspruch des neoliberalen, marktradikalen Wettbewerbsprinzips ist total und imperial. Er erstreckt sich auf den politischen, wirtschaftlichen, gesellschaftlichen und kulturellen Raum. Erklärtes Ziel der EU und ihrer »Global Europe Strategy« ist, durch Konzentrationsprozesse »Champions und Global Player« zu schaffen, damit diese auf den internationalen Märkten im Kampf der Giganten »ganz oben mitmischen können«.[11] Zusammen mit der NATO sichert die EU diesen Eroberungskampf auch militärisch ab.

Demokratie als Fassade

Den Neoliberalen reicht für das Funktionieren der »Demokratie«, dass die Institutionen der bürgerlich-parlamentarisch-repräsentativen Demokratie *formal* bestehen bleiben. Demokratie ist nach Auffassung der neoliberalen Ideologen dann verwirklicht, wenn alle Wirtschaftssubjekte die Chance haben, am Marktgeschehen teilzunehmen. Daher stellt sich der Staat in die Dienste des Marktes und Finanzkapital sowie Großkonzernen die bestmöglichen Rahmenbedingungen bereit. Demokratie auf der Grundlage der Volkssouveränität ist den Neoliberalen zuwider. Marktfreiheit und Herrschaft der Oligarchen/Plutokraten und Kleptokraten müssen in jedem Fall unangetastet bleiben. Die fundamentale Transformation der Parteien sowie des Staates und seiner Institutionen hin zu lobbygestützten scheindemokratischen Herrschaftsgebilden begrüßen sie als Erfolg des Klassenkampfes von oben. Die Menschen sind einzig und allein *Marktteilnehmer* – sowie Untertanen.

Auf ihrem Weg, die Restbestände an Demokratie und Sozialstaat zu demontieren, haben die neoliberalen Hasardeure den Rechtsstaat gleich mit abgeräumt: Wo immer möglich, stärken sie die Exekutive, ersetzen die Fachbeamten in den Ministerien, siehe deutsches Kriegs- und Finanzministerium, durch Heere marktradikaler angloamerikanischer Anwälte und Berater und haben die Abgeordneten der Herrschaftsparteien auf Linie gebracht, durch Fraktionszwang schleichend entmachtet und durch Lobbyistenheere korrumpiert.

> »500 Millionen Euro, vielleicht auch eine Milliarde oder mehr: So viel lassen sich Konzerne und Verbände ihre Lobbybüros in Berlin kosten. Von dort schwärmen dann regelmäßig mindestens 6000 Lobbyisten aus, um politische Entscheidungen in ihrem Interesse zu beeinflussen. Nach unseren Recherchen verfügen 778 Lobbyisten über einen Hausausweis für den Bundestag, zum Beispiel Vertreter der Tabak-, Banken- und Rüstungsindustrie. Damit gelangen sie ungehindert bis zu den Abgeordnetenbüros, den Fraktionsräumen oder der Bundestagskantine. Welche Anliegen die Lobbyisten dort platzieren, erfahren wir Bürgerinnen und Bürger nicht – denn ein Lobbyregister, in dem Einflussversuche, Lobbybudgets und Auftraggeber öffentlich werden, gibt es nicht.«[12]

Unabhängig von der Lage in Berlin sollen etwa 30000 Lobbyisten in Brüssel unterwegs sein, um Kommission und EU-Abgeordnete konzerngerecht zu bearbeiten und diese für die gewünschten Gesetzesvorlagen in Stellung zu bringen. Damit nicht genug. Die Organisation Lobbycontrol spricht von »Captured Legislature«, von einer »Gefangennahme der Gesetzgebung« durch Konzerninteressen.[13]

Auch das »Recht« wurde marktkonform zugerichtet, Richterämter und Rechtspflege via »Sparzwang« personell auf Schrumpfkur gesetzt, um die Bürgerinnen und Bürger von fundamentalen Rechten abzuschneiden. Wie man es auch wendet, im neoliberalen Kapitalismus ist die formale Gewaltenteilung des vermeintlich demokratischen Staates gar nicht anders denkbar als Unterwerfung unter neoliberale Ziele. Gewaltenteilung unter diesen Bedingungen ist blanker Hohn.

> »Der Kampf von Gewalten, die zur Verwaltung desselben sozialökonomischen Systems entstanden sind, entfaltet sich als der offizielle Widerspruch, der in Wirklichkeit zur tatsächlichen Einheit gehört; das gilt sowohl im Weltmaßstab als auch innerhalb jeder Nation.«[14]

Der demokratische Verfassungsstaat ist zum Wettbewerbs-, Kontroll- und Gewährleistungsstaat mutiert. Der Rechtsnihilismus ist integraler Bestandteil des neoliberalen Staatsumbaus. Hierzu gehört, dass die Herrschaftscliquen für sich selbst rechtsfreie Räume beanspruchen, um sich vor Strafverfolgung – zum Beispiel wegen der Planung von Angriffskriegen – zu schützen. Die systematische Erosion der Dritten Gewalt beschneidet die Bürger in fundamentalen Rechten.

> »Für Nietzsche läutet das Zeitalter des Nihilismus jedoch nicht das Ende der Werte ein, sondern eine Welt, in der ›die höchsten Werte sich selbst entwerten‹, da sie nicht mehr in ihren Grundfesten verankert sind. Diese Werte, zu denen die christlichen Tugenden, Demokratie, Gleichheit, Wahrheit, Vernunft und Verantwortlichkeit gehören, verschwinden nicht, wenn sie ihre Grundlagen verlieren, sondern werden austauschbar und trivial,

oberflächlich und leicht instrumentalisierbar. Diese Trivialisierung und Instrumentalisierung, die heute im kommerziellen, politischen und sogar religiösen Leben allgegenwärtig ist, vermindert den Wert der Werte noch weiter, was dem Nihilismus ... einer nicht enden wollenden Spirale, die die politische Kultur und Subjektivität formt, Vorschub leistet.«[15]

Herrenmenschenideologie

»Reichtum ist das Ergebnis von Leistung.« Das ist ein weiterer Leitspruch der neoliberalen Ideologen. Es geht nicht um Wohlstand für alle! Das Gegenteil ist der Fall: »Winner takes it all!« Im Neoliberalismus erfolgt Führung durch »Eliten« und geschlossene Herrschaftszirkel, Experten, Technokraten, Senate, Direktorien, Netzwerke und geheime Bünde. Diesem Führungsanspruch liegt die sozialdarwinistische Ideologie des »Sieges der Starken« zugrunde. Demokratie ist für diese »Elite-Zirkel« eine permanente Bedrohung ihrer Herrschaftsbastionen. Es ist die »große Kunst« der Neoliberalen, eine (neue) klassenbasierte Herrenmenschenideologie, eine Art »weichen Faschismus« unter dem Deckmantel eines umdefinierten Demokratie- und Freiheitsbegriffs geschaffen zu haben.

Ein weiterer Leitspruch, den die Neoliberalen dank der Bewusstseinsindustrie in den Köpfen der Menschen verankern konnten, lautet: »Armut ist das Ergebnis von Faulheit.« Die neoliberalen Täter zerstören Millionen Menschen die Arbeit, drängen sie in minderwertige beziehungsweise schlecht bezahlte und prekäre Jobs. Diejenigen, die sich »im Wettbewerb« nicht bewährt haben, werden als schwach, dumm und faul abgestempelt. Diejenigen, die sich dem Terror des »Arbeitsmarkts« entziehen, werden ausgegrenzt oder mit »Absturz« bedroht. Die »Ausgeschiedenen und Überflüssigen« werden denunziert und gedemütigt. Vor allem sollen sie auch »unten« bleiben. Sie sind nutzloser »Humanschrott«. Die Menschenwürde der »Überflüssigen« wird zerstört, ihr frühzeitiges Ableben soll unter anderem durch Verarmung infolge immer niedrigerer Renten, durch höhere Renteneintrittsalter und eine zunehmend privatisierte »Gesundheitsversorgung« erreicht werden. Dabei achten die Akteure stets darauf, ihr Treiben auf der Basis von »Experten«-Entscheidungen abzusichern, um sich der individuell zuschreibbaren Verantwortung zu entziehen.

Der Mensch als Markt-Homunculus

Der ökonomistisch zugerichtete Markt-Homunculus entspricht dem Menschenbild der Neoliberalen. Ihr »neuer Mensch« darf sich ausschließlich innerhalb des gesetzten Rahmens der kapitalistisch-neoliberalen Ordnung »verwirklichen«, vor allem darf er den gesetzten Laufstall organisierter Beschränkung nicht verlassen. Die Herrschaftsträger setzen alles daran, den Menschen nicht dahingehend zu befähigen, »sich seines eigenen Verstandes bedienen« zu können. Im Zuge der Realisierung der Gegenaufklärung gegen das Kant'sche und Humboldt'sche Bildungsideal gilt: Der Markt-Idiot hat zu gehorchen, zu funktionieren, keine Fragen zu stellen und sich der »freien Marktordnung« und ihren »Wahrheiten« unterzuordnen. Er soll minimale Kosten verursachen – und soweit ökonomisch teilhabefähig – maximal konsumieren. Nach Jahrzehnten der Gehirnwäsche durch Reklame und Propaganda und die damit einhergehende Verflachung der Sprache besteht seine einzige Funktion darin, selbst zum Träger der neoliberalen Ideologie und des Marktgeschehens zu werden. Der zum Markt-Idioten retardierte Mensch unterwirft sich freiwillig dieser Systemfunktion, er fiebert Black Consumer Fridays entgegen, sammelt Payback- und Rabattkarten, findet seine Sinnerfüllung im Preisvergleich der Werbewurfsendungen und Zeitungsbeilagen, um in den Einkaufsmärkten Billigangebote zu erhaschen.[16] Wie viel Lebenszeit verschwendet der Markt-Homunculus eigentlich im Jahr mit derartigen Aktivitäten? Die Absenkung des Bildungsniveaus durch ökonomisierte Wissensvermittlung ist integraler Baustein des neoliberalen Projektes und dient der »Produktion« marktkonformer Funktions-Heloten.[17]

Elitenfaschismus und neue Kriege

Die Neokonservativen, die NeoCons, sind das ideologische Gewaltpersonal, die soziokulturelle und geopolitische Verlängerung der marktradikalen, neoliberalen Ideologen. Bei der Re-Installation des Kalten Krieges 2.0,[18] der Revitalisierung von Feindbildern wie »der böse Russe« oder »die gelbe Gefahr« und der militarisierten US-amerikanischen sowie westlichen Vorherrschaft waren und sind die NeoCons die entscheidenden verbrecherischen Drahtzieher. Die Angst- und Schreckensproduktion nach innen durch »überall lauernde« Terroristen, Virus-Infektionen[19] und Stellvertreterkriege, aber auch die Angst vor dem großen Dritten Weltkrieg versetzen weite Teile der Gesellschaft in Handlungsstarre.[20]

Über transatlantische Netzwerke/Think Tanks – mit immensen Finanzmitteln der Plutokraten ausgestattet – haben es die Neokonservativen über Jahrzehnte hervorragend verstanden, ihre ideologischen Statthalter in den maßgeblichen Führungspositionen der NATO, der EU-Nationalstaaten und in der EU-Bürokratie/Kommission zu installieren. Ziele der NeoCons sind:

- die weltweite Herrschaft des Kapitals und der Plutokraten unter US/EU-Führung,
- die Totalprivatisierung des Staatsvermögens,
- die Kontrolle der Ressourcen wie Öl-/Gasquellen und Pipelines,
- die Kontrolle der Nachschubwege und aller Wertschöpfungsketten,
- die Sicherung der totalen Herrschaft ihrer Ideologieträger in den Machtzentren der westlichen Staaten,
- die Zerstörung der Demokratie,
- die Totalüberwachung der Bürgerinnen und Bürger,
- die Totalkontrolle der Medien, inklusive des Netzes,
- der Ausnahmezustand als ihr Überlebensgarant,
- ein faschistoider Kriegsstaat wie die USA als globales Weltmodell einer New World Order.[21]

Neokannibalen der Deregulierung

Das Corona-Virus bringt es an den Tag. Als medialer Dauerbrenner halten Berichterstattung, Manipulation und Propaganda seit Beginn des Jahres 2020 die Öffentlichkeit im Dauerzustand der Erregung. Der mediale Krieg zu diesem Thema dient den Machtzentren als hervorragende Legitimation, das gesellschaftliche Leben weitgehend lahmzulegen und die Bürgerinnen und Bürger zu kujonieren – unabhängig von den Auswirkungen des Virus auf die Gesellschaften, beispielsweise auf die zuvor neoliberal ausgeweideten Gesundheitssysteme. Es bietet ihnen darüber hinaus die Chance, die letzten Reste der Demokratie unter dem lügenhaften Vorwand der Daseinsvorsorge zu entsorgen, sie in einen zeitlich begrenzten oder permanenten Ausnahmezustand zu versetzen, die Totalüberwachung zu realisieren und die »westliche Wertegemeinschaft« in den Zustand eines modernen Proto-Faschismus zu überführen.

Drei Jahrzehnte haben sich die neoliberalen und neokonservativen Cliquen in Politik und Ökonomie einen Dreck um Daseinsvorsorge, Solidarität und Fairness in der Gesellschaft geschert. Doch nun schwadroniert das Merkel-Regime von notwendiger Solidarität. Fakt ist: Bei jedem neuen Virus können sie fortan jederzeit den Schalter auf Ausnahmezustand und »Medizinisches Kriegsrecht« stellen. Die medial entfachte Corona-Hysterie ist der *»Impulsgeber«* für den absehbar bevorstehenden Kollaps des internationalen Finanz- und Wirtschaftssystems, *nicht seine Ursache!*

»Wichtig zu wissen ist, dass das Virus der Auslöser, aber nicht die Ursache der gigantischen globalen Wirtschaftskrise ist. Jetzt stehen die Zeichen nicht nur in Europa, sondern überall auf der Welt auf Rezession. Nicht nur in Südeuropa, welches sich seit 2008 nicht mehr richtig erholt hat, sondern auch bei dem schwer vom Export abhängigen Deutschland sieht es zappenduster aus. Ebenso verschlechtert sich kontinuierlich die wirtschaftliche Lage in den größten Volkswirtschaften Asiens wie China, Japan, Südkorea, genau wie in den USA, in Südamerika und im stark vom Rohstoff-Export abhängigen

Australien … Fakt ist: Corona hat uns alle fest im Griff – und zwar überall auf der Welt.«[22]

Die Herrschaftszentren wissen: Das von ihnen maßgeblich seit der Wende verwirklichte marktradikale kapitalistische System und die mit ihm verbundene Betrugs- und Verbrechensmaschine des internationalen Finanzcasinos stehen mitten im Zusammenbruch. Corona ist die entfachte Angstmaschine der Herrschaftszentren gegen den »Bürger als Feind«, es ist ein entfachter Krieg gegen die Zivilgesellschaft.

Bereits vor 15 Jahren schrieb Carl Amery sinngemäß: In ihrem »Kampf bis zum Endsieg« halten die »Neokannibalen der Deregulierung«[23] an ihren paranoiden Wertevorstellungen ebenso fest wie an einem Wirtschaftssystem, das der »Verbündete der Wüste«[24] ist. Das bedeutet zweifelsfrei nicht, dass sich Russland und China unter dem Gesichtspunkt der Bewahrung des Planeten auf einem besseren Weg befänden.

Obwohl sich Neoliberalismus beziehungsweise der Marktradikalismus als desaströse Zivilisationsmodelle erweisen, hält das eingeschworene Bündnis aus Finanzindustrie, Konzernwirtschaft, Politik und Bewusstseinsindustrie an der angeblichen Alternativlosigkeit verbissen fest.[25] Das Verlassen ihres Dogmengebäudes würde das eigene Konstrukt und damit ihre parasitäre Herrschaft zum Einsturz bringen. Der erforderliche fundamentale Wandel ist nur ohne sie, nicht mit ihnen möglich. Die Herrschenden wollen und können nicht zugeben, dass sie die Welt um der Verwirklichung ihrer profitbasierten »säkularen Heilsreligion« willen zerstören. Sie wollen und können nicht zugeben, dass endloses Wachstum auf einem begrenzten Planeten[26] unmöglich ist. Darum halten die Neokannibalen bereits Ausschau nach anderen Planeten,[27] um dort ihre auf maximalem Ressourcendurchsatz basierende Todesökonomie fortzusetzen.

Die immer wieder behauptete Alternativlosigkeit des neoliberalen Projekts ist seit 30 Jahren nichts anderes als ein Kombi-Pack aus Fake News, Informationskrieg, Lüge, Manipulation und Propaganda.

Zwölf Tipps für ein besseres Verständnis der Welt[1]

Caitlin Johnstone

In einem Klima, das von der Propaganda der Massenmedien gesättigt ist, kann es schwer sein herauszufinden, welcher Weg der richtige ist. Vergleichbar schwierig ist es herauszufinden, was in der Welt vor sich geht. Hier sind ein paar Tipps, die ich gelernt habe, so dass ich klar durch den Schleier aus Spin und Verwirrung schauen kann. Einzeln betrachtet erzählen sie dir nicht viel, aber zusammengenommen zeichnen sie ein sehr nützliches Bild der Welt und warum sie so ist, wie sie ist.

Es geht immer darum, Macht zu erlangen

Um zu verstehen, warum sich Regierungen so irrational verhalten, warum teure, sinnlose Kriege geführt werden, während Obdachlose auf der Straße sterben, warum Millionäre und Milliardäre immer reicher werden, während alle anderen darum kämpfen, ihre Miete zu bezahlen, warum wir das Ökosystem zerstören, von dem unser Überleben abhängt, warum ein gewählter Beamter dazu neigt, mehr oder weniger die gleichen schädlichen Politiken und Agenden wie sein oder ihr Vorgänger voranzutreiben, denken sich die Menschen oft Erklärungen aus, die mit der Wirklichkeit nichts zu tun haben.

Die häufigste Erklärung ist wahrscheinlich die Vorstellung, dass alle diese Probleme auf den bösartigen Einfluss einer von zwei Mainstream-Parteien zurückzuführen sind. Würde die andere Partei die Kontrolle über die Situation erlangen, so verschwänden alle Probleme. Andere Vorstellungen basieren auf dem Glauben, dass Menschen an sich schrecklich sind und deshalb Minderheiten wie Juden oder Einwanderer, den Rassismus und die weiße Vorherrschaft beschuldigen oder sich einen Erklärungsweg bahnen durch wilde und verdrehte Kaninchenlöcher bis hinein in Theorien über reptilische Geheimgesellschaften und Baby essende pädophile Intriganten. Das gesamte irrationale Verhalten der Menschheit lässt sich jedoch durch den menschlichen Urtrieb erklären, Macht und Einfluss auf die Mitmenschen zu gewinnen. Dies kombiniert mit der Tatsache, dass Soziopathen dazu neigen, in Machtpositionen aufzusteigen.

Unsere evolutionären Vorfahren waren Rudeltiere und die Fähigkeit, den sozialen Rang in seinem Rudel zu erhöhen, entschied unter anderem darüber, ob man als Erster oder Letzter Nahrung bekam oder sich fortpflanzen durfte. Dieser Drang, im Rudel aufzusteigen, ist tief in unserem evolutionären Erbe verankert. Wenn er sich jedoch mangels Empathie ungebremst ausleben kann und auf das 7,6 Milliarden Menschen umfassende Rudel ausdehnt wird, in dem wir uns jetzt aufgrund der einfachen Transport- und Kommunikationsmöglichkeiten befinden, kann er dazu führen, dass Individuen immer mehr Macht ansammeln, bis sie enormen Einfluss auf ganze Nationengruppen ausüben.

2. Geld belohnt Soziopathie

Unser derzeitiges System belohnt die Bereitschaft, alles zu tun, um voranzukommen, sich an die Spitze zu kämpfen, jeden zu täuschen, den man braucht, jeden unter den Bus zu werfen, auf jeden zu treten, um ihn im Rattenrennen zu überholen. Die Bereitschaft, Mitarbeiter schlecht zu bezahlen, das Rechtssystem zu betrügen und die Gesetzgeber zu beeinflussen, wird exponentiell stärker honoriert. Menschen mit Empathie sind oft nicht bereit, derartige Dinge zu tun, während Soziopathen und Psychopathen dazu bereit sind. Etwa vier Prozent der Bevölkerung sind Soziopathen, etwa ein Prozent sind Psychopathen, circa fünf bis 15 Prozent liegen im Grenzbereich.[2] Je weniger Einfühlungsvermögen jemand hat, desto eher ist er bereit, weiter zu gehen, und desto höher kann er auf der Leiter nach oben steigen.

3. Reichtum tötet Empathie

Als wäre dies nicht schon schlimm, haben Studien gezeigt[3], dass die Kontrolle über riesige Vermögen das Mitgefühl für die Mitmenschen zerstört. Wer Reichtum dazu nutzen kann, alles von Sicherheit über Loyalität bis hin zu persönlichen Beziehungen zu kaufen, muss sich nicht mehr auf das Empathiezentrum seines Gehirns hören. Der Rest der Menschheit ist jedoch darauf angewiesen, um genau zu verstehen, was mit den Menschen in ihrer Umgebung vor sich geht. Die meisten Menschen müssen sich ständig in ihre Familien, Mitarbeiter, Arbeitgeber, Freunde und Bekannten hineinversetzen, um die eigene Sicherheit und den eigenen sozialen Status zu garantieren. Eine wohlhabende Person kann dies alles allerdings einfach kaufen. In Reichtum hineingeboren zu werden oder über ihn lange Zeit zu verfügen, kann verhindern, dass sich das Empathiegefühl so stark entwickelt wie in der übrigen Bevölkerung.

4. Geld ist Macht

Eine Princeton-Studie aus dem Jahr 2014 hat gezeigt[4], dass normale Amerikaner im Unterschied zu wohlhabenden im Wesentlichen keinen Einfluss auf die Politik und das Verhalten ihrer Nation haben, und das unabhängig davon, wie sie wählen. Denn die Möglichkeit, Corporate Lobbying und Kampagnenspenden effektiv zu nutzen, läuft auf die legalisierte Bestechung von Mandatsträgern hinaus. Das bedeutet, dass Geld direkt in politische Macht umgesetzt wird. Die Folge ist eine herrschende Klasse, die natürlich dazu angespornt wird, ihren Einfluss zu nutzen, um ihren eigenen Reichtum zu erhöhen und gleichzeitig den von allen anderen zu verringern. Denn da Macht relativ ist, hat die herrschende Klasse umso mehr Macht, je weniger Geld alle anderen haben.

Aus diesem Grund horten Milliardäre immer mehr Vermögen, während sie gleichzeitig legalisierte Bestechung nutzen, um die ökonomische Gerechtigkeit in der Gesetzgebung zu ersticken. Es liegt nicht daran, dass sie Tausende Luxusautos oder Dutzende Privatjets kaufen wollen; sie können nur eines nach dem anderen nutzen, wie alle anderen auch. Sie horten Reichtum, um den Rest der Bevölkerung davon abzuhalten, über ihn zu verfügen. Weil Geld gleich Macht ist, wäre die Reichtumsverteilung gleichbedeutend mit der Ernennung aller zum König. Und die Ernennung aller zu Königen würde bedeuten, dass niemand König ist. Der Blick in die Geschichte zeigt, dass Herrscher ihre Macht nicht so leicht aufgeben. Diese elitäre wohlhabende Klasse bildet da keine Ausnahme. Das erklärt all ihre aggressiven Versuche, jede Bewegung der ungewaschenen Massen gegen den Status quo zu unterdrücken.

5. Dieselbe herrschende Klasse kontrolliert die Medien[5]

Es ist allgemein bekannt, dass die meisten Medien von Plutokraten kontrolliert werden, egal ob es sich dabei um die alten Geldplutokraten handelt, die die alten Medien kontrollieren, oder um die neuen Geldplutokraten aus dem Silicon Valley, die einen Großteil der neuen Medien kontrollieren. Die Medienkontrolle ist ein wesentlicher Bestandteil der Herrschaft; das war schon immer so seit den Tagen, als Könige anordneten, die Bücher von Dissidenten zu verbrennen, und Bischöfe Ketzer zu Tode quälen ließen. Deshalb ist das Erste, was ein neuer Plutokrat unternimmt, sobald er ein gewisses Maß an Reichtum erlangt hat, der Erwerb von Medieneinfluss, wie es Jeff Bezos tat, als er 2013 die Washington Post kaufte. Bezos erwarb die Washington Post nicht, weil er ein dummer Geschäftsmann ist, der dachte, Zeitungen stünde ein lukrativer Aufschwung bevor, sondern weil er ein brillanter Geschäftsmann ist, der weiß, dass der Status quo, auf dem er sein Imperium aufbaut, eine Propagandafirma erfordert, der die Öffentlichkeit vertrauen und glauben wird.

6. Menschen manipulieren sich ständig gegenseitig

Ein scharfes Bewusstseins dafür zu kultivieren, wann man manipuliert wird, und die Überlegung, ob jemand dafür ein Motiv haben könnte, sind wesentliche Bestandteile zum Verständnis der Welt. Es kommt sehr selten vor, dass man jemanden trifft, der nicht versucht, einen in irgendeiner Weise zu manipulieren. Im Allgemeinen werden die Menschen, denen du in ihrem Leben begegnest, versuchen, deine Wahrnehmung und deine Beziehung zu ihnen zu beeinflussen. Sie werden versuchen, dich in gewisser Weise einzuspannen und in anderer Weise auszuschließen. Sie werden versuchen, dich an ihre persönlichen Pläne und Ziele zu binden und dich in einer Weise zu formen, die zu ihnen passt. Ein solches Verhalten hat nichts Bösartiges an sich, es ist nur das, was Menschen tun und was sie immer getan haben. Auch hier ist der Mensch ein soziales Wesen, und wir tun alles, was wir können, um unser Ansehen in unseren sozialen Kreisen zu erhöhen. Das große Problem besteht darin, wenn sich geschickte Manipulatoren ihren Weg in Positionen mit großem Einfluss wie Regierung oder Medien bahnen. [...] Diese geschickten Manipulatoren sind eine wesentliche Säule der loyalen Diener der herrschenden Klasse und die Köpfe hinter den Pro-Establishment-Narrativen. Sie wechseln zwischen Think Tanks, Medienplattformen und Lakaien des Establishments auf dem Capitol Hill.

7. Die Gesellschaft besteht aus Narrativen

Der größte Teil der menschlichen Erfahrung wird durch unsere mentalen Vorstellungen gefiltert, von unserem Selbstverständnis, [...], von unseren Überzeugungen darüber, wie wir uns in der Gesellschaft verhalten sollen, bis zu dem, was Geld ist und wie es funktioniert, wo es Macht existiert und wem wir gehorchen sollen. All dies sind rein konzeptionelle Konstrukte, die nur im Bereich des Denkens existieren; ein »Dollar« existiert in dem Maße, in dem wir uns alle darauf geeinigt haben, so zu tun, als wäre er eine echte Sache und als hätte er eine gewisse Kaufkraft. Wir könnten jederzeit gemeinsam beschließen, die Regeln darüber zu ändern, wie Macht funktioniert oder was Geld ist und wie es funktioniert. Dann wäre die Herrschaft der Eliteklasse sofort vorbei, ohne dass jemand einen Schuss abgibt. Es wäre wirklich so einfach.

So einflussreich ist ein Machtnarrativ, und darum kämpfen die herrschenden Plutokraten so hart, um uns davon abzuhalten, die Kontrolle über sie zu erlangen. Aus diesem Grund werden Whistleblower und Informanten wie WikiLeaks in den Konzernmedien ständig aggressiv verleumdet und verteufelt. Wenn die Konzernmedien einen Verdacht auf Wahrheitsvermittler erzeugen können, dann können sie verhindern, dass jemand ihnen vertraut und glaubt. Diese Methode wurde angewandt, um die Auswirkungen von Meldungen über die Geschehnisse in Syrien bis hin zu den Leaks von Edward Snowden so gering wie möglich zu halten. Ist der konstruierte Verdacht groß genug, so spielt es keine Rolle, ob der Betroffene zu 100 Prozent die Wahrheit sagt. Niemand wird ihm glauben. So bleibt die vorherrschende Erzählung immer dieselbe. Das Bewusstsein über den endlosen Kampf zur Kontrolle und Manipulation der Narrative, um plutokratische Interessen voranzutreiben, ist ein wesentlicher Bestandteil zum Verständnis der Welt.

8. Die Grenzen zwischen den Nationen sind imaginär

Auch die auf den Landkarten eingezeichneten Linien zwischen Ländern [...] sind nur insoweit real, als die kollektive Öffentlichkeit sie als gegeben hinnimmt. Die herrschenden Eliten wissen das und nutzen es aus. Ihr Denken bezieht sich nicht auf Nationen und Regierungen, sondern auf Individuen und Gruppen.

Eine stategisch wichtige Schlüsselregion im Mittleren Osten? Es ist nicht nötig, das ganze Land zu übernehmen, sondern es wird einfach mit extremistischen Gruppen überschwemmt, die loyal zu den Plänen ihrer Auftraggeber stehen und die Ölfelder kontrollieren. Erstklassige

Marine-Immobilien auf der Südhalbkugel? Sie brauchen das Land nicht zu annektieren und dort die Flagge ihres Landes zu hissen, sondern sichern sich einfach genug Einfluss auf dessen wichtige bewegliche Teile durch Unternehmensverträge, Handelsabkommen, Militär- und Geheimdienstverträge und Geheimabkommen. Diese können sie nutzen, wie sie wollen. […] In der heutigen Zeit der nationalitätslosen Plutokratie befassen sich die herrschenden Eliten mit Einzelpersonen, Unternehmen, Regierungsstellen, Fraktionen und Gruppen. Regierungsstrukturen sind nur Werkzeuge, die die herrschenden Eliten zum Zwecke der Manipulation, Kontrolle und militärischen Gewalt einsetzen, […]. Die Idee echter Nationen und Regierungen ist ein niedliches Märchen, das den Massen verkauft wird, damit sie die Manipulationen nicht sehen.

9. Starke Mächte arbeiten von Natur aus an gemeinsamen Interessen

Du kannst ein kleiner Millionär sein und immer noch wie ein relativ normaler Zivilist leben. Aber sobald du anfängst, riesige Vermögensmengen zu kontrollieren, musst du mit den bestehenden Machtstrukturen zusammenarbeiten. Andernfalls werden sie dich auslöschen, um zu verhindern, dass du ihr Boot ins Wanken bringst, denn auch hier gilt: Geld bedeutet Macht. Deshalb arbeitet Jeff Bezos mit der CIA zusammen und sitzt in einem Beirat des Pentagon. Deshalb arbeiten Facebook und Google intensiv mit Regierungsbehörden zusammen. Ohne diese Zusammenarbeit hätten sie nie ihre Größe erreicht. Plutokratische Dynastien, die schon lange vor Amazon, Facebook und Google existierten, haben dies vor vielen Generationen herausgefunden. Sie haben sich darauf geeinigt, in Richtung gemeinsamer Interessen voranzuschreiten, die den Status quo, auf dem ihr Reichtum beruht, nicht stört. Dies gilt in höchstem Maße für den Westen, wo ein effektives Imperium durch eine komplexe transnationale Allianz meist westlicher Plutokraten geschaffen wurde. Aber das trifft auch außerhalb dieses Imperiums zu. Dort, wo es Macht gibt, bestehen überall Machtbündnisse.

10. Riesiger Reichtum kann im Chaos von Kriegen und Konflikten zusammengerafft werden[6]

So wie es in der Natur bestehender Machtstrukturen liegt, jede aufstrebende Macht zu vernichten, die ihren Status quo verändern könnte, drängen Machtallianzen darauf, nicht bündnisorientierte Machtstrukturen auf der ganzen Welt zu zerstören. Wann immer man sieht, wie die engen westlichen Allianzen und ihre medialen Propagandawaffen die Interessen Russlands, Chinas, Syriens, Irans, Venezuelas usw. angreifen, erkennt man ein Bündnis von Machtstrukturen, das daran arbeitet, die Interessen eines anderen Machtbündnisses zu untergraben, um dessen Vermögen zu verschlingen.

Die chaotischen Wildwest-Zustände, die diese Konflikte hervorrufen, ermöglichen heimtückische Raubzüge und Plünderungen, mit denen man in seinem eigenen Land nie durchkommen könnte. Doch die Kolonialisten und Eroberer von einst wären nie damit durchgekommen, wenn sie Gold, Land und Sklaven von ihren europäischen Mitbürgern in Madrid oder Rom dreist erbeutet hätten. Aber in der neuen Welt bekamen sie keine größeren Probleme. Die Kolonialisten und Konquistadoren drängten nach Nord- und Südamerika, Afrika und Asien, unter dem Vorwand, das Christentum und die Zivilisation zu verbreiten. Moderne Eroberer drängen in bündnisfreie Machtstrukturen unter dem Vorwand, Freiheit und Demokratie auf genau die gleiche Weise zu verbreiten. Dieses Chaos erfordert keine direkte militärische Auseinandersetzung, um profitabel zu sein. Der westlichen plutokratischen Allianz ist durch ihre Medienkontrolle die kritiklose Feindschaft gegen Russland gelungen. Diese hat es ihr ermöglicht, Russland die Schuld für alles zu geben, von belastenden WikiLeaks-Dokumenten bis hin zu einem Konzernangriff durch ukrainische Oligarchen, ohne dass Fragen gestellt wurden. Jeder, der schon einmal mit einem Soziopathen zu tun hatte, weiß, wie sehr dieser die Grauzonen chaotischer Situationen nutzt. Und geopolitische Konflikte schaffen diese Situationen im Überfluss.

11. Die Neokonservativen liegen immer falsch

[...] Wenn du bei einer außenpolitischen Debatte auf der richtigen Seite stehen willst, schau dir an, was PNAC-Neokonservative aus der Bushzeit wie John Bolton und Bill Kristol darüber sagen, und vertrete die entgegengesetzte Position. Die Vordenker der NeoCons haben sich seit der Jahrhundertwende in allem absolut und katastrophal geirrt, von Afghanistan bis zum Irak, von Libyen bis Syrien [...].

12. Das Streben nach Wahrheit beginnt immer bei dir selbst

Niemand kann erfahrene Manipulatoren überlisten. Bei dem Versuch mit einem Soziopathen auszukommen, begehen die meisten Menschen den Hauptfehler, ihn zurückzumanipulieren. Versuch es noch nicht einmal. Soziopathen haben jahrelange Erfahrung damit, weil sie buchstäblich nichts anderes getan haben. Während du gelacht und geweint hast, dir Sorgen machtest und dich mit Menschen verbunden und auf sie bezogen hast, haben sie daran gearbeitet, wie man mit Menschen spielt, so wie Garry Kasparov daran gearbeitet hat, wie man Schach spielt. Und wenn buchstäbliche Teams von Soziopathen zusammenarbeiten, um Macht anzuhäufen, bist du chancenlos. Spiel nicht deren Spiel. Du wirst verlieren.

Der einzige Weg, dieses Spiel zu gewinnen, ist, den Kompass entschlossen auf »Wahrheit« zu stellen. Sei immer ehrlich zu dir selbst. Entdecke die verschiedenen Möglichkeiten, wie du andere manipulierst, sieh sie dir an und erkenne sie an. [...]. Je selbstbewusster wir sind, desto weniger Hebel müssen wir manipulieren. Wenn du blind parteiisch oder loyal zu einer bestimmten Fraktion bist, macht dich das leichtgläubig für Propaganda, weil dein Wunschdenken und dein Wunsch, Recht zu haben, ins Spiel kommen. Werde ehrlich mit dir selbst darüber, wer du bist und was du willst, und du wirst anfangen, eine unbespielbare Figur auf dem Brett zu werden.

Wenn wir diese Bastarde nicht mit Wahrheit besiegen können, verdienen wir es nicht zu gewinnen.

Die große Manipulation – Wegbereiterin des Totalitarismus

Matthias Burchardt

Wir stehen an der Schwelle einer dramatischen Dekade. Am Horizont erscheinen Vorzeichen sozialer, militärischer, ökonomischer und ökologischer Katastrophen. Die Herrschaft in den sogenannten westlichen Demokratien wandelt sich vom verdeckten Regieren durch Tiefenstrukturen hin zu einem manifesten Totalitarismus. Die herrschenden Politcliquen ziehen alle Register der Manipulation und versuchen, sich die Bürgerinnen und Bürger durch Propaganda[1] gefügig zu machen.

Wir leben in Zeiten organisierter Unsicherheit und Verwirrung. Weiten Teilen der Öffentlichkeit ist der »Kompass« abhandengekommen. Die Aufklärungsarbeit kritischer Journalisten, Publizisten und Wissenschaftler hat maßgeblich dazu beigetragen, dass die Leitmedien ihre Deutungshoheit verloren haben. Nachweislich finden sich in der veröffentlichten Meinung immer wieder Verfälschungen, bösartige Diffamierungen, Informationslücken oder eine peinliche Regierungsnähe. So ist es beispielsweise Daniele Ganser zu verdanken, dass die zahllosen Unstimmigkeiten über die Ereignisse des 11. September 2001 inzwischen zu massiven Zweifeln an der offiziellen Berichterstattung geführt haben. Der gegen ihn erhobene Vorwurf, Verschwörungstheorien zu verbreiten, läuft insofern ins Leere, als Ganser gar keine Theorien über den »wahren« Ablauf formuliert, sondern lediglich seiner Skepsis begründeten Ausdruck verleiht.

Es ist nur noch beschämend, wie wenig sich die etablierte Sozial- und Politikwissenschaft, die »Leitmedien« oder auch der »Staatsschutz« mit dem Thema »Tiefer Staat« beschäftigen. Das ist jedoch kein Wunder, da sich die überwiegende Anzahl der Sozialwissenschaftler als Herrschaftswissenschaftler verstehen und die Verfassungsschutzbehörden nicht die Verfassung, sondern die Regierung schützen.

Eine seriöse Aufarbeitung und eine öffentliche Debatte über die massiven Demokratiedefizite sind längst überfällig. Das beste Mittel gegen den Tiefen Staat ist der demokratische Staat, das beste Mittel gegen die Fassadendemokratie[2] ist die Demokratie, in der die Bürgerinnen und Bürger bestimmen. Dies alles hätte jedoch eine umfassende politische Bildung der Bürgerinnen und Bürger zur Voraussetzung. In den autoritären und pseudoliberalen Staaten des so genannten freien Westens profitieren jedoch die Machteliten von der Unmündigkeit der Menschen. Dort, wo Volkssouveränität ernst gemeint ist, benötigt der Souverän eine geschulte politische Urteilskraft, die nur durch lebenslange politische Bildung geübt werden kann.

Globale Krisen und die Zersetzung des Gemeinwesens

Die nächste Generation wird mehr denn je einer guten Bildung bedürfen, um die multiplen Krisen und gesellschaftlichen Verwerfungen vieler Jahrzehnte neoliberaler Politik unter dem Diktat der globalistischen Eliten zu bewältigen. Analysen zu den zerstörerischen Folgen der neoliberalen Globalisierung[3] füllen mittlerweile Bibliotheken. Zu diesen Folgen zählen unter anderem:

- die Vernichtung der bäuerlichen Landwirtschaft und vielfach der regionalen Versorgung zugunsten einer subventionierten Agrarindustrie,
- die Zerstörung weiter Teile des Klein- und Mittelstandes durch die Förderung der Konzernwirtschaft,
- die Privatisierung und der Verschleiß der öffentlichen Infrastruktur,
- eine gigantische ökologische Krise,
- die Kriegsvorbereitungen und Kriege,
- eine konzeptionslos-chaotische Migrationspolitik,
- die Fragmentierung der Gesellschaft durch extreme ökonomische Ungleichheit,

- eine Staatsschuldenkrise ungeahnten Ausmaßes durch sogenannte Bankenrettungen,
- die Zunahme des politischen Extremismus,
- eine zunehmend totalitäre Massenüberwachung.

Hinzu kommt, dass die öffentlichen Instanzen, deren Aufgabe es ist, Krisen zu bewältigen und Zukunft zu gestalten, massive Zerfallserscheinungen aufweisen. Vielfach wird von einem Vertrauensverlust gesprochen, so als wären Institutionen an sich vertrauenswürdig, die Bürger aber zu unwillig oder schlicht zu dumm, ihnen das geschuldete Vertrauen entgegenzubringen. Das Gegenteil ist der Fall: Politik und Instanzen des öffentlichen Lebens haben das Vertrauen der Bürger so gründlich verspielt, dass in Frage steht, ob sie dieses Vertrauen jemals wieder zurückgewinnen können.

Neben dem Vertrauensverlust unter anderem in Parteien und Leitmedien haben auch der Kunst- und Kulturbetrieb sowie die Wissenschaft ihre Funktion als Orte der Reflexion weitgehend eingebüßt. Seit geraumer Zeit ist bekannt, dass nicht nur die marktförmige Organisation den künstlerischen Anspruch korrumpiert, sondern auch Geheimdienste die Kraft der Menschenlenkung durch die Künste systematisch nutzen, beispielsweise die Aktivitäten des »Congress for cultural freedom«. In Deutschland widmet das »Zentrum für politische Schönheit« dem Rechtsradikalismus seine Aufmerksamkeit. Das ist gut so, auffallend dabei ist allerdings, dass der wachsende Rechtsradikalismus dort nicht als Ergebnis der ultrareaktionären neoliberalen Politik erkannt wird und die herrschenden Berliner Politikakteure von der Kritik ausgenommen werden.[4] Nicht alle Veränderungen sind »von oben« gesteuert, denn eine geradezu lemminghafte Neigung zur Selbstverleugung hat vor allem das Theater ergriffen. Dort wird statt künstlerischer Qualität, Widerständigkeit oder Nachdenklichkeit Political Correctness zelebriert. Das Theater biedert sich als Kampagnenverstärker dem Mainstream an, etwa in der »Erklärung der Vielen«[5], und bedient ihre saturierte Klientel mit einem Guten-Gewissen-to-go.

Die Wissenschaft ist eigentlich der Widerpart zu jeder Ideologie, weil sie – zumindest der Idee nach – nicht der Macht, sondern der Wahrheit verpflichtet ist. Universitäten sollten deshalb Orte der geistigen Freiheit sein, wo unabhängig von äußeren »Verzweckungen« Forschungsfragen im Widerstreit der Methoden und Positionen sachlich geklärt werden. Dieser Diskurs ist durch die marktförmige Organisation der Drittmittelsteuerung weitgehend außer Kraft gesetzt. Egal ob von der Wirtschaft oder der Deutschen Forschungsgemeinschaft, externe Akteure zwingen die Wissenschaftler im Wettbewerb um knappe Ressourcen, die Lieder derjenigen zu singen, die das Brot verteilen. Das öffnet der geistigen Korrumpierung Tür und Tor. Freie, unabhängige Forschung ist damit zum riskanten Privatvergnügen geworden, das oft genug mit einem Karriereknick bezahlt werden muss.

Die Reihe der erodierten Instanzen des Gemeinwesens ließe sich beliebig fortsetzen und schließt das Gesundheitswesen, die Kirchen, die Wohlfahrtsverbände, die Gewerkschaften, die Polizei mit ein.

Populismus als Konstrukt der großen Manipulation

Teile des öffentlichen Diskurses haben angesichts dieser Verwerfungen die politische Bildung wiederentdeckt. Anlass dafür ist das Erstarken der als »populistisch« titulierten Parteien und Gesinnungen in Europa. Politische Bildung wird als Maßnahme im »Kampf gegen Rechts« inszeniert und dramatisiert. Vor allem das Pathos im »Kampf gegen Rechts« ist absurd. Die neoliberale Revolution von oben, ausgeführt von den Herrschaftsparteien, ist hochgradig reaktionär und damit selbst Ausdruck elitärer Gesinnung.

Der Kampf, der »den bösen Nazi« als wohlfeile Diskursfigur erst konstruiert, wurde bewusst herbeigeführt.[6] Dieser passt den Eliten als Ablenkungs- und Steuerungsstrategie sehr gut in das Konzept, wie Rainer Mausfeld in seiner Analyse der Angst als Herrschaftsmittel[7] zeigt. Gesellschaft und Wohlfahrt werden de facto zerstört und diffuse Ängste geschürt, Desorientierung und Unsicherheit in den Seelen der Menschen erzeugt und in latente politische Energien umgeleitet und kanalisiert in einen »Kampf gegen X«. All diese Erosionsphänomene wurden ja gerade nicht von der AfD verursacht, sondern sind Ausdruck der »kreativen Zerstörung« des Gemeinwesens durch die neoliberale Elitenherrschaft, deren Resultat die Entstehung der AfD ist.

Totalitarismus mit dem Ergebnis »kreativer Zerstörung« und sozialer Atomisierung

Die »kreative Zerstörung« der öffentlichen Instanzen dient also nicht der Vorbereitung neuer Institutionen. Die Beschleunigung und Unruhe der gesellschaftlichen Prozesse sind keine Übergangsphasen, die in eine neue Ruhe und feste Strukturen führen sollen. Unruhe und Beschleunigung sind im Prozess der neoliberalen Revolution auf Dauer angelegt. Das Gesellschaftliche soll permanente Bewegung, soll steter Wandel sein.

Totalitäre Herrschaft[8] ist entfesselte Herrschaft, die idealerweise keinem Wertefundament, keiner kulturellen Tradition, keinem Rechtsrahmen, keinen formal-demokratischen Regularien mehr verpflichtet ist. Und während dadurch der Freiheitsspielraum der totalitären Eliten wächst, entstehen für die Bürger Bereiche permanenter Unsicherheit, Ungewissheit und Unübersichtlichkeit. Was gestern galt, ist heute falsch. Was heute gilt, ist morgen Gesinnungsverbrechen.[9] Wenn die Sicherheit der Institutionen wegfällt, kann die Macht nicht mehr lokalisiert und vom Volk, von dem laut Grundgesetz alle Staatsgewalt ausgeht, nicht mehr wahrgenommen werden. Sie wird zu einem diffusen Phantom.

Zusammengefasst: Die Dynamisierung der Macht entfesselt die totalitäre Herrschaft und liefert die Beherrschten einem unkalkulierbaren Feld der Machtwillkür und der sozialen Kontrolle aus. Flankierend werden soziale, kulturelle und ökonomische Unsicherheit geschürt, um die Menschen durch diese Unwägbarkeiten gefügig zu machen.

Neben der Dynamisierung setzt der Totalitarismus auch auf Vereinzelung, d. h. die Atomisierung der Gesellschaft. So überschattet die soziale Kontrolle mit den Mitteln der politischen Korrektheit alle zwischenmenschlichen Beziehungen und macht jeden Kontakt zu einem riskanten Wagnis. Stellen Sie sich Ihren Freundeskreis aus den frühen 1990er-Jahren vor, mit dem Sie damals ausgelassen feiern und bei allen weltanschaulichen Differenzen gepflegte Diskussionen führen konnten. Nun gehen Sie bitte verschiedene Themen durch und prüfen, ob und mit wem Sie heute noch unbefangen über die folgenden Themen sprechen könnten: 9/11, angeblich humanitäre Kriege, Putin, Trump, Migration, Klimawandel, Veganismus. Ich vermute einmal, dass die Schnittmengen ständig kleiner werden, dass man entweder Themen oder Menschen ausklammern müsste, dass man in einer Schweigespirale eigene Überzeugungen zurückhält aus Sorge vor sozialer Exklusion.

Doch nicht nur die Themen spalten die Öffentlichkeit, sondern auch das Sprachregime der politischen Korrektheit.[10] Bereits die Begrüßung von Menschen birgt die Gefahr, anderen eine unwiederbringliche Verletzung zuzufügen und selbst den sozialen Tod zu sterben. Wer etwa »Damen und Herren« anspricht, macht Menschen mit Trans-Identitäten unsichtbar, begeht gedankenlos oder böswillig ein Hass-Rede-Delikt. Aus einer Geste der freundlichen Zuwendung wird ein Gesinnungs- und Wohlverhaltensdetektor, der die Unterwerfung unter die Sprach- und Verhaltensrituale des Gender- und Identitätsregimes abprüft. Studierende sprechen den Genderstern * durch eine kleine Pause mit: Salafist*innen, KZ-Aufseher*innen, Vergewaltiger*innen. Wer dies unterlässt, gerät unter – impliziten oder expliziten – Rechtfertigungsdruck, auch wenn er vielleicht gar nicht gegen emanzipatorische Ziele, sondern nur gegen sprachliche Bevormundung ist.

Die Eintrittskarte in den herrschenden politischen Diskurs erhält aber nur, wer seine Gewandtheit im Hofzeremoniell der sensiblen Sprache unter Beweis stellen kann. Wer dies nicht möchte oder vermag, ist disqualifiziert und zugleich entartikuliert, ohne dass die Legitimität seines Anliegens überhaupt geprüft werden müsste. Mehr noch: Bei Verstößen gegen die – von wem eigentlich? – aufgeherrschte und allein der Disziplinierung dienende Hof-Etikette verspielt er sein Recht, jemals wieder sein Antlitz im sozialen Erscheinungsraum leuchten zu lassen. Vor diesem Hintergrund klingt der Vorwurf, die Menschen würden sich angesichts der gesellschaftlichen Veränderungen ins Private zurückziehen, geradezu zynisch, wo es doch zum wesentlichen Programm totalitärer Herrschaft zählt, Trennungen zu schüren – nach dem Motto: »divide et impera«, Bindungen aufzulösen und die Menschen zu entwurzeln – mit einem Wort: den öffentlichen und privaten Raum zu zerstören. An die Stelle tatsächlicher Gemeinschafts- und Bindungserfahrungen setzt der Totalitarismus das Surrogat des inszenierten Massenerlebnisses, das allerdings nur um den Preis der Ideologie-Affirmation zu haben ist, vergleichbar mit dem NS-Parteitag in Nürnberg.

Mögliche Perspektiven

Selbstverständlich liegt es nicht im Interesse aller Akteure, die sich in diesem Feld engagieren, in erster Linie den Neoliberalismus ideologisch abzusichern und zur Ausbreitung des Totalitarismus beizutragen, und nicht alle Kritiker der Political Correctness sind »lupenreine Demokraten«. Deshalb möchte ich im Folgenden wesentliche Bausteine einer wirklichen politischen Bildung skizzenhaft darlegen. Damit soll einerseits ein Ausweg aus der gegenwärtigen Diskurs-Krise aufgezeigt werden und andererseits auf die zerstörerische Kraft der aktuellen Bildungsreformen hingewiesen werden, die darauf hinauslaufen, die Grundlagen von Bildung insgesamt zu liquidieren. Die Liste zeigt die Ansatzpunkte für politische Bildung und zugleich auch die Verletzlichkeiten eines demokratischen Bildungswesens. Die Bildungsreformen, welche im Namen von PISA und Bologna den meisten OECD-Länder oktroyiert wurden, haben in der Summe zur Korruption, wenn nicht zur Zerstörung dieser Grundlagen beigetragen.

Nicht mehr der mündige Bürger, sondern das Humankapital, nicht mehr Bildung, sondern nebulöse Kompetenzen sind die Leitbilder dieser Reformen. Inzwischen ist weitgehend belegt, dass die politischen Maßnahmen und Interventionen von internationalen Organisationen und national operierenden Stiftungen – einem Putsch gleich – ins Werk gesetzt wurden. Bildung funktioniert als Herrschaftsinstrument und wird zunehmend zu einem Werkzeug des längst angebrochenen neuen Totalitarimus.[11] Unabdingbar wäre eine Neuorientierung an den Erfordernissen einer wahrhaft demokratischen Lebensform, die ihren Bürgern etwas abverlangt und sie dazu auch befähigen muss. Die folgenden Stichworte umreißen zumindest einige Grundlagen politischer Bildung:

- **Bürgerkunde:** Kenntnisse über Verfahren und Instanzen des Staates, Rechte und Pflichten der Bürger (Grundgesetz, Landesverfassung, Gewaltenteilung, Föderalismus, Volkssouveränität, Wahlrecht usf.),
- **Urteilskraft:** Themen sach- und wertgeleitet beurteilen können, Reflexion auf die Wertmaßstäbe, Kriterien und Interessenlagen,
- **Autonomie:** verantwortlicher Umgang mit Freiheit einerseits als Bindung an Gesetze und andererseits als Urheberin der Gesetze,
- **Fachlichkeit:** inhaltliches Wissen und methodisches Wissen zur Erschließung, Beurteilung und Gestaltung von politischen Sachverhalten,
- **Sprachkompetenz:** Verstehen und Artikulieren von Gehalten, Programmen, Interessen,
- **Medienbildung:** Mediennutzung, Medienkritik, Mediengestaltung,
- **Diskursive und dialogische Fähigkeiten:** Mit dem Anderen *sachlich* streiten können (Dialektik), den Anderen und das Andere verstehen (Hermeneutik), Pluralität aushalten, Widersprüche ausräumen, Gemeinsames finden, Einigung suchen,
- **Gemeinsinn:** Individualität und Gemeinschaft gewaltfrei aufeinander beziehen. Kein Terror des Kollektivs, kein Terror der Diversität,
- **Solidarität:** Starke sorgen für Schwache, Mehrheiten schützen Minderheiten,
- **Einbildungskraft:** Imagination von Alternativen zur politischen Faktizität,
- **Geschichtssinn:** Gegenwart ist geworden, Vergangenheit ist Vermächtnis und Aufgabe, Zukunft ist zu gestalten und zu verantworten,

- **Gerechtigkeitssinn:** Sensorium für politische Themen,
- **Initiative und Tatkraft:** Engagement im politischen Raum.

Das Tableau ist sicher nicht vollständig, stellt jedoch Bausteine einer pädagogischen Befähigung demokratischen Handelns zusammen und beansprucht, das formale Fundament für die politische Bildung zu legen. Formal ist diese Grundlage insofern, da keine spezifischen politischen Programme genannt werden, sondern die Voraussetzungen für einen Umgang mit Programmen jeglicher Art. Nicht zuletzt ergibt sich daraus auch die Befähigung, solche Programme selbst aufzustellen. Mehr noch: Es ergeben sich Perspektiven, die Fragmentierung der Gesellschaft und die Agonie des Politischen aufzuheben.

Wir stehen an der Schwelle einer dramatischen Dekade. Am Horizont erscheinen Vorzeichen sozialer, militärischer, ökonomischer und ökologischer Katastrophen. Die Herrschaft in den sogenannten westlichen Demokratien wandelt sich vom verdeckten Regieren durch Tiefenstrukturen hin zu einem manifesten Totalitarismus. Der Übergang dorthin wird uns Bürgern durch Propaganda und Ideologien schmackhaft gemacht. Reißen wir den Akteuren die Maske vom Gesicht:

- »Bildungsreformen« dienen nicht der Bildung der Menschen zur Mündigkeit,
- »Genderismus« und »Identitätspolitik« nicht der politischen Gerechtigkeit,
- der »New Green Deal« nicht dem Umweltschutz,
- der »Kampf gegen Hass und Hetze« nicht der demokratischen Debattenkultur und so fort.

Es ist höchste Zeit, den Blick für die Realität, den Sinn für das Gemeinsame und die Kategorien des Demokratischen zu schärfen. Dies gelingt aber nur, wenn wir uns nicht auf jeden Debattenköder stürzen, sondern die Bedingungen, unter denen wir debattieren, reflektieren und neu justieren. Ansonsten bleiben wir Marionetten der großen Manipulation.

Was ehrbare Bürger und was verrückte Verschwörungstheoretiker glauben[1]

Caitlin Johnstone

Vorsicht, Satire! Die Autorin stellt in ihrem Beitrag unmissverständlich klar, dass alle, die den Kurs ihrer Regierung hinterfragen, als »verrückte, dumme Verschwörungstheoretiker« zu gelten haben. Der »kluge, aufrechte Bürger« hingegen folgt stets dem Kurs seiner gesetzestreuen und integren Regierung. Das leuchtet auch unmittelbar ein, denn seit Jahrhunderten schon ist es verrückt und dumm, sich gegen sogenannte Autoritäten aufzulehnen: Sie bestimmten schon immer, wer als Hexe oder Ketzer auf dem Scheiterhaufen verbrannte oder in unseren Tagen als Whistleblower im Knast landet.

Verrückte, dumme Verschwörungstheoretiker glauben, dass eine fortschrittliche Weltanschauung Skepsis gegenüber der Staatsgewalt erfordert.

Kluge, aufrechte Bürger glauben, dass die Regierung ihr Freund ist und die Medien ihre Helfer sind.

Verrückte, dumme Verschwörungstheoretiker glauben, Mächtige würden manchmal im Geheimen unmoralische Pläne schmieden.

Kluge, aufrechte Bürger glauben, dass das Fernsehen immer die Wahrheit sagt und die CIA ohne jeglichen Grund existiert.

Verrückte, dumme Verschwörungstheoretiker glauben, dass die extreme Geheimhaltung der Regierung erfordert, mögliche Theorien darüber zu diskutieren, was sich hinter dem Schleier der Intransparenz abspielen könnte.

Kluge, aufrechte Bürger glauben, dass eine weltbeherrschende Regierung mit dem mächtigsten Militär in der Geschichte der Zivilisation ohne jede Transparenz und Rechenschaftspflicht gegenüber der Öffentlichkeit kein Grund ist, paranoid zu werden.

Verrückte, dumme Verschwörungstheoretiker glauben, es sei in Ordnung, Fragen über wichtige Ereignisse in der Welt zu stellen, selbst wenn ihre Regierung ihnen sagt, sie sollten es nicht tun.

Kluge, aufrechte Bürger glauben, dass alles, was sie über die Realität wissen müssen, aus Mike Pompeos Engelsmund kommt.

Verrückte, dumme Verschwörungstheoretiker glauben, die sehr Reichen handelten manchmal ruchlos, um ihren Reichtum und ihre Macht zu vergrößern.

Kluge, aufrechte Bürger glauben, dass sich Milliardäre immer nach denselben Werten verhalten, die ihnen ihre Milliarden eingebracht haben: Ehrlichkeit, Moral und Großzügigkeit.

Verrückte, dumme Verschwörungstheoretiker glauben, es sei wichtig, sich an die Lügen zu erinnern, die zur Invasion des Irak führten, sowie an die katastrophalen Folgen des blinden Vertrauens in die Behauptungen der Regierung.

Kluge, aufrechte Bürger glauben, dass der Irak ein fiktives Land ist – ähnlich wie Narnia oder Mittelerde, nach den Schriften des Fantasy-Autors George Galloway.

Verrückte, dumme Verschwörungstheoretiker glauben, dass Syrien darum kämpft, nicht zu einem weiteren Libyen in einem Verteidigungskrieg gegen extremistische Stellvertreterarmeen des US-zentrierten Imperiums zu werden. Diese Armeen hätten Milliarden Dollar militärischer Unterstützung mit dem Ziel erhalten, Damaskus zu stürzen.

Kluge, aufrechte Bürger glauben, dass Bashar al-Assad die lebensechte Version eines Cartoon-Superschurken ist. Er habe 2011 damit begonnen, Zivilisten [...] zu ermorden, weil er dies liebt. Dann hätte 2015 sein Freund Wladimir Putin mitgemacht, weil auch er es liebt, Zivilisten zu ermorden.

Verrückte, dumme Verschwörungstheoretiker glauben, die umfangreiche Lügen-Geschichte der US-Regierungen erfordere stets riesige Berge unabhängiger, überprüfbarer Beweise, wenn diese Regierungen Behauptungen über nicht unterworfene Nationen aufstellen.

Kluge, aufrechte Bürger glauben, dass Russland 2016 einen Kriegsakt gegen die Vereinigten Staaten begangen hat, dass China einen zweiten Holocaust inszeniert, Maduro das venezolanische Volk absichtlich verhungern ließe, weil er es hasst. Sie glauben, Assad setze nur dann chemische Waffen ein, wenn es keinen strategischen Sinn macht und kubanische Spionagegrillen versuchten, US-Diplomaten zu ermorden. Überall gebe es Novichok und jede nicht [US-]konforme Partei im Nahen Osten arbeite heimlich für den Iran.

Verrückte, dumme Verschwörungstheoretiker glauben, es könne schwierig sein herauszufinden, was in einer Landschaft von Massenmedien vor sich geht, die von der Propaganda des US-zentrierten Imperiums durchdrungen ist.

Kluge, aufrechte Bürger glauben, dass sie nur fernsehen müssen, um alle Fakten zu erfahren, hingegen schreiend aus dem Raum rennen müssen, wenn sie versehentlich bei Russia Today hereinschauen.

Verrückte, dumme Verschwörungstheoretiker glauben, dass der Vorfall im Golf von Tonkin vorgetäuscht und die Erzählung vom »Herausnehmen der Babys aus den Brutkästen« eine Lüge war. Sie glauben, Saddam hätte keine Massenvernichtungswaffen gehabt, Gaddafis Vergewaltigungsarmeen hätten nie existiert und bei der Intervention in Libyen sei es nie wirklich um humanitäre Belange gegangen.

Kluge, aufrechte Bürger glauben, es sei besser, nicht über solche Dinge nachzudenken.

Verrückte, dumme Verschwörungstheoretiker glauben, dass die neuen WikiLeaks-Publikationen interner OPCW-Dokumente reichlich Beweise für Lügen über den Douma-Vorfall von 2018 liefern.

Kluge, aufrechte Bürger glauben, diese Dokumente seien nicht echt, weil die *New York Times* nie darüber berichtete.

Verrückte, dumme Verschwörungstheoretiker glauben, die zunehmende Geheimhaltung der Regierung erleichtere es Regierungsbehörden, unethische Dinge im Geheimen zu tun.

Kluge, aufrechte Bürger glauben, das Infragestellen der Regierung mache sie zu einem russischen Antisemiten.

Verrückte, dumme Verschwörungstheoretiker glauben, dass die Milliardärsklasse selbstverständlich den Status quo ihres Eigentums an den Massenmedien aufrechterhalten will. So schafften sie eine Umgebung, die Reporter dazu veranlasst, immer die etablierte Linie zu unterstützen.

Kluge, aufrechte Bürger glauben, das es in den Nachrichten gestanden hätte, wenn diese Art von Verschwörung wirklich geschehen würde.

Im Sumpf der Fassadendemokratie

Gehirnverschmutzung im Zeitalter der Gegenaufklärung

Ullrich Mies

»Wer die Fakten von heute nicht in einen größeren Zusammenhang stellt, weiß nichts. Deswegen ist es so wichtig, sich vorzubereiten. Verstehst du die Geschichte nicht, verstehst du auch das Heute nicht.«

»Journalist zu sein war, wie mir schien, eine große und wichtige Aufgabe, und das wäre es auch heute noch, wenn echter Journalismus nicht unmöglich geworden wäre.«

»Wenn ich mir heute im Fernsehen die Pressekonferenzen im Pentagon ansehe, wird mir ganz übel angesichts der rückgratlosen Unterwürfigkeit dieser so genannten Journalisten.«

Tiziano Terzani[1]

»Als ich Kadett in West Point war,
[…] was ist das Motto der Kadetten von West Point?
Nicht lügen, nicht betrügen, nicht stehlen und
die nicht tolerieren, die das tun.
Ich war Direktor der CIA. Wir haben gelogen, gestohlen und betrogen.
Es war, als hätte es dafür richtige Kurse gegeben.«

Mike Pompeo, US-amerikanischer Außenminister[2]

Mit allen perfiden Methoden speist die Manipulationsindustrie Herrschaftsgedanken in die Köpfe der Öffentlichkeit ein. Die Klassiker der Propagandaliteratur sind fast einhundert Jahre alt. Walter Lippmans Buch »Die öffentliche Meinung«[3] erschien im Jahr 1922, Edward Bernays' »Propaganda – Die Kunst der Public Relations«[4] im Jahr 1928. Bernays' Gedanken dienten bereits Joseph Goebbels als Gebrauchsanweisung zur Massenmanipulation. Sein Buch stammt aus einer Zeit, in der »die professionelle Verlogenheit noch nicht Legion war«[5]. Das ist heute anders, denn die Verkommenheit der Machtzentren bestimmt die politischen Realitäten in den westlichen Fassadendemokratien.[6] *Propaganda, Demagogie und perfide Manipulationstechniken wurden zur Perfektion getrieben. Es geht nur noch darum, das heiß gelaufene, toxisch-dystopische Wirtschafts- und Gesellschaftssystem des marktradikalen Kapitalismus aufrecht zu erhalten, oder in modifizierter Form – zum Beispiel als 4. industrielle Revolution – weiterzuführen. Die Herrschaftskasten klammern sich an ihre Macht und halten sich durch Lügen, Betrügen, Fälschen, Hetzen, Geheimhaltung, das Unterschlagen von Informationen, die Bagatellisierung von Skandalen, Angstproduktion und Kriegstreiberei über Wasser. Der Informationskrieg gegen die Öffentlichkeit läuft auf Hochtouren und soll ihre Herrschaft sichern.*

Aufklärung und Gegenaufklärung

Am 30. September 1784 schrieb Immanuel Kant:

> »*Aufklärung ist der Ausgang des Menschen aus seiner selbstverschuldeten Unmündigkeit. Unmündigkeit* ist das Unvermögen, sich seines Verstandes ohne Leitung eines anderen zu bedienen. *Selbstverschuldet* ist diese Unmündigkeit, wenn die Ursache derselben nicht am Mangel des Verstandes, sondern der Entschließung und des Mutes liegt, sich seiner ohne Leitung eines anderen zu bedienen. *Sapere aude!* Habe Mut, dich deines *eigenen* Verstandes zu bedienen! ist also der Wahlspruch der Aufklärung.«[7]

Kants kategorischer Imperativ lautet:

> »Handle nur nach derjenigen Maxime, durch die du zugleich wollen kannst, dass sie ein allgemeines Gesetz werde.«[8]

Damit ist der »kategorische Imperativ« das selbstauferlegte Korsett vor moralischer Verwahrlosung, schuldhafter Ignoranz, grenzenloser Gier, Bösartigkeit und Machtstreben. Wer die Grundsätze der Aufklärung mit denen des »kategorischen Imperativs« zusammen liest, dem wird klar, dass im Zeitalter des Neoliberalismus und des neuen Kalten Krieges 2.0[9] kein Kant'scher Stein mehr auf dem anderen steht. Im Laufe der letzten 30 Jahre verkehrten die Herrschaftscliquen alle Grundsätze positiver Menschheitsentwicklung in ihr Gegenteil, die Gegenaufklärung.

Bei der Gegenaufklärung der post-Moderne[10] handelt es sich um komplexe Manipulations- und Propaganda-Operationen der Machtzentren, die einen umfassenden Informationskrieg gegen die Öffentlichkeit führen. Ziel der Machtzentren ist es, die Zivilgesellschaften unwissend zu halten, trickvoll auszuplündern, zu betrügen und zu disziplinieren damit sie ihre eigene Unterdrückung und Ausbeutung hinnehmen. Ihnen geht es darum, den Wohlstand von unten nach oben zu verteilen, die Öffentlichkeit auf ihre Weltinterpretationen sowie ihre geopolitischen Weltneuordnungspläne inklusive neuer Kriege einzuschwören. Als Promotoren der Gegenaufklärung beschäftigen die Herrschaftscliquen weltweit Millionen von Lohnkräften und Lakaien, damit diese Gedanken in ihrem Sinne produzieren. Die gesamte Bewusstseinsindustrie arbeitet daran, dass die Gedanken der Machtzentren »die herrschenden Gedanken der Epoche sind«[11] und deren Hegemonie Bestand hat:

> »Die Gedanken der herrschenden Klasse sind in jeder Epoche die herrschenden Gedanken, d. h. die Klasse, welche die herrschende *materielle* Macht der Gesellschaft ist, ist zugleich ihre herrschende *geistige* Macht. Die Klasse, die die Mittel zur materiellen Produktion zu ihrer Verfügung hat, disponiert damit zugleich über die Mittel zur geistigen Produktion, sodass ihr damit zugleich im Durchschnitt die Gedanken derer, denen die Mittel zur geistigen Produktion abgehen, unterworfen sind.«[12]

Darum setzen die Machtzentren alles daran, dass der »Souverän« keine Urteilskraft entwickeln kann, die ihnen gefährlich werden könnte. Der Souverän darf der aufgeherrschten Unmündigkeit nicht entkommen. Deshalb torpedieren die Gegenaufklärer die Bildung breiter Bevölkerungsschichten, sie untergraben die Förderung von Urteilskraft, sie zerstören Vertrauen, säen Zwietracht, beobachten, kontrollieren und überwachen die Zivilgesellschaft, überziehen sie mit Terror, um sie durch Angst[13] gefügig zu machen.

Der gesamte Manipulations- und Propaganda-Aufwand wird nicht nur betrieben, damit die Mehrheit der Menschen unwissend, träge, desorientiert und feige wird und bleibt, sondern damit sie selbst zu Trägern der neoliberalen Ideologie werden, zu »Konsumentenvieh« und die jungen Menschen zu Kanonenfutter für verbrecherische zukünftige Kriege. Mangels geistiger Urteilskraft und des Verlustes der Grundsätze der Aufklärung gelingt das bei der Mehrheit, wenngleich sich die Begeisterung für Krieg und Selbstvernichtung »noch« in Grenzen hält.

> »Mit dem Bedürfnis nach Macht sind einige der dunkelsten Seiten des Menschen verbunden. Unermessliche Blutspuren der Geschichte legen Zeugnis davon ab, dass der menschliche Hunger nach Macht unersättlich ist.«[14]

> »Das Hauptanliegen der Macht ist ganz offensichtlich die Fähigkeit, sich zu verbergen. Ihre Entlarvung als Macht schwächt sie per Definition. Wenn sie einmal enttarnt ist, stellt sich die Macht Fragen über ihre Legitimität, ihre Methoden und ihre Ziele. Macht will nicht gesehen werden, sie will nicht eingeschränkt werden, sie will nicht zur Verantwortung gezogen werden. Sie will absolute Freiheit, sich selbst zu reproduzieren und im Idealfall mehr Macht zu erlangen. Deshalb macht sich die wahre Macht so unsichtbar und so undurchschaubar wie möglich.«[15]

Akteure der Gegenaufklärung

Werfen wir nun einen Blick auf die Zentren der Macht. Die amerikanische herrschende Klasse erhält ihre Macht durch zahlreiche politische und wirtschaftliche Institutionen aufrecht. Dazu zählen die National Association of Manufacturers, die US-Handelskammer, der Business Council, der Business Roundtable, der Conference Board, das American Enterprise Institute for Public Policy Research, der Council on Foreign Relations sowie etliche Think Tanks. Der globalisierte Kapitalismus fügt die Macht-»Eliten« der Welt in immer stärker verzahnten Netzwerken zusammen, sodass wir aktuell von einer transnationalen kapitalistischen Klasse (Transnational Capitalist Class = TCC) sprechen.[16] Abkommen durch die Welthandelsorganisation und andere internationale Institutionen führten dazu, die Bedeutung der Nationalstaaten zu minimieren. Zudem beförderten sie den Aufstieg einer transnationalen Kapitalistenklasse, die aus den multinationalen Konzernen hervorging. William Robinson schreibt in seinem Buch »Global Capitalism and the Crisis of Humanity«[17], dass 500 Jahre Kapitalismus zu einer globalen Epochenverschiebung geführt hätten, in der alle menschlichen Aktivitäten in Kapital umgewandelt wurden. Die ganze Welt sei zu einem einzigen Markt geworden. Die globale Zirkulation des Kapitals sei der Kern dieser internationalen Bourgeoisie, die in oligopolistischen Clustern auf der ganzen Welt operiere. Diese Elitencluster bildeten durch Konzernfusionen und -übernahmen strategische transnationale Allianzen mit dem Ziel, Reichtum und Kapital noch stärker zu konzentrieren. Dieser Prozess schaffe hegemoniale Eliten. Die Überakkumulation von Kapital führt zu spekulativen Investitionen und letztlich zu Kriegen. Die transnationale kapitalistische Klasse schützt ihre Interessen durch globale Organisationen wie die Weltbank, den Internationalen Währungsfonds, die Gruppe der Sieben (G7) und die Gruppe der Zwanzig (G20), das Weltwirtschaftsforum/Davos, die Trilaterale Kommission, die Bilderberg-Gruppe, die Bank für Internationalen Zahlungsausgleich und andere transnationale Vereinigungen.[18] Der militärische Gewaltarm der westlichen Kapitalistenklasse ist die NATO, denn sie sichert ihre ökonomischen Interessen und Expansionsgelüste ab.

»Die TCC repräsentiert die Interessen einiger Hunderttausend Millionäre und Milliardäre. Sie sind die reichsten Menschen im oberen 1 Prozent der weltweiten Vermögenshierarchie. Ironischerweise schafft die extreme Anhäufung von konzentriertem Kapital an der Spitze ein anhaltendes Problem für die TCC, die die Welt nach neuen Investitionsmöglichkeiten durchforsten muss, um die angemessenen Renditen in Höhe von 7 bis 10 Prozent zu erbringen. Der Krieg ist ein Mittel für das überakkumulierte Kapital.«[19]

Die Spitze der transnationalen Kapitalistenklasse wird von der »Superklasse« besetzt, wie sie David Rothkopf nennt.[20] Die Superklasse umfasst 6000 bis 7000 Menschen oder 0,0001 Prozent der Weltbevölkerung. Diese Wenigen treffen sich unter anderem auf dem World Economic Forum (WEF) in Davos, fliegen in Privatjets, sind in Megakonzernen miteinander vernetzt und durch ein gefestigtes Klassenbewusstsein ideologisch miteinander verbunden. Diese absolute Spitze der globalen Machtpyramide bestimmt die Politik.[21] Vor allem für diese Superklasse erbringen die PR- und Propaganda-Firmen ihre Dienstleistungen und infiltrieren die Welt mit ihren Botschaften, Ideologien, Klasseninteressen und zentralen Werten.

Zum Geld-Macht-Komplex hat Peter Phillips das Buch »The Giants« herausgegeben. Zu den Giganten zählt Phillips die 17 größten Kapitalsammelstellen wie BlackRock, Vanguard, JP Morgan Chase, die im Jahr 2017 über eine Investment-Power von jeweils mehr als einer Billion US-Dollar verfügten. Ihre akkumulierte Investitionskraft betrug 2017 41,1 Billionen US-Dollar.[22] Während der Recherchen zu seinem Buch seien allein im Jahr 2017 drei weitere Giganten hinzugekommen. Nehme man die Investitions-Power der Fast-Giganten, die je knapp unter einer Billion US-Dollar Investitionskraft lagen, hinzu, so betrage die akkumulierte Investitionskraft mehr als 53 Billionen US-Dollar.[23] Addiert man noch die »kleineren« 39 »Kapitalsammelstellen« (Investment-Gesellschaften), so ergibt sich eine Investment-Power von über 74 Billionen US-Dollar im Jahr 2017.

Die etwa 6000 Kapitalverwerter unterhalb des Giganten- und Sub-Giganten-Niveaus sind dabei noch nicht einmal berücksichtigt: Private Equity Fonds, Hedgefonds, internationale Anwalts- und Beratungskonzerne. Deren jährliche Gewinnerwartungen liegen bei durchschnittlich 25 Prozent. Über ihre zahllosen Verfilzungen mit den Giganten, Banken und Regierungen, dem IWF, der Weltbank, der

EU-Kommission und ihre Plünderungen, Übernahmen und Filetierungen von etwa 10 000 deutschen Mittelstandsfirmen schreibt Werner Rügemer in seinem Buch »Die Kapitalisten des 21. Jahrhunderts«.[24] Es handelt sich unter anderem um eine US-zentrierte korrupte »Abschöpfindustrie« des deutschen gesellschaftlichen Wohlstandes unter Mithilfe des inländischen »Eliten«-Komplexes.[25]

Wo sie überall investieren, ist von untergeordneter Bedeutung. Entscheidend ist die Höhe des Returns. Sie investieren u. a. in Waffensysteme, Tabak, fossile Energien, Agrarland, Pestizide, Impfstoffe, Privatgefängnisse, das Bildungs- und Gesundheitswesen, Fast Food, Sicherheitsfirmen, Kreuzfahrtschiffe, Ferien-Resorts, Überwachungssysteme, Nuklearwaffen oder die Atomindustrie und die privatisierte Kriegswirtschaft zahlloser Söldnerfirmen als Regierungs-Kontraktfirmen.[26]

»Erst die große Zahl des Investorentyps BlackRock, ihre gegenseitige Verflechtung, ihr Rückhalt im weltweiten US-System, die Zahl ihrer Eigentümerschaften und dann die Kombination mit der Insiderstellung, den Regierungsfunktionen und den Dienstleistungen für andere Finanzakteure – und dies in Verbindung mit den Beziehungen zu den selbst schon einflussreichen kapitalgebenden Kunden, der transnationalen kapitalistischen Klasse –, dies ergibt die Macht des neuen Super-Kartells von BlackRock & Co.«[27]

Die immer stärkere Kapitalkonzentration und die nicht endende Erwartung des »Return on Investment«, von Wachstum und geografischer Expansion im globalen Kapitalismus erweitert auch das Einsatzspektrum der PR- und Propaganda-Firmen (PRP-Firmen). Die primäre Dienstleistung dieser Firmen ist die psychologische Gehirnwäsche der Menschheit, um die Nachfrage nach überflüssigen Gütern zu erzeugen und zu steigern. Als weiteren wichtigen Bestandteil ihres Portfolios vermarkten die PR- und Propagandafirmen den »globalen Krieg gegen den Terrorismus« und »neue Feinde« als Dauerbrenner, denn die überwiegende Mehrheit der Menschen neigt eher dazu, instinktiv für Frieden einzutreten. Zur Rechtfertigungsstrategie staatsterroristischer Gewalt gehören Manipulations- und Propagandaaktivitäten für Regierungen und militärische Auftragnehmer. In diesen Kontext fallen kriegsorientierte Hollywood-Filme sowie die Vermarktung von Internet-Kriegsspielen und Kriegsspielzeug.[28]

»Die drei großen globalen PRP-Firmen tragen wesentlich zur totalen Hegemonie des Kapitalismus in der heutigen Welt bei. PRP-Firmen und ihre Medienpartner unterstützen Unternehmen, Regierungen und Nichtregierungsorganisationen (NGOs) bei ihrem unerbittlichen ideologischen Angriff auf das Bewusstsein der Massen und zur Sedierung ihres Geistes auf der ganzen Welt.«[29]

Propaganda als Multi-Milliarden-Business

Die Public-Relation- und Propaganda-Industrie verfügt über enorme Macht, und die Öffentlichkeit weiß nahezu nichts darüber. Global erzielte diese Industrie 2018 einen Umsatz von 63,8 Milliarden US-Dollar und 2022 schätzungsweise 93,7.[30] Neben der wichtigsten Dienstleistung, der Verbesserung und dem Verkauf von Marken, sind sie auch in der Forschung und im Krisenmanagement für Konzerne und Regierungen tätig. Sie platzieren Politiker in gutem Licht und gestalten öffentliche Kampagnen in Kooperation mit den Konzernmedien. Für derartige Dienstleistungen gab allein die US-Regierung von 2007 bis 2015 über 4 Milliarden US-Dollar aus.[31] Wie oben erwähnt, erbringen die PR- und Propaganda-Firmen im Auftrag verbrecherischer Regierungen und der Kriegswirtschaft als folgenschwerste »Dienstleistung«: weltweit Kriege medial vorzubereiten und zu begleiten.[32]

Den Markt der PR- und Propagandaindustrie bestimmen vier Mega-Konglomerate mit einer Vielzahl weltweit aktiver PR-Agenturen. In der Reihenfolge ihrer Größe waren es 2018 WPP, Großbritannien, die Omnicom Group, USA, die französische Publicis Groupe S. A. und die Interpublic Group of Companies, USA. Im Jahr 2015 waren diese Firmen in über 170 Ländern tätig und erzielten einen Umsatz von etwa 44 Milliarden US-Dollar. Sie verfügen über ein ausgedehntes Netzwerk zu mächtigen internationalen Institutionen, zu Unternehmensmedien, Regierungen, Ministerien, multinationalen Konzernen und globalen politischen Entscheidungsgremien.[33] Sie betreuen weltweit Tausende Firmen, Marken, Banken, Versicherungen, Finanzinvestoren, NGOs, Universitäten sowie Regierungen und deren Ministerien, vor allem Kriegsministerien, es geht quer durch alle Branchen.

Bei WPP handelt es sich um ein Konglomerat aus über 125 weltführenden PRP-Firmen, aktiv auf den Gebieten der Marken-Identität, der Konsumenten-Überzeugung, der Werbung, der Gesundheitskommunikation, der digitalen Promotion und des Beziehungsmarketings. 2015 erwirtschaftete WPP mit ca. 190 000 Beschäftigten einen Jahresumsatz von 12,2 Milliarden US-Dollar, 2017 von 15,265 Milliarden mit etwa 203 000 Beschäftigten in über 3 000 Büros und 112 Ländern. Zum WPP-Firmenkonglomerat gehören unter anderem die Agenturen J. Walter Thompson, Ogilvy Group, Ogilvy & Mather Worldwide, Ogilvy Public Relations, Sudler & Hennessy, Glover Park Group, TNS Company, Young & Rubicam Inc., The Tempus Group, Blanc & Otus, Burson-Marsteller, Cohn & Wolfe, Dewey Square Group, Finsbury, Grey Group, Hill & Knowlton, National Public Relations, Scholz & Friends.[34]

Die Omnicom-Gruppe erzielte 2015 einen Jahresumsatz von 15,1 Milliarden US-Dollar, 2018 von 15,29 Milliarden US-Dollar mit circa 74 000 Mitarbeitern in über 200 Agenturen. Omnicom repräsentiert eine Gruppe von Tochtergesellschaften, abhängigen und quasi-unabhängigen Agenturen wie BBDO Worldwide, DDB Worldwide, TBWA Worldwide, GSD&M, Merkley & Partners und Zimmerman & Partners Advertising sowie Fleishman-Hillard, Integer Group und Rapp über die Abteilung Diversified Agency Services von Omnicom. Omnicom betreut über 5 000 Marken aus allen Branchen und verfügt über 1 500 Büros in über 100 Ländern.[35] Die vier Eigentümer sind MFS Investment Management Inc., Wellington Management Company, LLP und John Wren.[36]

Der multinationale Werbedienstleister und Medienkonzern aus Frankreich, die Publicis Groupe S. A[37], ist in 229 Städten und 109 Ländern vertreten und erzielte 2015 mit etwa 78 000 Mitarbeitern einen Umsatz von 9,6 Milliarden US-Dollar. Die Gruppe ist in vier Abteilungen gegliedert: Publicis Communications, Publicis Media, Publicis Health and Publicis.Sapient. Publicis Communications besteht aus den Agenturen: Leo Burnett, Saatchi & Saatchi, Publicis Worldwide, BBH, Marcel, Fallon, MSLGROUP and Prodigious networks.[38] Eigentümer ist der syrische Milliardär Nadeh Ojjeh.[39]

Die Interpublic Group of Companies (IPG) erzielte 2015 mit circa 49 700 Mitarbeitern in 88 Agenturen weltweit einen Umsatz von 7,6 Milliarden US-Dollar. 2018 erwirtschafteten etwa 54 000 Beschäftigte einen Umsatz von ca. 9,6 Milliarden US-Dollar. Eigentümer von IPG sind große Investmentfirmen wie The Bank of New York Mellon Corporation, Vanguard Group und Lord Abbett.[40] Zur IPG-Gruppe gehören 2020 106 Agenturen.[41]

Edelman ist eine der größten selbstständigen PR-Firmen der Welt. Der US-amerikanische Unternehmensgründer Daniel Joseph Edelman gilt als Schlüsselfigur beim Aufbau der Public-Relations-Branche.[42] 2017 erzielte Edelman einen Umsatz von 894 Millionen US-Dollar.

Die Kriegstreiber

Eine Weltmacht mit Weltbeherrschungsanspruch braucht zwingend ein starkes Militär mit zahllosen Militärstützpunkten und vor allem eine gigantische Flotte. Daher ist es nicht verwunderlich, dass das Pentagon PR- und Propagandaunternehmen mit Milliarden unterstützt, damit diese ihre Kriegspolitik »unters Volk« bringen. So ist inzwischen bekannt, dass das Pentagon bereits 2009 27 000 PR-Propagandisten mit einem Budget von 4,7 Milliarden US-Dollar aus Steuergeldern unter Vertrag hatte, um den eigenen Landsleuten, aber auch den Alliierten den Krieg als Mittel der Außenpolitik »schmackhaft« zu machen. Der größte Teil der Mittel, etwa 1,6 Milliarden US-Dollar, floss in Personalkosten und Werbung. Weitere 547 Millionen US-Dollar wurden aufgewendet, um die amerikanische Bevölkerung »zu bearbeiten«, weitere 489 Millionen wurden für sogenannte psychologische Operationen bereitgestellt, um der ausländischen Öffentlichkeit das Gehirn zu waschen.[43] Der Propagandapool an Personal und Geldmitteln dürfte seit 2009 nochmals erheblich gestiegen sein.

Als der Chef von Associated Press, Tom Curley, diesen ganzen Skandal ans Licht brachte, bekam er die massiven Drohungen der US-Militär- und Kriegsmaschine zu spüren. In der Folge trat er 2012 von seinem Job zurück,[44] korrekter wäre wohl: Er wurde zurückgetreten. Die unglaubliche Verschwendung von Steuermitteln geht jedoch »undercover« bis heute und noch diversifizierter weiter und begleitet jedes Kriegsgeschehen des Imperiums und seiner Vasallen. So berichtete ein ehemaliger Auftragnehmer der PR-Agentur Bell Pottinger in Großbritannien, das Pentagon habe im Zusammenhang mit dem US-geführten Irakkrieg mehr als eine halbe Milliarde US-Dollar für die Produktion und Verbreitung gefälschter Al-Qaida-Videos bezahlt, damit die aufständische Gruppe in einem negativen Licht dastand.[45]

Swiss Propaganda Research schrieb in seiner 2016 erschienenen Studie »Der Propaganda-Multiplikator: Wie globale Nachrichtenagenturen und westliche Medien über Geopolitik berichten«:

»Es ist einer der wichtigsten Aspekte unseres Mediensystems – und dennoch in der Öffentlichkeit nahezu unbekannt: Der größte Teil der internationalen Nachrichten in all unseren Medien stammt von nur drei globalen Nachrichtenagenturen aus New York, London und Paris. Die Schlüsselrolle dieser Agenturen hat zur Folge, dass unsere Medien zumeist über dieselben Themen berichten und dabei sogar oftmals dieselben Formulierungen verwenden. Zudem nutzen Regierungen, Militärs und Geheimdienste die globalen Agenturen als Multiplikator für die weltweite Verbreitung ihrer Botschaften. Die transatlantische Vernetzung der etablierten Medien gewährleistet dabei, dass die gewünschte Sichtweise kaum hinterfragt wird. Eine Untersuchung der Syrien-Berichterstattung von je drei führenden Tageszeitungen aus Deutschland, Österreich und der Schweiz illustriert diese Effekte deutlich: 78% aller Artikel basieren ganz oder teilweise auf Agenturmeldungen, jedoch 0% auf investigativer Recherche. Zudem sind 82% aller Kommentare und Interviews USA/NATO-freundlich, während Propaganda ausschließlich auf der Gegenseite verortet wird.«[46]

»Die Konzernmedien sind eng mit dem militärisch-industriellen Komplex und den politischen Eliten der US-amerikanischen, europäischen und asiatischen korporativen Klasse verflochten, und die Medien sind zunehmend von verschiedenen Regierungs- und PRP-Quellen abhängig, um Nachrichten zu generieren. […] Die vierundzwanzigstündigen Nachrichtensendungen auf MSNBC, Fox und CNN stehen in ständigem Kontakt mit dem Weißen Haus, dem Pentagon und PRP-Unternehmen, die sowohl die Regierung als auch private Unternehmen vertreten. […] Journalisten nehmen eine zunehmend abhängige Nebenrolle gegenüber den PRP-Firmen und den Pressemitteilungen der Regierung in den Nachrichtenmedien der Unternehmen ein. Die Welt sieht sich heute einem PRP-Militär-Industrie-Medienimperium gegenüber, das so mächtig und komplex ist, dass an den meisten Nachrichtenorten grundlegende Wahrheiten über das Weltgeschehen verschwiegen, verzerrt oder einfach nicht berichtet werden. […] Vor dreizehn Jahren wurde geschätzt, dass bis zu 80 Prozent aller Nachrichten in den Konzernmedien von PRP-Firmen stammen oder direkt von ihnen beeinflusst wurden.«[47]

Die Beteiligung von PRP-Firmen an der Verbreitung von Kriegspropaganda ist gut dokumentiert.[48] So untersuchten Jörg Becker und Mirjam Beham in ihrem Buch »Operation Balkan: Werbung für Krieg und Tod«[49] eingehend die Rolle von PR-Agenturen im Kriegsgeschehen. Im Anhang desselben Buches[50] nennen die Autoren zahlreiche Agenturen, die den Balkan-Krieg vorbereiteten und flankierten. In einem Video-Beitrag[51] resümiert Becker, dass heutige Kriege ohne PRP-Agenturen undenkbar sind. Die Agenturen seien integraler Bestandteil des Krieges.[52] Die moderne Kriegsführung sei undenkbar, so Becker, ohne das Dreieck aus privatisierter Kommunikation durch die PRP-Wirtschaft, privatisierter Kriegsführung durch Private Military Firms[53] und eine zunehmend privatisierte Diplomatie:

> »Da gibt es also neben der Privatisierung von früher öffentlicher Kriegskommunikation durch private PR-Agenturen zweitens das staatliche Gewaltmonopol, das feudalisiert wird. Vorbei an parlamentarischen Zustimmungspflichten und Budget-Genehmigungen für einen staatlichen Verteidigungshaushalt externalisiert der Staat seine Kriegsführung an PMFs [Private Military Firms, U. M.]. Drittens schließlich vollzieht sich in dem

> Bereich eine Privatisierungs- und Outsourcing-Strategie, der früher die ureigenste Domäne staatlicher Politik war, nämlich in der Diplomatie.«[54]

Die Leichtigkeit, mit der weite Teile der US-amerikanischen Bevölkerung zum Beispiel den Einmarsch in den Irak akzeptierten, war das Ergebnis einer konzertierten Propaganda-Kampagne. Diese entstand im Zusammenspiel von Regierung, Pentagon-Kontraktpartnern, PRP-Firmen sowie Konzernmedien. Sie sind bis heute die Hauptnutznießer des permanenten »Krieges gegen den Terror«. Ich bezeichne dieses Konglomerat als organisierten Staatsterrorismus oder FSMIKK = finanzkapitalistisch-staatsterroristisch-militärisch-industriellen Geheimdienst und Kommunikationskomplex.[55] Viele Wissenschaftler in den USA schließen den Kongress in dieses Konglomerat ein. Ihre Vernetzung gewinnt an Bedeutung, weil prominente Teile der Machtelite und des nationalen Sicherheitsstaates der USA über ausreichend Geld und Ressourcen verfügen. Daher können sie ihre Propaganda so lange permanent über die gesamte Welt verbreiten, bis ihre Botschaften zur allgemeinen Wahrheit werden. In Deutschland verbreiten vor allem die »Initiative Neue Soziale Marktwirtschaft« und die Bertelsmann-Stiftung die neoliberalen Gehirnwasch-Botschaften.[56]

> »Der permanente Krieg gegen den Terror bietet der TCC [Transnationalen Kapitalistenklasse, U. M.] die einzigartige Gelegenheit, Regierungen Kapital mit Gewinn für militärische Aktionen zu leihen und sich an den durch den Krieg notwendig gewordenen Aufbauarbeiten zu beteiligen. Die Erhebung von Steuern auf das Einkommen der Werktätigen zur Bezahlung des permanenten Krieges führt zu einem zunehmenden Druck in Richtung neoliberaler staatlicher Sparmaßnahmen, die die 99 Prozent weiter verarmen und noch mehr Reichtum auf das globale 1 Prozent übertragen.«[57]

Trotz massiver Propaganda war der Irak-Krieg 2003 von großen Protesten begleitet. Doch daraus haben vor allem die US-Regierung und ihrer PRP-Industrie gelernt: Sie arbeiteten erfolgreich daran, die Amerikaner fortan von den Nachrichten über die Opfer, Kosten, Katastrophen und Verbrechen des »niemals endenden Krieges gegen den Terror« abzuschneiden.[58] Und darum wurden Kriege für die meisten US-Amerikaner zu einem sehr merkwürdigen Nicht-Krieg, weil sie ganz einfach nicht erfuhren, was in den Ländern tatsächlich passierte.[59] Das heißt, es geht um das *professionelle Unsichtbarmachen* verbrecherischer Entscheidungen der herrschenden Machtzentren. Darin liegt ein wesentlicher Grund für das weitgehende Erlahmen der Friedensbewegung nach dem Irak-Krieg nicht nur in den USA, sondern auch in den westlichen Staaten insgesamt.

Die Aufgaben der Manipulations- und Propaganda-Industrie als kriegstreibende Faktoren der Mächtigen sind fest umschrieben, wenn es darum geht,

- Feindbilder zu produzieren und Kriegshetze voranzutreiben,
- inszenierte Kriege medial zu »begleiten«,
- Kriege zu »humanitären Interventionen« umzulügen,
- die eigenen Kriegsverbrechen als Kollateralschäden zu kaschieren und
- Kriegsverbrechen ausschließlich dem Feind zuzuschreiben.

Damit hebeln sie die Reste der Demokratie gleich mit aus, weil sie dem sogenannten Souverän gar nicht erst ermöglichen, zu qualifizierten Entscheidungen zu gelangen. Allein dies ist ein Putsch gegen alle demokratischen Grundsätze.

Vorwärts, christliche Faschisten[1]

Chris Hedges

Das größte moralische Versäumnis der liberalen christlichen Kirche war ihre im Namen der Toleranz und des Dialogs begründete Weigerung, die Anhänger der christlichen Rechten als Irrlehrer zu verurteilen. Indem sie die Intoleranten tolerierte, gab sie die religiöse Legitimität an Betrüger, Scharlatane, Demagogen und deren kultische Anhänger ab. Die Kernbotschaft des Evangeliums – die Sorge um die Armen und Unterdrückten – wurde in eine magische Welt pervertiert, in der Gott und Jesus die Gläubigen mit materiellem Reichtum und Macht überhäufen. Die weiße Rasse, vor allem in den Vereinigten Staaten, wurde zu Gottes auserwähltem Vertreter. Imperialismus und Krieg mutierten zu göttlichen Instrumenten, um die Welt von Ungläubigen und Barbaren, ja dem Bösen selbst, zu reinigen. Der Kapitalismus wurde von der ihm innewohnenden Grausamkeit und Ausbeutung befreit, weil Gott die Rechtschaffenen mit Reichtum und Macht segnete und die Unmoralischen zu Armut und Leid verurteilte.

Die Ikonographie und die Symbole des amerikanischen Nationalismus wurden mit der Ikonographie und den Symbolen des christlichen Glaubens verflochten. Die Megapastoren, die Narzissten, die despotisch sektenähnliche Lehen beherrschen, verdienen Millionen Dollar, indem sie dieses ketzerische Glaubenssystem dazu missbrauchen, die wachsende Verzweiflung und Hoffnungslosigkeit ihrer Gemeinden, der Opfer des Neoliberalismus[2] und der Deindustrialisierung[3], auszunutzen. Diese Gläubigen finden in Donald Trump ein Spiegelbild ihrer selbst, einen Verfechter der ungehemmten Gier, des Männlichkeitskults, der Gewaltbereitschaft, der weißen Vorherrschaft, der Bigotterie, des amerikanischen Chauvinismus, der religiösen Intoleranz, der Wut, des Rassismus und der Verschwörungstheorien, also der zentralen Überzeugungen der christlichen Rechten. Als ich das Buch schrieb: »Amerikanische Faschisten: Die christliche Rechte und der Krieg gegen Amerika«[4], meinte ich den Begriff »Faschisten« todernst.

Die evangelikale Zeitschrift Christianity Today wurde zum letzten Adressaten der bösartigen und heuchlerischen Gegenreaktion der christlichen Rechten, weil sie über Trump das Offenkundige aussprach, nämlich dass er unmoralisch ist und aus dem Amt entfernt werden sollte. Fast 200 evangelikale Leiter, einschließlich des ehemaligen Gouverneurs von Arkansas Mike Huckabee, der ehemaligen Abgeordneten Michele Bachmann[5], Jerry Falwell Jr.[6] und Ralph Reed[7], unterzeichneten gemeinsam einen Brief[8] des Präsidenten der Zeitschrift, Timothy Dalrymple, und des scheidenden Herausgebers Mark Galli, indem diese das Editorial der Zeitschrift Christianity Today[9] anprangern. Evangelikale Christen, die Trump kritisieren, verschwinden ebenso schnell aus ihren Positionen wie republikanische Politiker, die Trump kritisieren. Trump erhielt 80 Prozent der weißen evangelikalen Stimmen bei den Präsidentschaftswahlen 2016, und in einer Umfrage in diesem Monat [Dezember 2019, U. M.] sagten 90 Prozent[10] der Republikaner, dass sie gegen die Amtsenthebung und den Sturz des Präsidenten sind. Unter den Republikanern, die sich als weiße evangelikale Protestanten bezeichnen, steigt diese Zahl auf 99 Prozent[11].

Zurück ins Mittelalter

Mehrere zehn Millionen Amerikaner leben hermetisch abgeschlossen in dem riesigen Medien- und Erziehungsgebäude, das von christlichen Faschisten kontrolliert wird. In dieser Welt sind Wunder real, Satan, verbündet mit säkularen Humanisten und Muslimen, versucht, Amerika zu zerstören, und Trump ist Gottes gesalbtes Gefäß, um die christliche Nation aufzubauen und eine Regierung zu zementieren, die »biblische Werte« vermittelt. Zu diesen »biblischen Werten« gehören das Verbot der Abtreibung, der Schutz der traditionellen Familie, die Umwandlung der Zehn Gebote in weltliches Recht, die Vernichtung von »Ungläubigen«, insbesondere Muslimen, die Indoktrinierung von Kindern in Schulen mit »biblischen« Lehren und die Vereitelung der sexuellen Freizügigkeit, einschließlich jeder außerehelichen sexuellen Beziehung zwischen einem Mann und einer Frau. Trump wird von evangelikalen Führern routinemäßig mit dem biblischen König Cyrus verglichen, der den Tempel in Jerusalem wieder aufbaute und die Juden in die Stadt zurückbrachte.

Trump hat sein eigenes ideologisches Vakuum mit christlichem Faschismus gefüllt. Er hat Mitglieder der christlichen Rechten in prominente Positionen gehoben, darunter Mike Pence zum Vizepräsidenten, Mike Pompeo zum Außenminister, Betsy DeVos[12] zur Bildungsministerin, Ben Carson zum Minister für Wohnungsbau und Stadtentwicklung, William Barr[13] zum Generalstaatsanwalt, Neil Gorsuch und Brett Kavanaugh in den Obersten Gerichtshof und die Fernsehpredigerin Paula White[14] in seine Faith and Opportunities Initiative[15]. Noch wichtiger ist, dass Trump der christlichen Rechten das Vetorecht und die Ernennungsbefugnis für Schlüsselpositionen in der Regierung, insbesondere in den Bundesgerichten, übertragen hat. Er selbst hat 133 Bezirksrichter von insgesamt 677, 50 Berufungsrichter von insgesamt 179 und zwei von neun Richtern am Obersten Gerichtshof der USA ernannt. Fast alle diese Richter wurden tatsächlich von der Föderalistischen Gesellschaft[16] und der christlichen Rechten ausgewählt. Viele der Extremisten unter den ernannten Juristen hatte die American Bar Association, die größte unparteiische Koalition von Anwälten des Landes, als unqualifiziert eingestuft.

Trump hat ein Verbot für muslimische Einwanderer erlassen und die Bürgerrechtsgesetzgebung zurückgenommen. Er hat einen Krieg gegen die Frauenrechte geführt, indem er Abtreibung einschränkt und geplante Elternschaft nicht mehr finanziert. Er hat die LGBTQ-Rechte abgeschafft. Er hat den Schutzwall zwischen Kirche und Staat niedergerissen, indem er das Johnson-Amendment[17] widerrufen hat, das den steuerbefreiten Kirchen verbietet, politische Kandidaten zu unterstützen. Seine Beauftragten in der gesamten Regierung benutzen routinemäßig biblische Restriktionen, um politische Entscheidungen zu rechtfertigen, einschließlich Umweltderegulierung, Krieg, Steuersenkungen und den Ersatz öffentlicher Schulen durch Privatschulen, eine Aktion, die den Transfer von Bundesbildungsmitteln an private »christliche« Schulen erlaubt.

Parallelen zu Nazi-Deutschland

Ich studierte Ethik an der Harvard Divinity School bei James Luther Adams[18], der 1935 und 1936 in Deutschland lebte. Adams wurde dort Zeuge des Aufstiegs der pro-nazistischen sogenannten Deutschen Christen[19]. Er warnte uns vor den beunruhigenden Parallelen zwischen den Deutschen Christen und der christlichen Rechten in den USA. In den Augen der Deutschen Christen war Adolf Hitler ein Volksmessias und ein Werkzeug Gottes. Diese Sichtweise ähnelt derjenigen vieler weißer evangelikaler Anhänger Trumps. Diejenigen, die wegen des wirtschaftlichen Zusammenbruchs Deutschlands dämonisiert wurden, besonders Juden und Kommunisten, waren die Agenten des Satans. Der Faschismus, so sagte uns Adams, verstecke sich immer in den am meisten verehrten Symbolen und der Rhetorik einer Nation. Der Faschismus käme nicht nach Amerika unter dem Deckmantel stocksteifer, marschierender Braunhemden und Nazi-Hakenkreuzen, sondern als Massenbekundungen des Treueschwures, der biblischen Heiligung des Staates und der Sakralisierung[20] des amerikanischen Militarismus. Adams war der Erste, der die Extremisten der christlichen Rechten als Faschisten bezeichnete. Die Liberalen, so warnte er, seien – wie in Nazi-Deutschland – blind für die tragische Dimension der Geschichte und das radikal Böse. Sie reagierten erst, wenn es zu spät sei.

Trumps Vermächtnis wird die Stärkung der christlichen Faschisten sein. Sie sind das, was als Nächstes kommt. Jahrzehntelang haben sie sich organisiert, um die Macht zu übernehmen. Sie haben Infrastrukturen und Organisationen aufgebaut, einschließlich Lobbygruppen, Schulen und Universitäten sowie Medienplattformen, um sich vorzubereiten. Sie haben ihre Kader in das politische System eingepflanzt. Wir von der Linken haben inzwischen miterlebt, wie unsere Institutionen und Organisationen durch die Macht der Konzerne zerstört oder korrumpiert wurden.

Wie alle totalitären Bewegungen brauchen die christlichen Faschisten eine Krise, fabriziert oder real, um die Macht zu ergreifen. Das kann die Finanzkrise sein. Die Krise könnte auch durch einen katastrophalen Terroranschlag ausgelöst werden. Oder sie könnte das Ergebnis eines gesellschaftlichen Zusammenbruchs aufgrund unserer Klimakrise sein. Die christlichen Faschisten sind bereit, das Chaos – oder das wahrgenommene Chaos – auszunutzen. Sie haben ihre eigene Version der Braunhemden, die Söldnerarmeen und privaten Auftragnehmer, zusammengestellt von christlichen Faschisten wie Erik Prince[21], Bruder von Betsy DeVos. Die christlichen Faschisten haben die Kontrolle über bedeutende Teile der Justiz und der gesetzgebenden Organe der Regierung übernommen. FRC Action[22], die gesetzliche Tochtergesellschaft des Family Research Council[23], gibt zu 100 Prozent den 245 Kongressmitgliedern ihre Stimme, die die Agenda der christlichen Rechten unterstützen[24]. Das Southern Poverty Law Center stuft den Family Research Council wegen seiner Kampagnen zur Diskriminierung der LGBTQ-Gemeinschaft, der seine Anhänger aufgerufen hat, als Hassgruppe[25] ein. Der Family Research Council hatte seine Anhänger aufgerufen, dafür zu beten, dass Gott die »dämonischen Kräfte« hinter Trumps Amtsenthebung besiegt.

Absurder, magischer Glaube

Die Ideologie der christlichen Faschisten begünstigt in unserem Niedergang die primitiven Sehnsüchte nach Rache, neuem Ruhm und moralischer Erneuerung derjenigen, die durch Deindustrialisierung und Entbehrungen beiseite geschoben werden. Vernunft, Fakten und überprüfbare Wahrheit sind ohnmächtige Waffen gegen dieses

Glaubenssystem. Die christliche Rechte ist ein »Krisenkult«. Krisensekten entstehen in den meisten kollabierenden Gesellschaften. Durch Magie versprechen sie, verlorene Größe und Macht einer mythologisierten Vergangenheit wiederzuerlangen. Dieses magische Denken verbannt Zweifel, Ängste und Gefühle der Entmachtung. Traditionelle soziale Hierarchien und Regeln, einschließlich einer unverfrorenen weißen, männlichen Vorherrschaft, werden wiederhergestellt. Rituale und Verhaltensweisen, einschließlich einer bedingungslosen Unterwerfung unter Autoritäten und Gewaltakte zur Reinigung der Gesellschaft vom Bösen, sind dazu geeignet, bösartige Kräfte zu besiegen.

Die christlichen Faschisten verbreiten ihr magisches Denken durch einen selektiven Umgang mit der Bibel. Sie halten die Bibelstellen, die ihre Ideologie untermauern, für unantastbar und ignorieren oder fehlinterpretieren jene, die dies nicht tun. Sie leben in einem Doppeluniversum. Sie sehen sich selbst als ewige Opfer, unterdrückt von dunklen und finsteren Gruppen, die ihre Vernichtung anstreben. Sie allein kennen den Willen Gottes. Nur sie allein können Gottes Willen erfüllen. Sie streben die totale kulturelle und politische Herrschaft an. Die säkulare, realitätsbezogene Welt, in der Satan, Wunder, Schicksal, Engel und Magie nicht existieren, hat ihr Leben und ihre Gemeinschaften zerstört. Diese Welt hat ihnen ihre Arbeit und ihre Zukunft genommen. Sie riss die sozialen Bindungen auseinander, die ihnen einst Sinn, Würde und Hoffnung gaben. In ihrer Verzweiflung kämpften sie oft gegen Alkohol-, Drogen- und Spielsucht. Sie ertrugen familiäre Zusammenbrüche, Scheidungen, Vertreibungen, Arbeitslosigkeit sowie häusliche und sexuelle Gewalt. Das Einzige, was sie rettete, war ihre Bekehrung, die Erkenntnis, dass Gott einen Plan für sie hatte und sie beschützen würde. Diese Gläubigen wurden von einer gefühllosen, herzlosen korporativen Gesellschaft und einer raffgierigen Oligarchie in die Arme von Scharlatanen getrieben. Die christlichen Faschisten hassen und fürchten letztlich alle, die in der ruhigen, rationalen Sprache der Tatsachen und Beweise zu ihnen sprechen. Denn diese würden versuchen, die Gläubigen in die »Todeskultur« zurückzudrängen, die sie fast zerstört hätte.

Sozialistisches Amerika als Ausweg

Wir können den Aufstieg dieses christlichen Faschismus nur abschwächen, indem wir ausgebeutete und missbrauchte Amerikaner wieder in die Gesellschaft integrieren, ihnen Arbeitsplätze mit stabilen, nachhaltigen Einkommen geben, ihnen ihre erdrückenden persönlichen Schulden erlassen, ihre Gemeinschaften wieder aufbauen und unsere gescheiterte Demokratie in eine Demokratie verwandeln, in der jeder eine Vertretung und eine Stimme hat. Wir müssen ihnen Hoffnung vermitteln, nicht nur für sie selbst, sondern auch für ihre Kinder.

Der christliche Faschismus ist eine emotionale Rettungsinsel für Dutzende Millionen Menschen. Er ist unempfindlich gegenüber der Bildung, dem Dialog und dem Diskurs, von denen die liberale Klasse naiverweise glaubt, dass sie die Bewegung abschwächen oder zähmen können. Die christlichen Faschisten haben sich freiwillig vom rationalen Denken verabschiedet. Wir werden diese Bewegung, die auf unsere Zerstörung aus ist, nicht beschwichtigen oder entwaffnen, indem wir behaupten, auch wir hätten christliche »Werte«. Dieser Appell stärkt nur die Legitimität der christlichen Faschisten und schwächt unsere eigene. Wir werden die amerikanische Gesellschaft in ein sozialistisches System verwandeln, das allen Bürgern Sinn, Würde und Hoffnung gibt, das sich um die Schwächsten unter uns kümmert und sie nährt, oder wir werden Opfer der christlichen Faschisten werden, die wir geschaffen haben.

Die Zeitgeistmacher

Roland Rottenfußer

Die Eliten versuchen über die Medien, die philosophischen Grundannahmen einer Gesellschaft in ihrem Sinne zu beeinflussen.

»Sozial ist, was Arbeit schafft«, »Deutschland geht es gut«, »Leistung muss sich lohnen«, »Wir müssen Humanität und Härte vereinen«. PR-Phrasen sind schwerer als solche zu erkennen, wenn sie sich nicht auf tagespolitische Forderungen beschränken, sondern als allgemein gültige Weisheitssprüche daherkommen. Schon immer hat politische Propaganda versucht, das weltanschauliche Paradigma einer Epoche in ihrem Sinne zu beeinflussen. Ist auf diese Weise der Boden bereitet, lassen sich dem »Souverän« auch harte politische Maßnahmen leichter verkaufen, werden Menschen dazu verführt, ihrer eigenen Entrechtung widerstandslos zuzustimmen. Ein Blick in die Werkstatt moderner Tiefen-Propaganda.

»Es ist nicht leicht, Menschen davon zu überzeugen, dass die Reichen die Armen ausplündern sollen; ein PR-Problem, das bis jetzt noch nicht gelöst wurde«, spottete Noam Chomsky. Das war 2001 in seinem Buch »Profit over People«[1]. Chomsky war da vielleicht zu pessimistisch, was die Möglichkeiten der PR betrifft. Wahrscheinlich kannte er die begleitende »Berichterstattung« zu Hartz IV nicht, die um das Jahr 2002 einsetzte, dem Jahr, als die Regierung Schröder das Menschenverelendungsprogramm installierte.

Versetzen Sie sich einmal in die Lage von PR-Profis, die vor der Aufgabe stehen, besagtes Problem zu »lösen«. Sie wollen Politiker beraten, die vorhaben, Tausenden Menschen ihre Rechte zu nehmen, sie systematisch zu demütigen und so kaputt zu sparen, dass sie noch um ihr Existenzminimum zittern müssen. Ein leichtes Unterfangen ist das nicht, denn dem steht die im Grundgesetz verankerte Menschenwürde ebenso entgegen wie das gesunde Empfinden der Mehrheit in der Bevölkerung. Lassen wir die Sache mit dem Grundgesetz mal beiseite. Es haben sich schon immer gerissene Juristen gefunden, die die Grundrechte zurechtbiegen.

Schwieriger ist es mit der Volksmeinung. Wer die »Sozialromantik« der Deutschen, dieses unflexible Besitzstandsdenken, schleifen will, braucht schon eine ausgefeilte Strategie. Und benötigt die Unterstützung der Medien. Zu grob sollte er dabei nicht vorgehen. »Wer nicht arbeitet, soll auch nicht essen«, ist ein Spruch von Franz Müntefering, den manche in den falschen Hals gekriegt haben.[2] Aber wie wäre es mit »Sozial ist, was Arbeit schafft«? Klingt schon besser, denn wer würde sich nicht zutiefst nach einem Arbeitsplatz sehnen – so erbärmlich er auch sein mag? Sie können fest damit rechnen, dass die meisten die Finte nicht merken, weil sie gar nicht so hinterhältig denken können, wie die Propaganda-Industrie arbeitet. Denn genau betrachtet, könnte man mit dem Satz auch Sklaverei begründen.

Ein Lehrbeispiel für Medienpropaganda war die Sendung »Hart aber fair« mit Frank Plasberg vom 26. März 2018. Thema: »Hartz gleich arm – geht diese Rechnung auf?« Dem war eine aufgeregte Armutsdebatte vorangegangen, losgetreten von Meinungsführer und Beinahe-Bundeskanzler Jens Spahn. Der hatte die Frage aufgeworfen, ob Hartz IV überhaupt in irgendeinem Zusammenhang mit Armut stehe. »Hartz IV bedeutet nicht Armut, sondern ist die Antwort unserer Solidargemeinschaft auf Armut.« Hartz IV hat mit Armut so viel zu tun wie der Besitz eines Feriendomizils auf den Seychellen mit Reichtum, könnte man argumentieren. Man sollte meinen, der Vorstoß Spahns sei leicht abzuschmettern – war er aber nicht. Spahns Satz war ein Erfolg, weil er das Niveau der Diskussion nochmals abzusenken vermochte – von »Haben Arme ihre Armut nicht vielleicht verdient?« zu »Ist Armut überhaupt Armut?«

Hartz IV ist das ideale Thema, um bestimmte Strategien der Meinungs-Manipulation zu verdeutlichen. Nehmen wir an, Sie als Politiker oder Politikerin wollten Hartz IV beibehalten und den an Betroffene monatlich ausgezahlten Betrag keinesfalls erhöhen. Vielleicht liegt Ihnen daran, der Wirtschaft billige und fügsame Arbeitskräfte zur Verfügung zu stellen – Ein-Euro-Jobber und solche, die, um nicht in der Hartz-IV-Hölle zu landen, buchstäblich jeden Job anzunehmen bereit sind. Das müssen Sie der Öffentlichkeit ja nicht unbedingt so sagen. Sie machen etwas anderes: Sie »framen« Ihre Botschaft, das heißt, Sie stellen sie in einen Kontext, der das eigentlich Gemeinte zugleich verschleiert und scheinbar schlüssig begründet. Dafür wechseln Sie auf eine zweite Ebene der Argumentation über. Statt »Ich will den Hartz-IV-Satz nicht erhöhen« (Ebene 1) sagen Sie: »Leistung muss sich in unserem Land doch noch lohnen« (Ebene 2). Hier ein paar brauchbare Framing-Strategien zum Thema Hartz IV. Sie kamen übrigens alle in der genannten Plasberg-Sendung zur Anwendung.

Strategien zur Armenbekämpfung

Erste Strategie: Erklären Sie, dass Armut eigentlich gar keine Armut ist.

Zweite Strategie: Vergleichen Sie die Zustände in Deutschland immer mit etwas Schlimmerem, der Sahelzone, dem Gazastreifen oder der Zeit, als Trümmerfrauen unser Land aufopferungsvoll wiederaufgebaut haben.

Dritte Strategie: Schüren Sie den latenten Ärger der Geringverdiener auf die »Faulenzer«. Hierzu sagte Alexander Krauß (CDU): »Der Hartz-IV-Satz darf auch nicht so hoch sein, dass es sich nicht mehr lohnt, eine Arbeit zu suchen.«[3] Wenn man das Lohnabstandsgebot betont und als Partei gleichzeitig dafür sorgt, dass die Löhne niedrig bleiben, hält man ein todsicheres Verarmungsprogramm in Händen.

Vierte Strategie: Messen Sie Hartz IV daran, wie viele Menschen in Arbeit sind, nicht daran, wie menschenwürdig diese Arbeitsplätze sind. Dazu sagte der Manipulations-Veteran Hans-Werner Sinn: »Hartz IV ist ein Erfolg, denn noch nie in den letzten 20 Jahren waren so wenige Menschen arbeitslos.« Nie in der US-amerikanischen Geschichte waren wahrscheinlich auch so wenige Schwarze arbeitslos wie zu Zeiten der Sklaverei.

Fünfte Strategie: Betonen Sie, dass Sie nichts gegen Hartz-IV-Empfänger haben – zumindest solange diese bestimmte Kriterien erfüllen. So äußerte Alexander Krauß, insbesondere alleinerziehende Mütter sollten von ihm aus ruhig eine Stütze kriegen. Subbotschaft: Die arbeiten ja was Anständiges: Kinder wickeln und füttern, das muss man respektieren. Andere dagegen arbeiten nichts Anständiges, arbeitsscheue, kinderlose Männer zum Beispiel. Die sollen sich gefälligst eine Arbeit suchen.

Zur fünften Strategie gehört die Präsentation von Vorzeige-Armen, die das System öffentlich rechtfertigen. In Plasbergs Show produzierte sich die ehemalige Hartz-IV-Empfängerin Nadine Arens. Sie erklärte öffentlich: »Hartz IV hat mit Armut wenig zu tun, und man kann mit dem Geld klarkommen.« Immerhin räumte sie noch ein, dass Hartz *ein bisschen* mit Armut zu tun haben könnte. Aber nicht allzu viel. Arens gab die Muster-Prekäre – jemand, der gut mit Geld umgehen kann, bescheiden und dankbar ist und natürlich darauf erpicht, sobald es geht, wieder in Arbeit zu kommen. Ohnehin hatte sie nur ein Zwischenfall – sie wurde Mutter – davon abgehalten, dem Arbeitsmarkt mit dem ihr eigenen unbedingten Leistungswillen zur Verfügung zu stehen. Die Subbotschaft dieses Auftritts ist klar: *Solche* Arbeitslose mögen wir. Und: Wenn diese Frau mit ihrem Geld offenbar zufrieden war, warum bist du es nicht und jammerst uns die Ohren voll?

Dann gibt es natürlich noch den neoliberalen Klassiker. Diesen möchte ich noch etwas genauer anschauen, weil er sehr grundlegend ist und uns auf allen Kanälen aufgedrängt wird.

Eigenverantwortung – der Kampfbegriff der Unverantwortlichen

Sechste Strategie: Appellieren Sie an die Eigenverantwortung der Menschen. Alexander Krauß äußerte sich in der Show mit Frank Plasberg geradezu poetisch: »Wenn du einem Hungernden einen Fisch gibst, wird er einen Tag satt, wenn du ihm eine Angel gibst, ein ganzes Jahr.« Ein Gleichnis, das bei geringer eigenständiger Denkleistung mächtig Eindruck macht. Aktivierende Sozialpolitik ist also angesagt (und wehe, du lässt dich nicht aktivieren). Nicht um ein menschenwürdiges Leben auch für Arbeitslose geht es – das Augenmerk des Staates sollte darauf liegen, dass es Arbeitslosigkeit überhaupt nicht mehr gibt. Und solange die Null-Arbeitslosigkeit noch nicht erreicht ist, erübrigt sich ein menschenwürdiger Umgang mit denen, die bei der »Reise nach Jerusalem« leider Gottes keinen Stuhl mehr bekommen haben.

Eigenverantwortung ist das epochale Groß-Paradigma, das der Hartz-IV-Ideologie, aber auch anderen politischen Narrativen, zugrundeliegt. Wenn du mit einer oberflächlichen Forderung – den Hartz-IV-Satz nicht erhöhen! – nicht weiterkommst, musst du zur ideologischen Tiefenbohrung ansetzen. Du musst die »Leit-Philosophie« der Epoche manipulieren, aus der sich dann verschiedene erwünschte politische Standpunkte ableiten lassen. Eine solche grundlegende These ist zum Beispiel: »Jeder ist seines Glückes Schmied. Und wenn du Veränderung willst, beginne damit bei dir selbst.«

Dieses Paradigma beschränkt sich beileibe nicht nur auf das Feld der Sozialpolitik. Denken wir zum Beispiel daran, wie oft wir an die Verantwortung des Verbrauchers erinnert werden, wenn es um die Vermeidung von Umweltschäden geht. Dem Endverbraucher wird nahegelegt, durch Konsumverzicht oder finanziellen Mehraufwand die Fehler zu kompensieren, die vorher von großen, mächtigen Organisationen begangen wurden. Es findet eine Art Crowdsourcing des Verantwortungsgefühls statt.

Der wohlmeinende Verbraucher lädt das ganze Elend der Welt auf sein Gewissen: »Wenn ich korrekt einkaufe, gibt es keine Ausbeutung mehr.« Dies ist ein Fehlschluss. Die wesentlichen Probleme können nur durch Strukturveränderung und politische Entscheidungen im Großen gelöst werden. Warum nicht die Gewinnspanne der großen Einzelhandelsketten durch Gesetz drastisch reduzieren? Das Geld könnte eingesetzt werden, um umweltverträglich arbeitenden Herstellern fairere Preise zu bezahlen. Und warum nicht unfair oder umweltschädigend produzierte Waren verbieten, anstatt den Endverbraucher zum Kauf zu verführen und ihm hinterher Verantwortungslosigkeit vorzuwerfen?

Innerhalb des alten Systems erleben wir immer wieder das bekannte Spiel: Arbeiter und Endverbraucher sollen das kleine Stück vom Kuchen unter sich aufteilen, das die Abzocker übrig lassen. Der österreichische Sachbuchautor Christian Felber sieht dahinter ein perfides System: »Wir werden vom eigentlichen Platz des politischen Geschehens ferngehalten und in die Supermärkte gelotst, wo wir unsere demokratische Verantwortung ausleben sollen, in einem zugewiesenen Reservat der Wahlfreiheit als Ersatz für echte Demokratie.«[4] Felber trifft den Kern: Die Bürger werden von wichtigen Entscheidungen systematisch ausgeschlossen. Zum Beispiel durch die Verweigerung direkter Demokratie (außer in der Schweiz) und durch Verlagerung von Entscheidungen auf die EU-Ebene. Gleichzeitig sollen wir uns »immer verantwortlicher« fühlen.

Mit Blick auf die Kampagnen, die vom Staat und den eingebetteten Medien lanciert werden, kann man feststellen: Eigenverantwortung wird immer dann angemahnt, wenn uns jemand dazu zwingen will, Verschlechterungen unserer Lebenssituation hinzunehmen. Jeder Widerstand wäre ja dann gleichbedeutend mit der Regression auf ein unreifes Entwicklungsstadium. Eigenverantwortung mahnen genau diejenigen an, die sich aus der Verantwortung zurückziehen wollen, obwohl sie gut dafür bezahlt werden, diese zu tragen. Ein Beispiel: Bei der »Bankenrettung« 2008 wurde klar, dass Banken zwar ungeniert mit Milliardensummen zockten, aber nicht einsahen, warum sie die Verluste selbst tragen sollten. Dafür hat man ja den Steuerzahler. In einem Rechtsstaat wäre dies als organisierte Wirtschaftskriminalität verfolgt worden. Darum ist »Eigenverantwortung« heute vor allem der Kampfbegriff der Unverantwortlichen.

Das Evangelium der Reichen

Die Eigenverantwortungsideologie wurde auf verschiedenen Kanälen ins kollektive Bewusstsein eingespeist. Überraschenderweise boomt sie auch auf dem Feld der Spiritualität. Das Lukas-Evangelium wurde oft als das »Evangelium der Armen« bezeichnet; ausgehend von den USA und unter dem Einfluss calvinistischer Lehren hat sich in der Esoterik-Szene aber mittlerweile ein Evangelium der Reichen etabliert. Reichen-(Selbst)lob und Armen-Bashing sind en vogue. Wegweisend waren hierfür seit den 1960er-Jahren Persönlichkeiten wie Dr. Joseph Murphy (1898–1981), langjähriger Vorstand der »Church of Divine Science«. Von Murphy stammt unter anderem der Satz: »Armut ist eine geistige Krankheit.«[5] In der zeitgenössischen spirituellen Trivialliteratur wird vielfach eine Eigenverantwortungsmentalität propagiert, die an neoliberale Meinungsmache erinnert.

Die Grundthese unzähliger seichter Ratgeberbücher lautet: Wer arm ist, hat Reichtum nur nicht intensiv genug visualisiert. Diese Philosophie kommt auch einer (Selbst-)Entlastung der Systemgewinner gleich. Nach dem angeblich wirksamen »Gesetz der Anziehung« erschafft sich jeder selbst sein Schicksal. Der deutsche Murphy-Schüler Erhard F. Freitag fasst zusammen: »Es gibt kein Problem, keine Krankheit auf dieser Erde, deren Ursache wir nicht in uns selbst erfahren könnten.« Banker, Spekulanten, Konzernlenker und Waffenproduzenten können sich über solche spirituelle Schützenhilfe nur freuen. Sie müssen dann nicht mehr die Verantwortung für Probleme übernehmen, nur weil sie diese verursacht haben.

Der »natürliche Ausleseprozess« zwischen ökonomischen Selektionsgewinnern und -verlierern wird von esoterischen Positivdenkern prinzipiell bejaht. Sie haben ihn nur, im Vergleich zum politischen Vulgärdarwinismus, auf eine geistige Ebene »gehoben«. Mental optimal trainierte Eliten können sich ihre Privilegien »herbei imaginieren« und sich so aus der Verantwortung für sozial Schwächere billig selbst entlassen. Hilfe für sozial Ausgegrenzte würde in diesem Weltbild nur die spirituell läuternde Wirkung der Leiderfahrung verwässern und gilt deshalb als kontraproduktiv. Der österreichische Esoteriker

Helmut Kritzinger schrieb ganz in diesem Sinn: »Geben Sie einem Penner etwas in den Hut, dann helfen Sie dem nicht, sondern setzen ihn noch in seinem Karma fest.« In ihrer hemmungslosen Eigenverantwortungsideologie ist Reichen-Spiritualität tatsächlich nur Überbau des den Zeitgeist dominierenden Neoliberalismus.

Das Spidermann-Prinzip

Interessanterweise dominiert die Eigenverantwortungsideologie auch zahllose Filme und Serien. Ich spreche in diesem Zusammenhang inzwischen vom »Spiderman-Prinzip«. Im dritten Film des Mutanten-Spektakels um den Spinnenmann spricht in der Schlussszene eine belehrende Männerstimme aus dem Off zum Zuschauer: »Unsere Entscheidungen machen uns zu dem, was wir sind. Wir haben immer eine Wahl.« Das ist es wohl, was die Filmemacher einem Millionenpublikum ans Herz legen wollten. Das Leben als Kette von Entscheidungen zwischen Gut und Böse. Jeder ist seines Glückes Schmied. Gute sind gut, weil sie sich dazu entschieden haben. Böse dagegen sind selbst schuld. Wenn Sie viele Filme schauen, machen Sie sich einmal den Spaß und führen Sie eine Strichliste. Jedes Mal, wenn jemand behauptet, es seien unsere Entscheidungen, die unser Leben bestimmten, machen Sie einen Strich.

Denken Sie zum Beispiel an den Klassiker »Rocky« mit dem Haudrauf-Schauspieler Sylvester Stallone, der sich seine Drehbücher meist selbst schreibt. Die Boxer-Filme, die seit 1976 liefen, fallen zeitlich ungefähr mit dem Beginn der neoliberalen Ära zusammen. In »Rocky Balboa« (dem sechsten Teil der Filmreihe) führt der alternde Boxer ein bemerkenswertes Gespräch mit seinem Sohn, der sich darüber beschwert, jahrelang unter dem Schatten seines Vaters gelitten zu haben. Rocky belehrt ihn daraufhin: »Wenn du weißt, was du wert bist, dann geh hin und hol es dir, aber nur wenn du bereit bist, die Schläge einzustecken. Aber zeig nicht mit dem Finger auf andere und sag, du bist nicht da, wo du hinwolltest wegen ›ihm‹ oder wegen ›ihr‹ oder sonst jemandem. Schwächlinge tun das.«[6] Hier ist die Kehrseite des amerikanischen (und neoliberalen) Traums sehr deutlich ausgesprochen. Wer scheitert, ist dafür allein verantwortlich. Somit erübrigt sich jedes Einfühlungsvermögen.

Warum versucht Rocky, die Möglichkeit, dass irgendjemand anderes das Schicksal eines Menschen mit gestaltet, so vehement auszuschließen? Der Verdacht liegt nahe, dass wir mit dem Appell an unser Verantwortungsgefühl manipuliert und klein gehalten werden sollen. Und das gilt sicher nicht nur für die USA und für die fiktive Welt des Herrn Stallone. Denn irgendwas läuft immer schief, und dann schlägt Verantwortungsgefühl schnell in Schuldgefühl um. Schon die Kirche mit ihrer Lehre von der Erbsünde wusste ja das geniale Herrschaftsinstrument zu nutzen, um beständig Schuldgefühle zu erzeugen.

Ein solches Weltbild stülpt quasi eine durchsichtige Käseglocke über den »Verantwortlichen«, die ihn von allen äußeren Einflüssen abschneidet. Die systemischen Zusammenhänge und die konkrete Situation, die zu einer Handlung geführt haben, spielen keine Rolle – geschweige denn Faktoren wie Milieu, Vererbung und Charakteranlagen. Der Einzelne erscheint als isoliertes, geschichtsloses Wesen, das im luftleeren Raum und im Vollbesitz seiner »Willensfreiheit« eine Entscheidung getroffen hat. Für Vater Rocky bedeutet dies aber auch, dass sich die Verantwortlichen billig aus der Affäre ziehen können.

Begleitmusik zur neoliberalen Verarmungspolitik

Eines der wichtigsten Anwendungsgebiete der Spiderman-Philosophie besteht zweifellos darin, dass sich mit ihrer Hilfe sozial Schwache und »Gescheiterte« leichter abkanzeln lassen. Während Filme, Serien, Shows und Ratgeberbücher die Menschen auf Eigenverantwortung und die damit einhergehende soziale Gnadenlosigkeit einstimmen, laufen PR-Kampagnen ab, die direkter auf politische Einflussnahme abzielen. »Medienarbeit« als Begleitmusik zur neoliberalen Verarmungspolitik hat Methode und eine bewegte Geschichte.

Seit Hartz IV 2002 von seinen Vätern – der SPD-Generation von Schröder, Steinmeier und Müntefering – aus der Taufe gehoben wurde, versuchen PR-Kampagnen dem Volk das eigentlich bitter schmeckende Gebräu schmackhaft zu machen. Denn mit ein bisschen Nachdenken sollte auch denen, die nicht von Hartz IV betroffen waren, damals schon klar gewesen sein, wie der Hase läuft. Der Demütigungs-Parcours, dem Hartz-IV-Empfänger ausgesetzt sind, trägt als Drohkulisse auch zur Disziplinierung jener Menschen bei, die noch Arbeit haben. So gab es durchaus auch in der »Gründerphase« von Hartz IV eine Solidarität der Arbeitenden mit den nicht Arbeitenden, die sich unter anderem in regelmäßigen »Montagsdemonstrationen« zeigte. Um zu verhindern, dass die Volksstimmung »kippte«, mussten die Befürworter einer neoliberalen Umgestaltung Deutschlands die Menschen also auf einer tieferen Bewusstseinsebene beeinflussen.

Nehmen wir an, Sie wollen bei einer Umfrage wissen: »Möchten Sie im Fall der Arbeitslosigkeit von den Behörden gegängelt, gedemütigt und auf ein Budget reduziert werden, das Sie von der Teilhabe am sozialen Leben nahezu ausschließt?« Die meisten würden natürlich mit »Nein« antworten – obwohl Hartz IV genau *dies* bedeutet. Aber wie wäre es mit folgender Frage: »Ist es besser, unmündige Bürger zu haben, die bei einem überfürsorglichen Staat unterkriechen – oder sind Ihnen tatkräftige Menschen lieber, die sich wie Erwachsene benehmen und ihr Schicksal selbst in die Hand nehmen?« Mit so einer Fragestrategie kriegen Sie die Mehrheit der Bürger. Sie erwirken quasi die Zustimmung der Gefolterten zu den Folterwerkzeugen.

Seit 2001 schoss eine ganze Reihe von Initiativen aus dem Boden, die zwar nicht direkt für Hartz IV warben, jedoch eine Atmosphäre zu erzeugen versuchten, in der das Projekt Sozialstaatsabbau ohne nennenswerten Widerstand gedeihen konnte. Die »Initiative Soziale Marktwirtschaft« wurde 2001 gegründet, im Jahr vor der Installierung der »Agenda 2010«. 2003 dann auch der »BürgerKonvent« des Publizisten und Sozialwissenschaftlers Meinhard Miegel, der sich nicht schämte, in einer Sendung mit Sabine Christiansen zum Besten zu geben, dass »das Hauptproblem in der gegenwärtigen Debatte die Bürger selbst sind«[7]. Gemeint war das Festhalten vieler Menschen am Sozialstaatsmodell, das die neuen Einpeitscher als »wirklichkeitsfremd« verhöhnten.

Viele dieser PR-Initiativen erweckten geschickt den Eindruck, Bürgerbewegungen zu sein. Dies nennt man Astroturfing. Michael Walter beschreibt sie in seinem sehr lesenswerten Interview mit Jens Wernicke als »Protest von oben«[8]. Ziel der Initiativen sei es, bei den Bürgern eine »freiwillige« Zustimmung zu sozialen Einschnitten zu erwirken. Die Absicht sei, so Michael Walter, »die Bürger durch die Kraft der bildgewaltigen ›erzieherischen‹ Botschaften der PR-Kampagnen in ökonomisch aktive und eigenverantwortliche Subjekte zu verwandeln.«[9] Die »Du bist Deutschland«-Kampagne von 2003 war aus der von Gerhard Schröder ins Leben gerufenen Initiative »Partner für Innovation« hervorgegangen.[10] Es ist sicher keine Verschwörungstheorie, auf die verdächtige Nähe von praktischer Politik und ihrem theoretischem Überbau in Form von Medienkampagnen hinzuweisen.

Ein Ruck geht durch Deutschland

Anfang der 2000er-Jahre wehte ein kalter Wind durch die Medienlandschaft. Subtile Publikumsbeschimpfung war eher die Regel als die Ausnahme. Vielfach wurde die Bevölkerung pauschal als träge Herde dargestellt – als Sauhaufen, der von einer mit überlegener Erkenntnis begabten Elite hinter dem Ofen hervorgetrieben werden musste. Immer auch wurde das Versagen Deutschlands im ewigen Kampf der Völker um ökonomischen Lebensraum (»Standortvorteil«) an die Wand gemalt. Die Angst wurde geschürt, eine dekadente, infolge von Besitzstandsdenken larmoyant gewordene deutsche Bevölkerung könne von anspruchsloseren, leistungsstärkeren Völkern (speziell aus dem Osten) von der Bühne der Geschichte gefegt werden. In dieser Schicksalsstunde musste »ein Ruck durch Deutschland gehen«, wie Bundespräsident Roman Herzog in seiner Rede schon 1997 sagte.[11] Seine Rede war eines der Gründungsdokumente für die heiße Phase des neoliberalen Projekts. Von einem »überbordenden Sozialstaat« sprach Herzog damals, und Überbordendes muss bekanntlich – wie eine zerstörerische Flutwelle – ganz dringend eingedämmt werden.

Um den Menschen einen solchen ideologischen Ladenhüter aufzuschwatzen, brauchte es viel Gehirnwäsche, die in tiefen Bewusstseinsschichten ansetzen musste. Es musste Selbstverständliches in Frage gestellt werden: etwa ob es überhaupt eine gute Sache war, wenn es Menschen gut ging. Und ob es gut war, sich gütig zu verhalten. Der Verhöhnungsbegriff »Gutmensch« stellte dies ja nicht erst seit der Flüchtlingskrise von 2015 in Frage. Der Begriff ist seit den 1980er-Jahren im Gebrauch und dient als abschätzige Bezeichnung für Menschen, »die humanistische, altruistische, auch religiös-mitmenschliche Lebensziele und Argumente höher einschätzen als utilitaristische und ihr Handeln, ihre Politik, ihr Leben danach ausrichten«.[12] Menschen also, die unsere Gesellschaft viel dringender nötig hätte.

Speziell im Zusammenhang mit der verstärkten Zuwanderung von Flüchtlingen 2015 brachen schlechte Zeiten für das Gute an. So sehr hatte es der höhnische Diskurs gegen »Gutmenschen«, »Bahnhofsklatscher« und »Teddybärenwerfer« vermocht, viele Menschen einzuschüchtern, dass man sich schon nicht mehr, ohne giftige Angriffe befürchten zu müssen, zu sagen traute, es sei gut zu helfen und schlecht, diese Hilfe zu unterlassen. Eine fatale »Umwertung aller Werte« (Nietzsche) hatte stattgefunden. Der Propagandakrieg gegen die Gültigkeit jeglicher Ethik, der sich in zynischen Begriffen wie »Correctness«, »moralinsauer«, »moralbesoffen«, »Sozialromantik« und anderen manifestiert, zielt auf die tiefste Ebene des Bewusstseins.

Selbstfeier der Verhärteten

Ähnlich wie die Abwertung des Begriffs »gut« hat auch die Aufwertung von »Härte« den Zeitgeist durchdrungen. Sie steht bei den Verantwortlichen für Strafrecht, Erziehung und Flüchtlingspolitik hoch im Kurs. Gerade zu einem Zeitpunkt, als der sogenannte Rechtsruck den Zenit seiner Wirksamkeit scheinbar überschritten hatte, kam Rettung von unerwarteter Seite. Annegret Kramp-Karrenbauer erklärte mehr Härte in der Flüchtlingspolitik zur Chefinnensache. »Wir müssen Humanität und Härte vereinen«, heißt es im Ergebnisprotokoll eines »Werkstattgesprächs« zur Migrationspolitik Anfang 2019. Die damals noch neue Parteichefin erklärte: »Wir müssen alles daransetzen, dass sich so etwas wie 2015 nicht wiederholt.«[13]

Schon im Dezember 2018 hatte Kramp-Karrenbauer verkündet. »In der Inneren Sicherheit vertrete ich eine harte Linie. (…) Die Leute erwarten konsequente Politik ohne schrille Töne.«[14] Man fragt sich, was sie unter einer »harten Linie« in der Sicherheitspolitik verstand. Man hätte ja annehmen können, Deutschland sei nach dem harten Anti-Terror-Paket von 2016, nach dem harten Polizeieinsatz beim G20-Gipfel 2017 in Hamburg und nach einer Serie von harten Polizeigesetzen in den Bundesländern schon hart genug. Allzu große Weichlichkeit wäre auch ohne die Erklärung der Kandidatin nicht zu befürchten gewesen.

Des Weiteren hielt es »AKK« für nötig zu betonen, sie stehe für eine harte Haltung in der Einwanderungspolitik. »Wir brauchen ein intelligentes Grenzregime: Transitzentren, Schleierfahndung, bilaterale Abkommen zur schnellen Rückführung.«[15] Ihr Diktum »Humanität und Härte« klingt für viele plausibel, besagt aber vor allem zweierlei: 1. Humanität sei bei Weitem nicht mehr unantastbar und unteilbar. Vielmehr müsse eine »gesunde« Balance zwischen Menschlichkeit und ihrem Gegenpol hergestellt werden. 2. An der bisherigen Regierungspolitik in Deutschland unter Merkel sei ein Mangel an Härte zu beklagen, den eine »verbesserte« Politik unter AKK beheben müsse. Dies ist in Anbetracht eines noch vor Jahren undenkbaren Humanitätsverfalls in Deutschland und Europa – man denke etwa daran, dass das Mittelmeer inzwischen zum Massengrab geworden ist – gefährliche Augenwischerei. Härte nach Europa zu bringen bedeutet – in einer alten Redewendung gesprochen – Eulen nach Athen zu tragen.

Vor allem aber brachte Kramp-Karrenbauers Diktum »Humanität und Härte« einen enormen Imagegewinn für die Härte mit sich. Wie im Übrigen schon der Talkshow-Titel »Hart aber fair« oder die Redewendung »Hart aber herzlich« die einst eher unbeliebte Vokabel in ein rosiges Licht tauchen. Wir wissen, dass Superman, die Symbolfigur des überhöhten amerikanischen Selbstbilds, den Beinamen »Der Stählerne« trägt. Der Name »Stalin« bedeutet dasselbe. Und Hitler versuchte, den Härtegrad der zu schmiedenden Vorzeigearier an den Erzeugnissen eines bekannten deutschen Stahlproduzenten zu messen. Nicht zu vergessen natürlich »Iron Man« und dessen weibliches Pendant, die »Eiserne Lady«. Von Hartz IV bis Dschungelcamp, von »durchgreifenden« Polizisten bis zu flehentlich vorgetragenen Politiker-Rufen nach »härteren Strafen« – der momentane Zeitgeist segelt hart am Wind.

Die gegenteiligen Begriffe können im Volksbewusstsein kaum mehr punkten. Der Begriff »weich« lässt allenfalls an lästige Potenzprobleme denken. Ansonsten verschwimmt der Begriff mit verachtenswerten Vokabeln wie »weichlich«, »Weichling«, »Weichei« oder »Softie«. Keinesfalls taugt er zum Kulturideal, eher zum Stigma derer, die zu schwach sind, sich dem rauen Wind des Lebens gestählt und ertüchtigt entgegenzustemmen. Gerade auch, dass alle Deutschen »hart arbeiten« müssen, ist Politikern enorm wichtig. Sonst käme ja noch jemand auf die Idee, weich arbeiten zu wollen, also Rücksicht auf seine Bedürfnisse, auf die Familie und auf solche Lebenspläne zu nehmen, die dem Profitgedanken nicht bedingungslos untergeordnet sind.

Mit »Humanität und Härte« ist es ähnlich wie bei dem Gegensatzpaar »Fördern und Fordern«, mit dem vor allem Hartz-IV-Betroffene beglückt wurden. Fordern beziehungsweise Härte ist dabei das *eigentlich* Gemeinte, Fördern beziehungsweise Humanität nur das *Verkaufsargument*, mit dem man die Empfindsameren unter den Wählern zu beschwichtigen sucht. Der Härte-Slogan dient somit der Selbstfeier der Verhärteten, die ihre emotionalen Defizite zum Kulturideal erheben wollen. Der Psychotherapeut Wilhelm Reich sprach in diesem Zusammenhang auch vom »Charakterpanzer«, einem mentalen Exoskelett, unter dem sich das notgedrungen immer auch weiche und erweichbare Innenleben jedes Menschen verbirgt.

Das Versagen der Medien

Diese und andere Kampagnen waren eigentlich eine Zumutung, eine Beleidigung für alle denkenden Menschen. Dies aufzudecken, wäre

Aufgabe des kritischen Journalismus gewesen, der diesen Namen verdient. Es ist noch heute seine Aufgabe, alles andere ist Propaganda. Aber das journalistische Imperium der Schande besteht weiter. Es bleibt sich selbst treu in Form von nur kläglich als kontroverse Debatten getarnten Werbesendungen pro Hartz IV, wie wir sie unter anderem bei Plasberg erleben.

Von Alex Cary stammt folgende treffende Beobachtung: »Das Zwanzigste Jahrhundert kann durch drei bedeutende politische Entwicklungen charakterisiert werden: durch die Zunahme von Demokratie, durch die Zunahme institutioneller Macht und durch die Zunahme von Propaganda, die dazu dient, jene institutionelle Macht vor der Demokratie zu schützen.«[16] Umgekehrt wäre die Entlarvung der Propaganda der erste Schritt zur Wiedergewinnung einer Demokratie, die diesen Namen verdient.

Kriegsrecht und Politagenda im Corona-Ausnahmezustand[1]

Yana Milev interviewt von Beata Arnold

»Corona« versetzt die Republik in einen Ausnahmezustand: Es werden rechtsfreie Räume geschaffen, in denen neoliberale Umverteilungen stattfinden, so Soziologin Yana Milev. Die Situation erinnere sie an den Gesellschaftsumbau der DDR nach der Wende. Und an das, was nach 9/11 geschah. Eine zentrale Regierungsstrategie , auch in Deutschland, sei die Strategie der Täuschung und Tarnung. Hinter einer massenpsychologisch wirksamen PR-Fassade spiele sich der Gesellschaftsumbau durch Privatisierungen und Übernahmen ab, es gehe um Marktbereinigungen durch Umwälzungen und Übernahmen.

Beate Arnold: Frau Milev, Sie forschen zu gesellschaftlichen Ausnahmezuständen – wie sie entstehen und was sie mit sich bringen. Haben wir denn einen »richtigen« Ausnahmezustand wegen der mit dem Coronavirus verbundenen Gefahren für Leib und Leben?

Yana Milev: Nach innen hin erzählen sie der Bevölkerung etwas von Corona[2], während die sozialen Märkte umgestellt und Inflationen sowie Deflationen initiiert werden. »Corona« ist doch nichts anderes als ein klassischer Euphemismus, also eine Umschreibung für etwas, was »Kriegsrecht« legitimieren würde. Es ist wie bei 9/11, als ein *globaler Kriegszustand militärische Eingriffsrechte weltweit* erteilte. Begründet wurde so etwas immer mit dem Schutz der Demokratie, der Sicherheit, der Nation. Das sind klassische Umschreibungen in jedem Krieg. Wir haben heute Wirtschaftskriege, die genauso funktionieren.

Beate Arnold: Aber von einem Krieg zu sprechen ist in dem Corona-Kontext vielleicht etwas drastisch?

Yana Milev: Es wird zur Zeit eine Art »Kriegszustand« aufgebaut – und ein durch Angst kontrolliertes »Framing«. Das ist gewollt. Auf der einen Seite der Kriegszustand und auf der anderen Seite der soziale Ausnahmezustand mit sozialen Schockstrategien. So brechen etwa massenhaft Branchen der freiberuflichen, aber auch mittelständische Unternehmen ein. Ein Ausnahmezustand ist für gewöhnlich die Bedingung für Krieg, denn nur in außergewöhnlichen Zuständen tritt das Kriegsrecht in Kraft. In Zeiten des Kriegsrechts finden Gesetzeseingriffe statt, Verfassungen werden geändert, die ganze Geopolitik. Warum? Um die Märkte zu regulieren und um die Markthoheit neu zu ordnen. Das betrifft Ressourcen, Währung und Bevölkerung. Wirtschaftskriege sind neoliberale Schockstrategien der freien Märkte. Die Staaten ziehen mit, da sie Gläubiger der Vermögenden sind – nicht umgekehrt. Ob die nun Bahlsen, Oetker oder Quandt heißen, diese Familien und viele andere wurden mit der Kriegswirtschaft unter Hitler[3] gigantisch reich und bestimmen heute die Märkte.

Beate Arnold: Der Grund ist also eine geopolitische Neuordnung und die von Märkten?

Yana Milev: Es sind künstlich hergestellte Notfallsituationen, diese Ausnahmezustände mit rechtsfreien Räumen, in denen neue neoliberale Umverteilungen, Annexionen, ganze Umwälzungen stattfinden. So ändern sich Kontrollhoheiten über Währungen, die geopolitische Kontrollen nach sich ziehen. Das nennt man in der Wirtschaft »Einflusssphäre«, also die Hegemonie über Finanzmärkte, Ölmärkte, aber auch neue Markttypen wie Migrationsmärkte oder den Markt, an dem mit unseren persönlichen Daten gehandelt wird. Diese Zustände werden immer dann initiiert, wenn globale Kräfteverhältnisse zu kippen drohen. Der Ausnahmezustand ist die sogenannte Ultima Ratio – der klassische »Letztgrund« für das Kriegsrecht. Oft ist diese

Ultima Ratio eine Selbstermächtigung. Der »Casus Belli«, der Kriegsgrund, ist diesmal das Virus und nicht Russland oder der Kommunismus. Kurz: Die Bundesregierung ist Büttel der Wirtschaft. Die Politik in unseren Demokratien instrumentalisiert jetzt die Corona-Pandemie, um rechtsfreie Räume zu schaffen, um alsbald Gesetze durchzusetzen, die letzten Endes den großen Unternehmen dienen. Die Agenda lautet: Erzeugung eines künstlichen Finanzmarktkollaps wie 2008. Zur Deregulierung der Märkte.

Beate Arnold: Gibt es denn konkrete Anhaltspunkte und was ist Ihrer Meinung nach Regulierungsziel?

Yana Milev: Ja, Anhaltspunkte gibt es. Zum einen sind die Argumente in den Medien widersprüchlich. Man tut zur Prävention nicht annähernd so viel wie in China. Zum anderen hat die Europäische Zentralbank EZB ein Banken-Rettungspaket über 750 Milliarden Euro verabschiedet. Wie bereits 2008. Das Rettungspaket soll die Währungsführung des Dollar/Petrodollar stabilisieren, da es jetzt wieder einen Börseneinbruch gibt. China hingegen ist [...] zum seriösen Konkurrenten und Feind der Dollarwährung aufgestiegen. Mit der Corona-Krise soll vor allem der Aufstieg des Yuan als Weltwährung gestoppt werden. Deutschland wird als Land der Euro-Zone zum Teil durch den Dollar kontrolliert. Der Dollar ist nach wie vor für den Euro die Leitwährung. Chinas Währung geht andere Wege – die gerade auch zur Gefahr für die US-Leitwährung, den Petrodollar, werden. Und die Bundesregierung kann keine isolierten Entscheidungen treffen, denn sie ist Teil eines supranationalen Territorial- und Währungsgebildes. Deutschland ist vor allem an den Transatlantikpakt gebunden. Hinterher wird das Geschehene durch die politische Bildung und die Medien ideologisiert, Akten kommen unter Verschluss – 30 Jahre und meist sogar länger.

Beate Arnold: Aber was könnte der jetzige Ausnahmezustand »Corona-Krise« mit dem Gesellschaftsumbau, den die DDR-Bürger erlebten, gemein haben?

Yana Milev: Beim Gesellschaftsumbau der DDR zwischen 1990 und 1994 war es ähnlich wie jetzt. Die Wahlbevölkerung der DDR kannte zum Wahltag am 18. März 1990 den Einigungsvertrag vom 31. August 1990 und damit die »Regieanweisung« für den Umbau nicht. Sie wählten also lediglich das Design aus dem Wahlkampf des Bundeskabinetts. Das waren die D-Mark, die »blühenden Landschaften«, die Werbung aus dem Westfernsehen. Die DDR-Bevölkerung[4] konnte zum Zeitpunkt der sogenannten Wahl auch nicht den Unterschied zwischen der Treuhandanstalt der Regierung unter Hans Modrow vom 1. März 1990 und dem Treuhandgesetz kennen[5], denn es wurde erst im Juni 1990 verabschiedet. Zudem wurde sie nicht über die Auflösung der DDR-Verfassung am 17. Juni 1990 informiert samt den Konsequenzen, die diese für sie als Neubürger hatten. Die Massen wurden mit der D-Mark gelockt und mit Lügen geschockt, etwa der, dass die DDR zahlungsunfähig sei. Diese Regierungs-Narrative haben sich bis heute durchgesetzt und gehalten. Proteste der Bevölkerung hingegen wurden seinerzeit medial geradezu kaltgestellt. Die Arbeitskämpfe zwischen 1990 und 1994, an denen bis fünf Millionen Menschen beteiligt waren, diese Proteste hatten die Medien über vier Jahre großzügig ausgeblendet. Die Demos im Herbst 1989 hingegen waren allgegenwärtig und wurden »gehypt«. Die Strategie der Täuschung und Tarnung ist eine zentrale Regierungsstrategie, auch in Deutschland. Das Ziel nach innen: soziale Schwarmeffekte erzeugen. Hinter einer massenpsychologisch wirksamen PR-Fassade spielt sich der Gesellschaftsumbau ab: Privatisierungen und Übernahmen.

Beate Arnold: Worin liegt die Vergleichbarkeit zur heutigen Situation?

Yana Milev: Weiß man denn, ob nach der »Krise« die Sparkassen wieder öffnen? Oder ob sie von einer Bank XY übernommen wurden? Was die Geldeinlagen noch wert sein werden? Weiß man denn, ob die digitalen Märkte jetzt eine Übernahme der gesamten Wirtschaft verfolgen und verschiedene Dienstleistungen nicht mehr marktrelevant sein werden? Was wird mit der Gruppe der Selbstständigen[6] während und nach der Krise? Werden sie ein Grundeinkommen erhalten – oder werden sie ebenfalls alle Kandidaten für Hartz IV? Wem werden die Medien gehören? Werden neue Staatsverträge, besser gesagt Geschäftsverträge, unterschrieben und finden Verfassungseingriffe und Gesetzesänderungen statt?

Beate Arnold: Das sind Fragen, die auch so manchen Globalisierungskritiker beschäftigen mögen. Welche Parallelen sehen Sie zur Vergangenheit, die den Vergleich mit der DDR stützen?

Yana Milev: Die Börse kollabiert fast, unaufhaltsame Talfahrten sind zu verzeichnen und schon wieder werden neue Rettungspakete geschnürt. Wie bei der Finanzkrise, die durch den »Lehman-Crash« ausgelöst wurde. Oder bei der Griechenland-Krise, als die EU die Griechen mit Rettungspaketen zum Verbleib in der EU gezwungen hatte. Auch die in der DDR sozialisierten Menschen haben so etwas erlebt: Die Treuhandanstalt agierte ab 1990 vier Jahre im rechtsfreien Raum. Der Leitungsausschuss, der etwa 100 Unternehmensberater von Firmen wie Roland Berger, McKinsey, Price Waterhouse Coopers beschäftigte, wurde von der Bundesregierung gedeckt. Die Manager erhielten für ihre Beraterdienste Boni in schwindelerregender Höhe. Während zur gleichen Zeit knapp fünf Millionen DDR-Bürger in die Arbeitslosigkeit gingen[7], darunter auch Wissenschaftler, Menschen im Öffentlichen Dienst, Ärzte, Ingenieure. Ungehindert konnten in der Zeit skandalöse Dinge geschehen – wie der »Stegner-Deal«, bei dem in Ostdeutschland die größte Giftmülldeponie Europas im ehemaligen Kali-Bergwerk Bischofferode entstehen sollte. Und das alles, während die Kali-Kumpel im Hungerstreik waren, um ihre Gruben zu retten und eine Zukunft zu haben. Die Details zum »Stegner-Deal« sind bis heute nicht an die Öffentlichkeit gedrungen, die Akten dazu sind bis zum Jahr 2031 unter Verschluss.

Beate Arnold: Wie soll der mündige Bürger in einer Demokratie nun Ihrer Meinung nach reagieren?

Yana Milev: Bestenfalls mehrere Medien lesen: Oft werden auf diese Weise widersprüchliche Informationen schnell erkennbar. Man sollte zwischen Staatsmedien und alternativen Medien unterscheiden lernen. Kritischer, parteienunabhängiger Journalismus ist auch heute existenziell. Jeder Mann, jede Frau sollte so viel geistige und politische Selbstständigkeit besitzen, Zivilcourage, sich ein eigenes Bild zu machen. Die Wahrheit ist das erste Opfer in Kriegsgeschäften – und die laufen ja ständig.

Feindpropaganda, Kriegslügen und parasitärer Militärkomplex

Wie uns die transatlantischen Herrschaftscliquen in neue Kriege lügen

Wolfgang Effenberger

Insbesondere das Internet und das Fernsehen formen für breite Teile der Öffentlichkeit ihr Bild der politischen Wirklichkeit. Es wäre naiv zu glauben, dass lediglich Diktaturen die Medien zu Propagandazwecken nutzen. Gerade in sogenannten marktwirtschaftlichen Demokratien ist der Einfluss des Geldes politisch wirksam. Dennoch ist die Mehrheit der BürgerInnen in den westlichen Ländern immer noch davon überzeugt, die Berichterstattung in den Medien liefere ihnen die Wahrheit über politische Hintergründe.

Seit über 100 Jahren stehen die Länder Europas, insbesondere Deutschland, unter dem Einfluss angelsächsischer Interessen. So ging es im Ersten Weltkrieg mitnichten um die Verteidigung gegen ein »imperialistisches« Deutschland, sondern um die Interessen des globalen Kapitals mit den Zentren City of London und Wall Street und um eine nachhaltige Schwächung Deutschlands und Russlands.[1] Wenige Tage vor Kriegsausbruch bemerkte der Erzbischof von New York, Kardinal John Murphy Farley, scharfsinnig:

> »Der Krieg, der in Vorbereitung ist, wird ein Kampf zwischen dem internationalen Kapital und den regierenden Dynastien sein. Das Kapital wünscht niemanden über sich zu haben, kennt keinen Gott oder Herrn und möchte alle Staaten als großes Bankgeschäft regieren lassen. Ihr Gewinn soll zur alleinigen Richtschnur der Regierenden werden ... Business ... einzig und allein.«[2]

Die Klausel von der »Alleinschuld« Deutschlands im sogenannten Friedensvertrag von Versailles aus dem Jahr 1919 legte die Zündschnur für den nächsten Krieg. De Gaulle und Churchill waren ohnehin davon überzeugt, dass Erster und Zweiter Weltkrieg nichts anderes waren als ein zweiter 30-jähriger Krieg.

Nach dem Zweiten Weltkrieg bauten die USA die Westzonen systematisch als Basis für den beabsichtigten Krieg gegen die Sowjetunion auf. Am 15. Mai 1947 verkündete US-Präsident Truman seine Doktrin von der Eindämmung der Sowjetunion, am 6. Juni 1947 folgte der Marshall-Plan, und am 26. Juli 1947 verabschiedete der US-Kongress den National Security Act[3] – die Grundlage für alle folgenden Interventionen der USA. Die drei Ereignisse stehen in direktem Zusammenhang mit der NATO-Gründung am 4. April 1949. Der Bündnisvertrag verlangt von allen Partnern, dass sie im wirtschaftlichen Wiederaufbau und in wirtschaftlicher Stabilität wichtige Elemente der Sicherheit sehen.

Bereits im Dezember des gleichen Jahres verabschiedete die NATO den Kriegsplan DROPSHOT, mit dem 1957 die Sowjetunion angegriffen werden sollte. Der Sputnik brachte den Zeitplan durcheinander.[4] Diese imperialen Ambitionen verärgerten de Gaulle zutiefst. Für ihn reichte Europa vom »Atlantik bis zum Ural«.

In der Bundesrepublik Deutschland durchdrang die Mentalität des Kalten Krieges die Medien und den öffentlichen Kulturbetrieb wesentlich subtiler und damit effizienter als in der DDR. Eine Reihe »demokratiefördernder« transatlantischer Organisationen sorgte für die zunehmende Macht über die öffentliche Meinung. Trotz der Studentenproteste in den 1960er- und 1970er-Jahren, die die ausbeuterische und imperiale Politik der USA in Südamerika[5] und Asien, insbesondere in Vietnam, Laos und Kambodscha, thematisierten, verkaufen uns die USA bis heute ihre blutigen imperialen Kriege als humanitäre Interventionen oder Hilfe zum demokratischen Aufbau.

Aktuelle Feinde sind neben dem Iran vor allem Russland und China. Die Bilder vom September 2014 in Hongkong gleichen allen vorangegangenen »Farbenrevolutionen«, die immer nach demselben Drehbuch ablaufen. Hier blockierten Zehntausende – in der Mehrheit

Schüler und Studenten – die Hauptverkehrsadern im Finanzdistrikt. Der Protest – betitelt »Occupy Central« – ging als die »Regenschirm-Revolution« in die Geschichte ein und wurde im Dezember 2014 gewaltsam von der Polizei aufgelöst. 2014 startete auch der damals 17-jährige Joshua Wong als Anführer der kaum bekannten Studentengruppe »Scholarism« seine Karriere zum weltbekannten Superstar der Protestbewegung.

Seit Juni 2019 organisiert der Civil Human Rights Front (CHRF) erneut Proteste in Hongkong, obwohl Hongkongs Regierungschefin Carrie Lam das umstrittene Auslieferungsgesetz bereits gestoppt hat. Bei genauem Hinschauen sind die geistigen Urheber dieser Farbenrevolution zu erkennen: Seit die Briten 1997 Hongkong nach 155 Jahren mit Einschränkungen an China zurückgegeben haben, führte die US-amerikanische »Nicht«-Regierungsorganisation »National Democratic Institute« (NDI) eine Reihe von Missionen in Hongkong durch. Dieses Institut ist die Tochter des »National Endowment for Democracy« (NED), und beide sind unter dem Dach des US-Außenministeriums angesiedelt. So betreibt das NDI seit 2005 ein sechsmonatiges Programm für »junge politische Führer«. Aktivisten werden in den USA in der Kunst der »politischen Kommunikation« geschult, was nichts anderes bedeutet als Agitation.

In anderen Ländern kommen die Mentoren sogar zu den StudentInnen. So gab im Februar 2000 US-Oberst Robert L. Helvey, damals Präsident der Albert-Einstein-Gesellschaft und jahrzehntelanges Mitglied der Defence Intelligence Agency (DIA), Seminare in Budapest für oppositionelle Studentenführer in Serbien. Aus dieser Zusammenarbeit ging die studentische Bewegung Otpor (Widerstand) hervor – und eine den örtlichen Bedingungen angepasste Neufassung von Gene Sharps Leitfaden.[6] Gene Sharp, US-amerikanischer Politikwissenschaftler und Gründer der »Albert Einstein Institution«, verfasste mehrere Broschüren mit Anleitungen zum zivilen Widerstand. Seine Broschüre »From Dictatorship to Democracy« liegt außer in Serbisch, Russisch und Ukrainisch auch in Spanisch (primär auf Venezuela gerichtet), Arabisch und Farsi vor. Für die Ukraine wurden 12 000 Exemplare der Broschüre gedruckt; außerdem wurde sie ins Internet gestellt. Die Verteilung in Serbien hatte »Freedom House« finanziert.

Auf Basis der oben genannten Seminare gelang es Otpor in Belgrad, den serbischen Präsidenten Slobodan Milošević nach den Wahlen am 5. Oktober 2000 auszuhebeln. Otpor wurde finanziert von der amerikanischen »Nicht«-Regierungsorganisation »Freedom House«, deren damaliger Präsident der ehemalige CIA-Chef James Woolsey war.[7]

Neben den einschlägigen »Nicht«-Regierungsorganisationen arbeitet noch ein Heer von Spindoktoren an der von der Regierung gewünschten Wirklichkeit. Manchmal kommt es dabei zu kuriosen Kehrtwendungen. Als Saddam Hussein im März 1988 mit Wissen der US-Regierung in Halabja 6800 Kurden vergast hatte, machten die Spindoktoren der US-Regierung den Iran dafür verantwortlich. Diese Interpretation nahmen die Medien und damit die Öffentlichkeit bereitwillig auf. Die US-Regierung log, denn damals unterstützte sie Saddams Massenvernichtungs-Programme, weil sie einen Sieg des Irans verhindern wollte. Im Jahr 2003 mutierten dieselben Programme schließlich zur »Bedrohung« für Amerika und rechtfertigten damit den Kriegseintritt.[8]

In den Kontext lügenhafter Narrative und der Reanimierung des alten Feindes Russland gehört auch die zentrale Gedenkveranstaltung zum deutschen Überfall auf Polen 1939, die am 1. September 2019 im polnischen Grenzstädtchen Wielun stattfand. Hier hatte die deutsche Luftwaffe in den frühen Morgenstunden des 1. September 1939 heftige Angriffe geflogen. US-Präsident Donald Trump sagte kurzfristig ab, und der russische Staatschef Wladimir Putin war erst gar nicht eingeladen worden. Was ist von den polnischen Verantwortlichen zu halten, die zu diesem Gedenken den Repräsentanten des Landes, das im Zweiten Weltkrieg die größten Opfer tragen musste, einfach übergingen?

> »Außerdem wurde tunlichst verschwiegen, dass Polen vor 1939 gegen nahezu jedes Nachbarland aggressiv vorgegangen war – Anfang Oktober 1938 hatte Polen sogar gemeinsam mit der deutschen Wehrmacht Teile der Tschechoslowakei besetzt.«[9]

Im Beisein von US-Vizepräsident Mike Pence, der NATO-Spitze und der deutschen Bundeskanzlerin Angela Merkel bat der deutsche Bundespräsident Frank-Walter Steinmeier die Polen um »Vergebung« und hob gleichzeitig die Bedeutung der transatlantischen Beziehungen hervor.[10] Da stellt sich die Frage: Kommt dies einer Absolution gleich, wenn Deutschland gemeinsam mit Polen im Angriffsbündnis NATO gegen Russland Krieg führt?

Auch auf der Westerplatte bei Danzig gab es 2019 eine Gedenkveranstaltung. Dort forderte Polens Regierungschef Mateusz Morawiecki Kompensation für die im Zweiten Weltkrieg entstandenen Schäden: »Wir müssen über die damaligen Verluste reden, wir müssen die Wahrheit verlangen, wir müssen Wiedergutmachung verlangen.«[11] Tage zuvor hatte auch der polnische Außenminister Jacek Czaputowicz Reparationen verlangt, wobei ein Betrag in Höhe von 1 000 Milliarden Euro im Gespräch war. Es gebe »Länder, die ein Vielfaches weniger verloren, aber mehr Kompensation bekommen haben. Ist das in Ordnung?",[12] fragte Czaputowicz und verwies dabei auf Frankreich und die Niederlande. Dabei hat er wohl übersehen, dass Polen nach dem Potsdamer Abkommen vom August 1945 ein Fünftel des deutschen Staatsgebiets zur Verwaltung unterstellt wurde. Nach dem Zwei-plus-Vier-Vertrag ist es heute ein Teil Polens.

Warum gerade jetzt diese Reparationsforderungen?

Vor dem Hintergrund der Kriegsplanungen der USA gegen Russland und China kommt die Reparationsforderung an Deutschland zu einem Zeitpunkt, an dem Polen sich der Unterstützung durch den »Großen Bruder« USA sicher sein kann, denn das Land wird gerade zur militärischen Speerspitze gegen Russland ausgebaut, wie unter anderem folgende Meldungen zeigen:

- »Polen für Stationierung von Atomraketen in Europa offen«[13]
- »Neue US-Kampfjets F-35 für 6,5 Milliarden an Polen«[14]
- »Polen kauft Patriot-Abwehraketen aus den USA«[15]

- »US-Konzerne modernisieren Polens Militär«[16]
- »Milliarden für US-Militärbasis – Polen wünscht sich ein ›Fort Trump‹«[17]
- Die Aufzählung ließe sich weiter fortsetzen.

Im Rahmen eines groß angelegten Manövers will die US-Armee zwischen April und Mai 2020 ihre Truppen mit Unterstützung der Bundeswehr durch Deutschland nach Polen und weiter ins Baltikum, also an die NATO-Ostgrenze, verlegen. Deutschland werde dabei die logistische Drehscheibe, berichtet die Deutsche Presse-Agentur unter Berufung auf ein Papier aus dem Verteidigungsministerium. An dem Manöver mit dem Namen »Defender 2020« beteiligen sich insgesamt 17 NATO-Staaten. Amerikanischen Medienberichten zufolge wird es die größte Übung dieser Art in Europa seit 25 Jahren.[18] Polen kommt also die Schlüsselstellung für einen möglichen Krieg gegen Russland zu.

Während Polen mit all diesen Maßnahmen der EU die kalte Schulter zeigt, mutiert es zum transatlantischen Musterknaben und gibt den Kriegstreibern in den USA das Signal: Ihr könnt euch im Krieg gegen Russland auf uns verlassen. Das stärkt die Kriegsambitionen des NATO-Generalsekretärs Jens Stoltenberg. Er sprach anlässlich des 80. Jahrestags der NATO nicht in Brüssel, sondern – ein einmaliger Vorgang – vor dem US-Kongress. Dort rechtfertigte er die verstärkten Rüstungsanstrengungen des Bündnisses zur Abschreckung der »Feinde der Freiheit«. Und falls die Abschreckung nicht gelinge, »müssen wir kämpfen«.[19]

Diese Rhetorik ist nicht neu. Während US-Präsident George W. Bush und seine Neocons im Hintergrund eine Weltherrschaft an der UN vorbei errichten wollten, plante Nachfolger Barack Obama die Einbindung der UN. Bereits während seiner Rede als Präsidentschaftskandidat vor der Berliner Siegessäule am 24. Juli 2008 wurde seine Vision stürmisch gefeiert:

> »Jetzt ist die Zeit, um neue Brücken über den ganzen Globus zu bauen, so stark wie diejenige, die uns bisher schon über

> den Atlantik verbindet. Jetzt ist die Zeit, um sich zusammenzuschließen, durch andauernde Kooperation, starke Institutionen, gemeinsame Opfer und eine globale Verpflichtung zum Fortschritt, um den Herausforderungen des 21. Jahrhunderts zu begegnen.«[20]

Der ehemalige deutsche Außenminister Joseph Fischer kommentierte die Rede im Nachrichtenmagazin Focus vom 13. August 2008 wie folgt: »Seine Rede in Berlin war Klartext.« Obama habe den Europäern gesagt:

> »Mit mir wird in Zukunft gemeinsam entschieden und dann gemeinsam gekämpft, und wenn es sein muss, auch gemeinsam gestorben.«[21]

Ihre imperialen Ambitionen verstehen die politischen Vertreter der USA geschickt zu verbrämen: So bezeichnete sich am 13. November 2009 der damalige US-Präsident Obama in seiner fünften außenpolitischen Grundsatzrede als der erste »pazifische Präsident« der USA, der die große Bedeutung Asiens und des pazifischen Raums anerkenne und fördern wolle. Jeder Amerikaner müsse wissen, dass die Zukunft dieser Region für die USA von großer Bedeutung sei.

> »Die Geschicke von Amerika und des asiatisch-pazifischen Raums sind nie enger miteinander verbunden gewesen.«[22]

Am 11. Oktober 2011 setzte Hillary Clinton hinzu:

»Der Raum Asien-Pazifik ist zu einem wichtigen Faktor in der globalen Politik geworden.«[23]

Entsprechend der Bedeutung des Raumes würden die USA ihre Stützpunkte in dieser Region modernisieren und ihre Präsenz stärken. Clinton schloss mit dem Ausblick, dass Amerika dort für die nächsten 60 Jahre präsent bleiben werde. Das ist nichts anderes als eine Drohung für den gesamten asiatischen Raum. Am 9. Februar 2012 drückte sich Admiral Samuel Locklear im Verteidigungsausschuss des US-Senats deutlicher aus:

> »Wir sind eine Großmacht in Asien. Die Chinesen und die anderen Länder der Region müssen begreifen, dass die USA bereit sind, dort ihre nationalen Interessen zu verteidigen.«[24]

Im Herbst 2014 verabschiedete der Befehlsbereich »Training and Doctrine Command« das Dokument TRADOC 525-3-1. Es ist überschrieben: Win in a Complex World 2020-2040.[25] Die Streitkräfte sollen sich darauf vorbereiten, folgende Bedrohungen abzubauen: China, Russland, Nordkorea, Iran und den Terrorismus.

Trotz der aufgeblähten Monstrosität von IS/ISIS/ISIL/Daesch steht der Kampf gegen den internationalen Terror merkwürdigerweise in der Priorität weit unten. Als wichtigste Gegner werden die Konkurrenzmächte China und Russland genannt. Russland wird beschuldigt, imperial zu handeln und sein Territorium auszudehnen. Ein grotesker Vorwurf angesichts der Ausdehnung der NATO und der Farbenrevolutionen in den ehemaligen Sowjetrepubliken, mit dem aber die Notwendigkeit der Stationierung amerikanischer Bodentruppen in Mitteleuropa begründet wird. An zweiter Stelle stehen gegnerische »regionale Mächte« wie Nordkorea und der Iran.

Die ersten Ansätze der neuen Doktrin finden sich bereits im »Training and Doctrine Command-Pamphlet 525-5« vom 1. August 1994. In diesem Dokument wird eine dynamische Ära, eine Welt im Übergang beschrieben. Anstatt den Kommunismus zu bekämpfen, werde man im 21. Jahrhundert gegen nationalen und religiösen Extremismus vorgehen müssen. Hatten die USA im 20. Jahrhundert dauerhafte Verbündete, so hätten sie im 21. Jahrhundert nur noch Verbündete auf Zeit. Die US-Armee solle sich darauf einstellen und zwei Prämissen beachten: »den rapiden technischen Wandel und die Neuordnung der Geostrategie«.[26] Das moderne »Kriegstheater« setzt auf weiterentwickelte Technik wie Kampfroboter und Drohnen sowie auf »Non-Nation Forces« – Söldnerarmeen, die sich an keine Gesetze halten müssen und nach dem gemessenen Erfolg bezahlt werden.

Der Weg in geplante Kriege führt nach TRADOC 525-5 über die gezielte Destabilisierung von Staaten, bei denen die USA zum eigenen Vorteil »Regime Changes« herbeiführen wollen. Ein wichtiges Instrument dabei: »Operations other than War« (OOTW) – gemeint sind Operationen vom Finanz- über den Cyberkrieg, vom Einsatz verdeckter Spezialeinheiten bis zum Drohnenkrieg sowie alle Facetten von Schattenkriegen auf der untersten Stufe der Dynamik. Dazu gehört auch die sogenannte »Demokratie-Förderung« im Stil des »National Endowment for Democracy«.

Orchestriert wird das Ganze vom State Department und der CIA. Die Werkzeuge lieferte das Einstein-Institut, einschließlich Gene Sharps Handbuch,[27] sowie das Drehbuch für alle Farbenrevolutionen – auch für den »Arabischen Frühling«. Desinformation, Desintegration und Destabilisierung bilden den Humus für die nichtmilitärische Unterdrückung und Ausbeutung eines Landes. In der Ukraine waren die in TRADOC 525-5 beschriebenen Eskalationsstufen gut zu beobachten: Aufruhr (Majdan), Krise (Slawjansk) und Konflikt (Krim). Die letzte Stufe wäre dann der Krieg, der uns bis jetzt gottlob erspart blieb.

In den TRADOC-Pamphleten bis 525-7-7 vom 22. Februar 2010 wird die Rolle der Streitkräfte im 21. Jahrhundert umrissen, einem »Jahrhundert des weltweiten Krieges widerstreitender Ideologien«.

Da alle vorausgegangenen Strategiepapiere bis zum letzten Punkt und Komma umgesetzt wurden, sollte dem neuen Dokument größte Aufmerksamkeit geschenkt werden. Ebenso Obamas Rede in Westpoint. Dort feierte der Friedensnobelpreisträger am 28. Mai 2014 vor applaudierenden Kadetten die Doktrin eines amerikanischen Exzeptionalismus. Demnach sind die Vereinigten Staaten ein Vorbild für den Rest der Welt; aufgrund ihrer kulturellen, historischen, politischen und religiösen Einzigartigkeit hätten sie sich gleichsam der Verpflichtung zu stellen, weltweit die führende Ordnungsmacht zu sein. »Ich glaube an den amerikanischen Exzeptionalismus mit jeder Faser meines Seins«, tönte der US-Präsident vor seinen Soldaten.

> »Was uns jedoch exzeptionell macht, ist nicht unsere Fähigkeit, uns über internationale Normen und den Rechtsstaat hinwegzu-

> setzen, es ist unsere Bereitschaft, dies durch unsere Handlungen zu bekräftigen.«[28]

Diese »Handlungen« haben seit 1945 mehr als 20 Millionen Menschen das Leben gekostet. Im noch jungen 21. Jahrhundert haben die USA sieben Länder völlig oder teilweise zerstört, und die damit verbundenen Flüchtlingsströme nehmen kein Ende.

Unter Obama haben die USA mit Hilfe der NATO ihr Betätigungsfeld bis an die Grenzen Russlands ausgedehnt. Der Westen hat Russland erfolgreich eingekreist und versucht nun, auch die Ukraine und Georgien in den Bereich des Imperiums einzubeziehen.

Im Vorfeld des Maidan haben die USA fünf Milliarden US-Dollar in die Umerziehung der Menschen und in den Aufbau genehmer NGOs in der Ukraine investiert. Mit dem Ziel der Schwächung Russlands – Stichwort North Stream 2 – nehmen die USA großen Einfluss auf einzelne Regierungen, Einrichtungen und Personen in Europa. Dabei übernimmt ein Großteil der Mainstream-Medien die transatlantischen Ziele und betreibt antirussische Propaganda. Polen hat inzwischen an seine antirussische Politik der 1920er-Jahre angeknüpft. Es betreibt zwischen der Ostsee und dem Schwarzen Meer eine verhängnisvolle Politik des »inter marium« mit dem Ziel, Russland von West- und Mitteleuropa zu trennen. Der ehemalige Staatssekretär im deutschen Verteidigungsministerium Willy Wimmer schreibt:

> »Diesmal sind es weder London noch Paris, sondern es ist Washington, das fleißig dabei ist, seit fast zwanzig Jahren einen neuen ›Eisernen Vorhang zwischen der Ostsee und dem Schwarzen Meer‹ herunterzulassen.«[29]

Die ständigen Transporte von Militärgütern aus Bremerhaven und Antwerpen Richtung Osten stellen das unter Beweis.

Nachdem im Dezember 2017 die damalige US-Botschafterin bei den Vereinten Nationen Nikki Haley deutlich machte, dass die USA nichts von Multilateralismus und wenig von globaler Zusammenarbeit halten, dürfte klar sein, dass sich US-Präsident Trump in der Frage des Exzeptionalismus nicht von seinem Vorgänger unterscheidet. Trump wird das unter Obama entstandene TRADOC-Pamphlet studiert haben, und es ist sicher kein Zufall, dass sein Sicherheitsberater vom 15. März 2017 bis 22. März 2018, Herbert Raymond McMaster, vorher stellvertretender Kommandierender General des United States Army Training and Doctrine Command (TRADOC) war.

Bereits 2016 beschrieb der damalige Präsidentschaftskandidat Trump in seinem Buch »GREAT AGAIN! Wie ich Amerika retten werde« China indirekt als den wirklichen Feind der USA: »Es gibt Menschen, die sich wünschen, ich würde China nicht als unseren Feind bezeichnen. Aber genau das ist das Land doch!«[30]

Die Vereinigten Staaten wünschen sich seit über 100 Jahren ein »atlantisches Europa«. Es soll zwar ökonomisch integriert, friedfertig und stabil sein, doch unfähig, in strategischen und diplomatischen Bereichen selbstständig zu agieren, und schon gar nicht in politischer Opposition zu den USA – der ehemalige Präsidentenberater Zbigniew Brzezinski sprach sogar von tributpflichtigen Vasallen.[31] Beim Blick auf so manche in die transatlantischen Netzwerke eingebundenen Politiker und Leitmedienjournalisten verstärkt sich dieser Eindruck. Auf der Mitgliederliste des von Joseph Fischer 2007 gegründeten »European Council on Foreign Relations« findet sich neben Cem Özdemir, Daniel Cohn-Bendit und Karl-Theodor von und zu Guttenberg auch der Megaspekulant George Soros. Die einstige Überschrift der Webseite ließ Unheilvolles ahnen: »EU versus Russia«.

Während der Westen und insbesondere die USA und England in China billig produzieren ließen, deindustrialisierten sie die eigenen Länder und versinken nun immer tiefer in Handelsbilanzdefiziten und Schulden. China dagegen baute eine moderne Industrie und Infrastruktur auf und ist zum größten Gläubiger der USA geworden.

Inzwischen haben die oligarchischen Herrschafts-»Eliten« die USA einerseits industriell entkernt und andererseits in ein Imperium mit dem Ziel verwandelt, die ganze Erde zu beherrschen. Zwar reichen aktuell die wirtschaftlichen Mittel der USA nicht mehr aus, dieses Ziel zu erreichen, ans Aufgeben denkt die US-Oligarchie aber keineswegs.

Trotz der Kriege gegen Irak, Libyen und Syrien hat sich die Situation für den Petrodollar weiter verschlechtert. Und das in der Hauptsache durch die Aktivitäten dreier Länder, die mit militärischen Mitteln nicht so einfach zu unterjochen sind wie die vorgenannten Länder, nämlich Iran, Russland und China. Vor allem China spielt dabei eine wichtige Rolle:

> »Das Land ist mittlerweile die größte Handelsnation der Erde, und seine Währung, der Yuan, gewinnt zusehends an Bedeutung. Nach langem Zögern hat China im März 2018 sogar offiziell einen eigenen Terminhandel mit Rohöl in Yuan begonnen. Außerdem hat China in den vergangenen Jahren sehr große Goldvorräte angelegt, mit denen es die eigene Währung möglicherweise hinterlegen könnte.«[32]

Am 9. März 2019 beschuldigte der ehemalige Berater Trumps, Steve Bannon, vor hochrangigen Vertretern der japanischen Politik China, die Balance des Westfälischen Friedens zu gefährden. Bannon sprach von der großen Linie der US-Politik seit über 100 Jahren und verwies auf den englischen Geostrategen Mackinder (1904):

> »Bei diesem geht es darum, die Beherrschung der Weltinsel Eurasien durch eine einzige (andere, nicht-angelsächsische natürlich, W. E.) Macht zu verhindern. Denn wer die Weltinsel beherrsche, würde nach Mackinder die Welt beherrschen.«[33]

Daher ziele die zentrale nationale US-Sicherheitsstrategie seit dem Ersten Weltkrieg darauf, niemals zuzulassen, dass eine andere Macht diese eurasische Landmasse beherrscht. Nach US-Präsident Carters Golf-Doktrin von 1983 hat Brzezinski in Anlehnung an Mackinders »Herzland«-Theorie das Militärkommando CENTCOM installiert. CENTCOM ist das militärische Regionalkommando für die Regionen Naher Osten, Ost-Afrika und Zentral-Asien. Sein Hauptquartier befindet sich auf der MacDill Air Force Base in Tampa, Florida, und es verfügt über eine zusätzliche Kommandobasis in Katar. Alle Kriege in dieser fragilen Region werden von CENTCOM geführt – über die Bundesrepublik Deutschland als Drehscheibe.

Ein weiteres Indiz für die klandestinen Kriegsvorbereitungen ist die Neugründung des »Committee on the Present Danger: China«[34] im Frühjahr 2019. Dieses Komitee gab es schon während der McCarthy-Ära in den 1950er-Jahren, nun wurde es wieder aufgelegt und richtet seine Aktivitäten allein gegen China. Die angloamerikanische Finanzoligarchie plant als Ausweg aus der eigenen Misere den Großen Krieg gegen China und sekundär gegen Russland.

Als Instrument bietet sich Polen an. Während in Polen einige wieder von nationaler Größe träumen, schafft die anglo-amerikanische Kriegselite Tatsachen. Die transatlantischen Taktgeber konnten für ein dem Tiefen Staat genehmes EU-Führungsduo sorgen. Die wichtigsten Posten der EU werden unter Deutschland und Frankreich aufgeteilt, so beerbt Verteidigungsministerin Ursula von der Leyen Claude Juncker. Geschickt hatte sie am 18. Januar 2019 einen Kommentar in der *New York Times*[35] platziert und so ihre Bewerbung in den transatlantischen Ring geworfen. Pathetisch beschrieb sie darin das Bündnis, welches auf den »gemeinsamen Bestrebungen seiner Mitglieder beruhe und entschlossen sei, die Freiheit, das gemeinsame Erbe und die Zivilisation der Völker zu schützen, die auf den Grundsätzen der Demokratie, der individuellen Freiheit und der Rechtsstaatlichkeit basieren«[36].

Als Gegner dieses hehren Weltbildes nannte sie die russische Aggression in Osteuropa, die chinesische Machtdemonstration im Südchinesischen Meer und den Terror des Islamischen Staates. Diese Akteure würden sich der »internationalen Ordnung« widersetzen und versuchen, die Regeln von Demokratie und Wohlstand, die nach dem Zweiten Weltkrieg etabliert worden seien, zu untergraben. So sei die NATO nicht nur ein unersetzlicher Baustein für eine internationale Ordnung, die Freiheit und Frieden fördere, sondern auch eine transatlantische Organisation, die sogar eine »emotionale Verbindung« zwischen dem amerikanischen und dem europäischen Kontinent darstelle. Während ihrer Auftritte bei den Bilderbergern, der Atlantikbrücke und der Münchner Sicherheitskonferenz hat von der Leyen deutlich gezeigt, dass es keinen Zweifel an ihrer Loyalität zu den USA gibt. Von ihr stammt der Slogan der »Militär-Union« und das forcierte Vorantreiben der militärischen Zusammenarbeit bis hin zu einer europäischen Armee. Sie steht für die Militarisierung der gesamten EU und ist eine Vertreterin des militärisch-industriellen Komplexes.[37]

Mit Christine Lagarde beerbte eine Frau ohne jegliche Erfahrung im Bankengeschäft EZB-Präsident Mario Draghi. Zum Ausgleich kann sie strategisch denken, denn als Mitglied der Denkfabrik »Center for Strategic and International Studies« (CSIS) führte sie von 1995 bis 2002 gemeinsam mit Zbigniew Brzezinski das Aktionskomitee USA-EU-Polen an. Dabei engagierte sie sich von 1995 bis 2002 speziell in der Arbeitsgruppe »Rüstungsindustrie USA-Polen«. 2003 war sie auch Mitglied der »Euro-Atlantic Action Commission« in Washington.[38] Bei der Analyse der heutigen Militäraktivitäten Polens muss man feststellen, dass Frau Largarde großartige Vorarbeit geleistet hat, die von Frau von der Leyen zielstrebig weitergeführt wurde.

Auch Emmanuel Macron machte bei seiner Rede 2017 deutlich, dass er sich für eine Militarisierung der EU einsetzen werde. Die Kandidaturen von Frau von der Leyen und Frau Lagarde werden bei den US-amerikanischen Vertretern der parteiübergreifenden Kriegskoalition beziehungsweise des »Tiefen Staates« auf großes Wohlwollen gestoßen sein: die EU als Außenstelle der NATO und Helfer bei der Fortsetzung französischer Afrika-Kriege.[39]

Seit dem völkerrechtswidrigen Krieg gegen Jugoslawien behält sich die NATO das Recht vor, im Ausnahmefall und auf der Basis eines Konsensbeschlusses der Bündnispartner auch ohne UN-Mandat militärisch zu intervenieren. Die NATO als Offensivbündnis! Paul Craig Roberts, unter US-Präsident Ronald Reagan stellvertretender Finanzminister – und laut Forbes einer der besten Journalisten der Welt –, bringt es auf den Punkt:

> »Wenn der Großteil der Menschheit nicht bald aufwacht und diesem Wahnsinn entschlossen entgegentritt, wird Washington die Welt vernichten!«[40]

Die Warnung verpuffte ungehört, und die Kriegstrommeln schlagen immer lauter. Kurz vor dem amerikanischen Nationalfeiertag, dem 4. Juli 2019, warben die einflussreichen Denkfabriken Bloomberg und Council on Foreign Relations für einen Krieg gegen die chinesisch-russische Allianz. Die Urheber dieser für die Welt folgenschweren Absicht sind keine unseriösen Spinner, sondern renommierte Männer aus Wissenschaft, Militär und Finanzwelt: Professor Hat Brands, Experte für Geostrategie an der Johns Hopkins University, und der ehemalige Admiral und heutige Finanzanalyst der Carlyle Group, James Stavridis.

Die Schäden eines solchen umfassenden Krieges für die Umwelt – und damit auch für das Klima – sind gar nicht abzuschätzen. Die 20 Jahre nach dem NATO-Krieg gegen Jugoslawien noch erkennbaren Umweltschäden lassen beklemmende Ahnungen aufkommen. Doch wo rührt sich Widerstand? Wo sind die friedensbewegten Menschen? Am 20. September 2019 folgten in Deutschland 1,4 Millionen Menschen Greta Thunbergs Aufruf zum Klimastreik. Ohne die Sicherung des Friedens werden jedoch alle Klimarettungsmaßnahmen Makulatur.

Der US-amerikanische Professor für Geographie, Dr. Eric T. Karlstrom, lehrte 30 Jahre lang an US-Universitäten Klimatologie, Paläoklimatologie, Umweltgeologie und Humanökologie. Schon früh musste er erkennen, dass die junge Wissenschaft der Klimatologie bereits auf den Fluren der Macht in Washington (D. C.) angekommen war, »weil sie nützliche Mittel zur Förderung politisch-ökonomischer Ziele lieferte«.[41] Denkfabriken wie der »Report from Iron Mountain« und der Club of Rome, politische Entitäten wie die Vereinten Nationen, verschiedene Zweige des Militärs und der Geheimdienstgemeinde sowie Wall-Street-Konzerne hatten damals entschieden, dass Klima-»Forschung« genutzt werden könne, um »globalistische politisch-ökonomische Ziele voranzutreiben«[42].

In den USA hören die Medien nicht auf, Amerikas militärische Stärke zu preisen; auch US-Präsident Trump beschwor am 4. Juli 2019 die Macht und die Größe des US-Militärs. Angesichts des wirtschaftlichen Niedergangs Amerikas wirkt das wie das Pfeifen im Wald. Voraussetzung für einen künftigen Frieden ist immer die genaue, wahrheitsgetreue Aufarbeitung der Vergangenheit. Solange wesentliche historische Dokumente unter Verschluss gehalten werden, können wir nur versuchen, aus Mosaiksteinen ein Bild zusammenzusetzen. Interessengeleitete Geschichtsinterpretationen und die damit geschürten Emotionen sind jedoch denkbar schlechte Paten für eine objektive, realistische Geschichtsbetrachtung. Und der diffamierende Kampfbegriff »Revisionismus« ist nicht geeignet, die dringend notwendige, aufrichtige Revision der allseits bekannten Narrative zu fördern.

Die Nachfolger der kleinen angelsächsischen Elite, die ab 1887 den großen kontinentaleuropäischen Krieg vorbereitet hat, benötigen das einseitige Narrativ weiterhin für ihre geplanten Kriege. Es wäre fatal für die Pläne der angloamerikanischen Kriegselite, wenn die Weltöffentlichkeit am Vorabend eines möglichen Dritten Weltkrieges erkennt, dass die angelsächsische Finanzoligarchie den Ersten Weltkrieg maßgeblich verursachte und den Zweiten förderte, um die Ergebnisse des Ersten zu vervollständigen. Also müssen diese Tatsachen weiter im Nebel bleiben. Nicht von ungefähr lagern im Sicherheitstrakt Hanslope/London seit 1856 an die 1,2 Millionen Dokumente. Ein Frieden in Freiheit ist auf dieser Basis kaum möglich.

Deshalb sei an den deutschen Philosophen Karl Jaspers erinnert, der anlässlich der Verleihung des Friedenspreises des Deutschen Buchhandels von 1958 – die Laudatio hielt Hannah Arendt – seine Dankesrede überschrieb: »Wahrheit, Freiheit und Friede«. Für Jaspers ist Friede nur durch Freiheit, Freiheit nur durch Wahrheit möglich.

»Daher ist die Unwahrheit das eigentlich Böse, jeden Frieden Vernichtende: die Unwahrheit von der Verschleierung bis zur blinden Lässigkeit, von der Lüge bis zur inneren Verlogenheit, von der Gedankenlosigkeit bis zum doktrinären Wahrheitsfanatismus, von der Unwahrhaftigkeit des Einzelnen bis zur Unwahrhaftigkeit des öffentlichen Zustandes.«[43]

Jaspers fordert als Voraussetzung des Friedens die Mitverantwortung eines jeden durch die Art und Weise seines Lebens, eines Lebens in Wahrheit und Freiheit. Die Frage des Friedens ist also nicht zuerst eine Frage an die Welt, sondern eines jeden an sich selbst.

Mediale Propaganda als Begleitmusik zu Intervention und Krieg

Tilo Gräser

Krieg wird wie ein Film vorbereitet und durchgezogen, mit Drehbuch, Dramaturgie und Regie, mit Crew im Hintergrund, einigen Darstellern auf der Bühne, Statisten und natürlich nicht ohne begleitende »Filmmusik«. Dazu gehören natürlich die Produzenten und jene, die am Verkauf des Films verdienen. Das ist keine neue Erkenntnis. Dafür sind die Ereignisse in Libyen 2011 und danach in Syrien bis heute ebenso ein Beispiel wie die im Jemen oder die Einstimmung des Publikums auf neue »Kriegsschauspiele« gegen den Iran oder gar Russland. Ich will hier insbesondere auf das Drehbuch und die Begleitmusik eingehen, vor allem am Beispiel Syrien, aber auch mit Blick auf das Säbelrasseln und die Aufrüstung gegenüber Russland. Dabei werde ich nicht auf jedes einzelne Ereignis im letzten Jahrzehnt eingehen, sondern versuchen, grundlegende Mechanismen zu beschreiben.

Das Drehbuch und seine Umsetzung

Syrien ist seit 2011 im Visier derjenigen westlichen Politiker, die Nordafrika und Arabien neu ordnen und ganz den westlichen Interessen unterordnen wollen. Was sie 2011 in Libyen erreicht haben, ist seitdem ihr Ziel auch im Nachbarland Israels, das sie mit verdeckten und offenen Mitteln anstreben. Eine permanente Kriegshetze gegen Syrien und den syrischen Präsidenten Bashar al-Assad begleitet diesen Versuch, bei dem die bundesdeutschen Medien an vorderster Stelle »mitkämpfen«. Das geht auch nach neun Jahren Krieg in dem Land so weiter, auch wenn das militärische und politische Eingreifen Russlands in Syrien seit 2015 manchen westlichen

Plan durchkreuzt hat. Die Propaganda westlicher Medien begleitet das Geschehen als »Filmmusik«, die die Zuschauer einstimmen soll, ununterbrochen.

Hans Springstein schrieb bereits im März 2012 in der Zweiwochen-Schrift *Ossietzky* über das Drehbuch[1], das auch im Fall Syrien angewandt werde. Das klare Muster werde je nach Bedarf und konkreter Lage in Details abgewandelt und angepasst: »Ein potenzieller oder latenter Konflikt in dem ›Schurkenstaat‹ (mit meist ethnisierten sozialen Ursachen) wird von westlichen Staaten angeheizt, in dem eine Seite mit verschiedensten Mitteln bis hin zu Waffen und Ausbildung unterstützt wird. Das geschieht auch, in dem die unterstützte Oppositionsgruppe unerfüllbare Maximalforderungen aufstellt. Anfängliche und berechtigte soziale Proteste ›entwickeln‹ sich mit Hilfe von außen aktiv zu Demonstrationen und Aufständen, die nur noch eine Forderung kennen: Den Sturz der Regierung bzw. des jeweiligen ›Diktators‹.« Dazu gehöre, jegliche Dialog- und Verhandlungsangebote abzulehnen oder nur pro forma anzunehmen. Gleichzeitig erhalte die erwartungsgemäß schwächere oppositionelle Seite nicht minder übertriebene Versprechungen aus dem Westen, wie sie von diesem nach ihrem »Sieg« unterstützt werde.

Dafür gibt es zahlreiche Beispiele in der jüngeren Geschichte. Zu finden sind sie unter anderem in dem Buch »Die Weltbeherrscher – Militärische und geheimdienstliche Operationen der USA« des Journalisten Armin Wertz oder in dem Buch *Killing Hope* (»Zerstörung der Hoffnung«) des ehemaligen US-Diplomaten William Blum über die globalen CIA-Operationen seit 1945.

Der Westen unterstützte und unterstützt dabei die regierungsfeindliche Seite mit verschiedensten Mitteln, von Geld und Technik bis hin zu Waffen und Ausbildung. So ist es auch in der Ukraine geschehen, wo die Opposition seit 1991 bis 2014 mit fünf Milliarden US-Dollar gefördert wurde. Der ehemalige CIA-Mitarbeiter Robert Baer beschreibt in seinem Buch *Der Niedergang der CIA*, wie er in den 1990er-Jahren im Irak die Opposition gegen Staatschef Saddam Hussein aufbauen sollte. Ein weiteres Beispiel dafür liefern die Vorgänge in Jugoslawien seit 1990 mit den Zerfallskriegen und dem Nato-Krieg gegen Rest-

Jugoslawien 1999. Ein anderes Beispiel ist der schon genannte offene und verdeckte Krieg gegen Syrien seit 2011.

Warnungen vor diesem Mechanismus und seinen Folgen bleiben ungehört. Die westliche Politik und die sie begleitenden Medien verschweigen das Ausmaß der Gewalt der unterstützten Seite. Dagegen wird die der anderen Seite, meist die jeweilige Regierung, überhöht und überdimensioniert dargestellt. Dabei wird meist weggelassen, was Ursache ist und was Wirkung. So machten die westlichen Politiker und Medien im Fall Syrien aus dem Kampf gegen bewaffnete »Rebellen« das Vorgehen der Armee gegen »die Opposition«.

Die erwartungsgemäße Reaktion der angegriffenen Seite sowie die absehbaren Folgen und unbeteiligten Opfer werden dann benutzt, um diese zu dämonisieren. Die herrschenden westlichen Kreise scheinen das nötig zu haben: Denn ohne moralische Zustimmung der eigenen Bevölkerung trauen sich die westlichen Brandstifter nicht, die von ihnen selbst gelegten Brände ausgerechnet mit Bomben zu löschen. Das Ganze wird dann hierzulande gern auch »werteorientierte Außenpolitik« genannt. Die gegen Syrien und Russland sowie andere wie den Iran eingesetzte Propagandamaschinerie ist erprobt und bekannt.

Die sich im realen Konflikt immer schneller drehende Gewaltspirale erhöht die Zahl der zivilen Opfer. Diese werden von der Propaganda benutzt, um den bekannten und bewährten Interventionsmechanismus in Gang zu setzen: Maximalforderungen des Westens an die »Schurken«-Seite, Sanktionen, Schutzzonen, Flugverbot, Aufmarsch von Truppen und Waffen, Zuschlagen auf Grund eines schlimmen Ereignisses oder einer Greueltat in Folge des Konfliktes.

Nicht immer schickt der Westen neben Bomben und Marschflugkörpern auch eigene Soldaten in den Krieg. Die Aufgabe übernehmen gern seine Verbündeten, die dabei auch eigene Interessen verfolgen. Im Fall Syrien sind das unter anderem Saudi-Arabien, Katar und die Türkei. Das Leid der Opfer der in Gang gesetzten Gewaltspirale, des angefachten Krieges, ist denen, die dafür verantwortlich sind, auch im Fall Syrien egal. Sie interessieren nur als Propaganda-Argument bei der Kriegshetze.

Am Ende werden die westlichen Interessen meist erfolgreich durchgesetzt, der jeweilige Herrscher bzw. Staatschef abgesetzt und ein souveräner Staat zerstückelt. Als Mindestergebnis wird die Zentralmacht des überfallenen Landes geschwächt nach dem Prinzip »Teile und herrsche«. Dieses Muster wurde durchgespielt in Jugoslawien, im Irak, in Libyen, derzeit in Syrien und im Iran – die Aufzählung dürfte unvollständig sein.

Die Kriegspropaganda als Begleitmusik

Der US-Politikwissenschaftler Harold Lasswell (1902-1978) hat nach dem Ersten Weltkrieg die Grundsätze für erfolgreiche Kriegspropaganda beschrieben:

> »Der Widerstand gegen Krieg ist in modernen Nationen so groß, dass jeder Krieg als Verteidigung gegen einen bösartigen, mörderischen Aggressor erscheinen muss. Es darf keinerlei Zweifel daran geben, wen die Öffentlichkeit hassen muss. Der Krieg darf nicht als Folge eines bestimmtes weltweiten Systems der internationalen Beziehungen oder der Dummheit oder Böswilligkeit der herrschenden Klassen erscheinen, sondern nur als Folge der Habgier des Feindes. Schuld und Unschuld müssen geographisch beurteilt werden, und die ganze Schuld muss auf der anderen Seite der Grenze sein. Um den Hass der Menschen zu mobilisieren, muss der Propagandist dafür sorgen, dass alles, was im Umlauf ist, auf die Schuld des Feindes hinweist. Variationen dieses Themas sind möglich unter bestimmten Bedingungen, die wir beschreiben, aber es muss auch weiterhin das Leitmotiv sein.«[2]

Lord Arthur Ponsonby (1871–1946), britischer Politiker und Friedensaktivist, hat einst festgestellt, dass das erste Opfer des Kriegs die Wahrheit ist: »When war is declared, truth is the first casualty.«[3] Er beschrieb in seinem 1928 veröffentlichten Buch *Falsehood in Wartime*

(»Lüge in Kriegszeiten«) die Strukturelemente dieser Lügen und Fälschungen, mit denen Kriege begründet werden. In ihrem Buch über *Die Prinzipien der Kriegspropaganda* hat die belgische Historikerin Anne Morelli 2004 diese von Ponsonby definierten Prinzipien in zehn Punkten zusammengefasst. Sie hat sie auf ihre Gültigkeit überprüft und vom Ersten über den Zweiten Weltkrieg bis zu den Kriegen in Jugoslawien und Irak zahlreiche Belege dafür gefunden.[4] Sie lassen sich auch auf die aktuelle Kriegshetze gegen Russland und China anwenden, weshalb ich sie als Ausgangspunkt nehme. Morelli fasste sie so zusammen:

1. Wir wollen keinen Krieg.
2. Das feindliche Lager trägt die alleinige Schuld am Krieg.
3. Der Feind hat dämonische Züge.
4. Wir kämpfen für eine gute Sache und nicht für eigennützige Ziele.
5. Der Feind begeht mit Absicht Grausamkeiten. Wenn uns Fehler unterlaufen, dann nur versehentlich.
6. Der Feind verwendet unerlaubte Waffen.
7. Unsere Verluste sind gering, die des Gegners aber enorm.
8. Unsere Sache wird von Künstlern und Intellektuellen unterstützt.
9. Unsere Mission ist heilig.
10. Wer unsere Berichterstattung in Zweifel zieht, ist ein Verräter.

1. Wir wollen keinen Krieg

»Da Krieg und seine grauenhaften Begleiterscheinungen nur selten populär sind, können Regierende gar nicht umhin, sich vorab als Friedensfürsten darzustellen«, so Morelli.[5] Das habe sich unter anderem vor und während der beiden Weltkriege gezeigt. Selbst Adolf Hitler behauptete, keinen Krieg und nur Frieden zu wollen. Morelli weiter: »Wenn alle Staats- und Regierungschefs vom gleichen Friedenswillen beseelt sind, stellt sich natürlich die Frage, warum dennoch immer wieder Kriege ausbrechen!«

In diesem Zusammenhang klingt die Erkenntnis von Karl Marx aus dem Jahr 1859 sehr aktuell:

> »Von allen Dogmen der bigotten Politik unserer Tage hat keine mehr Unheil angerichtet als die, dass ›um Frieden zu haben, man sich zum Kriege rüsten muss‹.«[6]

2. Das feindliche Lager trägt die alleinige Schuld am Krieg

Jede Kriegspartei behauptet, sie sei zur Kriegserklärung gezwungen worden, und führt zugleich Krieg mit der Behauptung, den Krieg ein für alle Mal zu beenden. Zumeist wird der Nachbar als Aggressor hingestellt und dem Feind wird stets mangelnder Respekt gegenüber Verträgen unterstellt. Morelli dazu: »Die verbissensten Kriegshetzer gaben sich … den Anschein von Unschuldslämmern und wälzten die gesamte Verantwortung für den Krieg auf den Feind ab.«[7]

Der Schriftsteller Mark Twain hatte in seiner zu Lebzeiten unveröffentlichten Erzählung *Der geheimnisvolle Fremde* den Mechanismus so beschrieben:

> »Es hat nie einen gerechten, nie einen ehrenhaften Krieg gegeben – seitens des Anstifters. … diese Regel wird in keinem halben Dutzend Fällen umgestoßen werden. Die lärmende kleine Handvoll wird – wie üblich – nach Krieg schreien. Die Kanzel ist – behutsam und vorsichtig – zunächst dagegen; die große, breite, stumpfsinnige Masse des Volkes reibt sich verschlafen die Augen und versucht herauszukriegen, warum es Krieg geben soll, und erklärt ernst und empört: ›Das ist ungerecht und unehrenhaft, und es besteht keine Notwendigkeit dazu.‹ Da schreit die Handvoll lauter. Einige wenige gerechte Männer auf der anderen Seite treten in Wort und Schrift mit vernünftigen Argumenten gegen den Krieg auf, und anfangs hört man sie an und spendet ihnen Beifall; aber das hält nicht lange an; jene anderen überschreien sie, und bald schmelzen die Massen der

Kriegsgegner zusammen und werden unbeliebt. Nicht lange, und du siehst folgendes sonderbare Bild: Die Redner werden mit Steinwürfen von der Tribüne gejagt, und die freie Rede wird von Horden wütender Leute abgewürgt, die im tiefsten Herzen – wie bisher – mit diesen gesteinigten Rednern noch immer einer Meinung sind, es aber nicht auszusprechen wagen. Und jetzt nimmt die ganze Nation – die Kanzel wie alle anderen – den Ruf nach Krieg auf und brüllt sich heiser und schlägt jeden ehrlichen Mann zusammen, der den Mund aufzumachen wagt; und bald tut sich kein solcher Mund mehr auf. Als nächstes denken sich die Staatsmänner billige Lügen aus, mit denen sie die Schuld dem angegriffenen Volk zuschieben, und jedermann ist froh über diese Verdrehungen, die das Gewissen beschwichtigen, und studiert sie fleißig und weigert sich, auch nur zu prüfen, was sie widerlegen könnte; und so redet man sich nach und nach selber ein, der Krieg sei gerecht, und dankt Gott für den ruhigeren Schlaf, dessen man sich nach diesem Vorgang grotesker Selbsttäuschung erfreut.«[8]

Der jeweils eigenen Bevölkerung wurde und wird der Krieg als »Notwehr« oder inzwischen als »Schutz der Menschenrechte« eingeredet. So geschah es mit dem Nato-Krieg gegen Jugoslawien 1999, mit dem Überfall auf den Irak 2003 oder dem Überfall von Nato-Staaten auf Libyen 2011. Der eigene Angriff soll wie eine Antwort auf eine feindliche Provokation aussehen. Dasselbe Muster wird derzeit gegen Russland angewendet: Diesem wird unterstellt, die Nato-Mitglieder im Baltikum und Polen zu bedrohen. Obwohl es keinerlei Beweise dafür gibt, wie selbst die Bundesregierung 2018 eingestehen musste[9], wird damit die Aufrüstung der Nato gegen Russland begründet[10].

3. Der Feind hat dämonische Züge

Um die eigene Bevölkerung auf Kriegskurs zu bringen, wird dem Führer des zum Feind auserkorenen Landes mit Hilfe der Medien ein

Gesicht mit hassenswerten Zügen verpasst. Dabei schrecken die Medien vor keiner Übertreibung zurück: Seiner Persönlichkeit werden dämonische Züge zugeschrieben und er als Monster, als geistesgestört, als blutrünstiger Diktator oder gar als »neuer Hitler« präsentiert – selbst wenn er zuvor gefragter Gesprächspartner war. Morelli meinte in ihrem Buch, dass die Technik der »Diabolisierung«, der Verteufelung des feindlichen Führers »sehr effizient« sei. »Bürger und Mediennutzer brauchen offensichtlich ›Gut‹ und ›Böse‹, die sie klar identifizieren können. »Am einfachsten wird diese Identifikation erreicht, indem man den jeweiligen ›Teufel vom Dienst‹ als neuen Hitler präsentiert. Wer es wagt, auch nur Zweifel an der Richtigkeit der Behauptung anzumelden, dass der jeweilige Gegner die Inkarnation des Bösen sei, oder sich gar erdreistet, ihn zu verteidigen, der wird sofort disqualifiziert.«[11] Das erleben auch alle, die sich seit einigen Jahren für einen vernünftigen Umgang mit Russland aussprechen und einsetzen. »Putinversteher« ist dabei noch eines der harmlosen Etiketten, das ihnen verpasst wird.

Manfred Wekwerth hat 2011 in einem Text in der Zweiwochenschrift *Ossietzky* beschrieben[12], wie das funktioniert. Am Beispiel eines Textes von Shakespeare über Richard III. zeigte der Regisseur, wie mit Hilfe des »Psychologisierens« eine ganze grausame Epoche englischer Geschichte unterschlagen und eine einzelne Person zum hassenswerten Schurken gemacht wurde, der das alles verursacht haben soll. »Nun war aber gerade Richard III. in Wirklichkeit einer der populärsten, reformfreudigsten Könige der englischen Geschichte.« Das »Psychologisieren« war und ist laut Wekwerth eine weitverbreitete Methode auch der Politik. Dabei werde versucht, die »Gegenwart zu erhellen, indem man Vergangenheit schwarz färbt. Die Verbrechen des damaligen neuen Herrscherhauses, der Tudors, immerhin Shakespeares Geldgeber, sollten vergessen gemacht werden. Darum musste Vorgänger Richard so schwarz erscheinen, dass die herrschende Düsternis der Gegenwart etwas heller wirken konnte.«

Wekwerth nannte in seinem Text den ermordeten libyschen Staatschef Muammar al-Gaddafi als neues Beispiel für diese Methode. Es gibt weitere Beispiele in der Gegenwart: So stellte beispielsweise »Spiegel online« frühzeitig den syrischen Präsidenten Bashar al-Assad unter anderem als Teufel dar, der das Land zur »Hölle« macht. Ähnliches war beim jugoslawischen bzw. serbischen Präsidenten Slobodan Milošević oder bei Saddam Hussein zu erleben. Die letzten beiden und Gaddafi haben das nicht überlebt, während Assad bis heute im Amt ist, auch dank russischer Unterstützung. Der russische Präsident Wladimir Putin wird ebenfalls immer wieder dämonisiert. Der geringste Vorwurf westlicher Politik und Medien gegen ihn lautet, er sei ein Autokrat.

4. Wir kämpfen für eine gute Sache und nicht für eigennützige Ziele

»Triebfeder des Krieges ist in der Regel der Wille zur geopolitischen Vorherrschaft verbunden mit ökonomischen Interessen«, schrieb die Historikerin Morelli in ihrem Buch. Und fügte hinzu: »Für die öffentliche Meinung darf das jedoch nicht transparent gemacht werden.«[13] Sie stellt fest, dass moderne Kriege nur mit Zustimmung der jeweils eigenen Bevölkerung geführt werden. Das sei umso leichter möglich, wenn der Krieg angeblich unanfechtbare Werte »verteidigen« und befördern soll. Dafür steht die seit vielen Jahren geführte Debatte um die »humanitären Interventionen«, die mit einer vermeintlichen Schutzverpflichtung (Responsibility to Protect) begründet werden.

Nie geht es offiziell um Rohstoffe, Gebietsgewinne, Kolonien oder darum, sich als der Stärkere behaupten zu wollen, stellt die Historikerin fest. Selten ist zu hören oder zu lesen, was der frühere SPD-Politiker Egon Bahr im Dezember 2013 Schülern eines Heidelberger Gymnasiums erklärte[14]: »In der internationalen Politik geht es nie um Demokratie oder Menschenrechte. Es geht um die Interessen von Staaten. Merken Sie sich das, egal, was man Ihnen im Geschichtsunterricht erzählt.«

Morelli verwies darauf, dass selbst das faschistische Deutschland 1938 den Einmarsch in die Tschechoslowakei damit begründete, die

Minderheit der Sudetendeutschen schützen zu müssen. Doch Adolf Hitler hat das tatsächlich schon eher propagiert. So hat er das für die heutigen als »humanitäre Interventionen« verkauften westlichen Kriege benutzte Prinzip »Menschenrecht bricht Staatsrecht« schon in *Mein Kampf* beschrieben[15]:

> »Wenn durch die Hilfsmittel der Regierungsgewalt ein Volkstum dem Untergang entgegengeführt wird, dann ist die Rebellion eines solchen Volkes nicht nur Recht, sondern Pflicht. Nicht die Erhaltung eines Staates« sei »der höchste Zweck des Daseins der Menschen, sondern die Bewahrung ihrer Art«.[16]

Aber auch da war Hitler nicht der Erste. Vor ihm hat 1918 der deutsche Prinz Max von Baden in seiner *Denkschrift über den ethischen Imperialismus* gefordert:

> »Eine so ungeheure Kraft, wie wir sie in diesem Kriege entfaltet haben, muss sich vor der Welt ethisch begründen, will sie ertragen werden. Darum müssen wir allgemeine Menschheitsziele in unseren nationalen Willen aufnehmen.«[17]

5. Der Feind begeht mit Absicht Grausamkeiten. Wenn uns Fehler unterlaufen, dann nur versehentlich

Berichte über Grausamkeiten des Feindes sind wesentliche Mittel der Kriegspropaganda, stellte auch die Historikerin Morelli 2004 fest. Das zeigt sich aktuell wieder daran, wie die Ereignisse in der syrischen Provinz Idlib und das dortige Vorgehen der syrischen Armee und ihrer russischen Verbündeten dargestellt werden. Zum Krieg gehören immer Brutalität und Grausamkeit, aber die Kriegspropaganda behauptet natürlich, nur der Feind begehe solche Taten und die eigene Armee schütze die eigene und auch die fremde Bevölkerung. Das trifft durchaus für alle beteiligten Seiten zu. »Die extreme Form von Kriminalität, die im Krieg an der Tagesordnung ist, wird zum Kennzeichen allein der feindlichen Armee, die, so die Propaganda, hauptsächlich aus gewissen- und gesetzlosen Bestien bestehe.«[18]

Der Historiker John MacArthur beschrieb in seinem 1993 auf Deutsch erschienenen Buch *Die Schlacht der Lügen – Wie die USA den Golfkrieg verkauften* das Beispiel der angeblich von irakischen Soldaten 1990 begangenen Verbrechen im besetzten Kuwait[19]. Mit diesen wurde der US-geführte Krieg 1991 gegen den Irak begründet: Sie sollen Frühgeborene aus ihren Brutkästen in einem Krankenhaus in Kuwait-City genommen und auf den Fußboden geworfen haben. Diese »Brutkasten«-Story war frei erfunden und ihre Präsentation mit Hilfe einer kuwaitischen Diplomatentochter gegenüber den Medien von der Public-Relations-Firma »Hill and Knowlton« organisiert worden. Aber das wurde erst später aufgedeckt – bis dahin tat die Geschichte ihre gewünschte Wirkung, auch dank der westlichen Journalisten, die sie ungeprüft weitererzählten.

Dagegen werden die Grausamkeiten des eigenen Lagers als »Fehler« abgetan, als Versehen, wenn sie nicht bestritten werden können. Ein aktuelles Beispiel dafür lieferte der Krieg in Syrien und der vermeintliche Krieg der US-geführten Koalition gegen die Terrororganisation »Islamischer Staat« (IS; auch Daesch). Die westlichen Medien legen unterschiedliche Maßstäbe an, wie sie über die Befreiung der von Islamisten besetzten Teile der syrischen Stadt Aleppo und anderer syrischer Orte und wie sie über das Vorgehen der US-geführten Anti-IS-Koalition berichten. Syrisch-russische Offensiven gegen die Islamisten würden »durch westliche Medien und Politiker stets als rücksichtloser Krieg gegen die gesamte Bevölkerung des betroffenen Gebietes angeprangert«, stellte der Friedensaktivist Joachim Guilliard 2018 in der Zeitschrift *Ossietzky* fest.[20] Dagegen würden »die der US-geführten Allianz in Syrien und im Irak durchweg positiv als alternativlose Feldzüge gegen den Daesch dargestellt werden. Das Bild eines sauberen, präzise gegen den Daesch gerichteten Krieges mit wenigen zivilen Opfern, das die beteiligten NATO-Streitkräfte vermitteln, wird dabei unhinterfragt übernommen.«

Guilliard hat die Unterschiede in Darstellung und Fakten am Fall der syrischen Stadt Aleppo und der irakischen Stadt Mossul analysiert.[21] Er stellte unter anderem fest:

> »Vergleicht man den Zerstörungsgrad und die Zahl der Opfer der Luftangriffe der beiden Seiten, so zeigt dies recht deutlich, dass die Behauptung, die von der syrischen Luftwaffe eingesetzten, einfacheren Bomben oder gar ›Fassbomben‹ wären für die Zivilbevölkerung verheerender als die perfektionierten, von den NATO-Staaten eingesetzten Waffen, nicht zu halten ist.«

Das führt direkt zum nächsten Prinzip der Kriegspropaganda, wonach nur der Feind unerlaubte Waffen benutzt.

6. Der Feind verwendet unerlaubte Waffen

Dieses Prinzip ergibt sich aus dem Grundsatz, dem zufolge die eigene Seite auf »anständige Weise« Krieg führt und dabei die Regeln des Krieges akzeptiert, der Feind das dagegen nicht tue. Morelli nannte als eines der Beispiele für Kriegspropaganda die nachgewiesene Lüge der USA über die angeblichen irakischen Massenvernichtungswaffen, mit welcher der Krieg gegen den Irak 2003 begründet wurde. »So konnte die öffentliche Meinung für einen ›Präventiv-Krieg‹ gegen den Irak mobilisiert werden, hauptsächlich mit Hilfe des Prinzips der Kriegspropaganda, weil es den Menschen wieder und wieder eingebleut wurde.«[22] Ein aktuelles Beispiel liefert der Krieg in Syrien: Hier wird der syrischen Armee und deren russischen Verbündeten anhaltend vorgeworfen, unerlaubte Mittel wie die geächteten Chemiewaffen gegen die Zivilbevölkerung einzusetzen. Beweise dafür gibt es keine. Wenn sich nach mutmaßlichen Giftgas-Einsätzen herausstellt, dass die Anti-Assad-Kräfte dahintersteckten, ist das in westlichen Medien kaum zu vernehmen. Karin Leukefeld hat das Anfang 2020 am Beispiel der widerlegten Vorwürfe gegen Damaskus und Moskau zum angeblichen Giftgasangriff in Douma, Syrien, im April 2018 beschrieben und belegt.[23]

7. Unsere Verluste sind gering, die des Gegners aber enorm

»Ob die öffentliche Meinung im Kriegsverlauf unbeirrt weiter die Entscheidung der Regierung für den Kriegseintritt gutheißt, hängt von den zu erwartenden Ergebnissen des Konfliktes ab«, stellte die Historikerin Morelli in ihrem Buch fest.[24] Dazu würden die eigenen Verluste heruntergespielt und die des Feindes übertrieben. Damit werde der Eindruck angestrebt, als koste der Krieg weder Blut noch Geld. Um die tatsächlichen eigenen Verluste an Menschenleben auf ein Mindestmaß zu reduzieren, werden zunehmend auch Krieg per Drohnen geführt und sogenannte autonome Waffensysteme entwickelt.[25]

8. Unsere Sache wird von Künstlern und Intellektuellen unterstützt

Wie Werbung zielt Propaganda vornehmlich auf die Gefühle der Menschen ab, stellte Morelli fest. Sie seien der Hebel, um die öffentliche Meinung zu mobilisieren.[26] Die Historikerin stellte eine bis heute gültige Frage:

> »Die Mobilisierung von Künstlern, Wissenschaftlern und Intellektuellen zugunsten der kriegführenden Lage wirft natürlich die Frage auf, was denn eigentlich ein Intellektueller ist und weshalb er es hinnimmt, dass sein Geist oder seine Feder in Kriegszeiten von der Politik vereinnahmt werden. Die heilige Einheit der Nation scheint zum Verzicht auf jeden kritischen Verstand zu führen …«[27]

Der Publizist Klaus Bittermann beklagte sich im Jahr 2000 zu Recht über deutsche und europäische Intellektuelle, die sich in den 1990er-Jahren auf die Seite derer stellten, die Jugoslawien zerstörten. Sie hätten sich zu Hetzkampagnen gegen Rest-Jugoslawien bzw. Serbien hinreißen lassen:

»Weder in ihrem Eifer noch in ihrer Wortwahl unterscheiden sich die westlichen Intellektuellen von Fanatikern.« Und weiter: »Die von den Intellektuellen herbeigesehnte Einmischung bedeutet die Fortsetzung der ›Schlachtbank‹ (Hegel), die Europa sowohl geographisch als auch historisch immer gewesen ist, also das Gegenteil der Menschenrechte, für die sie eintreten.«[28]

Wenn Künstler und Intellektuelle für den Frieden und gegen Krieg auftreten, wie bei den Kriegen gegen Jugoslawien, gegen Afghanistan und gegen den Irak, wie im Fall Syrien oder gegen die Hetze gegen Russland, gibt es mediale Kampagnen gegen sie. Sie tauchen in den Nachrichten kaum auf, ihre Werke wie Lieder werden kaum gespielt oder es wird, wenn sie wie der Schriftsteller Peter Handke gar den Literaturnobelpreis bekommen, massiv bestritten, dass sie diesen verdient haben. Zuvor war Handke schon beschimpft und verleumdet worden, weil er der antiserbischen Propaganda widersprach. Ähnliches erleben seit mehreren Jahren all jene, die für Verständnis für Russland und einen echten Dialog mit diesem Land eintreten.

9. Unsere Mission ist heilig

Wenn unsere Mission heilig ist, muss sie verteidigt werden, wenn nötig mit der Waffe in der Hand – so beschrieb die Historikerin ein weiteres Prinzip der Kriegspropaganda. Das »Heilige« der jeweils eigenen Mission solle dabei im übertragenen Sinn verstanden werden. Morelli erinnerte in ihrem Buch daran, dass bereits im Mittelalter Thomas von Aquin vier Kriterien nannte, die einen Krieg angeblich moralisch rechtfertigen: Eine gerechte Mission, beschlossen von einer auf Gesetzen beruhenden Autorität, für die der Krieg das äußerste Mittel ist, dem Bösen angemessen, das im Land wütet.[29] Dieses Muster wird auch ohne den Bezug auf Gott bis heute angewendet. Während früher die eigene Mission auf Gott berufen wurde, werden in der Gegenwart andere, nicht minder »heilige Werte« dafür benutzt und missbraucht: Demokratie, »Zivilisation«, Freiheit, Marktwirtschaft, Menschenrechte. Sie werden dargestellt als Werte, für die jedes Opferrecht ist, sodass die damalige US-Außenministerin Madeleine Albright auch schon mal über 500 000 tote irakische Kinder in Folge der US-Sanktionen seit 1991 rechtfertigte.[30]

Heute wird der vermeintliche Kampf für Demokratie und Freiheit gegen »Schurkenstaaten« und »Achsen des Bösen« (George W. Bush) als quasi heilig hingestellt. Die westlichen Werte, die verteidigt werden müssten, werden auch in der zunehmenden westlichen Konfrontation gegen Russland und China bemüht.

10. Wer unsere Berichterstattung in Zweifel zieht, ist ein Verräter

Morelli zeigte in ihrem Buch an verschiedenen Beispielen, wie jeder Versuch, die Propagandaberichte in Zweifel zu ziehen, als mangelnder Patriotismus oder als Verrat diffamiert wird. Ihr Fazit dazu: »In jedem Krieg werden Leute, die sich erst nach Anhörung der Argumente beider Lager eine Meinung bilden oder die offizielle Darstellung der Fakten in Zweifel ziehen, sofort als Komplizen des Feindes betrachtet.«[31] Die Historikerin erinnerte bei diesem Prinzip ebenfalls an den Nato-Krieg gegen Jugoslawien, während dem die westlichen Medien ungefiltert NATO-Informationen wiedergaben. Wer den Krieg kritisierte, wurde als antiwestlich, proserbisch und »Anhänger von Milošević« beschimpft – ein Muster, das sich 20 Jahre später unter anderem in der Konfrontation gegenüber Russland wieder zeigt.

Die seit Jahren anhaltende westliche Propaganda gegen Russland unter Putin erfüllt alle genannten Kriterien der Kriegspropaganda. Die Medien machen dabei ganz aktiv mit, weil sie »dermaßen abhängig von den politisch Verantwortlichen« seien, so Morelli, »dass sie in einem solch heiklen Moment unmöglich pluralistisch bleiben können«. Sie fügte hinzu: »Natürlich enthält keine einzige europäische Verfassung einen Passus, der in Kriegszeiten das Recht auf freie Meinungsäußerung aufhebt, doch in der Realität ist das tatsächlich der Fall.«[32]

Die belgische Historikerin Morelli schrieb 2004 am Ende ihres kleinen Buches: »Es ist an uns zu zweifeln. Ganz gleich, ob wir uns in einem heißen, kalten oder lauwarmen Krieg befinden.« Das gilt nach wie vor. »Mit dem Wissen wächst der Zweifel«, stellte der ehemalige SPD-Politiker und heutige Publizist Albrecht Müller in seinem Buch *Glaube wenig. Hinterfrage alles. Denke selbst. Wie man Manipulationen durchschaut* fest.[33] Darin schrieb er unter anderem zu Russland: »Obwohl Kenner der russischen Szene den Präsidenten Putin eher für einen Glücksfall als für ein Unglück halten, ist es im Westen gelungen, Putin voll in die Gruppe der Bösen aufzunehmen.« Das ist mit all den Mitteln und Methoden gelungen, die oben genannt sind und professionell auch in diesem Fall eingesetzt werden. Darauf macht auch Müller aufmerksam und stellt fest: »Wir Zeitzeugen stehen daneben und wundern uns. Vom Einfluss dieser neuen Stimmungsmacher können wir uns nur dann freihalten, wenn wir unentwegt hinterfragen und nahezu nichts glauben.«[34]

Wir.dienen.nicht.Deutschland …

Nicolas Riedl, Ullrich Mies

Die Merkel-Regierung und das sie tragende Parteienkomplott regiert wie kein anderes deutsches Regime nach dem Zweiten Weltkrieg gegen breite Teile der Bevölkerung. Als »Krönung« seiner Herrschaft betreibt es mit großem Engagement die Militarisierung des öffentlichen Raumes. Die gigantische Aufrüstung der Bundeswehr und die mediale Kriegstreiberei werden von einer beispiellosen Propaganda flankiert. Hierzu verschwendet das Regime Dutzende Millionen Euro an Steuergeldern der Bürgerinnen und Bürger. PR-Agenturen haben die Aufgabe, Militär, Soldatsein, Kriegsvorbereitungen und Krieg als Selbstverständlichkeiten staatlichen Handelns in den Köpfen der Bevölkerung zu verankern. In erster Linie wenden sich Militär- und Kriegspropaganda an junge Menschen, um sie als Kanonenfutter für die imperialen Ressourcen- und Handelskriege der sogenannten freien Welt zu gewinnen.

Deutsche Aufrüstung im Kontext westlicher Kriegstreiberei

Mit dem völkerrechtswidrigen Angriff der NATO auf die Volksrepublik Jugoslawien im Jahr 1999 hat die Regierung Schröder/Fischer die Maxime deutscher Regierungen nach dem Zweiten Weltkrieg »nie wieder Krieg« aufgegeben. Seit dieser Zeit versuchen die jeweiligen Herrschaftsfraktionen, den Krieg wieder als Mittel der Außenpolitik zu legitimieren und gesellschaftsfähig zu machen. Integraler Bestandteil dieser Strategie ist, die Bundeswehr unter Einsatz aller Manipulationstechniken als friedenserhaltende und friedenssichernde Institution im Bewusstsein der Bevölkerung zu verankern. Nach dem Angriff auf Belgrad hielten sich die deutschen Regierungen bis zur Ukraine-Krise Anfang 2014 etwas zurück. USA, NATO und angeschlossene Vasallen benötigten für die weitere Militarisierung und die Zustimmung der Bevölkerung den neuen Feind Russland.

Ab dem Jahr 2000 drehte der westliche Kriegskomplex immer weiter an der Eskalationsspirale: Der eigene finanzkapitalistisch-staatsterroristisch-militärisch-industrielle Kommunikations-Komplex[1] sollte nach dem Kollaps der Sowjetunion 1989/90 und der Auflösung der Warschauer Vertragsordnung 1991 ebenso wenig absterben wie das NATO-Bündnis. Die NATO-Osterweiterung war ab circa 1993/94 längst beschlossene Sache[2], und am 11. September 2001 geschah »völlig unerwartet und aus heiterem Himmel« das Ereignis, mit dem bis heute der nie endende Krieg gegen den Terror, die gigantische Aufrüstung der westlichen Welt gerechtfertigt werden sollen: Osama Bin Laden war es mit 19 Teppichmesser-Terroristen und angeblich vier Passagiermaschinen gelungen, »unbemerkt« in den Luftraum der USA einzudringen, die gesamte Flugabwehr der militärischen Supermacht lahmzulegen und in New York drei Wolkenkratzer mit zwei Flugzeugen zum Einsturz zu bringen.[3] Das konnte bis zu diesem Zeitpunkt niemand!

Seit 2001 zieht der Geist des militarisierten westlichen Staatsterrorismus seine Blutspur[4] durch Nah- und Mittelost: Die USA hatten es sich mit ihren »Willigen« – dem »Neuen Europa« – zur »friedenspolitischen« Aufgabe gemacht, unter anderem Irak, Libyen und Syrien als überlebensfähige staatliche Entitäten zu zerlegen. Während Schröder seine Wiederwahl im Jahr 2003 durch die Aussage sicherte, sich nicht am Irakkrieg beteiligen zu wollen, stellte er den USA Deutschland gleichwohl als Logistikdrehscheibe für die Kriegsführung gegen den Irak 2003 zur Verfügung.[5] Die transatlantischen US- und NATO-Vasallen des deutschen außenpolitischen Establishments haben »Friedenspolitik« durch militärische Interventionen ersetzt und das Völkerrecht durch eine »regelbasierte Ordnung« verwahrlost. Daher befindet sich die Bundeswehr im Jahr 2020 in 12 sogenannten Auslandseinsätzen[6].

Die inhaltsfreie Propaganda-Doktrin der deutschen Außenpolitik lautet: »Deutschland müsse Verantwortung für Demokratie und westliche Werte übernehmen.« Hierbei handelt es sich um hohle

Phrasen. »Verantwortung übernehmen« ist neben dem Begriff »Alternativlosigkeit« der zweitdümmste, der Eingang in die deutsche Sprache gefunden hat. Das ist leeres Geschwätz, da diejenigen, die behaupten, »Verantwortung zu übernehmen«, grundsätzlich nicht für die Folgen ihrer verantwortungslosen Politik einstehen. Auch werden die sogenannten Verantwortungsträger nie zur Rechenschaft gezogen, weil sie sich über Recht und Gesetz stellen und die Judikative derart zu ihren Gunsten manipuliert haben, dass von einer funktionierenden Gewaltenteilung gar nicht mehr gesprochen werden kann. Zudem hat die deutsche Politik-Kaste die Bundeswehr als international agierenden Konzern[7] platziert – voll im Einklang mit der herrschenden marktradikalen Ideologie. Stellt sich die Frage: Ist die Bundeswehr überhaupt noch staatlicher Akteur oder ist sie als teilprivatisiertes Kriegsführungsunternehmen nicht längst integraler Bestandteil der Militär- und Rüstungsindustrie?

Der neoimperialistische Geist des deutschen außenpolitischen Establishments zeigt sich darin, dass das deutsche Regime Bundeswehreinheiten als Speerspitze im Rahmen der schnellen Eingreiftruppe gegen Russland positioniert hat.[8] Damit nicht genug. Anlässlich der Feiern zum 75. Jahrestag der Befreiung vom Faschismus schlossen die »westlichen Werteträger« Russland, das die Hauptlast des Zweiten Weltkrieges getragen hatte, von den Feiern aus.[9] Das war peinlich und widerwärtig zugleich! 17 Jahre nach dem Überfall auf Ex-Jugoslawien kommt dieser Ungeist nun auch an der Heimatfront immer mehr aus der Deckung und lässt völlig ungeniert nichts unversucht, die deutsche Bevölkerung, in Sonderheit die junge Generation, wieder auf Krieg zu trimmen.

Nachwuchswerbung für den Kriegskonzern

Die Wehrpflicht, über deren Wiedereinführung mittlerweile diskutiert wird, wurde 2011 durch den damaligen Verteidigungsminister Karl-Theodor zu Guttenberg ausgesetzt. Bis 2011 mussten sich junge Menschen in einer nervigen bürokratischen Prozedur als Kriegsdienstverweigerer aus dem Griff der Bundeswehr befreien, um statt Wehrdienst Zivildienst ableisten zu können. Zu Zeiten des Kalten Krieges wurden Kriegsdienstverweigerer sogar genötigt, sich vor Prüfungsausschüssen bzw. -kammern einer Gewissensprüfung zu unterziehen. Waren sie auch da nicht erfolgreich, mussten sie die Verwaltungsgerichte anrufen.

Ab 2012 schossen die Ausgaben für die Nachwuchswerbung um satte 81 Prozent in die Höhe, von 16 auf 29 Millionen Euro. Im Jahr 2015 beliefen sich diese bereits auf knapp 35 Millionen Euro.[10] Das Jahr 2016 stellte in dieser wie auch in vielerlei anderer Hinsicht einen gravierenden Wendepunkt dar. Obgleich die Ausgaben für die Nachwuchswerbung seit 2012 enorm wuchsen, war die Militarisierung bis Ende 2015 im öffentlichen Raum nahezu nicht wahrnehmbar. Ab 2016 präsentiert sich die Bundeswehr in einem neuartigen Corporate Design. Kein Werbeträger bleibt seither von der Bundeswehr-Werbung verschont. Ob auf kleinen Postkärtchen auf den Toiletten von Bars oder Jugendclubs oder großflächig auf der Karosserie von Tram- oder S-Bahnen, auf gigantischen Plakaten in Innenstädten, auf Public Screens in Bahnhöfen, in Kinospots, ja sogar auf Pizzaschachteln wird mittlerweile für den Dienst an der Waffe geworben. Die wohl dreisteste Werbeplatzierung dürfte die auf den Screens oberhalb von Pissoirs sein. Hier wirbt die Bundeswehr auf Augenhöhe, der sich Männer in dieser Situation schwerlich entziehen können.

Offiziell wird dieser enorme Werbeaufwand damit begründet, dass die Bundeswehr unter Nachwuchsmangel leide, händeringend nach neuem Personal suche und im Grunde genommen wie jedes andere Unternehmen auf dem Arbeitsmarkt nach neuen Mitarbeitern Ausschau halte. Die signifikanten Unterschiede zu anderen Erwerbstätigkeiten werden hierbei geflissentlich unterschlagen. Beispielsweise die, dass der Soldatenberuf früher oder später darauf hinausläuft, andere Menschen zu töten oder selbst getötet zu werden. Dass zudem die Wahrscheinlichkeit, insbesondere bei »Auslandseinsätzen« schwer traumatisiert zu werden, immens hoch ist, wird ebenfalls verschwiegen.

Ab 2016 wurden die PR-Maßnahmen der Bundeswehr immer dreister. Neben dem bereits omnipräsenten Werben für den Dienst an der Waffe wird der »Tag der Bundeswehr« mit erschreckend hohem Aufwand begangen. Eine zusätzliche Propagandafunktion besteht darin, dass uniformierte Soldaten und Soldatinnen ab 2020 die Deutsche Bundesbahn und weitere öffentliche Verkehrsmittel kostenlos benutzen dürfen. Die aktuelle Verteidigungsministerin (Kriegsministerin) Annegret Kramp-Karrenbauer verfolgt damit die Absicht, Soldaten in der Öffentlichkeit als völlig »normal« anzusehen. Dieser Beschluss ist in zweierlei Hinsicht bemerkenswert:

Erstens ist die Bezuschussung der Bahn durch den Bund in Höhe von etwa vier Millionen Euro nicht annähernd kostendeckend. Das bedeutet, dass andere Bahnkunden die Differenz durch höhere Ticketpreise ausgleichen müssen.[11]

Zweitens stellen sich die Fragen: Werden die Kriegspolitiker mit dieser Maßnahme den gewünschten Effekt erzielen? Verbinden nicht viele geschichtsbewusste Bürger stattdessen Soldaten automatisch mit Leid, Elend, Zerstörung, Tod und Mord?

Charakteristika der Webserien

Eine große Propagandawirkung auf junge Menschen geht von den Bundeswehr-Webserien als wichtigste Werbeträger der Militarisierung in Deutschland aus. Welche Vorstellungen Individuen von einer bestimmten Sache haben, bezeichnete Walter Lippmann als »Pseudoraum« zwischen Mensch und Sache. Wer die öffentliche Meinung bezüglich einer bestimmten Sache beeinflussen möchte, muss die Hoheit über diesen Pseudoraum gewinnen.[12] Und wenn diese Hoheit besonders lange währen soll, dann muss insbesondere der Pseudoraum zwischen jungen Individuen und einer Sache kontrolliert werden.

Hier spannt sich der Bogen zu den Bundeswehr-Webserien auf YouTube seit 2016. Bis zum Dezember 2019 produzierte die Firma *Castenow* sechs Bundeswehr-Serien und eine Mini-Serie:[13]

- 2016 *Die Rekruten* (7,9 Millionen Euro Budget),
- 2017 *Mali* (6,5 Millionen Euro),
- 2018 *Die Springer* (Mini-Serie, Kosten unbekannt),
- 2018 *Die Springer* (Kosten unbekannt),
- 2018 *KSK* (6 Millionen Euro),
- 2019 *Survival* (Kosten unbekannt) und schließlich
- 2019 *Die Rekrutinnen* (7 Millionen Euro).

Diese Webserien werden in immer kürzeren Zeitintervallen auf YouTube-Zuschauer losgelassen. Gab es zwischen 2000 und 2010 noch rege Diskussionen über Gewalt im Fernsehen, finden die Bundeswehr-Serien im deutschen Mainstream wohlwollende Unterstützung. Die Webserien erfüllen mehrere Ziele. Einerseits soll generell ein attraktives Bild vom Dienst an der Waffe gezeichnet, andererseits mit den Serien wie *Mali* oder *KSK* unterstrichen werden, dass sich die Bundeswehr »out of area« im Einsatz befindet und dies auch gute und legitime Gründe hat. In den Köpfen der jungen Bevölkerung soll dies als unhinterfragbare Selbstverständlichkeit verankert werden.

Sinnfindung im Meer der Perspektivlosigkeit

»Mach, was wirklich zählt!«, so lautet ein Leitspruch neben vielen anderen, teils höchst skandalösen Slogans wie »Gas, Wasser, Schießen«[14]. Als Anknüpfungspunkt dient die weit verbreitete Perspektivlosigkeit der Jugend. Hier wird an eine höhere Bestimmung und Sinnhaftigkeit des Lebens appelliert. Da junge Menschen nach Berufsausbildung oder Studium nur unsichere und befristete Jobs finden, wissen viele mit ihrem Leben nichts anzufangen. Sie sehen keinen Sinn darin, sich durch Ausbildung oder Studium zu quälen, wenn sie anschließend keine Arbeit finden. Die jungen Menschen werden damit geködert, dass ihnen bei der Bundeswehr eine Karriere in Aussicht gestellt wird, die ihnen im »normalen« Berufsleben verschlossen zu sein scheint. Auch jenseits der beruflichen Perspektive herrscht ein immenser Mangel an Sinnhaftigkeit: Wozu bin ich hier? Was ist meine Aufgabe, meine Berufung, der höhere Zweck meines Daseins, der mir Lebenskraft gibt? Und genau hier setzt die Bundeswehr-Werbung an und zeigt jungen Menschen eine vermeintlich echte Alternative: Sinnfindung in einem Meer der Perspektivlosigkeit.

Dies geht natürlich nur mit dem Aufrechterhalten von Narrativen und Feindbildern. Eines dieser Narrative ist, dass sich die Bundeswehr »in Auslandseinsätzen engagieren« muss: für Frieden, Demokratie und neuerdings auch für deutsche Interessen, wie Kramp-Karrenbauer 2019 verlautbaren ließ.[15] Mit der konkreten Produktion von Feindbildern hält sich die Bundeswehr bei den Webserien bislang bedeckt. Im Allgemeinen ist nur von Kräften die Rede, die die Demokratie und den Frieden gefährden. In jedem Fall gibt es hohen Bedarf, dass junge Menschen »für Frieden und Demokratie« ihr Leben riskieren. Dies muss ihnen mit einer entsprechenden audiovisuellen Aufbereitung vermittelt werden.

Hinsichtlich der Bild- und Tongestaltung bedienen sich die Macher der Serien vieler stilistischer Mittel. Der Kasernenalltag, die Härte des Trainings und das ständig bedrohte Leben der Soldaten und Soldatinnen während der »Auslandseinsätze« werden so dargestellt, dass es jungen Menschen einerseits spektakulär erscheint, andererseits potenzielle Rekruten durch eine Überdosis an Realismus auch nicht abschreckt. Die Bildsprache ist eine Mischung aus Reality-Soap, YouTube-Blog und Hollywood. Bei den Rekruten und Rekrutinnen wird der Kasernenalltag mit einer Shaky-Cam und mit vermeintlich lustigen Jump-Cuts möglichst hautnah in Szene gesetzt. Serien wie *Mali*, *KSK* oder *Survival* setzen durch Drohnenflüge und entsprechendes Color Grading auf Spielfilm-Ästhetik. Die unterschwellige Botschaft, die damit jungen Menschen vermittelt werden soll, ist die, dass sie Actionfilmen nicht mehr nur als Zuschauer beiwohnen können, sondern sich nun selbst in das abenteuerliche Getümmel stürzen und damit zu Protagonisten oder sogar Helden werden können.

Mit der unterschwelligen Verlockung der physischen Teilhabe an *echten* Abenteuern sprechen die Macher auch die Gamer-Szene an. So platzierte die Bundeswehr auf der Games Com 2019 einen eigenen Stand und umstellte diesen mit grotesken Werbeplakaten. Ein

Plakat zeigte eine mit einem Maschinengewehr bewaffnete Soldatin in schwerer Montur im Wald, darunter der Hashtag: *#kämpfen*. Ein besonders widerwärtiges Plakat warb damit, dass die Bundeswehr mehr *Open World* anböte als jedes Videogame. Das bizarrste Plakat zeigte einen Soldaten über einem zuvor »erlegten« Feind. Darüber die Schrift: *»Double Kill, Multi Kill, Ultra Kill, Rampage, M-M-M-ONSTER KILL!«*

Ob nun bei den Webserien oder bei der Games Com: Die Plakate nutzen ganz gezielt die gleiche »Zeichensprache« wie die Cover von Ego-Shooter-Games. Dies kann jeder nachprüfen, indem er in zwei parallel geöffneten Browser-Tabs die Cover von Bundeswehr-Serien wie *Mali*, *KSK* oder *Survival* mit denen von Ego-Shooter-Games wie *Call of Duty*, *Battlefield* oder der *Splinter Cell*-Reihe vergleicht. Die Ähnlichkeiten sind frappierend! Ein schwer bewaffneter Soldat in der Zentralperspektive, ein düsterer Hintergrund und selbst der Schriftzug befindet sich meist an derselben Stelle wie bei einem Ego-Shooter-Cover. Einzig das FSK-Schild (ab 16/18) fehlt. An dessen Stelle befindet sich das Bundeswehr-Kreuz. Bei dieser Gestaltung handelt es sich nicht um einen Zufall, sondern hier wird bewusst mit der optischen Ähnlichkeit operiert, um Gamer für den Dienst an der Waffe zu begeistern.

Es ist schon grotesk, dass Politiker nach Amokläufen immer wieder den Zusammenhang zwischen diesen und dem Spielen von »Killerspielen« monokausal herstellen. Denn dieselben Politiker stellen der Bundeswehr bereitwillig Finanzmittel zur Verfügung, die diese dann dazu einsetzt, Gamer zum echten Rumballern für »deutsche Interessen« zu gewinnen. Zudem müssen zwei weitere Aspekte erwähnt werden, mit denen die PR-Profis die jungen Menschen manipulieren.

Erstens wird die Zielgruppe mit Informationen, sogenannten News der Bundeswehr, allumfassend beschallt. Diese bietet nämlich WhatsApp- und Facebook-Messenger-Gruppen Abos an, die einem die Militär-News direkt in die Hosen- und Handtasche senden. Zweitens darf die Wirkung der Musik nicht unterschätzt werden. Auch hier kennen die Macher ihre Zielgruppe sehr genau. Zu jeder Bundeswehr-Serie wird ein ganzes Instrumental-Album auf Spotify veröffentlicht. Die Auswahl der Stücke ist so verschieden, dass für alle Geschmacksrichtungen etwas dabei ist. Die Alben umfassen rockige Stücke mit deftigen E-Gitarren-Riffs, rasante futuristische Elektro-, sogar langsame psychedelische Stücke und sehr viele Hip-Hop-Beats, insbesondere sehr viele Trap-Beats, um in Zeiten von dominierenden Interpreten wie Capital Bra, 187 Straßenbande, Mero, UFO361, RIN etc. den Zeitgeist zu treffen. Weiterhin enthält das musikalische Portfolio auch sehr theatralisch-dramatische Stücke, wie man sie aus einem Hollywood-Actionfilm-Score kennt.

Im Zusammenspiel mit all diesen Faktoren sind die Webserien das Primär-Werkzeug der Neo-Kriegspropaganda. Ihre Stärke entfalten die einzelnen Folgen der Webserien auch dadurch, dass sie meist nie länger als eine Viertelstunde dauern. Das Stichwort lautet zeitliche Begrenzung. Lange Wartezeiten, schlaflose Nächte, Momente, die für die Kamera zu unattraktiv sind, werden ausgelassen. Dadurch entsteht bewusst ein geschöntes Bild des Soldatenlebens.

Bundeswehr-Propaganda im historischen Kontext

Die Bundeswehr-Propaganda ist altes Gift in neuen Schläuchen. Die Stilmittel und die technisch-medialen Möglichkeiten sind zwar neu – der ihnen innewohnende Geist ist jedoch der alte. Sinn und Zweck dieser allumfassenden Kriegspropaganda ist es, junge, gutgläubige, aber vor allem unwissende Menschen für global operierende westliche Kapitalinteressen und deren politische Funktions-»Eliten« an die Front zu schicken! Allein die Rahmenerzählung hat sich geändert, mit der man jungen Menschen suggeriert, es sei sinnvoll, das eigene Leben zu opfern. Anders als im Dritten Reich geht es heute nicht mehr um einen Kampf der Ideologien, das Errichten eines Reiches zum Wohle einer vermeintlich »höherwertigen Menschenrasse« oder um die Vernichtung »niederer Völker«.

Die geistfreie Schmieren-Story lautet nun: »Demokratie und Freiheit des Westens« stünden auf dem Spiel und müssten verteidigt werden. Dass sich beide, Demokratie und Freiheit, bei näherer Betrachtung als Farce entpuppen, wird dabei planvoll verschwiegen. Wie sehr sich Neo-Kriegspropaganda und »alte« Kriegspropaganda ähneln, kann sich jeder Interessierte anschauen. Dazu eignet sich ein Video vom »Tag der Bundeswehr« und der Blick in die Gesichter der Besucher, besonders in deren Ausdruck: eine Mischung aus Bewunderung und dümmlich-lammfrommer Miene. Der Vergleich mit Videoaufnahmen kurz vor Kriegsbeginn Ende der 1930er-Jahre ist erschreckend! Es gibt mittlerweile zahlreiche nachträglich eingefärbte Videos aus dieser Zeit, wenn man beispielsweise nach einer »Stadt XY 193* in Color!« sucht.

PR-Aktionen in Schulen

Als wäre mit der totalen Nutzung aller Werbeträger das Fischernetz nicht schon weit genug ausgeworfen, um junge Menschen einzufangen, geht die Bundeswehr auch gezielt in Schulen. Da Deutschland eines der wenigen Länder mit Schulzwang ist,[16] sind die Schülerinnen und Schüler dadurch der militaristischen Zwangs-Indoktrination ausgesetzt.

Bei der Bundeswehr-Arbeit an Schulen muss zwischen Jugendoffizier- und Karriereberater-Einsätzen differenziert werden. Jugendoffiziere besuchten 2018 etwa 5 800 Mal deutsche Schulen mit dem Zweck, Schülerinnen und Schüler über die Aufgaben der Bundeswehr zu informieren.[17] Über die Objektivität und Wahrheitstreue dieser Informationen kann hier nur spekuliert werden. Kaum vorstellbar ist, dass Jugendoffiziere die Schülerinnen und Schüler darüber informieren, dass die Bundeswehr mit ihren »Auslandseinsätzen« unter anderem gegen das in der UN-Völkerrechtscharta verankerte Nichteinmischungsprinzip verstößt. Dann würden die Lügenkonstruktionen der Bundesregierung schnell zum Einsturz gelangen und die Bundeswehreinsätze im Ausland delegitimiert. Aufgeweckte Schülerinnen und Schüler, die hierzu kritische Fragen stellen, werden dann auch einmal ganz schnell aus der Klasse geworfen.[18]

Die Karriereberater haben hingegen ganz klar die Aufgabe, junge

Schulabgänger für den Dienst an der Waffe zu begeistern und letztlich zu rekrutieren. 2017 waren 400 Karriereberater bei mehr als 330 000 Schülerinnen und Schülern im Einsatz. Als Teile der SPD sich anschickten, die Propagandaeinsätze an Schulen zu unterbinden, wurden sie aus den eigenen Reihen gerügt. 2017 erreichte die Zahl minderjähriger Wehrdienstleistender und Zeitsoldaten beim Bund den Rekordwert von 2 128.[19] Im Schüler-Arbeitgeber-Ranking rangierte die Bundeswehr 2018 mittlerweile auf Platz 3.[20]

Der Einsatz von Jugendoffizieren wird von der Bundesregierung mit dem Urteil des Bundesverfassungsgerichtes vom 2. März 1977, Absatz 73 gerechtfertigt, wonach es notwendig sei, dass die Regierung samt ihrer Organe Öffentlichkeitsarbeit betreibt, um ihre Handlungen den Bürgerinnen und Bürgern transparent darzulegen, damit sich diese ein Urteil bilden können.[21] Von welcher Qualität Transparenz und Informationsgehalt sind, kann man dem Gestammel des Bundespressesprechers Steffen Seibert in Gegenwart kritischer Journalisten entnehmen.[22]

Jugend zwischen destruktiver Energie und Aufbruchstimmung

Die weitgehende politische Fehlleitung der deutschen Jugend bietet einen guten Nährboden, auf dem Militarisierung gedeihen kann. Für junge Menschen aus konservativen und deutlich rechten Milieus dürfte der Dienst an der Waffe zweifelsfrei verlockend sein. In den letzten Jahren fiel das mediale Scheinwerferlicht immer wieder auf kleine Ausschnitte rechter Strukturen innerhalb der Bundeswehr, die allenfalls die Spitze des Eisberges darstellen dürften.[23] Aber auch im linksliberalen Spektrum dürften sich die Berührungsängste junger Menschen mit der Bundeswehr in Grenzen halten. In Zeiten, in denen die (Oliv-)Grünen bei der jungen Wählerschaft eine historisch hohe Beliebtheit erfahren, ist es gemäß der »grünen« Parteilinie seit 20 Jahren en vogue, in andere Länder einzufallen.

Weite Teile der Jugend sind voller Wut und Aggression. Grund sind dramatisch erodierende Familienstrukturen, unsichere Lebensperspektiven und ein um sich greifender narzisstischer Geltungsdrang in den »sozialen« Medien. Hass pulsiert in den Adern nicht weniger Teenager und Heranwachsender, der nur darauf wartet, sich irgendwie zu entladen. Hinzu kommt die allgemeine Orientierungslosigkeit, die die jugendliche Psyche weiter verunsichert.

Unabhängig von den destruktiven Energien stellt sich die Frage, ob die Mehrzahl der jungen Menschen im Kontext der Digitalisierung aller Lebensbereiche überhaupt in der Lage wäre, Militärdienst abzuleisten. Die Digitalisierung kann zwar einerseits den Weg zur Militarisierung der Jugend ebnen, andererseits kann sie dieser Entwicklung aber auch entgegenstehen. Denn es gilt als erwiesen, dass die exzessive Nutzung digitaler Endgeräte abstumpft und die Menschen zunehmend empathielos werden. Auf eine Form der kollektiven Verdummung und Abstumpfung sei in diesem Zusammenhang hingewiesen: das penetrante Gaffer-Phänomen an Unfallstellen. Was die seelische Deformation anbelangt, dürften weite Teile der Jugend bereits soweit abgestumpft sein, dass sie für das Töten durchaus geeignet sind. Doch wie sieht ihre physische und kognitive Konstitution aus? Die Liste der Destruktionen als Folge der Digitalisierung ist sehr lang und reicht unter anderem von Konzentrationsstörungen über Kurzsichtigkeit bis hin zu eingeschränkter Motorik.[24] Menschen mit diesen Einschränkungen eignen sich kaum für den Soldatenberuf.

Ein kleiner Hoffnungsschimmer geht von der jugendlichen Ökologie-Bewegung wie *Fridays for Future* aus. Viele junge Menschen erkennen hoffentlich bald, dass das Militär bereits in kriegsfreien Zeiten einer der größten Umweltverbraucher und -verschmutzer ist.[25] Diese Tatsache dürfte die Karriereberater der Bundeswehr vor die große Herausforderung stellen, junge Menschen für den Kriegsdienst zu begeistern. Freitags für den Klimaschutz auf die Straße zu gehen und sich nach dem Schulabschluss für ein paar Jahre beim Bund zu verpflichten, ist an Widersprüchlichkeit nicht zu überbieten! Ferner kommt der Jugend eine weitere, für den Militärdienst wesentliche Eigenschaft mehr und mehr abhanden: die Obrigkeitshörigkeit. Eine ganze Generation wächst im Bewusstsein heran, die ältere Generation hätte ihnen das Leben und die Zukunft »versaut«. Viele haben daher verständlicherweise absolut »keinen Bock«, sich »von oben« irgendetwas diktieren zu lassen, von cholerischen Unteroffizieren schon gar nicht. Zudem sind viele junge Menschen davon überzeugt, die für das Militär verschwendeten Finanzmittel würden besser in den Klima- und Umweltschutz investiert.

Angriffsbündnis auf Beutezug

Wenn die deutsche Verteidigungsministerin Kramp-Karrenbauer unverblümt davon spricht, Deutschland müsse seine Interessen im Ausland verteidigen,[26] enttarnt sie damit nicht nur die imperialistischen Interessen der herrschenden deutschen Politik-Kaste, sondern gleichzeitig die neue Aufgabe der Bundeswehr als ihr *privatisiertes* Gewaltinstrument. Faktisch missbraucht die deutsche Oligarchie die Bundeswehr damit als militarisierten Gewaltarm des deutschen Kapitals, das mit dem transatlantischen NATO-Angriffsbündnis auf Beutezug geht.

Einer der ersten Slogans der deutschen Neo-Kriegspropaganda lautete:

»Wir kämpfen auch dafür, dass du gegen uns sein kannst!«

Liest sich ganz gut, hat nur nichts mit der Realität zu tun, denn es gilt:

Wir.dienen.dem.transatlantischen.NATO-Kriegskomplex.und.der. deutschen.Oligarchie.bei.der.Sicherung.von.Ressourcen.und.Handelswegen.

Staatsterrorismus, Geheimdienstoperation und Attentate

Der MH17-Prozess – Rechtsprechung als politisches Theater

Kees van der Pijl

Den herrschenden westlichen »Eliten«, ihren Geheimdiensten und transatlantischen Kriegsenthusiasten ist keine Lüge, keine Niedertracht, Manipulations- und Propaganda-Operation zu schmutzig, um ihre geopolitischen Ziele zu erreichen. Vor allem durfte nach dem Zusammenbruch der UdSSR 1989/90 nicht der Weltfriede »ausbrechen«. Er wäre für den staatsterroristisch-militärisch-industriellen Geheimdienst- und Kommunikationskomplex der Supergau gewesen. Um einen neuen Kalten Krieg 2.0 zu entfachen, haben sich geheimdienstlich operierende Netzwerke mit dem Ziel herausgebildet, den Propagandakrieg im Untergrund zu führen. Dieser Informationskrieg richtet sich vor allem gegen die eigenen Bürgerinnen und Bürger. Sie sollen ideologisch konditioniert werden, um Russland, aber auch China als Feinde des »freien Westens« zu begreifen. In dieser schmutzigen Unterwelt mit vielen Akteuren kommt dem britischen Geheimdienstkomplex eine führende Rolle zu.

Der MH17-Prozess als politisches Theater[1]

Am 9. März 2019 begann vor dem Bezirksgericht Den Haag der Prozess gegen die Angeklagten, die für den Absturz des Malaysia Airlines-Fluges MH17 am 17. Juli 2014 verantwortlich sein sollen. Die Entscheidung, einen Prozess gegen die MH17-Verdächtigen zu führen, traf die niederländische Staatsanwaltschaft (Openbaar Ministerie) am 19. Juni 2019 auf der Grundlage der strafrechtlichen Untersuchung des Gemeinsamen Ermittlungsausschuss (Joint Investigation Team = JIT). Die Mitglieder des JIT sind die Niederlande, Australien, Belgien sowie die Ukraine und seit März 2015 auch Malaysia. Premierminister Mahathir von Malaysia hat die späte Zulassung seines Landes zur Strafverfolgung kritisiert und auch Zweifel geäußert, drei Russen und einen Ukrainer wegen Mordes anzuklagen. Wegen dieser Kritik warfen ihm Familienangehörige in einem Brief vor, er spalte die Einheit zur Untersuchung der Schuld Russlands.[2]

Ob das JIT unter diesen Umständen überhaupt funktionsfähig ist, ist daher sehr zweifelhaft. Die Entscheidung der JIT-Länder, die Strafverfolgung und das Gerichtsverfahren gegen die Verdächtigen nach niederländischem Recht in und von den Niederlanden durchzuführen, datiert vom 5. Juli 2017. Um den eigentlichen Prozess zu erleichtern, schlossen die Niederlande und die Ukraine einen Sondervertrag, der eine Reihe praktischer Fragen wie Auslieferung, Videoanhörung der Angeklagten und Ähnliches regelt. Der Prozess findet vor dem Bezirksgericht Den Haag an einem Ort statt, der für eine große Veranstaltung vorgesehen ist, der Justizkomplex Schiphol in der Nähe des Flughafens Schiphol. Auf der speziellen Website, die zur Bekanntmachung des Ereignisses eingerichtet wurde und über die der Fortgang des Verfahrens live übertragen wird, wird das Gericht schon jetzt als Institution mit umfangreichen Erfahrungen in internationalen Angelegenheiten empfohlen. So hat »es beispielsweise Fälle im Zusammenhang mit Straftaten verhandelt, die heute im Gesetz über internationale Verbrechen unter Strafe stehen. Beispiele für Straftaten nach diesem Gesetz sind Völkermord, Verbrechen gegen die Menschlichkeit, Kriegsverbrechen und Folter.« Auf der Website steht weiter:

> »Die Qualität des niederländischen Justizsystems ist im Vergleich zu anderen Ländern überdurchschnittlich hoch. Dies bestätigen der EU-Justizanzeiger (ein Vergleich der Justizsysteme der Mitgliedstaaten der Europäischen Union) und der Rechtsstaatlichkeitsindex (ein globaler Vergleich der Justizsysteme). Diese Rankings basieren auf Fragen wie der durchschnittlichen Dauer von Gerichtsverfahren, der Ausbildung von Richtern und

> dem Ausmaß, in dem das Justizsystem frei von Diskriminierung, Korruption und politischer Einflussnahme ist. *Was die Erfahrung mit internationalen Verfahren betrifft, so stehen die Niederlande weltweit an erster Stelle*.«[3]

Trotz dieser selbstgefälligen Qualifizierungen können wir dem Prozess nicht mit Zuversicht entgegensehen, ganz im Gegenteil. Denn die hier praktizierte Art der Gerechtigkeit ist eine ganz besondere, neue Form der Justiz: das internationale Strafrecht. Dieses Recht ist nicht die bekannte Form des auf Verträgen basierenden Völkerrechts, dessen Rechtssubjekte Staaten sind. Vielmehr handelt es sich um eine individualisierte Form, die in unterschiedlichem Maße national ist (also »internationale Elemente einbezieht«) und deren Bilanz keinen Anlass zu Optimismus gibt, schon gar nicht bezüglich der Rolle der Niederlande.

In einem der beunruhigendsten Fälle, dem Internationalen Strafgerichtshof für das ehemalige Jugoslawien (ICTY)[4], der ebenfalls in Den Haag tagte, richtete sich die Anklage vor allem gegen Serben, und der Hauptverdächtige, der jugoslawische Präsident Slobodan Milošević, starb in seiner Zelle, nachdem die Hauptanklage gegen ihn aus Mangel an Beweisen fallen gelassen worden war. Andererseits wurden die Bombenangriffe der NATO auf Serbien, ohne vorliegendes UN-Mandat, nicht strafrechtlich verfolgt, und das Vorgehen der Sezessionisten bei der gewaltsamen Auflösung Jugoslawiens wurde mit einem leichten Augenzwinkern belohnt.[5] Besondere Beachtung verdient die Tatsache, dass eine der für den MH17-Prozess eingesetzten Richterinnen, Frau C.I.H. Kerstens-Fockens LLM[6], Praktikantin am ICTY war.

Im parallelen Ruanda-Tribunal wurden ausschließlich Hutus wegen der Massaker von 1994 angeklagt. Keine Ermittlungen erfolgten gegen die Ruanda Patriotische Front der Tutsi, die das Blutbad durch den Abschuss des Flugzeugs des ruandischen Präsidenten auslöste. Der Internationale Strafgerichtshof (IStGH) klagte nur Afrikaner an, während George W. Bush und Tony Blair, die den Einmarsch in den Irak befahlen, offensichtlich über dem Gesetz standen. Im Lockerbie-Prozess in den Jahren 2000 bis 2001, den ein schottisches Gericht in den Niederlanden führte[7], wurde ein Libyer, der nichts mit dieser Katastrophe zu tun hatte, für schuldig befunden und verurteilt.[8] Wenn also im MH17-Prozess nur Russen und pro-russische Ukrainer die Verdächtigen sind, passt das zum langjährigen Trend.

Es ist also zu befürchten, dass der Prozess gegen die MH17-Verdächtigen nicht von dem Muster abweichen wird, das in den drei Jahrzehnten der Rechtsprechung etabliert wurde. Tatsächlich hat sich die Strafverfolgung in internationalen Strafsachen bisher als nichts anderes als die Fortsetzung der sogenannten humanitären Interventionen mit anderen Mitteln erwiesen. So kommt zuerst die Intervention selbst – Sanktionen, »farbige Revolutionen«, Staatsstreiche, Regime-Change-Kriege – und dann deren gerichtliche Fortsetzung als Teil einer kompletten Strafoperation. Die »humanitäre Intervention«, die auf das mittelalterliche Konzept des »gerechten Krieges« zurückgeht, wurde in allen oder den meisten Fällen durch Anwendung der Strafgerichtsbarkeit auf die Parteien fortgesetzt, gegen die die Intervention überhaupt erst eingeleitet wurde. Dies ist die einzige Ähnlichkeit mit den Prozessen gegen die Kriegsverbrecher der Nazis und Japans am Ende des Zweiten Weltkriegs. Der Nürnberger Prozess schrieb jedoch den Grundsatz fest, dass die Einleitung eines Krieges das höchste Kriegsverbrechen ist. »Humanitäre Interventionen« funktionieren als Umgehung dieses Prinzips.

Ich werde zunächst kurz die rechtlichen Grundlagen der Anklage zusammenfassen. Dann gehe ich darauf ein, wie die Prozesse eher aus einem theatralischen, »spektakulären« als aus einem streng juristischen Blickwinkel angegangen werden. Hier sehe ich einen Zusammenhang zur Propaganda, die den »Krieg gegen den Terror« nach dem 11. September 2001 begleitet. Schließlich ist es insbesondere für den MH17-Prozess notwendig, die sogenannte Integrity-Initiative mit einzubeziehen. Diese wurde Ende 2018 als ein geheimes Projekt unter britischer Führung aufgedeckt. Ihr Ziel bestand darin, eine umfassende PR-Kampagne gegen Russland wegen seiner angeblich »hybriden Kriegsführung« gegen den Westen zu starten.

Rechtliche Grundlagen der Anklage

Auf nationaler Ebene fungiert der Staatsanwalt entsprechend der Gewaltenteilung in Legislative, Exekutive und Judikative als Arm der Exekutive, der im Namen des Staates für die Strafverfolgung eintritt. Der Richter fällt dann ein Urteil auf der Grundlage des Gesetzes und dessen, was sonst noch auf den Fall angewendet werden kann, wie bereits erfolgte Rechtsprechung, Präzedenzfälle, Fairness und Ähnliches. Auf internationaler Ebene gibt es jedoch keinen Staat, und die Strafverfolgung wird entweder von den Vereinten Nationen über den Sicherheitsrat, von einer anderen internationalen Institution – im Fall von MH17 von Eurojust, einem Arm der Europäischen Union – oder durch einen Vertrag zwischen Staaten festgelegt.

Im Fall von MH17 war ein wichtiger Bestandteil der Anklage die technische Untersuchung des niederländischen Untersuchungsausschusses für Sicherheitsfragen DSB (Dutch Safety Board, DSB = Onderzoeksraad voor Veiligheid), der im Oktober 2015 seinen Abschlussbericht veröffentlichte. Nun schreibt das Gesetz von 2010 zur Einrichtung dieses niederländischen Untersuchungsausschusses DSB vor, dass der Ausschuss nicht über Angelegenheiten berichtet, die die Sicherheit der Niederlande betreffen oder die Beziehungen des Landes zu anderen Staaten und internationalen Organisationen sowie seine wirtschaftlichen oder finanziellen Interessen beeinträchtigen (Artikel 57, 1 und 2).[9] Angesichts der herausragenden Rolle der Niederlande bei der Förderung »zivilgesellschaftlicher« Bewegungen, der Involvierung von EU und NATO im Vorfeld der bewaffneten Machtergreifung in der Ukraine im Februar 2014, der Investitionen niederländischer Unternehmen in der Ukraine, der Rolle der Niederlande als Steuerparadies für ukrainische und russische Oligarchen stellt sich die Frage, was dem niederländischen Untersuchungsausschuss DSB bei so vielen Einschränkungen noch zu berichten bleibt. Zusätzlich eingeschränkt durch ein bilaterales Abkommen mit seinem ukrainischen Pendant, das eine Geheimhaltungsklausel enthielt, kam der Ausschuss schließlich zu dem Ergebnis, MH17 sei von einer Boden-Luft-Rakete »Buk« abgeschossen worden, die aus einem von den Rebellen gehaltenen Gebiet im Osten der Ukraine abgefeuert worden war.[10]

Der Gemeinsame Ermittlungsausschuss JIT wurde inmitten der dramatischen politischen Entwicklungen in Kiew am 7. und 8. August 2014 eingerichtet. Zu diesen Ereignissen gehörten

- eine Krise des durch den Putsch errichteten Jazenjuk-Kabinetts,
- der Rücktritt des faschistischen Führers dieses Putsches, Andrij Parubij, vom Schlüsselposten des Sekretärs des Nationalen Sicherheits- und Verteidigungsrats – drei Wochen nach dem Abschuss von MH17,
- ein möglicher neuer Putschversuch rechtsextremer Milizen und
- ein spontaner Besuch des NATO-Generalsekretärs Rasmussen in Kiew, der offenbar die Position von Präsident Poroschenko festigen sollte.

Der Ermittlungsausschuss JIT, der formell unter der Schirmherrschaft von Eurojust in Den Haag eingerichtet wurde, hatte sich inzwischen mit folgenden Mitgliedern konstituiert: den Niederlanden, Australien und Belgien mit vier Staatsangehörigen unter den Opfern, hingegen fehlte Indonesien mit 12 Opfern. Die Ukraine, die nicht Mitglied von Eurojust ist und bei der MH17-Katastrophe keine eigenen Staatsangehörigen zu betrauern hatte, wurde als Land aufgenommen, in dem sich die Tragödie ereignete. Außerdem wurde ihr ein Vetorecht in Bezug auf das gewährt, was die Strafverfolgung enthüllen könnte. In Verbindung mit dem anfänglichen Ausschluss Malaysias bis März 2015 unterstreicht dies die Idee der Fortsetzung der Politik mit anderen Mitteln. Wie beim DSB wurde die Führungsrolle in der JIT den Niederlanden übertragen, wobei Fred Westerbeke, ein niederländischer Staatsanwalt (Officier van Justitie), die Ermittlungen koordinierte.[11]

Aufgrund der früheren Rolle des DSB hat die JIT das Gerichtsverfahren so fortgesetzt, als ob der Schuldige im Voraus bekannt wäre und die Staatsanwaltschaft lediglich die Beweise sammeln müsste, die zu einer Verurteilung führen würden. Hier hat sie sich auf zwei Quellen gestützt. Zum einen auf den umstrittenen ukrainischen Geheimdienst SBU, der, wie in der Bonanza-Media-Dokumentation von Jana Jerlashowa und Max van der Werff ausführlich dargelegt, die JIT ausschließlich mit Telefonabhörungen versorgt hat. Von denen wurden viele aus verschiedenen Gesprächen manipuliert oder sogar ganz zusammengesetzt. Zum anderen auf das britische Amateurkollektiv Bellingcat, das von Elliott Higgins gegründet wurde und das sich bei der Erstellung von Narrativen zur Untermauerung der Kiew/NATO-Position[12] allein auf den Open-Source-Geheimdienst (OSINT)[13] stützt. Dies ist um so bemerkenswerter, als die JIT als ein offensichtlich der westlichen Position dienendes Organ Zugang zu allen Informationen haben sollte, die ihr von den zahlreichen Geheimdiensten der USA, der NATO und anderer westlicher Staaten zur Verfügung gestellt werden können, einschließlich Satellitenbildern.

Merkmale eines Schauprozesses

Ein weiteres Charakteristikum, das die Anklagevertretung von MH17 mit früheren Instanzen des internationalen Strafrechts teilt, ist die Verwendung gut getimter Pressekonferenzen und das Weben einer Erzählung, von der weder der politische Mainstream noch die Medien als Sprachrohr abweichen werden. Es wurden wissenschaftliche Arbeiten darüber angefertigt, wie man Prozesse zur Unterstützung dieser Erzählstrategie organisieren kann. Dabei wird die Situation bewusst in sehr emotionaler, menschlicher Hinsicht dramatisiert, um eine effektive Prozessführung in diesem Sinne zu ermöglichen. Im MH17-Prozess wäre es ein typisches Beispiel, die nächsten Angehörigen der Opfer als aktive Teilnehmer in den Gerichtssaal zu holen (bei wahrscheinlicher Abwesenheit der Angeklagten).

Die zeitgenössische Politik stützt sich auf stark medienwirksame, massenpsychologische Operationen, bei denen Techniken fortschrittlicher Public Relations und Werbung eingesetzt werden, wie zum Beispiel Wiederholung, Verstärkung dessen, was eine bestimmte Darstellung unterstützt, und Verheimlichung widersprüchlicher Informationen. All dies ermöglicht es, das dominante Narrativ in einen aufgezwungenen Konsens zu verwandeln, von dem man nur schwer abweichen kann. In seinem visionären Werk »La Société du Spectacle«, deutsche Übersetzung »Die Gesellschaft des Spektakels«, beschrieb Guy Debord[14] die moderne kapitalistische Konsumgesellschaft als eine Gesellschaft, in der der Blick der Massen auf ein hypnotisierendes Spektakel fixiert ist, das im Auftrag der Anbieter von Waren und Dienstleistungen aufgeführt wird und in dem Prominente aus Politik und Unterhaltung die Hauptrolle spielen. Und so wie es für jeden Zuschauer eines Theaterstücks oder eines Films schwierig ist, sich von dem Gezeigten loszureißen, hält die Gesellschaft des Spektakels ihr Publikum gefangen.[15]

Auch die Prozesse in der jungen Tradition des internationalen Strafrechts werden zu Spektakeln umfunktioniert. Die Dämonisierung politischer oder militärischer Führer als Verkörperung des Bösen, die Verwendung zeitlich gut abgestimmter Anklagepunkte, die Werbung im Namen der Anklage, um Druck auf eine bestimmte Lesart der Ereignisse aufzubauen, die Aufgabe der Unschuldsvermutung gegenüber Verdächtigen vor einem Urteil und der Einsatz trauernder Verwandter, um diesen politischen Zielen emotionalen Schwung zu verleihen – all das hat in diesen Prozessen stattgefunden und ist auch im Fall MH17 reichlich belegt.

Die öffentlichen politischen Prozesse ähneln einer kollektiven Hypnose, wie Debord sie analysiert hat. Die Idee einer theatralischen Inszenierung untersucht ein seit mehreren Jahren laufendes Forschungsprojekt »Terroristen im Prozess«, das sich auf »die performativen und kommunikativen Aspekte eines Terroristenprozesses« konzentriert. Das Projekt des International Centre for Counter-Terrorism (ICCT) wird von der protestantisch-fundamentalistischen Wissenschaftlerin für internationale Beziehungen Beatrice de Graaf geleitet und basiert auf ihren Erkenntnissen. Beatrice de Graaf ist eine von vielen Akademikern, die nach dem 11. September 2001 in die Terror-Wachstumsbranche eingestiegen sind. In einer Seminarreihe zu bestimmten Fällen definiert das Projekt »den Gerichtssaal als eine Etappe im Kampf um Öffentlichkeit, öffentliche Unterstützung und Legitimität« (Untertitel des Projekts »Terroristen auf dem Prüfstand«).

> »Die Seminare zielen … darauf ab, eine leistungsbezogene Perspektive auf die Terrorismusprozesse anzuwenden und sich daher nicht nur auf die unmittelbare gerichtliche Leistung der Richter und/oder der Verteidigung zu konzentrieren, sondern die Prozesse in ihren breiteren soziologischen Kontext zu stellen und dabei Begriffe der Sozialdramatik und der Kommunikationswissenschaften zu übernehmen.«[16]

Eine Expertensitzung unter Leitung von De Graaf trug den Titel »Terrorismusprozesse als Theater«. Diese Idee ist sicherlich denjenigen, die die Präsentation des Abschlussberichts des DSB, die Organisation der Pressekonferenzen der JIT und die Vorbereitung des Prozesses gegen die MH17-Verdächtigen im Jahr 2020 vorbereitet haben, nicht entgangen.

Die bereits erwähnte Ausbeutung der Hinterbliebenen als Quelle emotionaler Identifikation ist seit Jahren im Gange. Familienmitglieder der MH17-Opfer kamen nicht nur in den Medien auf die Bühne, sondern wurden auch als Werkzeug der niederländischen Diplomatie eingesetzt. Dazu gehörte der Versand von Briefen von oder im Namen der nächsten Angehörigen an Premierminister Mahathir von Malaysia, nachdem dieser Zweifel an der russischen Schuld geäußert hatte oder um Druck auf den Europarat auszuüben, Russland nicht wieder aufzunehmen.[17] Auch die diplomatische Ausbeutung der nächsten Angehörigen hörte bei den niederländischen Familienmitgliedern nicht auf. Als ich im August 2019 an der Konferenz »MH17-Quest for Justice« in Kuala Lumpur teilnahm, stellte sich heraus, dass die niederländische Botschaft eng in die Entscheidung der malaysischen nächsten Angehörigen eingebunden war, sich in letzter Minute von der Konferenz zurückzuziehen. Gleichzeitig protestierte die Botschaft bei der malaysischen Regierung und den Organisatoren wegen der Tatsache, dass die Konferenz überhaupt stattfand und dass »Verschwörungstheoretiker« (d.h. Kritiker des offiziellen Berichts, darunter auch der Autor) eingeladen worden waren.[18]

Die nächsten Angehörigen der Opfer zur Teilnahme an der Verhandlung einzuladen, soll die Öffentlichkeit mobilisieren. Die Hinterbliebenen werden dazu missbraucht, eine hoch aufgeladene Atmosphäre zu schaffen. Das »Sozialdrama« und »der Gerichtssaal als Bühne im Kampf um Öffentlichkeit, allgemeine Unterstützung und Legitimität« soll dazu beitragen, streng strafrechtliche Erwägungen in den Hintergrund zu drängen. Das geplante Erscheinen der Familienmitglieder im Gerichtssaal, um »vor Gericht zu sprechen«[19] – als ob ihre Trauer als Beweismittel gelten könnte –, ist ein wesentlicher Bestandteil dieser Dramatisierung. Oder um noch einmal das ICCT-Projekt zu zitieren,

> »Terrorismusprozesse dienen je nach den beteiligten Akteuren, die alle damit beschäftigt sind, ihr jeweiliges Zielpublikum um ihre Narrative und ihre (un)gerechten Frames herum zu mobilisieren, mehreren Zwecken. *Solche Prozesse sind ein sehr sichtbares und theatralisches Mittel zur Demonstration von Konzepten und Erzählungen von (Un)Gerechtigkeit.*«[20]

Die theatralische Herangehensweise an politische Prozesse überschneidet sich mit neuen Strategien, die im britischen und im US-Außenministerium entwickelt wurden, um die öffentliche Meinung durch massive »Fake-News«-Kampagnen zu vereinnahmen, die speziell auf Russland abzielen.

Die »Integrity Initiative« und die Anti-Russland-Kampagne

Ende 2018 wurde enthüllt, dass das britische Außenministerium ein geheimes Desinformationsprogramm, die »Integrity Initiative«, betreibt. Das Programm wurde 2015 vom »Institute for Statecraft« ins Leben gerufen, das 2006 von Persönlichkeiten mit britischem Militärgeheimdienst-Hintergrund gegründet wurde. Es befindet sich nominell in Schottland, hat aber tatsächlich seinen Sitz im Herzen Londons, am 2 Temple Place. Die meisten der an der Integrity Initiative beteiligten Mitarbeiter sind ebenfalls Mitarbeiter des britischen Militärgeheimdienstes und hochrangige Militärs, die in der Propaganda tätig sind. Ziel des Instituts und der Initiative ist es erstens, all jene Journalisten, Akademiker und andere an der Propaganda in Regierung und Militär beteiligte Personen zu nationalen Clustern zu mobilisieren, die sich einer negativen Sichtweise auf Russland verschrieben haben. Zweitens sollen Kampagnen gegen Sicherheitsrisiken unter dem Gesichtspunkt des angeblichen russischen Einflusses gestartet werden, von TV-Moderatoren in Serbien über Donald Trump bis hin zum Vorsitzenden der Labour Party in Großbritannien.[21]

Die Integrity Initiative wird von Chris N. Donnelly geleitet, einem ehemaligen britischen Geheimdienstoffizier und Mitbegründer des Institute for Statecraft, der auch das litauische Verteidigungsministerium berät. Donnellys Fokus auf Russland stammt aus der Zeit des Kalten Krieges gegen die Sowjetunion, und sein gegenwärtiges Mandat besteht darin, »antirussische Propaganda in den westlichen Medienstrom einzuleiten«. Möglicherweise war es die Idee eines der Propagandisten des Institute for Statecraft, Mark Galeotti, die Analyse der westlichen Strategie von General Valerii Gerasimov, dem damaligen Chef des russischen Generalstabs, in eine positive »Gerasimov-Doktrin« umzuwandeln. In seinem Papier aus Februar 2013 argumentierte Gerasimow, dass »der Westen eine neue Art von Krieg führt, indem er Propaganda, Ersatzarmeen und militärische Gewalt zu einer einheitlichen Operation vermischt«. Galeotti verdrehte dies, um zu signalisieren, Russland sei selbst zu einer Doktrin des »hybriden Krieges« übergegangen.[22]

Dieser ideologische Schwindel, der auf die höchst peinlichen Enthüllungen von Snowden und Wikileaks folgte, brachte Politiker und Journalisten im ganzen Westen wegen der russischen »hybriden Kriegsführung« in Aufruhr. Diese Verdrehung, dass Moskau »unsere« Demokratie durch von »Trollfarmen« verbreitete Desinformationen untergrub, ermöglichte es, diejenigen, die eine Normalisierung der Beziehungen mit Moskau befürworteten, als »russische Agenten« und als »Verräter« zu bezeichnen – einschließlich Donald Trump nach seiner überraschenden Wahl zum US-Präsidenten 2016. Zudem wurde jede Information oder Meinung, die der offiziellen Erzählung widersprach, als »russische Desinformation« und/oder »Verschwörungstheorie« diffamiert.[23]

Die Dokumente der Integrity Initiative wurden vom Anonymous-Netzwerk gehackt und öffentlich zugänglich gemacht. Sie zeigen, dass die Initiative in erster Linie vom britischen Außenministerium finanziert wird, das ein Viertel seines Budgets von zwei Millionen Pfund dafür bereitstellt, so der Antrag für 2018/19. Weitere Sponsoren sind das US-Außenministerium, die NATO, das litauische Verteidigungsministerium, Facebook und die Smith-Richardson-Stiftung. Diese der NATO angegliederte Denkfabrik finanziert auch das Internationale Institut für strategische Studien, IISS, London, das zwei Türen vom Institute for Statecraft am Temple Place entfernt ist.[24] Die Integrity Initiative arbeitet eng mit der Abteilung für öffentliche Diplomatie im NATO-Hauptquartier in Brüssel und ebenfalls in Brüssel mit dem Institut für Europastudien der Freien Universität (VUB-IES) zusammen, das über eine Galaxie von Partnerinstitutionen verfügt, die ihrerseits mit den Verteidigungsministerien verschiedener westlicher Staaten verbunden sind. In einem gehackten Dokument heißt es:

> »Durch VUB-IES ist die Integrity Initiative fest mit der EU East Stratcom Taskforce, dem EU Disinfo Lab und dem Europäischen Parlament verbunden. Das VUB-IES unterstützt auch die Zusammenarbeit unseres Programms mit dem NATO-Hauptquartier, den Reserveoffizieren der Internationalen Konföderation der NATO (CIOR), der NATO und der Parlamentarischen Versammlung der NATO … Das VUB-IES stellt auch eine wertvolle direkte Verbindung für unser Programm mit großen nationalen Think-Tanks wie Egmont, Chatham House, Clingendael usw. dar.«[25]

Um in den Vereinigten Staaten die Angst vor Russland zu propagieren, stellte die Integrity Initiative den selbsternannten »Informationskrieger«, John Rendon ein. Dieser verkaufte der Öffentlichkeit den Irak-Krieg, um »eine neue Generation von Russland-Beobachtern« zu trainieren.[26] Im Jahr 2012 begann Joel Harding, ein ehemaliger Spezialeinheiten-Offizier im Außenministerium von Hilary Clinton, Methoden zu entwickeln, um ein dominantes Narrativ über Russland zu schaffen, zu dem es keinen ernsthaften Widerspruch geben dürfte.

Mit besonderem Augenmerk auf die Ukraine beabsichtigte Harding, »alle Informationen zu kontrollieren, zu denen jeder innerhalb der Operationszone und in jeder Zone, die das Ergebnis der Operation weltweit beeinflussen kann, Zugang hat«, einschließlich der sozialen Medien. Sobald dieses Ziel erreicht sei, würde sich ein Vorhaben wie ein Regimewechsel in Russland als machbar erweisen. *»Jede zurechnungsfähige Person würde es begrüßen, wenn sie die Nachrichten, die seine Sender veröffentlichen, liest, sieht oder hört.«*[27]

Die Integrity Initiative hat auch einen direkten Draht zu Persönlichkeiten wie dem US-Sonderbeauftragten für die Ukraine, Kurt Volker, sowie Kontakte mit Washingtoner Think-Tanks wie dem Atlantic Council, dem Center for European Policy Analysis sowie dem FBI.[28] Unter Hilary Clintons Nachfolger John Kerry erhielt das Global Engagement Center des Außenministeriums, ursprünglich eingerichtet zur Bekämpfung der Online-Rekrutierung für den Dschihadismus, im Jahr 2016 ein neues Ziel: den Kampf gegen Trump wegen angeblicher russischer Absprachen. Einer der leitenden Beamten des Global Engagement Center, Todd Leventhal, ist zudem Mitglied des »Temple Place Resident Team« des Institute for Statecraft.[29]

Eine wichtige Schaltstelle des Institute for Statecraft/der Integrity Initiative ist das Chatham House, das Königliche Institut für Internationale Angelegenheiten in London, Herausgeber von »International Affairs« und mit dem Brüsseler VUB-IES-Netzwerk verbunden. Von den sechs Autoren einer einflussreichen Chatham House-Studie aus dem Jahr 2015, »The Russian Challenge« (»Die russische Herausforderung«), sind vier Mitglieder des Clusters der britischen Integrity Initiative. Einer von ihnen, der ehemalige britische Botschafter in Moskau, Sir Andrew Wood, der angeblich US-Kollegen kompromittierendes Material über Donald Trump, das »Steele-Dossier«, übergab, erörtert in seinem Beitrag die Aussichten eines Regimewechsels in Russland.[30] Das Dossier deckt die angebliche Rekrutierung Trumps durch Russland auf.

Der Autor Christopher Steele ist ein in Moskau stationierter ehemaliger MI6-Agent und ein Kollege von Pablo Miller in der privaten Agentur Orbis Business Intelligence. Miller war ebenfalls MI6-Agent und betreute den ehemaligen russischen Doppelagenten Sergei Skripal, dessen verpfuschter »Attentatsversuch« zu einer großen diplomatischen Krise mit Moskau führte.

Bösartiger Plot

Die Dokumente der Integrity Initiative zeigen, dass sowohl die Skripal-Affäre als auch der Abschuss von Flug MH17 im Lichte der fiktiven »Gerasimov-Doktrin« betrachtet wurden und als Möglichkeiten zur »Entlarvung« russischer Desinformationen.[31] Selbstverständlich hat die Mueller-Untersuchung der angeblichen Kollaboration Trumps mit Russland kein Fehlverhalten aufgedeckt. Dennoch besteht kein Zweifel daran, dass Trump als Immobilienunternehmer auf russisch-amerikanische Mafia-Verbindungen angewiesen war, um seine Geschäftsvorhaben zu finanzieren.[32] Der Ansatz der Integrity Initiative (oder Hardings im Außenministerium) erfordert, das Spektrum der Informationsvermittlung vollständig abzudecken, um der »russischen Bedrohung« entgegenzuwirken. Daher wurden auch ausgewählte Internetseiten als Partner der Integrity Initiative einbezogen, darunter Buzzfeed, Irex, Detector Media und Bellingcat, um nur einige zu nennen.[33]

Auch die Staatsanwaltsschaft im MH17-Prozess wurde faktisch Teil der Integrity Initiative. Indem die JIT sich zunehmend auf Bellingcat verließ, hat sie ihre Ermittlungen fast vollständig an dieses Sprachrohr der NATO und der ukrainischen Propaganda abgegeben. Die von Hector Reban[34] eingehend analysierte Open Source Intelligence (OSINT) von Bellingcat fungiert inzwischen auch als Quelle der Mainstream-Medien und rundet die Propagandaspirale der Regierungsmedien weiter ab. Bellingcats Gründer, Elliott Higgins, machte sich bei westlichen Sponsoren damals noch unter dem Pseudonym »Brown Moses« einen Namen. Er behauptete, entdeckt zu haben, der Angriff chemischer Kriegsführung in Douma, einem Vorort von Damaskus, sei das Werk des Assad-Regimes gewesen. Diese Behauptung widerspricht dem Urteil von MIT-Raketenexperten und erfahrenen investigativen Journalisten.[35] Mit Bellingcat, das zwei Tage vor der MH17-Tragödie, also am 15. Juli 2017, online ging, stellte Higgins seine OSINT-Erfahrung in den Dienst derjenigen, die gegen Russland einen Anklagegrund konstruieren wollten. Da die JIT und die Mainstream-Medien ihm die Glaubwürdigkeit einer bedeutenden Quelle verleihen wollten, könnte dies dann die Grundlage für den Prozess sein.

Neben der bereits erwähnten Chatham-House-Studie »Die Russische Herausforderung« hat sich die wissenschaftliche Arbeit zur Unterstützung der Behauptungen der Integrity Initiative und von Bellingcat auch speziell mit der russischen »digitalen Desinformation« im Zusammenhang mit dem MH17-Fall befasst. Ein frei zugänglicher und viel zitierter Artikel in der 2018 erschienenen Zeitschrift »International Affairs« des Chatham House definiert Desinformation als »zielgerichtetes Bemühen um Irreführung, Täuschung oder Verwirrung«.[36] Das von der EU über das European Research Council und die Carlsberg-Stiftung finanzierte Forschungsprojekt schreibt die Desinformation über die MH17-Tragödie ausschließlich dem russischen Staat und seinen Medien zu. Es entlarvt die eigene Propagandaabsicht, indem es den Begriff »Information« (einschließlich »Gegen-Desinformation«) nur einer Seite des Konflikts – dem Westen und seinem Klientenregime in Kiew – zuweist und akademische Studien ignoriert, die den Bürgerkrieg und den Abschuss von MH17 in einen Kontext stellen.[37]

Bei Auswertung der zirkulären Querverweise, die bis zum Lächerlichen gehen, kommt das Projekt über die auf Twitter aktiven »Bürger« zum Thema MH17 zu dem Ergebnis, dass das am meisten retweetete Profil im gesamten Datensatz zu Information/Gegen-Desinformation (Überraschung, Überraschung) von Higgins bzw. Bellingcat stammt. Für die Verbreitung der »Desinformation« sorgt dagegen unter anderem der investigative Journalist Max van der Werff [Vorsicht Ironie, U. M.]. Van der Werffs Name und Details stehen inzwischen auf der Liste der Feinde des neuen Kiewer Regimes, der Kiever Peacemaker-Seite (Myrotvorets). Mehrere dieser Feinde wurden bereits ermordet.[38] Ebenfalls im Visier des ERC/Carlsberg-Projekts ist Pieter Omtzigt, der einzige niederländische Parlamentarier, der die Regierung bei diesem Thema auf Trab gehalten hat (ohne von der Mainstream-Lesart über den Abschuss von MH17 abzuweichen).[39] Ende 2017 wurde Omtzigt wegen einer Belanglosigkeit von der niederländischen Mainstream-Zeitung NRC-Handelsblad angegriffen und aufgefordert, sich zu diesem Thema nicht mehr zu äußern.

Die ERC/Carlsberg-Autoren selbst schreiben, dass »sich die Nachrichtendienste und Propagandainstitutionen in der Vergangenheit als gewöhnliche Bürger ausgegeben haben, um Glaubwürdigkeit zu erlangen, die ihnen in ihrer eigenen Rolle fehlt«. Aber sie scheinen sich der Möglichkeit nicht bewusst zu sein, dass Bellingcat, ihr Vorbild der »Information/Gegen-Desinformation«, genau hierzu passen könnte.[40] Denn laut David Miller, Professor für politische Soziologie an der Universität von Bristol und Propagandaspezialist, ist die Integrity Initiative, unter deren Schirm auch Bellingcat operiert, eine solche Geheimdienstoperation, ja ein »militärisch gelenkter Angriff«: »[Donnelly], der ›gütige‹ Leiter [der Integrity Initiative, U.M.] wurde zu Beginn des Projekts auch zum Oberst des militärischen Geheimdienstes ernannt – eine wirklich erstaunliche Tatsache, die darauf hindeutet, dass es sich um einen Bereich des militärischen Geheimdienstes handelt.«[41]

Mit ihren Verbindungen zum Atlantic Council – einer wichtigen Quelle der »russischen Einmischungs«-Hysterie über seinen eigenen Anbieter von Fake News wie Ben Nimmo[42] – agieren Higgins und Bellingcat als Sprachrohr der Anti-Russland-Kampagne und erhalten so die uneingeschränkte Unterstützung der Mainstream-Medien und der Politik. In scharfem Gegensatz zu dem anderen »Bürger« Julian Assange von Wikileaks, der nun seit acht Jahren unter Bedingungen eingesperrt ist, die die UNO als Folter angeprangert, »erlangte Higgins zum Teil deshalb Anerkennung in der Öffentlichkeit, weil ›seine Ergebnisse‹ immer mit Propagandathemen übereinstimmten, die von der US-Regierung und ihren westlichen Verbündeten verbreitet wurden. Obwohl die meisten wirklich unabhängigen Blogger von den Mainstream-Medien ignoriert werden, wurde Higgins für seine Arbeit gelobt.«[43]

Bellingcat hat inzwischen in den Niederlanden ein unterstützendes Umfeld gefunden, das bereits vor Übernahme der Führungsrolle in den beiden MH17-Untersuchungen in Kiew maßgeblich an den Vorbereitungen der Maidan-Bewegung und des Regimewechsels beteiligt war.[44] Neben der Einladung, Ausbildungskurse für Mainstream-Medienjournalisten anzubieten, erhielt Bellingcat 2019 auch einen Zuschuss von einer halben Million Euro aus der Postleitzahlen-Lotterie, sodass sie ein neues Hauptquartier in Den Haag einrichten konnte. Zudem hat die niederländische Regierung eine eigene Propaganda-Einheit, Raam op Rusland (»Fenster zu Russland«), ins Leben gerufen. Wie Bellingcat arbeitet Raam op Rusland mit der Universität Leiden zusammen, ist aber auch an das Netzwerk des Instituts für Statecraft/Integrity Initiative angeschlossen. Auf der Website von Raam op Rusland erschien am 1. November 2019 ein kindisches Stück von Mark Galeotti mit dem Titel »Gerasimov-Doktrin«, in dem er behauptete, dass Putin als KGB-Agent eigentlich ein kleiner Fisch war.[45] Da mehrere seiner (Galeottis) Mitarbeiter ehemalige Moskau-Korrespondenten niederländischer Zeitungen wie dem *NRC-Handelsblad* sind, befinden sich Raam op Rusland und die Mainstream-Medien gegen Russland auf derselben Seite und setzen sich unermüdlich für die Fiktion der »Gerasimov-Doktrin« ein.

Fazit

Zusammenfassend lässt sich sagen, dass die Niederlande für den MH17-Prozess absolut passend gewählt sind. Sie sind fest in mehrere Propagandaschichten eingebettet, die den Vorstoß des Westens in den ehemaligen Sowjetblock und die UdSSR begleiten.

Erstens hat die JIT unter niederländischer Führung zugelassen, dass die vorgelegten Beweismittel überwiegend oder sogar ausschließlich von der SBU und Bellingcat stammen. Die vorherige technische Untersuchung des DSB wurde ebenfalls von den Niederlanden durchgeführt und durch die rechtlichen Grenzen ihrer Berichterstattung in Verbindung mit dem Geheimhaltungsabkommen mit der Ukraine beeinträchtigt. Auch die JIT selbst wurde durch das der Ukraine gewährte wirksame Veto und den anfänglichen Ausschluss Malaysias kompromittiert.

Zweitens wird der Prozess durch Ausnutzung des emotionalen Potenzials der Aussagen der Familienmitglieder als ein theatralischer und nicht als streng juristischer Prozess gestaltet, da höchstwahrscheinlich keine Angeklagten auftauchen werden. Diese Art von Schauprozess wurde in den ICCT-Seminaren der Terrorismus-Spezialistin Beatrice de Graaf vorbereitet, die ebenfalls in den Niederlanden stattfanden.

Und schließlich wurde die öffentliche Meinung in den Niederlanden und im Westen insgesamt zu einem soliden Anti-Putin-Konsens geformt. Dafür verantwortlich sind die kombinierten Propagandaströme, die vom Komplex »Institute for Statecraft/Integrity Initiative« ausgehen und die in den Niederlanden zusätzlich durch die pauschale Befürwortung der Bellingcat-Erzählungen, durch Raam op Rusland und durch die damit verbundenen Mainstream-Medien sowie die Wissenschaft verstärkt wurden. Dadurch ist ein Meinungsklima entstanden, in dem ein Freispruch aus Mangel an Beweisen für die derzeit Verdächtigen des MH17-Abschusses wahrscheinlich nicht akzeptiert werden würde, und falls doch, gibt es einen soliden Propaganda-Apparat, um dies zu korrigieren. Das wirft die Frage auf, wie eine derart abgrundtief parteiische und zu schweren Fehlern neigende Form der Justiz überhaupt entstehen konnte.

Britische Qualitätspropaganda

Jens Bernert

In allen Techniken und Methoden der Desinformation ist Großbritannien immer noch Weltmacht. Viele Geschichten und bekannte Akteure der aktuellen westlichen Propaganda haben einen britischen Hintergrund: die »Syrische Beobachtungsstelle für Menschenrechte«, die Skripals, Bana Alabed, die Weißhelme und Bellingcat. Die BBC ist ebenfalls dabei, muss aber selbst in den letzten Jahren kaum noch gefälschte Propaganda-Artefakte erfinden, sondern meist nur noch – wie die anderen westlichen Medien – das Material des umfassend aufgebauten Propagandazoos vergolden. Auch britische Einheiten für Internetkriegsführung wie die 77. Brigade mit ihren 1 500 Soldaten sowie die Verleumdung von Wiki-Leaks-Gründer Assange gehören in diesen Zoo.

Weißhelme im Gewand einer Hilfsorganisation

Die White Helmets sind eine Propagandatruppe im Gewand einer Hilfsorganisation. Der am 11. November 2019 zu Tode gekommene Brite James Le Mesurier hat die Truppe zweieinhalb Jahre nach Beginn des Syrienkrieges im Jahr 2011 in der Türkei gegründet. Sie wurde und wird von westlichen Staaten mit über 100 Millionen Euro finanziert.[1] Die Weißhelme liefern zum »richtigen Zeitpunkt« die passenden Bilder, doch ihre Propaganda-Storys enthalten meist grobe Fehler.[2] Diese Truppe verfügt über beste Kontakte zu den »Rebellen« um Al Qaida[3], mit denen es auch personelle Überschneidungen gibt.[4] Ein von Netflix verbreiteter Propagandastreifen über die Weißhelme erhielt 2017 sogar den Oscar in der Kategorie »Bester Dokumentar-Kurzfilm«. Die Bundesregierung preist sie als leuchtendes Beispiel für Menschlichkeit.[5] Da ist es kein Wunder, dass Franziska Brantner, Sprecherin der Grünen für Europapolitik, und der außenpolitische Sprecher der Grünen, Omid Nouripour, für die Weißhelme den Friedensnobelpreis forderten.[6] Ganz offensichtlich ist das humanitäre Image wichtig für die Wirksamkeit der Propaganda, sonst hätten die Profi-Manipulateure niemals den »Alternativen Nobelpreis«, den Right Livelihood Award, erhalten.[7]

Auch bei der Herstellung des Propaganda-Materials um den False-Flag-Giftgasangriff im syrischen Douma 2018 waren die Weißhelme federführend.[8] Beim Aufkochen dieser Affäre im Oktober 2019 bestätigte jedoch ein an der Untersuchung beteiligter Wissenschaftler die von oben verordneten Fälschungen und das Frisieren des OPCW-Reports zu Douma.[9] Der ehemalige britische Diplomat Craig Murray schrieb dazu:

> »Dass ihre Ergebnisse absichtlich nicht in den OPCW-Bericht aufgenommen wurden, ist in der Tat sehr beunruhigend. Noch beunruhigender war der unbestreitbare Beweis, der sich durch die Whistleblower der OPCW abzuzeichnen begann, dass die Toxikologie-Experten einstimmig der Meinung waren, die Toten seien nicht an einem Chlorgasangriff gestorben. Das Protokoll der OPCW-Toxikologiesitzung muss man wirklich vollständig lesen.«[10]

Fest steht aktuell: In den Umwelt- und Bioproben wurden keine Nervengase festgestellt. Die Experten stimmten in ihren Schlussfolgerungen überein, dass es zwischen den Symptomen und der Chlorgasexposition keinen Zusammenhang gibt.

Wer sich umfassend über diese False-Flag-Aktion informieren möchte, sollte im Internet die ganze Meldung lesen.[11] In dem Protokoll teilen die Toxikologie-Experten die Ansicht, dass die Leichen an den Fundort in Position gebracht wurden. Die Opfer hätten sich nicht selbst in der Mitte der jeweiligen Appartements aufstapeln können. Die Toxikologie-Experten sind also der festen Überzeugung, dass die Leichenstapel inszeniert waren, und die Ingenieur-Experten glauben dasselbe von den Zylinderbomben. Dennoch veröffentlichte die OPCW einen Bericht, der den gegenteiligen Eindruck erwecken konnte – oder den die Medien in der beabsichtigten Weise interpretieren konnten.[12]

Ende Dezember 2019 kam ans Licht, dass die Mitarbeiter angewiesen wurden, Spuren zu vernichten: WikiLeaks veröffentlichte eine E-Mail des OPCW-Verantwortlichen für die Douma-Untersuchung, Sebastian Braha, mit folgendem Inhalt:

> »Bitte holen Sie dieses Dokument aus dem DRA [Documents Registry Archiv, J.B.]… Und bitte entfernen Sie alle Spuren, falls vorhanden, der Lieferung/Lagerung/was auch immer im DRA.«[13]

Die Presse verschwieg nicht nur diese wichtigen Enthüllungen. Bereits im Februar 2019 hatte der vor Ort tätige BBC-Reporter Riam Dalati eingeräumt, dass die Krankenhausszene gefälscht war:

> »Nach fast 6 Monaten an Untersuchungen kann ich zweifelsfrei beweisen, dass die Douma-Hospital-Szene inszeniert wurde. Im Krankenhaus traten keine Todesfälle auf. Alle WH [WH = Weißhelme, J.B.], Aktivisten und Menschen, mit denen ich gesprochen habe, befinden sich entweder in Idlib oder in den Schutzschild-Euphrat-Gebieten. Lediglich eine Person war in Damaskus.«[14]

Als Beleg für einen Chemiewaffenangriff hatten Nachrichtensender ein Video aus der Klinik rauf und runter gespielt. Die im Video zu sehenden Personen hatten am 26. April 2018 bei der OPCW in Den Haag zugegeben, dass alles eine Inszenierung war.[15] Dennoch wurden die Aussagen der unfreiwilligen Opferdarsteller als Lügen und »russische Propaganda« abgetan. Tatsache ist, dass die Produzenten des Douma-Propagandamaterials mehrfach schlampig gearbeitet haben:[16] Bilder zeigen unterschiedliche Varianten des gleichen – unrealistischen – Leichenstapels. Laut einem Video soll eine Giftgasflasche durch die

Decke einer Wohnung gekracht und nach einer bizarren Flugbahn mit intaktem Ventil butterweich auf einem Bett gelandet sein, ohne das Bett dabei zu zerstören.[17]

In einem Video des US-Senders CNN schnüffelt eine Reporterin in Douma an einem Schulranzen, um zu bestätigen, dass dieser mit tödlichem Kampfstoff getränkt war.[18] Ein durch die US-Luftschläge nach der angeblichen Giftgasattacke getroffener Gebäudekomplex wurde als Chemiewaffenfabrik ausgegeben. Dennoch stand ein CBS-Journalist während seines Berichts direkt vor dem zerstörten Komplex, ohne Symptome einer Vergiftung.[19] Am Schluss des Beitrags wurde behauptet, dieser Angriff werfe das syrische Chemiewaffenprogramm um Jahre zurück. Die Tagesschau am 16. April 2018, 15 Uhr, zitierte Boris Johnson:

> »Der Angriff von Frankreich, Großbritannien und den Vereinigten Staaten gegen Assads Chemiewaffendepots, der war zielgerichtet und angemessen. Dieses Vorgehen war absolut richtig.«[20]

Am 21. Januar 2020 sagte der Chemiewaffenexperte Ian Henderson vor dem UN-Sicherheitsrat zu dem Ereignis in Duma 2018 und den OPCW-Erkenntnissen darüber aus.[21] Henderson leitete 12 Jahre lang OPCW-Untersuchungsteams und war Mitglied der Fact-Finding-Mission, die die OPCW-Untersuchung vor Ort in Duma durchführte. Henderson sprach vor dem Sicherheitsrat der Vereinten Nationen Klartext: Der Abschlussbericht zu Duma stehe in völligem Widerspruch zu Ergebnissen dieses Expertenteams:

> »Die Ergebnisse im abschließenden FFM-Bericht waren widersprüchlich, sie stellten eine völlige Kehrtwendung zu dem dar, was das Team während und nach den Douma-Einsätzen gemeinsam ermittelt hatte. Und zum Zeitpunkt der Veröffentlichung des Zwischenberichts im Juli 2018 waren wir der Ansicht, dass wir ernsthafte Bedenken hatten, dass ein chemischer Angriff stattgefunden hatte.«[22]

Bellingcat als britischer Faktenüberprüfer

Unter dem Aspekt von False-Flag-Operationen ist auch Bellingcat von Bedeutung. Diese Gruppe wurde zu Beginn des Syrienkriegs vom britischen Internetjournalisten Eliot Higgins gegründet, der Bellingcat als investigative Internetplattform bezeichnet. Bellingcat ist in Syrien als angeblicher Faktenüberprüfer aktiv. Ein Beispiel für diese Art der »Faktenprüfung« ist die Berichterstattung über den »Angriff auf einen syrischen Hilfskonvoi« am 19. Juni 2016 samt gefälschtem Bombenkrater.[23] Der Krater ist allerdings laut Bellingcat-Faktencheck echt und ein Beleg für den Angriff. Wer den Bericht und die Fotos kritisch liest und betrachtet, kommt zu einem anderen Ergebnis: Ein Stück einer bereits explodierten Bombe russischer Bauart wurde in ein kleines, älteres Sprengloch gelegt und mit ein paar Kartons bedeckt. Der größte Teil der Bombe fehlt. Laut Bellingcat flog die Bombe mit 92 kg militärischem Sprengstoff durch ein Loch in der Decke und landete unter einem Haufen Kartons mit Hilfsgütern. Wäre die Bombe explodiert, hätte sie angesichts der Sprengstoffmenge große Zerstörung angerichtet. Ein Blindgänger soll sie auch nicht gewesen sein. Einzige logische Möglichkeit: Die Bombenreste wurden dort abgelegt. Bellingcat hat sich bei dieser Berichterstattung selbst als »Faktenfälscher« überführt.[24]

Bellingcat-Gründer Eliot Higgins äußerte sich 2013 zum angeblichen Sarin-Angriff in Ghuta und liefert seitdem vermeintlich neutrale Analysen, die von den Medien zur »öffentlichen Wahrheit« hochstilisiert wurden.[25] Der deutsche Fernsehmoderator und Journalist Claus Kleber präsentierte Bellingcat im Juni 2015 bei seiner Antrittsvorlesung in Tübingen als leuchtendes Beispiel.[26] Bereits 2012 sagte der Syrienexperte Professor Günter Meyer, dass in arabischen Medien über einen kommenden False-Flag-Anschlag mit Chemiewaffen spekuliert wird.[27] Wenige Monate nach der vermeintlichen Ghuta-Attacke vom August 2013 veröffentlichten US-Wissenschaftler dazu einen Bericht.[28] Ursprünglich davon überzeugt, dass Syrien für den Angriff verantwortlich war, deckten sie stattdessen eine Fälschung auf.[29] Der peinlichste Aspekt ihrer Untersuchung: Die Reichweite der vermeintlichen Giftgas-Geschosse betrug maximal zwei Kilometer, die syrischen Einheiten waren jedoch mindestens sechs Kilometer vom »Tatort« entfernt. Die westliche Version des »Giftgasangriffs durch Assad« stützt sich bis heute auf Eliot Higgins.

Vermeintliche Luftangriffe

Acht Tage nach dem angeblichen Giftgasangriff Assads am 21. August 2013 sollte das britische Parlament über ein militärisches Eingreifen in Syrien abstimmen[30] – und stimmte knapp dagegen. Vielleicht erschien den Parlamentariern die eigene Propaganda zu unglaubwürdig.[31] Am 29. August 2013, also noch vor der Abstimmung, übertrugen die BBC-Nachrichten einen Bericht zweier BBC-Journalisten aus Aleppo, in dem diese behaupteten, ein syrisches Kampfflugzeug hätte am 26. August 2013 eine Brandbombe mit einer »napalmartigen Substanz oder Thermit« auf einen Schulspielplatz abgeworfen. In ihrem Bericht zeigten sie auch Behandlungsmaßnahmen.[32] Das Thema wurde in der Reportage »Saving Syria's Children« weiter ausgebreitet.[33] Einige Ärzte und Helfer vor Ort gehörten zu der im Rahmen des Syrienkrieges gegründeten britischen Organisation »Hand in Hand for Syria«. Angeblich hätten die Kinder und Erwachsenen durch die Brandbombe schwerste Brandverletzungen erlitten. Allerdings verhalten sich tatsächliche Brandopfer völlig anders, zudem sind bei keinem einzigen Opfer Brandblasen oder -verletzungen zu sehen, keine schweren Verbrennungen 2. oder 3. Grades.[34] Erstaunlich ist ebenfalls die Haarpracht der Laiendarsteller, auch ihre Augenbrauen sind unversehrt.

Gerade bei der Berichterstattung über die Ereignisse in Syrien fällt ein entscheidender Aspekt immer wieder unter den Tisch, der die Propaganda zum Einsturz bringt: Bei den meisten Berichten geht es um Luftangriffe, doch in keinem einzigen Fall konnten Bilder von Flugbewegungen zur fraglichen Zeit über den angeblichen Tatorten vorgelegt werden. Als die Türkei am 24. November 2015 einen russischen Jet an der syrisch-türkischen Grenze abschoss, legten die Türkei und Russland sofort Radarbilder der Flugbewegungen über dem betroffenen Gebiet vor. Bei den anderen Vorfällen hat niemand Bilder solcher Flugbewegungen vorgelegt, und das in einem am intensivsten überwachten Gebiet der Erde! Das kann nicht sein, außer dass es keine solchen Flugbewegungen gegeben hat. Keine Flugbewegungen bedeutet logischerweise: Es gab keinen Luftangriff.

Verlogene Doppelstandards

Die westlichen Medien übernehmen viele Informationen zum Syrienkrieg von der »Syrischen Beobachtungsstelle für Menschenrechte« mit Sitz in Großbritannien.[35] Diese Beobachtungsstelle betreibt der syrische Regierungsgegner Osama Suleiman. Oft zitieren die Medien diese Quelle mit vollem Namen und verleihen ihr damit quasi den Status einer amtlichen Organisation. Vor nicht allzu langer Zeit hätte man einen Mann, der in Großbritannien Kriegspropaganda für Großbritannien gegen eine ihm verhasste Regierung macht, nicht als neutrale (zuverlässige) Quelle ausgeben können. Die meisten Menschen hätten gesagt: »Der wird doch von euch bezahlt!« Das Gegenteil ist aktuell der Fall: Mittlerweile interpretieren die Medien sogar eine Bezahlung durch westliche Regierungen als Beleg für die Qualität der Quelle beziehungsweise der Meldungen. Ins gleiche Horn blies die ARD, als sie zur »Syrischen Beobachtungsstelle für Menschenrechte« verkündete: *»Europäische Kommission unterstützt finanziell.«*[36] Die britische Regierung hat Higgins offiziell 200 000 Pfund zugesteckt.[37] Das ist vermutlich nicht die einzige Finanzierung des Mannes, der unter »wohlwollender Anleitung« arbeitet.

Komplett anders behandelt Großbritannien den WikiLeaks-Gründer Julian Assange, der in seiner Plattform viele schwere Regierungs-Verbrechen öffentlich gemacht hat. Unter Missachtung aller juristischen Prinzipien und Menschenrechte hat die britische Regierung Assange ins Hochsicherheitsgefängnis Belmarsh verfrachtet. Dort wird er nach Angaben von Joe Cannataci, UN-Sonderberichterstatter zum Recht auf Privatsphäre, psychisch gefoltert.[38] Zuvor hatten die

Medien Kübel voller Dreck über ihm entleert – mit maßgeschneiderten Verleumdungen für jede Zielgruppe.[39]

Um ihre Propaganda im Netz abzusichern, hat Großbritannien 2015 eine »Internetarmee« aus 1 500 Soldaten geschaffen: die 77. Brigade.[40] Diese Brigade soll auch Operationen der Joint Threat Research Intelligence Group (JTRIG) des britischen Geheimdienstes GCHQ (Government Communications Headquarters) unterstützen. The Guardian schreibt zu den Aufgaben der 77. Brigade:

> »Die britische Armee schafft eine Spezialtruppe von Facebook-Kriegern, die in psychologischen Operationen und der Nutzung von sozialen Medien ausgebildet sind, um unkonventionelle Kriegsführung im Informationszeitalter zu betreiben. Die 77. Brigade, die in Hermitage, in der Nähe von Newbury, in der Grafschaft Berkshire, stationiert werden soll, wird etwa 1 500 Mann stark sein und aus Einheiten bestehen, die aus der gesamten Armee stammen. Sie wird im April offiziell ins Leben gerufen. Die Brigade wird für das, was als nicht-tödliche Kriegsführung beschrieben wird, verantwortlich sein. Sowohl die israelische als auch die US-Armee beteiligen sich bereits jetzt stark an psychologischen Operationen. Vor dem Hintergrund von 24-Stunden-Nachrichten, Smartphones und sozialen Medien wie Facebook und Twitter wird die Truppe versuchen, das Narrativ zu kontrollieren.«[41]

Der Redaktionsleiter bei Twitter für den Nahen Osten, Gordon MacMillan, ist »nebenberuflicher« Offizier der 77. Brigade.[42]

Ein typisches Propagandastück aus Aleppo

Über soziale Medien lässt sich Propaganda sehr effizient verbreiten. Ein typisches Beispiel ist die Geschichte der siebenjährigen Bana Alabed. Angeblich mitten aus dem Krieg rief sie 2016 in englischer Sprache aus Aleppo den Westen via Twitter zu Bombardierungen und zum Dritten Weltkrieg auf. In ihrer Botschaft zitierte sie die Friedenspoetin Joan Baez – »We shall overcome« – und den 2008er Wahlkampfslogan des US-Präsidenten Barack Obama – »Yes, we can«. Das Propagandastück zeigt: Mit Frauen und Kindern lassen sich die besten Effekte erzielen.[43]

Als Szenenvorlage für das erste ikonographische Bild Banas diente das berühmte Foto von Anne Frank an ihrem Schreibtisch. Damit wurde ein optisches Signal für den Propaganda-Frame »Aleppo – Holocaust« gesetzt. So sollte die Bekämpfung der vom Westen planvoll installierten Jihadisten durch die syrische Regierung skandalisiert und behindert werden. Dementsprechend twitterte das siebenjährige Mädchen:

> »Dear world, it's better to start 3rd world war instead of letting Russia & Assad commit #HolocaustAleppo.«[44]
>
> (Liebe Welt, es ist besser, den Dritten Weltkrieg zu beginnen als Russland und Assad ein #HolocaustAleppo zu gestatten.)

Obwohl Journalisten und Politiker das Holocaust-Motiv aufgriffen, waren sie damit im Gegensatz zum Angriff auf Jugoslawien 1999 nur mäßig erfolgreich. Stattdessen dominierte in der Bana-Kampagne der Propaganda-Claim »Kindermörder – Assad/Putin«. Banas Vater war ein bewaffneter Kämpfer und Mitglied des Al-Qaida-geführten Stadtrates von Ost-Aleppo.[45] Im Dezember 2016 flüchtete Bana mit Familie in die Türkei.[46] Heute reist sie durch die Welt, tritt mit der früheren US-Außenministerin Madelaine Albright auf und erhielt 2018 die Freiheitsmedaille des Atlantic Council.[47]

Die Vergiftung der Skripals

Russland oder russische Agenten für angebliche Attentate verantwortlich zu machen, gehört zum Geschäft der westlichen Propaganda, speziell der britischen. Wer sich beispielsweise mit der Geschichte des Giftgas-Anschlags auf Sergei Skripal und dessen Tochter beschäftigt, stößt bei der Recherche auf zahlreiche Ungereimtheiten. Nach Darstellung der britischen Regierung wurden Sergei Skripal und seine Tochter Julia Opfer eines Attentats russischer Agenten mit dem Gift Nowitschok. Der ehemalige russische Doppelagent Sergei Skripal lebte nach seiner Enttarnung und Verhaftung im Jahr 2010 aufgrund eines Gefangenenaustausches in Großbritannien.[48]

Nach offizieller Berichterstattung waren beide Skripals am 4. März 2018 bewusstlos auf einer Parkbank entdeckt und dann in ein Krankenhaus im südenglischen Salisbury eingeliefert worden. Beide fielen daraufhin in ein Koma. Wie das Salisbury Journal jedoch schrieb, war Sergei bei der Einlieferung nicht bewusstlos:[49]

> »Der Mann, ein früherer russischer Spion, wurde auf der Straße zum SDH [Salisbury District Hospital, J. B.] transportiert und war bei Bewusstsein.«[50]

Polizei und Rettungskräfte gingen zunächst von einer Überdosis Fentanyl aus, wie es auch im *UK Clinical Services Journal* bis zum 26. April 2018 stand. Nach dem Hinweis der Journalistin Dilyana Gaytandzhieva wurde der Artikel am nächsten Tag »korrigiert«.[51] Die britische Anti-Terror-Polizei erklärte, die Skripals seien zu Hause mit dem Nervengift in Kontakt gekommen. Die höchste Konzentration des Giftes wurde demnach an der Haustür festgestellt. In einem Leserbrief an die *Times* stellte Steven Davies vom Salisbury NHS (National Health Service) Foundation Trust, der das Krankenhaus verwaltet, klar, ins Krankenhaus seien keine Patienten mit einer Nervengas-Vergiftung eingeliefert worden und in Salisbury habe niemand eine Nervengas-Vergiftung erlitten.[52] Mehrere Personen hätten wegen einer möglichen Kontaminierung das Krankenhaus aufgesucht, jedoch ohne jede Vergiftungserscheinung. Kein Bluttest hätte Abnormalitäten gezeigt.

Diese Informationen wurden in den Tagen nach dem angeblichen Attentat nicht verbreitet. Stattdessen hieß es offiziell, Sergei und Julia seien bewusstlos eingeliefert worden und lägen im Sterben.

Wahrscheinlich seien sie schon tot und zwar durch das hochgiftige Nowitschok, ein Nervengift, das nur die Russen herstellen könnten. Durch einen Überläufer aus Russland hatten jedoch zahlreiche westliche Staaten Kenntnisse über die Nowitschok-Herstellung erhalten.[53] Nach dem Ende der Sowjetunion wurde außerdem eine Fabrik in Usbekistan, die wahrscheinlich Nowitschok herstellen konnte, unter Aufsicht der USA abgebaut und entsorgt. Die Organisation für das Verbot chemischer Waffen, OPCW, hatte zudem 2016 mithilfe iranischer Wissenschaftler Nowitschok synthetisiert und dessen Wirkungen untersucht.[54] Somit ist die Wahrscheinlichkeit groß, dass auch Großbritannien im britischen Chemiewaffenzentrum Porton Down, nahe Salisbury, Nowitschok herstellen konnte.

Und die Geschichte ging im September 2018 weiter, als die britische Regierung der Öffentlichkeit zwei angeblich russische Agenten präsentierte, die für die Nowitschok-Attacken verantwortlich sein sollten: Ruslan Boshirov und Alexander Petrov. Der ehemalige britische Botschafter Craig Murray schrieb dazu:

> »Wenn ›Boshirov und Petrov‹ Geheimagenten sind, ist ihre Inkompetenz verblüffend. Sie bedienten sich öffentlicher Verkehrsmittel statt eines Autos und hinterließen die deutlichsten Spuren auf den Überwachungs-Videos. Sie scheiterten mit ihrem Mordversuch. Sie ließen überall Spuren von Nowitschok zurück und hätten sich sogar selbst damit vergiften können. Zudem ließen sie die ›Mordwaffe‹ herumliegen, so dass sie gefunden werden konnte. Ihr Zeitplan war sehr straff – und hing vom Sonntagsfahrplan der britischen Bahn ab.«[55]

Craig Murray äußert sich auch zu Charlie Rowley und Dawn Sturgess, die am 30. Juni 2018 ins Salisbury District Hospital eingeliefert wurden – und ebenfalls mit Nowitschok vergiftet sein sollten:

> »Im Übrigen ist auch beachtenswert, dass die Skripals – wie auch die arme Dawn Sturgess und Charlie Rowley – zu den Schlüsselzeiten und während ihrer weitläufigen Bewegungen

> praktisch unsichtbar für die Video-Überwachungskameras waren, während ›Petrov und Boshirov‹ während der Gesamtheit ihres kurzen Aufenthaltes oft und in bester Qualität erfasst wurden. […]«[56]

In einem weiteren Beitrag ergänzt Murray:

> »Charlie Rowley besteht darauf, dass er es in einer verpackten und vollständig versiegelten Parfümflasche in einem Altkleidercontainer gefunden hat. […]. Die einzige Methode, die garantierte, dass das Parfüm auf seinem langen Weg gefunden und wieder verwendet wurde, war, es in einem Wohltätigkeitsbehälter zu entsorgen […] bevor es drei Monate später wieder auftauchte. Das sind nur einige von vielen unbequemen Fakten. […] Weder Porton Down noch die OPCW konnten feststellen, dass es aus der gleichen Charge stammt wie die Chemikalie, die angeblich im Haus der Skripals verwendet wurde. Hinzu kommt die faszinierende Tatsache, dass es elf Tage intensiver Suche nach einem Fläschchen mit Flüssigkeit in einem kleinen modernen Haus dauerte, bis die Polizei das Parfümfläschchen auf dem Küchentresen fand.«[57]

Die *Neue Zürcher Zeitung* schrieb am 5. Juli 2018 zum Erkenntnisstand der britischen Regierung:

> »Trotz intensiver Suche in den Monaten nach dem Skripal-Attentat fand die Polizei bisher nicht heraus, wie die mutmaßlichen Täter den Kampfstoff beförderten und ob sie ein allenfalls verwendetes Gefäß wegwarfen oder mit auf die Flucht nahmen. Man glaubt, dass im März Nowitschok als Gel an der Türfalle von Skripals Haus angebracht wurde. Innenminister Javid bestätigte die Berichte von Chemiewaffenexperten, nach denen das im März identifizierte Nowitschok-Gift in so konzentrierter Form eingesetzt worden war, dass auch vier Monate später geringe Proben davon tödlich wirken können.«[58]

Auch der Polizist Nick Bailey wurde ins Krankenhaus eingeliefert, weil er sich mit Nowitschok verseucht haben sollte, als er die Skripals auf der Parkbank gefunden hat.[59] Bailey zeigte ebenfalls keine Vergiftungserscheinungen.

The Guardian hatte am 20. Januar 2019 noch eine andere Geschichte auf Lager:

> »Ein Teenager-Mädchen war die erste Person, die den Nowitschok-Vergiftungsopfern Sergei und Julia Skripal geholfen hat, wie sich herausstellte. Abigail McCourt war mit ihrer Familie unterwegs als sie den 66-jährigen ehemaligen KGB-Spion und seine Tochter kollabiert auf einer Bank im Maltings Einkaufszentrum in Salisbury nachmittags am 5. März letztes Jahr[60] sah. Die 16-jährige dachte, Sergei Skripal hätte einen Herzinfarkt erlitten, und alarmierte ihre Mutter, die Armee-Oberst und Chef-Krankenschwester-Offizier ist, und sie begannen, Erste Hilfe zu leisten.«[61]

Die Skripals wurden also von der ranghöchsten Krankenschwester der britischen Armee, Colonel Alison McCourt, gefunden. Hier entstand ein Potpourri der Widersprüche: Dass Nick Bailey die Skripals gefunden hat, ist »selbstverständlich gleichzeitig wahr« … Genauso, dass die McCourts »sich nicht kontaminiert haben« …

Am 4. April 2018 machte sich unter anderem »Die Welt« über eine der 30 Fragen der russischen Regierung zur Skripal-Affäre lustig:

> »Russlands kuriose Fragen. ›Wo sind die Haustiere, in welchem Zustand sind sie?‹«[62]

Einen Tag später kam die Meldung, dass ein Tierarzt die zwei Meerschweinchen tot und eine Katze in erschöpftem Zustand aufgefunden hatte. Dazu schrieb *The Mirror* am 5. April 2018:

> »Die Regierung hat letzte Nacht bestätigt, dass die Katze zur Untersuchung zum Porton Down Chemiewaffenlabor gebracht

> wurde, aber sie hatte so große Schmerzen, dass die Entscheidung getroffen wurde, sie umzubringen.«[63]

Die Regierung hat die Katze also töten und einäschern lassen, ohne dass vorher Proben genommen wurden. Dabei wären diese wichtige Beweismittel gewesen. Im März 2019 mussten die Behörden zugeben, dass die Blutproben der Skripals zeitlich nicht zugeordnet werden konnten, also die Beweiskette nicht schlüssig ist.[64]

Zwar machte die britische Regierung Moskau für den Giftanschlag verantwortlich, doch wies Russland jede Verantwortung zurück. Wie zu erwarten, führte der Fall zur schwersten diplomatischen Krise zwischen Russland und Großbritannien seit dem Kalten Krieg. Der britischen Position schlossen sich zahlreiche weitere westliche Staaten an, auch die deutsche Regierung.

Das Papstattentat 1981 – Fallbeispiel einer Medienmanipulation

Moritz Enders

Rom. Der 13. Mai 1981, 17.17 Uhr. Johannes Paul II. steht in einem offenen Jeep und wird durch ein Menschenmeer über den Petersplatz gefahren. Zigtausende jubeln ihm zu. Plötzlich peitschen Schüsse über den Platz. Der Papst sinkt in sich zusammen. Sein Privatsekretär, sein persönlicher Adjutant, die Leibwächter wissen sofort, was passiert ist: ein Attentat. Für einen Augenblick herrscht Totenstille. Dann kommt es zu Tumulten. Es scheint, als wolle die aufgebrachte Menge den Attentäter zu Tode prügeln. Die Polizei kann dies verhindern und führt ihn ab. Sein Name: Mehmet Ali Agca. Er hat inzwischen traurige Berühmtheit erlangt.

Minuten nach dem Vorfall rast ein Krankenwagen mit heulenden Sirenen in die Gemelli-Klinik. Und noch während vier Chirurgen verzweifelt um das Leben des Papstes ringen, machen erste Spekulationen über Tat und Motive des Täters die Runde. Wer ist dieser Mehmet Ali Agca? Ein geisteskranker Einzeltäter? Ein Terrorist? Oder operierte er gar als Handlanger eines internationalen Komplotts?

Als ich im Sommer 2007 begann, für eine TV-Dokumentation die Hintergründe des Anschlags zu recherchieren – erst viele Jahre später habe ich sie dann zusammen mit meinem Kollegen Werner Köhne gedreht,[1] – standen für mich genau diese Fragen im Vordergrund. Ich wollte Ermittler und Staatsanwälte befragen, ehemalige Terroristen und Kriminologen. Die Wahrheit würde dabei zwar nicht ans Licht kommen, denn verschiedene italienische Untersuchungsrichter hatten ja bereits über viele Jahre vergeblich versucht, den Fall aufzuklären. Doch vielleicht würde es mir gelingen, einige Indizien zu finden, die die eine oder andere These untermauern oder aber auch erschüttern würden.

Zur Auswahl standen unter anderem ein Terrorakt mit rechtsradikalem Hintergrund, eine Verstrickung westlicher oder östlicher Geheimdienste in das Attentat oder ein Komplott, deren Strippenzieher hinter den Mauern des Vatikans zu suchen waren. Mitwisser- und Komplizenschaften zwischen den jeweiligen Fraktionen erschienen ebenfalls denkbar. Dabei übersah ich allerdings einen ganz wesentlichen Aspekt, der bei einem Verbrechen dieser Tragweite immer zu berücksichtigen ist: den seiner anschließenden Instrumentalisierung zu Zwecken der Propaganda.

Aldo Giannuli, der zahlreiche, in Italien bekannte Bücher über die Methoden von Geheimdiensten und ihre Möglichkeiten, die Medien zu manipulieren, veröffentlichte[2], sagte mir in einem Interview:

> »Jedes große politische Verbrechen läuft in drei Phasen ab: In der ersten geht es um die Vorbereitung. Dann um das eigentliche Ereignis – also ein Blutbad oder einen Anschlag gegen eine einzelne Persönlichkeit – und dann, in der dritten Phase, um den weiteren Umgang damit. Wir neigen dazu, zu glauben, dass sich ein Attentat mit seiner Ausübung erledigt hätte. Mitnichten. Das ist erst der Anfang. Worauf es ankommt ist, wie die Politik mit dem Attentat umgeht. Denn das wird sich in der öffentlichen Meinung festsetzen.«

Mit anderen Worten: Es ist gar nicht entscheidend, wer die Hintermänner eines solchen Verbrechens waren oder sind. Es kommt vielmehr darauf an, was die Öffentlichkeit glaubt. Der Anschlag auf Papst Johannes Paul II., der auch als »Jahrhundertverbrechen« bezeichnet wurde, eignet sich, dies zu illustrieren. Viele Italiener, mit denen ich sprach, glauben – und ein aktueller Wikipedia-Artikel[3] suggeriert dies –, dass der bulgarische Geheimdienst dahintersteckte, möglicherweise auf Geheiß des sowjetischen Militärnachrichtendienstes GRU. Das klingt zunächst einmal plausibel: 1981 befand sich die Welt in einer kritischen Phase des Kalten Krieges. Johannes Paul II. war Pole und ein entschlossener Kritiker des Kommunismus. Bei einem Besuch in seinem Heimatland im Jahr 1979 jubelten ihm Millionen Menschen zu. Er wurde zur Kristallisationsfigur des polnischen Patriotismus und Widerstandes, in einem Land, in dem wenig später die Streikbewegung Solidarność für weitere Unruhe sorgte. Wäre es in Polen zu einem Umsturz gekommen, hätte dies den gesamten Warschauer Pakt – und damit die Sicherheitsinteressen der Sowjetunion – schwer beeinträchtigt. Ein Motiv, den Papst aus dem Weg zu räumen, hätten die Sowjets also durchaus haben können. Allerdings spricht wenig dafür, dass sie tatsächlich die Urheber des Verbrechens waren.

Die überwiegende Mehrheit der Experten, die ich zu Hintergrundgesprächen traf und für die TV-Dokumentation teilweise auch interviewt habe, halten die Hypothese, der bulgarische Geheimdienst habe das Attentat auf Wunsch des GRU initiiert und hierfür Ali Agca als Auftragskiller angeheuert, für widerlegt.[4] Allein der ehemalige Senator Paolo Guzzanti, der unter anderem den Vorsitz einer parlamentarischen Untersuchungskommission innehatte, glaubt nach wie vor an diese Variante. Guzzanti stützt seine These auf ein Foto, das einen mutmaßlichen Strippenzieher des Attentats, den Bulgaren Sergej Antonov, während des Vorfalls auf dem Petersplatz zeigt. Die Wahrscheinlichkeit, dass es sich hierbei tatsächlich um Antonov handele, läge bei über 90 Prozent.[5]

Dagegen schließt der Ermittlungsrichter Rosario Priore, der sich dreizehn Jahre lang mit den Hintergründen des Papstattentats beschäftigt hat, eine Verstrickung östlicher Geheimdienste in das Attentat weitgehend aus. Priore ermittelte wiederholt wegen politischer Verbrechen großer Tragweite, so etwa wegen eines im Jahr 1980 in der Nähe der Insel Ustica abgeschossenen Linienflugzeugs. Er hat sich intensiv mit der Entführung Aldo Moros sowie des Anschlags auf den Bahnhof von Bologna, der 85 Todesopfer forderte, beschäftigt.

Priore sagte in dem Interview, das er uns für unsere TV-Dokumentation gegeben hat:

> »Die Hypothese, der bulgarische Geheimdienst und damit indirekt der sowjetische KGB, könne hinter dem Attentat stecken,

> ist im Verlauf unserer Ermittlungen immer mehr verblasst. Ich glaube kaum, dass sie jemand heute noch einmal aufgreifen würde.« Gleichwohl sagte Priore, »dass der internationale Terrorismus ein Herrschaftsinstrument ist, das heißt, … die Regierungen bestimmter Länder tun alles, um ihn zu kontrollieren und zu instrumentalisieren.«

Michele Gentiloni, der Oral Çelik, einen Weggefährten Ali Agcas und mutmaßlichen Komplizen beim Attentat, vor Gericht verteidigt hat, hält eine Mitwirkung von Geheimdiensten für durchaus möglich:

> »Man kann sich schon fragen, ob er [Oral Çelik] ein Verbindungsglied zwischen den Grauen Wölfen und den Geheimdiensten war. Ohne Zweifel war er jemand, der diese Rolle ausfüllen konnte. Und auch seine persönliche Geschichte und wie er sich quer durch Europa bewegte, lassen ihn meiner Meinung nach für diese Rolle prädestiniert erscheinen.« Gentiloni hält aber nichts davon, den Bulgaren einseitig die Schuld zuzuschieben: »An eine bulgarische Spur zu glauben, erscheint mir zu einfach. Hier haben viele Kräfte mitgemischt, die Sache ist viel zu komplex, als dass man sie mit einer bulgarischen Spur erklären könnte, wie man lange Zeit meinte.«

Der Historiker Daniele Ganser, Autor des Buches *Nato-Geheimarmeen in Europa*, sieht ebenfalls eine Verbindung des Attentäters Ali Agca zu Geheimdiensten – wenn auch nicht zu einem bulgarischen oder sowjetischen. Daniele Ganser: »Ali Agca war einer, der – wie wir heute wissen – in dem Stay-Behind-Netzwerk der NATO tätig war … Wenn wir das heute analysieren, muss man von einem ganzen Milieu, von einem Netzwerk sprechen, in dem sich NATO, CIA, türkischer Geheimdienst und Graue Wölfe die Klinke in die Hand gaben.«[6]

Melvin Goodman leitete zur Zeit des Attentats die CIA-Abteilung »Sowjetunion«. Auch er sieht keine Komplizenschaft zwischen Ali Agca und östlichen Geheimdiensten. Ganz im Gegenteil:

> »In diesem Jahr war William Casey der Direktor der CIA geworden. Er war sehr rechts eingestellt. Er wollte unbedingt hören, dass die Sowjets in den internationalen Terrorismus verwickelt seien. Doch dafür gab es keinerlei Belege. Dann wollte er hören, dass die Sowjets hinter dem Papstattentat steckten. Doch dafür gab es auch keine Beweise. Ganz im Gegenteil. Es gab sehr gute Beweise dafür, dass die Sowjets überhaupt nichts damit zu tun hatten. Sie hatten die Bulgaren sogar gewarnt: Es gäbe Hinweise, dass rechtsradikale Gruppierungen, vor allem aus der Türkei, so etwas vorbereiten würden. Sie sollten da Abstand halten.«

Andererseits enthüllte uns Goodman in einem Gespräch, was die CIA getan hat, um der Hypothese Auftrieb zu geben, die Bulgaren steckten hinter dem Anschlag. Wir werden auf diesen Punkt zurückkommen.

Francesco Bruno, einer der führenden Kriminologen und ein ehemaliger Mitarbeiter des italienischen Geheimdienstes Sisde, möchte den Bulgaren den schwarzen Peter ebenfalls nicht zuschieben. Allerdings sagte er uns auch in einem Interview:

> »Es ist undenkbar, dass das Attentat gegen den Papst, einen so wichtigen Papst, der noch am Anfang seines Pontifikats stand, etwas anderes gewesen wäre als ein großes internationales Komplott.«

Oral Çelik, der laut Michele Gentiloni vermeintliche Verbindungsmann zwischen den Grauen Wölfen und [westlichen] Geheimdiensten, spielt in Brunos Überlegungen ebenfalls eine Rolle. Er habe sich zum Zeitpunkt des Anschlags mit an Sicherheit grenzender Wahrscheinlichkeit auf dem Petersplatz aufgehalten. Bruno:

> »Dass Oral Çelik unter Schutz stand, steht außer Zweifel. Sonst wäre so jemand, der von den Polizeibehörden eines Landes, das hier wiederum mit anderen Ländern kooperiert, früher oder später festgenommen worden. Wenn so etwas nicht ge-

schieht, ist es nur nahe liegend anzunehmen, dass Oral Çelik die Protektion verschiedener Geheimdienste genoss, die über seine Reisen und Standortwechsel zwar im Bilde waren, die italienischen Behörden darüber aber nie in Kenntnis setzten.«[7]

Bruno wundert sich zudem über die Vielzahl der Fotos, die vor und unmittelbar nach dem Anschlag auf dem Petersplatz gemacht wurden:

> »Schon damals war ich verblüfft über die riesige Menge an Fotos, die – das war mein Eindruck – an einem normalen Tag nie gemacht worden wären.« Und weiter: »Es gibt Fotografien, die im Rücken des Papstes aufgenommen worden sind und den Attentäter zeigen, wie er mit ausgestrecktem Arm die Pistole schwenkt und sein Ziel anvisiert. Sie zeigen den Moment, in dem er zielt, und den, in dem er schießt.«

Die Fotos seien dem italienischen Geheimdienst Sisde, für den Bruno seinerzeit tätig war, von der amerikanischen Botschaft zur Verfügung gestellt worden.

Verwirrung herrsche außerdem bezüglich der Anzahl der Schüsse, die auf dem Petersplatz abgefeuert worden seien. Hierzu Francesco Bruno:

> »Niemand, nicht einmal die Richter, die sich damit befasst haben, kann mit Sicherheit sagen, wie viele Schüsse abgefeuert worden sind. Mindestens drei, aber es können auch vier gewesen sein. Ein Schuss hat sicherlich den Papst getroffen und verletzt, eine weitere Kugel ist auf dem Jeep gefunden worden, eine dritte auf dem Petersplatz. Der einzige Beweis hierfür ist aber ein Foto des »Time«- Magazins, welche unmittelbar nach dem Attentat veröffentlicht wurde und auf der man Hände sieht, die diese Kugel wegnehmen.«

Diese Kugel habe der Vatikan einbehalten und den italienischen Behörden nie zwecks einer polizeitechnischen Untersuchung zur Verfügung gestellt, erläutert hierzu der damalige Untersuchungsrichter Rosario Priore.

Fotos, die den Anschlag vom 13. Mai 1981 dokumentieren, gibt es auffallend viele. Und zwar auch solche, wie Aldo Giannuli zu bedenken gibt, die unmittelbar nach dem Attentat aufgenommen worden sind:

> »Was bei dem Papstattentat auffällt ist, dass es fast zu viele Bilder gibt. Es gibt das Bild, das ihn im Auto zeigt, in sich zusammengesunken, und das ist emotionalisierend. Dann gibt es Bilder vom Attentäter, der sofort gestoppt wird. Und dann haben wir eine Unzahl weiterer Fotos, die vor und nach dem Attentat aufgenommen worden sind. Vorher: Das leuchtet ein. Wenn der Papst eine Menschenmenge trifft, ist es normal, dass viele Journalisten und Fotoreporter anwesend sind. Weniger normal erscheint mir die Tatsache, dass auch nach dem Attentat so viele Fotos geschossen wurden, dass so viele Fotografen trotz der Zuspitzung der Ereignisse, der Pistolenschüsse, der durcheinander laufenden Menschenmenge, der Polizei einen kühlen Kopf bewahren. Vor allem, weil es so viele Detailfotos gibt. Fotos von Kleinigkeiten. Sicher mag es den großen Fotografen geben, der in so einem Chaos unbeeindruckt nach dem sensationellen Foto sucht und ein Detail nach dem nächsten aufnimmt – aber wie viele solch kaltblütiger Fotografen haben sich an diesem Tag auf dem Petersplatz befunden? Hier trägt die große Bilderflut zu einem Informationskrieg bei, in dem ein Überangebot an Informationen zur Desinformation beiträgt.«

Bildaufnahmen können bei der Konstruktion der Narrative eines Ereignisses nützlich sein, nicht zuletzt weil sie über eine höhere Suggestivkraft verfügen als geschriebene Worte. Aldo Giannuli hierzu:

> »Das wirksamste Instrument, um die Phantasie der Leute zu beeinflussen, ist sicherlich das Bild. Ein Diskurs, eine Erzählung, ein Artikel mögen einen gewissen Einfluss auf die öffentliche

Meinung ausüben, aber wer sich nicht von Vornherein auf die entsprechende Hypothese einlassen will, zweifelt immer, ob es sich nicht um ein gefälschtes Dokument oder einen tendenziösen Artikel handelt. Hingegen glaubt ein Mensch instinktiv das, was er sieht. Indem wir ihm ein Bild, einen Film zeigen, machen wir ihn fast zum Augenzeugen. »Ich habe gesehen, wie die Flugzeuge gegen die beiden Türme geknallt sind. Es ist, als sei ich dabei gewesen. Und was ich gesehen habe, stelle ich nicht in Zweifel.«

Marco Ansaldo, langjähriger Vatikankorrespondent der Tageszeitung *La Repubblica* und Mit-Autor des Buches *Uccidete il Papa* (»Tötet den Papst«),[8] will ebenfalls nicht an eine bulgarische Verstrickung in das Attentat glauben:

> »Dass ein rechtsradikaler Attentäter für ein Land jenseits des Eisernen Vorhangs wie Bulgarien einen Auftrag übernommen hätte, ist eigentlich undenkbar. Und doch hatte die »bulgarische Spur« überall auf der Welt einen riesigen medialen Erfolg. Dabei gibt es kein einziges Dokument, kein Schriftstück, das belegen könnte, dass es eine Verbindung zwischen dem Attentat auf den Papst und Bulgarien, geschweige denn der Sowjetunion, gegeben hätte.«

Ansaldo glaubt allerdings, anders als beispielsweise Francesco Bruno, dass die Idee, auf den Papst zu schießen, im engeren Umfeld von Ali Agca selbst gereift ist. Die langjährige *Spiegel*-Korrespondentin in Rom, Washington und New York, Valeska von Roques, die ich gleich zu Anfang meiner Recherchen traf, nennt in ihrem Buch »Verschwörung gegen den Papst«[9] den Anschlag auf Johannes Paul II. »den schmutzigsten aller schmutzigen Tricks, die der Propagandakrieg zwischen der kapitalistischen und der kommunistischen Welt im Westen hervorgebracht hat«.

Bei meinen Recherchen im Jahr 2007 war ich auf eine Vielzahl an Spuren und Hypothesen gestoßen, von denen jede für sich Spielfilmqualitäten versprach, aber keine ließ sich in der Folge erhärten oder widerlegen. So berichtete mir ein Arzt, dass es einen zweiten Anschlag auf Johannes Paul II. gegeben habe, und zwar in der Gemelli-Klinik mit Hilfe eines seinerzeit auf dem Markt noch unbekannten Präparats, das zur Bekämpfung einer Virusinfektion gedacht war. Dem Papst war dies aber in solchen Mengen verabreicht worden, dass »es ein Pferd hätte umhauen können«. Nur die äußerst robuste Physis des Pontifex hätte sein Ableben verhindert. Verschwundene Blutproben und ein in aller Eile aufgelöstes pharmakologisches Labor scheinen hier ins Bild zu passen. Ein Zeitzeuge aus dem Vatikan präsentierte sich für ein Recherche-Interview vermummt und bestand für den Fall einer Ausstrahlung auf Stimmverzerrung. Er berichtete von schweren Grabenkämpfen verschiedener Fraktionen im Kirchenstaat, von denen der Opus Dei und die Jesuiten hier genannt seien. Zum zwanzigsten Jahrestag des Attentats, also am 13. Mai 2001, fand sich unter einem Beichtstuhl in der Kirche San Gregorio Magno, unweit der Vatikanstadt, ein Totenkopf. Es wurde spekuliert, dass der Schädel zu der 1983 entführten und seitdem vermissten Emanuela Orlandi gehöre. Die seinerzeit Fünfzehnjährige hätte angeblich gegen den Papstattentäter Agca ausgetauscht werden sollen. Die Polizei hat allerdings die Nachforschungen schnell eingestellt, zu wem der Schädel gehören könnte. Ein Informant aus Geheimdienstkreisen wies mich darauf hin, dass das Datum und der Name der Kirche, vor allem aber der Totenkopf, als Hinweise an den Papst betrachtet werden müssten, sich nicht weiter in weltliche Angelegenheiten einzumischen. Der Totenkopf verweise dabei auf eine bestimmte Vereinigung, worauf ich hier nicht weiter eingehen möchte. Die Sowjetunion war zu diesem Zeitpunkt bereits untergegangen und die weltpolitische Lage hatte sich wenige Monate vor den Anschlägen vom 11. September radikal geändert.

Das alles ergibt einen bunten Strauß an Verdachtsmomenten, die teilweise in die gleiche Richtung führen mögen, sich aber ab einem gewissen Punkt auch möglicherweise gegenseitig neutralisieren. Dann am Ende einer TV- Dokumentation eine rundum überzeugende Schlussfolgerung präsentieren zu wollen, gleicht einem Kampf gegen Windmühlenräder. Gleichwohl hat sich die Hypothese, die sich am wenigsten untermauern lässt, am stärksten in der Öffentlichkeit verbreitet. Wie konnte das geschehen? Melvin Goodman, der ehemalige Leiter der CIA-Abteilung »Sowjetunion«, hat darauf eine Antwort:

> »Während eines Meetings mit Bill Casey versuchten wir, ihm seinen Standpunkt auszureden. Da sagte er: ›Als ich nach Hause fuhr, habe ich mir Claire Sterling's Buch »The Plot to kill the Pope« gekauft. Darin habe ich mehr über Terrorismus und die Sowjetunion gelernt als von euch allen, die ihr in diesem Raum sitzt.‹ Wir haben dann versucht, ihm klarzumachen, dass es sich bei vielen der Argumente in Sterling's Buch, das wir für ein furchtbares Buch hielten, um Fehlinformationen handelte. Die CIA hatte sie in Europa gestreut. Sie sollten in die europäische Presse gelangen und so den Sowjets die Sache anhängen. Es handelte sich um eine CIA-Operation. Man wollte die Sowjets beschuldigen, in das Papsattentat verwickelt zu sein, und sie so in Verlegenheit bringen. Doch der Schuss ging nach hinten los. Die CIA brachte die Informationen in die europäische Presse. Claire Sterling griff sie auf und verarbeitete sie in ihrem Buch und in Zeitungsartikeln. Und dann kamen sie zurück in die USA. Das ist das Gefährliche an einem Geheimdienst in einer Demokratie. So sollte das nicht laufen. Du solltest nicht deiner eigene Propaganda aufsitzen, die dann die politische Debatte in Amerika bestimmt. Aber genau das ist passiert.«

Mit anderen Worten: Die CIA ist auf ihre eigene Propaganda hereingefallen. Man fühlt sich, in abgewandelter Form, an das Bonmot des österreichischen Satirikers Karl Kraus erinnert, der sagte:

> »Diplomaten belügen Journalisten und glauben, was sie dann lesen.«

Aldo Giannuli ist ebenfalls zu dem Schluss gekommen, dass es sich bei der bulgarischen Hypothese um das Ergebnis von Medienmanipulationen handelt:

> »Die bulgarische Spur ist mit Hilfe von einigen Zeitungen, von Journalisten, erdacht worden, die, wie wir später erfahren haben, für Zeitungen geschrieben haben, die Verbindungen zur CIA hatten, dem wichtigsten amerikanischen Geheimdienst.«

Allerdings sei die Fabrikation eines derartigen Narrativs aufwendig, Giannuli:

> »Wie aber kann man falsche Spuren legen? Da gibt es verschiedene Möglichkeiten. Informationen werden gehandelt wie auf einem Bazar. Und selbstverständlich sind Geheimagenten nicht nur dazu da, Informationen einzusammeln. Sie sind auch damit beschäftigt, welche in Umlauf zu setzen. Und irgendwann findet sich ein Journalist, vielleicht lässt er sich kaufen, vielleicht aber nicht notwendigerweise, arbeitet er auch für einen Geheimdienst, dem wir einen Scoop kredenzen, vielleicht nicht den ganz großen, vielleicht nur einen halben, und dann finden wir einen anderen Journalisten, dem wir einen anderen Happen hinwerfen. Oder wir platzieren auf dem Schreibtisch eines Staatsanwalts einen anonymen Brief, ein Foto, so etwas, und dann gibt es vielleicht jemanden bei der Polizei, der Karriere machen will, und dem präsentieren wir dann einen bestimmten Beweis auf dem Silbertablett. Und das alles verdichtet sich ganz langsam zu einem Gesamtbild. Und für so etwas braucht es natürlich eine gute Regie, die weiß, wann man eine bestimmte Nachricht verbreiten muss, wann man zwei Empfänger verschiedener Nachrichten zusammenbringen muss, damit die sich in ihrer Meinung gegenseitig bestärken. Das sind komplexe Operationen, die mit langem Atem und großer Akribie umgesetzt werden müssen.«

Auf plumpe Lügen sollten Profis dabei tunlichst verzichten. Giannuli weiter:

> »Es gibt da eine Idee in der Öffentlichkeit, die nicht stimmt. Nämlich, dass man, um falsche Spuren zu legen, mit Lügen

> operieren sollte. Das ist etwas für Dilettanten. Der Dilettant versucht, mit einer Lüge durchzukommen. Doch Lügen haben kurze Beine. Früher oder später fliegen sie auf. Wesentlich schwieriger ist es da schon, eine falsche Hypothese zu entlarven, die sich auf wahre Elemente stützt. Die Profis von den Geheimdiensten greifen deswegen so wenig wie möglich auf Lügen zurück .... Vielmehr stützt sich ihre suggestive Montage auf Meldungen, die fast alle, wenn nicht sogar alle, stimmen. Vielleicht lassen sie etwas weg. Das ist schon wichtig ... Ideal ist eine Mischung aus Weglassungen und Suggestionen. Und die Reihenfolge, in der Nachrichten verbreitet werden, die Art und Weise, in der Dinge mit dem Vorfall in Zusammenhang gebracht werden, die mit ihm gar nichts zu tun haben, aber eine gewisse Verantwortlichkeit nahelegen.«

Anders ausgedrückt: Man sollte im Grunde mit der Wahrheit lügen und die einzelnen meist wahren Informationen wie Mosaiksteine so zusammensetzen, dass sie ein völlig anderes Bild ergeben, um sie dann anschließend propagandistisch zu verwerten.

Der Werkzeugkasten, aus dem sich die Profis der Desinformation bedienen können, ist laut Giannuli gut bestückt. Eine Desinformationskampagne laufe in der Regel in verschiedenen Phasen ab. Was das Papsattentat anbelangt, erscheint die sogenannte fünfte Phase aufschlussreich:

> »Aber wenn selbst das nicht genügen sollte, gibt es noch die fünfte Phase. Jetzt werden in schöner Regelmäßigkeit verschiedene Spuren gelegt, die ganz unterschiedlich sind, wahre Elemente werden mit falschen kombiniert, suggestive Elemente mit solchen, die nichts damit zu tun haben, Mischungen aus wahren und falschen Elementen, und hier kann eine Lüge nützlich sein, denn man braucht sie nicht, um eine Spur glaubhaft zu machen. Man braucht sie, um Zeit zu gewinnen und Verwirrung zu stiften, um die Ermittler auf tausend verschiedene Irrwege zu locken.« Denn: »Das politische Verbrechen ist nie eine ein-

fache Angelegenheit, und die Flut an Informationen, egal ob wahre oder falsche, soll die Ermittler in den Wahnsinn treiben und ihre Nachforschungen über Hunderte falscher Spuren ins Leere laufen lassen.«

Auch die italienische Justiz hat eine Zeit lang an die bulgarische Urheberschaft des Attentats geglaubt und Sergej Antonov, den Direktor der bulgarischen Fluglinie »Balkan Air«, festgenommen, nachdem der Attentäter Ali Agca ausgesagt hatte, er hätte sich mit ihm und zwei weiteren Bulgaren in Antonovs Wohnung getroffen, um den Anschlag vorzubereiten. Der Journalist Marco Ansaldo hat meinen Kollegen Werner Köhne und mich während der Dreharbeiten bis zu dem Haus, nicht aber in die Wohnung, in der Antonov seinerzeit lebte, begleitet und uns auf zahlreiche Widersprüche in Agcas Aussagen aufmerksam gemacht: So will Agca an einem bestimmten Tag in Antonovs Wohnung von dessen Ehefrau mit Tee und Keksen bewirtet worden sein, doch die befand sich zu dem Zeitpunkt nachweislich in Bulgarien. Agca konnte zwar viel zu Antonov sagen, etwa, dass es sein Hobby war, kleine Schnapsflaschen zu sammeln. Und von seinen angeblichen Mitverschwörern kannte er vielleicht noch den Leberfleck auf der Nasenspitze. Er wusste aber *nicht*, wie groß oder klein sie waren. Zudem hätte man sich fragen können, in welcher Sprache der Plan zum Anschlag eigentlich ausgeheckt worden sein sollte. Denn Agca konnte seinerzeit nur Türkisch, das Antonov aber nicht beherrschte.

Endgültig aufgeflogen sei Agcas Falschaussage aber, als ihn ein Ermittler nach der Beschaffenheit von Antonovs Wohnung befragte. Konkret ging es um eine bewegliche Trennwand, die sich in allen Wohnungen des Gebäudes befand, nicht aber in der von Antonov. Agca tappte in die Falle und verstieg sich zu der Aussage, dass sich eine derartige Wand auch im Wohnzimmer Antonovs befunden habe. Mit anderen Worten: Agca kannte die Aufkleber der Schnapsflaschen, die Antonov gesammelt hatte, wusste aber *nicht*, wie es in dessen Wohnung aussah.

Interessant in diesem Zusammenhang ist es, dass direkt unter Antonov der Rektor der Universität »Pro Deo« wohnte, ein Mann namens Felix Morlion mit engsten Kontakten zur CIA.

Marco Ansaldo geht davon aus, dass Ali Agca im Gefängnis von Geheimdienstmitarbeitern für seine Aussage instruiert wurde. Das würde auch erklären, warum Agca zwar die Gesichter seiner Mitverschwörer beschreiben konnte, ihre Körpergröße aber nicht kannte. Man hatte ihm offensichtlich Portraitfotos gezeigt. Man könnte auch vermuten, dass Felix Morlion nicht wusste, dass ausgerechnet die Wohnung von Antonov nicht mit einer derartigen Trennwand bestückt war wie alle anderen Wohnungen in diesem Haus.[10]

Paolo Guzzanti, der Vorsitzende der Mitrokhin-Kommission, einer der wenigen, der tatsächlich an die Urheberschaft der Bulgaren glaubt, kommentiert dieses und andere Verwirr- und Vexierspiele, wie folgt:

> »Nichts ist, wie es in dem Moment erscheinen mag, in dem ein Ereignis eintritt. Es gibt immer eine Wahrheit hinter der Wahrheit und irgendwann erkennt man vielleicht, dass die erste Wahrheit die wahrscheinlichere gewesen ist. Es ist ein Spiel, ein Theaterstück, das vor der Öffentlichkeit aufgeführt wird, dargeboten wird es im Fernsehen, in den Zeitungen und vor den Gerichten. Gelegentlich mag es tatsächlich so sein, dass gewisse Ereignisse auf gewisse Hintergründe hindeuten. Viel öfter aber folgen die Dinge einem Drehbuch, das geschrieben worden ist, den Hunger der Leute nach ebenso skandalösen wie tiefen Wahrheiten zu stillen.«

Der Herrhausen-Mord – Fiktion und Wirklichkeit

Ernst Wolff

Die Ermordung des Deutsche-Bank-Chefs Alfred Herrhausen liefert ein anschauliches Beispiel dafür, wie Mega-Manipulation funktioniert: Über Jahrzehnte klammert eine Einheitsfront aus Politik, Medien und Behörden entscheidende Fragen zu den Hintergründen eines Verbrechens aus, hält an offensichtlich falschen Darstellungen fest und unterschlägt unbestreitbare Fakten. Der folgende Bericht zeigt, dass es sich lohnt, den Dingen auch noch Jahrzehnte später auf den Grund zu gehen. Eine sorgfältige Rekonstruktion der Vorgeschichte des Verbrechens kann zwar die Frage nach den Tätern nicht beantworten, dafür aber zumindest einen Teil der Interessenskonflikte aufdecken, die zu dem Attentat geführt haben könnten.

Der Anschlag

Am Morgen des 30. November 1989 zerriss eine am Straßenrand platzierte und per Lichtschranke gezündete Bombe den Dienstwagen des damaligen Vorstandssprechers der Deutschen Bank, Alfred Herrhausen. Der Bankchef befand sich auf der Fahrt von seinem Wohnort in Bad Homburg zu seinem Arbeitsplatz in Frankfurt und erlitt so schwere Verletzungen, dass er noch vor Ort starb.

Fünf Tage nach dem Anschlag erhielten drei Presseagenturen ein auf den 2. Dezember datiertes Selbstbezichtigungsschreiben, in dem sich ein »Kommando Wolfgang Beer«[1] im Namen der Terrororganisation Rote Armee Fraktion (RAF) zu dem Anschlag bekannte. Seitdem gehen die Behörden davon aus, dass die RAF hinter dem Attentat steckte. Obwohl feststeht, dass es sich bei den Tätern um eine größere Gruppe von Personen gehandelt haben muss, ist bis heute kein einziger Schuldiger ermittelt worden.

Mehr als dreißig Jahre später wirft die Tat noch immer zahlreiche Fragen auf. Wie war es möglich, dass die dritte Generation einer Terrororganisation, die sich im Zustand fortgeschrittener Auflösung befand, einen der bestgeschützten Topmanager Deutschlands auf offener Straße umbringen konnte? Warum sollte eine Gruppe, die linksgerichtete Guerillas verehrte, ausgerechnet einen Mann ins Visier nehmen, der sich öffentlich für einen Schuldenerlass zugunsten der ärmsten Länder der Welt aussprach? Warum bemerkte Herrhausens Personenschutz nicht, dass die Täter den Tatort Wochen vorher ausspähten und eine falsche Baustelle anlegten? Warum eilte ihm der Personenschutz nach der Tat nicht sofort zu Hilfe? Wieso ließen Herrhausens Nachfolger seine Forderung nach einem Schuldenerlass umgehend fallen?

Es ist bemerkenswert, dass bis heute keine dieser Fragen zufriedenstellend beantwortet wurde. Noch bemerkenswerter ist die Tatsache, dass die Frage nach dem Motiv, die Kriminalisten in allen Mordfällen als erste stellen, im Fall Herrhausen so gut wie gar nicht gestellt, geschweige denn öffentlich diskutiert wurde.

Wer aber könnte im Jahr 1989 ein Interesse daran gehabt haben, Alfred Herrhausens Leben zu beenden? Wem hat er zu Lebzeiten geschadet, wen hat er sich zum Feind gemacht? Und vor allem: Wen hat sein Tod begünstigt, wem hat er genützt?

Die Antworten auf diese Fragen erfordern einen Blick auf den Menschen Alfred Herrhausen, seinen Charakter, seinen beruflichen Werdegang und sein politisches Engagement.

Wer war Alfred Herrhausen?

Alfred Herrhausen wurde am 30. Januar 1930 geboren und wuchs in einer mittelständischen Familie in Essen auf. Bis zum Herbst 1942 besuchte er ein Gymnasium in Essen-Steele, dann sorgten seine Eltern dafür, dass er einen Platz in einem Elite-Internat der NSDAP erhielt.

In der Reichsschule Feldafing am Starnberger See, einer Kaderschmiede zur Heranbildung des Führungsnachwuchses im Sinne der NS-Ideologie, wurde er bis 1945 von SA-Mitgliedern unterrichtet.

Nach dem Ende des Nationalsozialismus und der Auflösung des Internats im April 1945 kehrte Herrhausen zurück nach Essen, wo er 1948 das Abitur bestand. Ein Jahr später nahm er in Köln das Studium der Betriebswirtschaftslehre auf, wechselte ideologisch ins Lager des Liberalismus und bekannte sich fortan zu den Prinzipien des Parlamentarismus und der Marktwirtschaft. Nebenbei schloss er sich dem Corps Hansea an, einer pflichtschlagenden und farbentragenden Studentenverbindung mit erstklassigen Verbindungen zur Wirtschaft.

Nach Abschluss seines Studiums 1952 arbeitete Herrhausen zunächst als Direktionsassistent in der Hauptverwaltung der Ruhrgas AG. 1953 heiratete er seine erste Frau Ulla Sattler. Durch seinen Schwiegervater Paul Sattler, Generaldirektor der Vereinigten Elektrizitätswerke Westfalen AG, erhielt Herrhausen nach seiner Promotion 1955 eine Stelle in dessen Konzern, in dem er 1959 zum Direktor und 1966 als Zuständiger für den Bereich Finanzen in den Vorstand aufstieg.

1968 wechselte er nach New York, wo er bei der Empire Trust Company, einer nordamerikanischen Handelsbank, arbeitete und erste internationale Erfahrungen sammelte. Im selben Jahr lernte er Friedrich Wilhelm Christians vom Vorstand der Deutschen Bank kennen, durch dessen Vermittlung er ein Jahr später nach Deutschland zurückkehrte und einen Posten im größten deutschen Geld- und Kreditkonzern erhielt. Bereits ein Jahr später berief Christians ihn in den Vorstand, wo sich sein weiteres Schicksal mit dem der Deutschen Bank aufs Engste verknüpfte.

Die Deutsche Bank

Die Deutsche Bank war 1870 gegründet worden und hatte sich wegen der enormen Wirtschaftsentwicklung des Deutschen Reiches bis zur Jahrhundertwende zur Großbank entwickelt. Im 20. Jahrhundert bestach ihre Führung durch hohe Anpassungsfähigkeit und trieb das Wachstum des Geldhauses sowohl im Kaiserreich als auch während der Weimarer Republik und unter den Nationalsozialisten weiter voran.

Ethische Bedenken standen nicht im Weg, wenn es um Wachstum und Gewinne ging. Im Dritten Reich wurde sogar die Arisierung – die Zwangsenteignung jüdischer Vermögen – genutzt, um die eigene Marktposition zu stärken. Selbst die 1948 auf Druck der Alliierten erfolgte Aufteilung der Bank in zehn einzelne Institute hinderte die Führung nicht daran, ihr Geschäft unbeirrt voranzutreiben und ab 1957 wieder als Deutsche Bank weiterzumachen – großenteils mit dem Personal, das trotz seiner Verbrechen im Dritten Reich weder in den Nürnberger Prozessen noch von der bundesdeutschen Justiz zur Rechenschaft gezogen worden war.

Der Nachkriegsboom machte die Deutsche Bank zum wichtigsten Kreditgeber der deutschen Wirtschaft und damit zum Motor der sogenannten Deutschland AG. Keine andere deutsche Bank verfügte zu Beginn der 1970er-Jahre über mehr Aufsichtsratsposten und kontrollierte mehr heimische Industrieunternehmen als die Deutsche Bank.

In der Mitte der 70er-Jahre begannen die Geschäfte allerdings weniger gut zu laufen. Mit dem Ende des Nachkriegsbooms geriet der Bedarf an Krediten wegen der sinkenden Nachfrage nach Industrieprodukten ins Stocken. Das Bankgewerbe, das sich an hohe Zuwachsraten gewöhnt hatte, musste sich nach alternativen Gewinnmöglichkeiten umsehen.

In dieser Phase der Neuorientierung stand der Deutschen Bank vor allem der eigene Erfolg der vorangegangenen Jahrzehnte im Weg. Überheblichkeit, erstarrte Unternehmensstrukturen und ein extrem konservatives Führungspersonal ließen kaum Veränderungen zu.

Herrhausen erkennt die Zeitenwende im Bankgewerbe

Anders sah es dagegen bei den angelsächsischen Banken aus. Sie reagierten schnell und flexibel auf die neuen Herausforderungen und nutzten ihre Stärke, um der Politik immer größere Zugeständnisse abzuringen und so den wichtigsten Trend jener Zeit voranzutreiben: den fortschreitenden Abbau gesetzlicher Regelungen, die den Bankensektor einschränkten, heute bekannt als *Deregulierung des Finanzsektors*.

Zu Beginn der 1980er-Jahre kamen dank kräftiger Unterstützung der Finanzindustrie in Großbritannien und den USA zwei Politiker an die Macht, die sich dem Neoliberalismus, also der radikalen Unterordnung der Politik unter das globale Marktgeschehen und der Deregulierung der Finanzindustrie, verschrieben hatten: Margaret Thatcher und Ronald Reagan. Mit ihrer Amtsübernahme begann eine Zeit, in der die Geschäfte der Wall Street und der City of London förmlich explodierten.

Der strategische Vorteil der angelsächsischen Banken gegenüber der Deutschen Bank bestand in ihrer historisch bedingten internationalen Ausrichtung – zum einen wegen der zu Kolonialzeiten erworbenen Macht des britischen Pfundes und zum anderen wegen der 1944 erfolgten Erklärung des US-Dollars zur globalen Leitwährung. In der Frankfurter Chefetage der Deutschen Bank dagegen war der Blick des Führungspersonals immer noch weitgehend national beschränkt – mit einer Ausnahme: Alfred Herrhausen.

1971 übernahm er nach seiner Berufung zum ordentlichen Vorstandsmitglied als Verantwortlicher das Geschäft mit Nord- und Südamerika, Australien, Neuseeland und Südafrika. In den folgenden Jahren richtete er für die Deutsche Bank erstmalig eine umfassende Planungs- und Strategieabteilung ein. Als 1973 der Nachkriegsboom zu Ende ging, erkannte er vermutlich als einer der ersten die Zeichen der Zeit. Mit seiner Forderung, das Auslandsgeschäft weiter zu intensivieren, stieß er jedoch innerhalb des Vorstandes auf erheblichen Widerstand.

Da er offenbar spürte, dass die Zeit für seine Ideen noch nicht gekommen war, hielt er sich zunächst zurück und arbeitete stattdessen zielstrebig weiter an seiner Karriere. Er betätigte sich unter anderem als Sanierer von Unternehmen wie Nino, Stollwerck, Conti-Gummi und Klöckner-Stahl und sammelte weitere Aufsichtsratsmandate, unter anderem bei den Großkonzernen Siemens und Allianz.

Ständiger Aufstieg durch systematisches Networking

Zudem knüpfte Herrhausen wichtige Kontakte für die Zukunft. 1974 berief ihn der damalige Bundesfinanzminister Helmut Schmidt in die Studienkommission »Grundsatzfragen der Kreditwirtschaft«, deren Aufgabe darin bestand, Vorschläge zur Verbesserung des Kreditwesens zu erarbeiten. Vier Jahre später beteiligte ihn der mittlerweile zum Kanzler aufgestiegene Schmidt an der Neuordnung der deutschen Luft- und Raumfahrtindustrie.

Durch die Heirat mit seiner zweiten Frau Traudl Baumgartner im Jahr 1977 lernte Herrhausen den Stahlindustriellen Otto Wolff von Amerongen kennen. In dessen Urlaubsdomizil am Wolfgangsee traf er auf Helmut Kohls Wahlkampfmanager Gerd Bacher, der ihn mit dem CDU-Vorsitzenden und späteren Bundeskanzler bekannt machte.

1982 kam es zu einer Begegnung, die für Herrhausens weiteres Leben schicksalhafte Bedeutung gewinnen sollte. Nach einer TV-Sendung stellte ihn eine linksorientierte Aktivistin von Anfang zwanzig zur Rede und kritisierte ihn scharf. Herrhausen reagierte unerwartet, ließ sich ihre Adresse geben, begann einen Briefwechsel und traf sich in den folgenden Jahren regelmäßig mit ihr – nicht etwa, um ein Verhältnis mit ihr einzugehen, sondern um von ihr aus erster Hand zu erfahren, wie junge Oppositionelle und linke Systemkritiker dachten.

Warum Herrhausen in seiner Position ein so ungewöhnliches Interesse an Systemkritikern zeigte, wurde wenige Jahre später deutlich. Zunächst jedoch widmete er sich wieder seinen beiden wichtigsten Anliegen: dem Umbau der Deutschen Bank zum Global Player und dem Ausbau der eigenen Machtposition.

Der erste entscheidende Schritt erfolgte im Mai 1985, als er neben Friedrich Wilhelm Christians zum Vorstandsprecher der Deutschen Bank ernannt wurde und sich fortan mit seinem Förderer das wichtigste Amt im größten deutschen Geld- und Kreditkonzern teilte – sehr zum Missfallen der übrigen Vorstandsmitglieder, zu denen Herrhausen keine persönlichen Kontakte pflegte und deren Mehrheit ihm wegen seines ausgeprägten Machtbewusstseins zunehmend kritisch gegenüberstand.

Der »Big Bang« steigert Herrhausens Ungeduld

Der Oktober 1986 dürfte der für die Finanzwelt wichtigste Monat im gesamten 20. Jahrhundert gewesen sein. Margret Thatcher, seit 1979 als britische Premierministerin im Amt, hatte sich von Anfang an ein Ziel gesetzt: die Londoner City für ausländisches Kapital so attraktiv wie möglich zu machen.

Als sie 1983 nach Großbritanniens Sieg im Falklandkrieg mit großer Mehrheit wiedergewählt wurde, sah sie die Zeit für ihren Plan offenbar gekommen. Zunächst zwang sie die Gewerkschaften im britischen Bergarbeiterstreik mit brutaler Gewalt in die Knie und fügte der britischen Arbeiterbewegung den größten Schlag ihrer Geschichte zu. Dann widmete sie sich wieder ihrem Hauptziel: der Abschaffung von Devisenkontrollen und der Beseitigung der Überwachung von Kapitalbewegungen.

Am 27. Oktober 1986 war es so weit: An diesem Tag trat in Großbritannien ein Gesetz in Kraft, das die Kontrolle staatlicher Kommissionen aufhob und die Trennung zwischen normalen Banken und Investmentbanken beendete. Mit diesem von den Medien als »Big Bang« bezeichneten Vorgang brach für den Finanzsektor ein neues Zeitalter an.

Die Banker konnten von nun an ganz legal mit Kundengeldern spekulieren, traditionelle Bausparkassen verloren ihren Sonderstatus und wurden von den großen Banken geschluckt. Vor allem aber bedeutete das neue Gesetz ein Riesengeschenk an ausländische Geldinstitute: Für sie galten plötzlich dieselben Bestimmungen wie für die britische Konkurrenz.

Kein Wunder, dass Alfred Herrhausen sofort Pläne schmiedete, die

Deutsche Bank in der City of London zu verankern, und umgehend mehrere britische Investmentbanken zwecks Übernahme ins Visier nahm. Doch erneut erwiesen sich seine Kollegen als Bremsklötze, sodass sich Herrhausens Pläne einmal mehr verzögerten. Aber auch diesmal ließ er die Zeit nicht ungenutzt verstreichen.

Der Konflikt innerhalb der Bank verschärft sich

Im Frühjahr 1988 gab Friedrich Wilhelm Christians aus Altersgründen seinen Posten als Vorstandssprecher der Deutschen Bank auf. Trotz eines stillschweigenden Übereinkommens innerhalb der Chefetage der Bank, den höchsten Posten mit zwei Personen zu besetzen, ließ Herrhausen sich am 11. Mai zum alleinigen Vorstandssprecher wählen und nahm damit eine Stellung ein, die vor ihm nur sein Vorbild Hermann Josef Abs, in den 1940er-Jahren Mitorganisator der Arisierung, innegehabt hatte.

Obwohl durch die alleinige Machtergreifung auf dem Höhepunkt seines persönlichen Erfolges angelangt, bemühte sich Herrhausen nicht, den Konflikt mit seinen Kritikern innerhalb der Bank beizulegen. Im Gegenteil: Gegen den Widerstand seiner Kollegen startete er seinen nächsten Alleingang. Als Vorsitzender des Aufsichtsrates setzte er im damals taumelnden Daimler-Konzern mit Edzard Reuter ausgerechnet ein SPD-Mitglied als neuen Chef durch – nicht etwa aus politischen Motiven, sondern um die eigene Vision von einem »integrierten Technologie-Konzern« zu verwirklichen, und vermutlich auch, um die eigene Macht zu demonstrieren.

Dass er dabei auch den Konflikt mit dem Aufsichtsratsvorsitzenden der Deutschen Bank, Guth, nicht scheute und diesen schlussendlich sogar auf seine Seite ziehen konnte, verschlechterte das Klima zwischen Herrhausen und seinen Vorstandskollegen weiter. Einige von ihnen begannen, sich öffentlich über sein Verhalten, insbesondere seine Unduldsamkeit und seine intellektuelle Überheblichkeit, zu beklagen.

Herrhausen jedoch ließ alle Vorwürfe ungerührt an sich abprallen, setzte seinen einmal eingeschlagenen Weg noch entschlossener fort und bereitete die größte Investition der Deutschen Bank seit 1945 vor: den Kauf der Londoner Investmentbank Morgan Grenfell. Angesichts des Preises von mehr als zweieinhalb Milliarden DM muss er in dieser Zeit vor allem nach Möglichkeiten gesucht haben, die Deutsche Bank gegenüber ihren Wettbewerbern noch besser zu positionieren, und das heißt im Bankengewerbe vor allem: die Schwächen der Konkurrenz zu nutzen.

Der Schuldenerlass für die Dritte Welt

Das Treffen des Internationalen Währungsfonds (IWF) im Jahre 1987 sollte für sein weiteres Vorgehen eine entscheidende Rolle spielen. Der mexikanische Präsident Miguel de la Madrid Hurtado schilderte dort die katastrophale wirtschaftliche Lage seines hoch verschuldeten Landes und brachte Herrhausen auf eine Idee, die für einen Banker bis dahin undenkbar gewesen war: die Forderung nach einem teilweisen Schuldenerlass für besonders hoch verschuldete Entwicklungsländer.

Die bloße Erwähnung dieser Idee katapultierte Herrhausen sofort ins Rampenlicht der internationalen Öffentlichkeit und schuf einen Mythos, mit dem sein Name bis heute untrennbar verbunden ist: Das Eintreten für einen Schuldenerlass für die damals als »Dritte Welt« bezeichneten ärmsten Nationen der Welt verklärte ihn in den Augen vieler Menschen zu einer Art Robin Hood des Finanzgewerbes.

Diese Einschätzung seiner Person hat mit der Realität allerdings nichts zu tun. Dass seine Forderung im gesamten Bankengewerbe einen Sturm der Entrüstung auslöste, lag gewiss nicht daran, dass Herrhausen plötzlich zum Anwalt der Armen mutiert war. Er knüpfte seine Forderung nämlich an die Bedingung, in den betroffenen Ländern Reformen im Interesse der Gläubiger vorzunehmen, und wusste als Finanzexperte sehr genau, was das bedeutete: Steuererhöhungen, Kürzungen der Staatsausgaben und damit große Härten für die einkommensschwachen Schichten der betroffenen Länder.

Die Wellen der Empörung, die Herrhausen im Finanzsektor entgegenschlugen, hatten einen anderen Grund. Die Kredite der ärmsten Länder, um die es Herrhausen ging, stammten nämlich vor allem von US-Banken und waren – bedingt durch das damalige US-amerikanische Bankenrecht – erheblich schlechter abgesichert als die unter Herrhausens Schirmherrschaft in den Jahren zuvor stark reduzierten Kredite der Deutschen Bank. Ein Schuldenerlass wäre von der Deutschen Bank also gut zu verkraften gewesen, hätte aber einige US-Finanzinstitute in große Schwierigkeiten gebracht und das eine oder andere von ihnen möglicherweise zum Ziel einer feindlichen Übernahme durch die Deutsche Bank gemacht.

Die Journalistin Nina Grunenberg, von 1987 bis 1995 stellvertretende Chefredakteurin der Wochenzeitung *Die Zeit*, zitierte damals einen Konkurrenten Herrhausens mit den Worten »Das war ein knallhartes Spiel im Wettbewerb, … unredlich, unsauber und unfair.«[2]

Der Sturm der Entrüstung im Finanzsektor war allerdings so stark, dass er Herrhausen dazu veranlasste, seinen Vorschlag zunächst zu widerrufen. Dann aber, im Jahr 1988, überraschte er nicht nur die internationale Öffentlichkeit, sondern auch sein gesamtes Umfeld damit, dass er die Forderung auf einer Bilderberg-Konferenz erneut aufstellte, diesmal mit Nachdruck.

Was waren Herrhausens Motive?

Viele Beobachter fragten sich damals, was in Herrhausen vorgegangen sein mag, sich ein weiteres Mal auf so provozierende Art und Weise für einen Schuldenerlass auszusprechen und anschließend nicht mehr von seiner Forderung abzuweichen. Wie gefährlich sein Alleingang war, muss auch ihm selbst bewusst gewesen sein, denn auf der Weltbankkonferenz 1989 trug er bei seinem Auftritt zum ersten Mal in seinem Leben eine schusssichere Weste.

Was also kann Herrhausen damals angetrieben haben? War ihm der Aufstieg zum alleinigen Vorstandssprecher der Deutschen Bank zu Kopf gestiegen? Wohl kaum, denn zum einen hatte er die Geschicke seiner Bank bereits seit Jahren entscheidend beeinflusst und zum anderen war er mit Sicherheit nicht so kurzsichtig, aus purer Eitelkeit ein so hohes Risiko einzugehen.

War es der Druck der Kollegen wegen seines bereits eingefädelten Deals mit der Londoner Investmentbank Morgan Grenfell, der ihn dazu zwang, an einer anderen Front Erfolg zu suchen? Auch das scheint mehr als unwahrscheinlich, denn Herrhausen war kein Phantast und wusste, dass ein Schuldenerlass für die Dritte Welt nicht über Nacht durchzusetzen war, sondern Monate, wenn nicht Jahre, in Anspruch nehmen würde.

Was aber kann einen Mann von Herrhausens Zuschnitt dann dazu bewogen haben, auf dem Höhepunkt seiner Karriere, im Zenit seines Erfolges, alles zu riskieren? Betrachtet man seinen Werdegang und die Art und Weise, wie kühl kalkulierend und zielorientiert er über Jahrzehnte gehandelt und wie er persönliche Kontakte ein Leben lang zum eigenen Vorteil genutzt hat, dann drängt sich nur eine Schlussfolgerung auf: Herrhausen muss einen außergewöhnlichen Plan verfolgt haben, von dem außer ihm niemand wusste.

Herrhausens Spiel mit dem Feuer

Und tatsächlich: Es gibt eine Ungereimtheit in seinen letzten beiden Lebensjahren, die möglicherweise Licht ins Dunkel bringen könnte. Als wohl mächtigster Topmanager Deutschlands dürfte Herrhausen über einen extrem vollen Terminkalender verfügt haben, der ihm kaum Zeit für Freizeitbeschäftigungen ließ. Dennoch traf er sich in dieser Zeit des Öfteren mit der bereits erwähnten Aktivistin aus dem Fernsehstudio, telefonierte mit ihr, schrieb ihr Briefe. Und das nicht etwa, weil er inzwischen eine Liebesbeziehung mit ihr eingegangen war, sondern um nach Aussage der jungen Frau »mit jemandem zu sprechen, der andere Werte verkörperte, nicht an Geld und Karriere dachte«.[3]

Diese Worte ergeben tatsächlich Sinn – aber nur, wenn man weiß, dass die Aktivistin damals stellvertretend für eine weltweit zunehmende Protestbewegung stand, die sich gegen internationale Finanzorganisationen wie den IWF und die Weltbank richtete und die wie ein Lauffeuer um die Welt ging. In Afrika, Asien und Südamerika erhoben sich damals Hunderttausende und allein in Berlin demonstrierten im September 1988 mehr als 80 000 Menschen, um unter anderem einen Schuldenerlass für die Dritte Welt zu fordern.

Herrhausen informierte sich also hautnah über eine politische Entwicklung, die über alle nationalen Grenzen hinausging und in vielen Ländern bereits so stark war, dass sie nur noch mit Gewalt in Schach gehalten werden konnte. Hinzu kamen die Umwälzungen in den osteuropäischen Staaten einschließlich der DDR, die schließlich zum Fall des gesamten Ostblocks führten.

Da Herrhausen unkonventionell dachte und häufig zukünftige Entwicklungen in sein Kalkül mit einbezog, ist es vorstellbar, dass er genau diese globale Protestwelle zum Vorteil der Deutschen Bank ausnutzen und das eigene Haus der internationalen Öffentlichkeit als Fürsprecher eines Schuldenerlasses und damit vor allem den armen Ländern als »menschliche« Bank präsentieren wollte. Das würde auch erklären, warum er in vielen Fernsehinterviews vor seinem Tod immer wieder sein Lieblingsthema anschnitt: die soziale Verantwortung der mächtigsten Banken gegenüber den Menschen.

Dass Herrhausens Umfeld schockiert reagierte, verwundert nicht: Politische und soziale Unruhen als Triebkraft zur Erreichung der eigenen Ziele auszunutzen – ein solches Spiel mit dem Feuer hatte sich in der gesamten Geschichte des Bankwesens noch niemand erlaubt. Das kann aber auch das taktische Kalkül eines Mannes gewesen sein, der fest davon überzeugt war, im Kampf gegen die größte Finanzmacht der Erde – die Wall Street – bestehen zu können.

In der Tat gab es für Herrhausen Gründe, so zu denken: Als er den Schuldenerlass zum zweiten Mal öffentlich vertrat, war er alleiniger Sprecher der schnellst wachsenden europäischen Bank, hatte durch den Kauf der Investmentbank Morgan Grenfell den Einstieg ins hochlukrative Derivate-Geschäfte vorbereitet, war Berater und Freund des Bundeskanzlers und sah, welche riesigen Möglichkeiten die deutsche Wiedervereinigung seinem Haus für die Zukunft eröffnete.

Und tatsächlich: Der Mauerfall machte Herrhausen zu einem der mächtigsten und einflussreichsten Männer in Europa und es war abzusehen, dass seine Macht im Zuge der Wiedervereinigung, für die er sich mit Nachdruck einsetzte, weiter zunehmen würde. Das alles reichte ihm jedoch offensichtlich nicht, denn er trieb sein gewagtes Spiel sogar noch weiter.

Die Wiedervereinigung und Herrhausens Polen-Initiative

Der erste Dominostein im Ostblock, der 1989 fiel, war Polen. Nach dem Sturz der alten Machthaber war schnell klar, dass die Tage der Planwirtschaft gezählt waren. Da das Land wirtschaftlich weitgehend am Boden lag, schlug Herrhausen – sehr wahrscheinlich ohne Absprache mit anderen Banken – im September 1989 eine »Kreditanstalt für den Wiederaufbau« vor. Diese Einrichtung für wirtschaftliche Erneuerung sollte die zu erwartende westliche Hilfe strukturieren, kontrollieren und ihren Einsatz steuern.

Diesem Alleingang ließ Herrhausen wenig später noch eine weitere Breitseite gegen die größten und mächtigsten Finanzorganisationen der Welt folgen. In einem Interview mit dem *Wallstreet Journal* erklärte er, dass er Polen mit Hilfe einer eigenen Bank und unter Umgehung der »strukturellen Anpassungen« von IWF und Weltbank wirtschaftlich voranbringen wolle – ein weiterer Affront gegen beide Organisationen, den sich bis dahin kein führender Banker erlaubt hatte.

Damit nicht genug. Es folgten noch zwei weitere Höhepunkte, bevor Herrhausens Leben tragisch endete. Nachdem er am 27. November 1989 den Kauf der britischen Investmentbank Morgan Grenfell zum Preis von 2,7 Milliarden Mark verkündet und die Deutsche Bank damit endgültig als Herausforderer der angelsächsischen Großbanken positioniert hatte, legte Bundeskanzler Kohl am 28. November sein 10-Punkte-Programm zur deutschen Wiedervereinigung vor – ohne Absprache mit den Verbündeten, aber unter enger Mitarbeit von Alfred Herrhausen.

Während der damalige US-Präsident George H.W. Bush sich nicht zu Kohls Rede äußerte, brach unter den übrigen Verbündeten ein Sturm der Entrüstung los. Frankreich, Großbritannien und die Sowjetunion machten schnell deutlich, dass sie mit dem 10-Punkte-Programm absolut nicht einverstanden waren.

Auch diesmal reagierte Herrhausen nicht, sondern sorgte stattdessen für einen letzten Eklat im eigenen Haus. Am 29. November 1989 versuchte er, den Morgan-Grenfell-Chef als Vorstandsmitglied durchzusetzen, um so die eigene Macht erneut zu erweitern. Als seine Kollegen ihm diesmal endgültig die Gefolgschaft versagten, erklärte er seinen Rücktritt zum 30. Januar 1990, seinem sechzigsten Geburtstag.

Dabei handelte es sich vermutlich nicht um eine ernst gemeinte Drohung, sondern mit großer Wahrscheinlichkeit um einen weiteren Schachzug zur eigenen Machtkonsolidierung, denn Herrhausen wusste genau, dass die Deutsche Bank in dieser Phase weder auf seine über Jahrzehnte sorgfältig aufgebauten Kontakte noch auf sein Know-how verzichten konnte.

Genau einen Tag später beendete die Bombe in Bad Homburg sein Leben.

Attentat und Schuldzuweisung

Die Vorbereitung und die Durchführung des Attentats sowie die Reaktion der Behörden weisen zahlreiche, bis heute nicht hinreichend geklärte Umstände und Ungereimtheiten auf.

1. Obwohl Herrhausens Arbeitsweg und seine Wohngegend von Polizei, BKA und einem hessischen Mobilen Einsatzkommando überwacht wurden, konnten die Täter über mehrere Wochen den als Baustelle getarnten Tatort vorbereiten, die Asphaltdecke der Straße öffnen, ein Kabel darin verlegen und die Decke wieder schließen, ohne dass jemand einschritt.
2. Das vorausfahrende von zwei Fahrzeugen mit Personenschützern,

die Herrhausens Wagen normalerweise begleiteten, wurde laut dem damaligen Verfassungsschutz-Präsidenten Richard Meier kurz vor dem Attentat abgezogen.

3. Die Neigung der Türverkleidung von Herrhausens Fahrzeug zur Splitterbildung im Falle einer Gewalteinwirkung war dem Hersteller bekannt. Zum Zeitpunkt des Attentats waren bereits mehrere damit ausgestattete Fahrzeuge für eine Umrüstung zurückgerufen worden – nicht aber Herrhausens Wagen.
4. Obwohl Herrhausens Fahrer, der selbst nur leicht verletzt wurde, unmittelbar nach der Explosion der Bombe versuchte, seinem schwer verletzten Chef zu Hilfe zu kommen, blieben Herrhausens Personenschützer, die nicht im Dienste des BKA standen, sondern zur Sicherheitsabteilung der Deutschen Bank gehörten, mehrere Minuten lang im Begleitfahrzeug sitzen.
5. Die Behörden schrieben das Attentat auf Grund des Bekennerschreibens umgehend der RAF zu, obwohl der außergewöhnliche materielle und technische Aufwand sowie der Einsatz einer Bombe militärischer Bauart mit dem Sprengstoff TNT nicht der gängigen Vorgehensweise der RAF entsprachen.
6. Die Sprache des Bekennerschreibens entsprach nicht dem Stil der RAF. Außerdem war in dem Schreiben von einer »Hohlladungsmine« die Rede (eine Version, die von den Behörden umgehend übernommen wurde), während es sich tatsächlich um einen projektilbildenden Sprengsatz handelte.
7. Ein der Öffentlichkeit als »spektakulär« angepriesener Fahndungserfolg im Januar 1992 erweis sich für die Behörden als Fehlschlag. Das Ermittlungsverfahren gegen den Beschuldigten wurde 1994 unter Anwendung der Kronzeugenregelung wegen seiner angeblichen Beteiligung an der Tataufklärung (die zu keinem Ergebnis führte) eingestellt.
8. Obwohl der Beschuldigte in den Folgejahren mehrfach als pathologischer Lügner entlarvt wurde, erklärte die Bundesregierung 1995[4], sie halte seine Aussagen noch immer für glaubwürdig.
9. Eine zwanzig Jahre nach der Tat durchgeführte Untersuchung

des Bekennerschreibens auf DNA-Spuren führte zu keinem Hinweis auf Mitglieder der RAF.

Das Nachspiel

In der Zentrale der Deutschen Bank währte der Schock über Herrhausens Tod nur kurz. Bereits wenige Stunden nach dem Attentat trat der Vorstand zusammen und bestimmte Hilmar Kopper zu dessen Nachfolger.

Kopper kündigte umgehend ein langsameres Tempo für die geplanten Veränderungen an, führte die Deutsche Bank aber dennoch auf dem von Herrhausen eingeschlagenen Weg weiter. Mit der Übernahme von Morgan Grenfell gelang – wie von Herrhausen geplant – der Einstieg ins Investmentbanking und mit der im folgenden Jahr vollzogenen deutschen Wiedervereinigung wurde die Deutsche Bank durch die Abwicklung der DDR-Staatsbank und die Übernahme von 122 Filialen aus deren Bestand zum europäischen Giganten.

Mit dem Kauf des US-Investmentinstituts Bankers Trust schaffte die Deutsche Bank 1999 den Sprung zum größten Finanzinstitut der Welt, setzte sich auch an der Wall Street fest und wurde 2011 zum größten globalen Derivate-Händler.

Doch auch wenn Herrhausens Nachfolger Hilmar Kopper, Rolf-Ernst Breuer und Josef Ackermann den von ihm vorgezeichneten Weg weiter verfolgten, gibt es zwischen ihrer Geschäftspolitik und der Herrhausens einen bedeutsamen Unterschied: Keiner der drei hat jemals wieder einen Schuldenerlass für arme Länder gefordert und keiner der drei hat es jemals gewagt, sich öffentlich gegen die mächtigsten Finanzorganisationen der Welt, den IWF und die Weltbank, zu stellen. Vor allem aber hat keiner der drei auch nur den Versuch unternommen, eine soziale Protestbewegung gegen diese Organisationen als Trittbrett zur vorteilhaften Positionierung der eigenen Bank gegenüber ihren Mitbewerbern zu nutzen.

Thematisiert wurde diese stillschweigend vorgenommene Strategieänderung aber nie. Stattdessen trug die Deutsche Bank unter anderem durch die Gründung der Alfred-Herrhausen-Gesellschaft dazu bei, in der Öffentlichkeit das Bild vom »guten Banker« zu verbreiten, das Medien und Politik auch Jahrzehnte später noch unterstützten. So nannte ihn der Fernsehsender ntv 16 Jahre nach dem Attentat einen »Vorkämpfer für soziale Gerechtigkeit«, während die *Süddeutsche Zeitung* an seinem 20. Todestag einen Artikel mit dem Titel »Der gute Mensch aus dem Bankenturm«[5] veröffentlichte und die *Stuttgarter Zeitung* Herrhausen an seinem 25. Todestag einen »Banker mit Mut zu linken Ideen«[6] nannte.

Trotz dieser offensichtlichen Verbreitung von Fehlinformationen gibt es Anzeichen dafür, dass man in Bankerkreisen mehr über die Hintergründe des Verbrechens weiß, als man zugibt. Einen deutlichen Hinweis hierauf lieferte Josef Ackermann, der die Deutsche Bank von 2001 bis 2012 führte, in einer ZDF-Talkshow vom November 2011. Von Moderatorin Maybritt Illner gefragt, ob er die Griechenlandkrise als Chef des internationalen Bankenverbandes nicht einfach durch die Forderung nach einem Schuldenerlass hätte lösen können, antwortete er kurz und bündig: »Ich glaube, es wäre mir genauso ergangen wie Herrn Herrhausen.«[7]

Angesichts der Vorgeschichte und der Motivlage aller Beteiligten bedarf es keiner allzu großen Phantasie, um Folgendes zu vermuten: Könnte es sein, dass es sich bei dem Attentat nicht um eine Vergeltungsaktion – wie im Fall der von den Behörden aufrechterhaltenen RAF-Version –, sondern möglicherweise um eine Warnung gehandelt hat?

Falls ja, dann dürfte Ackermanns Aussage kaum einen Zweifel daran lassen, dass entscheidende Personen diese Warnung verstanden haben.

Mentaler Laufstall und neue Inquisition

Wahrheitsforschung mit Konsequenzen: Wer in der Schweiz 9/11 untersucht, ruiniert seine akademische Karriere

Daniele Ganser

Die Terroranschläge vom 11. September 2001, kurz 9/11, erschütterten vor bald 20 Jahren nicht nur die USA, sondern die ganze Welt. Natürlich müssen Wissenschaftler aus verschiedenen Ländern und Disziplinen wie Geschichte, Politik, Physik und Architektur der Frage nachgehen, was an diesem Tag wirklich passiert ist. Die brisante Kernfrage lautet seit vielen Jahren: Wurden die Gebäude WTC1, WTC2 und WTC7 in New York gesprengt, oder sind diese drei Hochhäuser wegen Feuer eingestürzt? Auf den ersten Blick handelt es sich hier um eine einfache Frage. Doch in vielen Ländern gestaltet sich die Forschung zu 9/11 als äußerst schwierig. Das habe ich persönlich erlebt und möchte daher hier meine Geschichte erzählen. Um die Frage zu vereinfachen, habe ich die Zwillingstürme WTC1 und WTC2 ignoriert und auf WTC7 fokussiert, das nicht von einem Flugzeug getroffen wurde. Während vieler Jahre habe ich den Diskurs in den USA beobachtet, die relevanten Studien aus den USA zu WTC7 gelesen und in der Schweiz Gespräche mit Experten für Baustatik und mit Journalisten geführt. Erst die umfassende Studie von Dr. Leroy Hulsey von der Universität Alaska, die 18 Jahre nach den Anschlägen publiziert wurde, hat mich überzeugt. In einem Artikel im Online-Magazin Rubikon habe ich im September 2019 auf die Studie von Hulsey verwiesen und erstmals öffentlich erklärt, dass ich der Ansicht bin, dass WTC7 gesprengt wurde und dass daher die Geschichte dieser Terroranschläge ganz neu geschrieben werden muss. Ich bin fest davon überzeugt, dass es möglich und notwendig ist, über 9/11 die Wahrheit herauszufinden. Dafür braucht es aber Geduld und Gründlichkeit sowie einen starken Willen und auch Mut.[1]

In den USA wird der Physiker Steven Jones entlassen

Wer in den USA als Wissenschaftler die von Präsident George Bush Junior vorgegebene Erzählung zurückweist, gemäß der 19 Terroristen mit zwei entführten Flugzeugen in New York drei Wolkenkratzer zum Einsturz brachten und zudem ein Flugzeug ins Pentagon flog und eines in Shanksville abstürzte, bekommt große Probleme. Verschiedene Forscher in den USA mussten ihre akademische Karriere beenden, obschon die Freiheit der Forschung weltweit ein grundlegendes Prinzip der Wissenschaft ist und jeder Forscher das Recht hat, in der Öffentlichkeit Positionen zu vertreten, die von der Erzählung der Regierung abweichen.

Bekannt ist in den USA das Beispiel des Physikers Steven Jones, der an der Brigham Young University (BYU) in Utah seit 1985 als Professor für Physik lehrte. Steven Jones erklärte 2005 gegenüber *Desert Morning News*, dass eine kontrollierte Sprengung vermutlich den Einsturz der drei World Trade Center verursacht hat. »Es ist sehr wahrscheinlich, dass vor dem Einsturz Sprengstoff in allen drei WTC-Gebäuden installiert wurde«, so Jones. Der Physiker forderte mit Nachdruck eine von der Politik unabhängige wissenschaftliche Untersuchung des Einsturzes der drei Gebäude. Sofort wurde Steven Jones als »Verschwörungstheoretiker« diffamiert. Daraufhin beurlaubte ihn seine Universität 2006 von seiner Lehrtätigkeit und Anfang 2007 musste Steven Jones in den Ruhestand treten.[2]

Doch auch im Ruhestand änderte der Physiker Steven Jones seine Meinung nicht und erklärte 2016 zusammen mit anderen Autoren in der Fachzeitschrift *Europhysics News*, dass vermutlich eine Sprengung mit Nanothermit die Ursache für den Einsturz der drei Hochhäuser in New York war. *Europhysics News* publiziert immer wieder Forschungsresultate von Physikern. Aber kein anderer Artikel zog je mehr Interesse auf sich. »Man muss daran erinnern, dass Feuer niemals zuvor und niemals nach 9/11 den totalen Einsturz eines Stahlskelettbaus verursacht hat«, so Jones. »Stattdessen deuten die Indizien überwältigend darauf hin, dass alle drei Gebäude durch kontrollierte Sprengung zerstört wurden.«[3]

Mein Doktoratsexamen an der Universität Basel im September 2001

Die Aussagen von Steven Jones habe ich in der Schweiz gelesen, weil ich mich immer für internationale Zeitgeschichte interessierte. Es tat mir sehr leid für ihn, dass er von seiner Universität zum Rücktritt gezwungen worden war. Ich fand es unfair und falsch. Ich glaubte damals, dass es vor allem in den USA schwierig ist, über 9/11 zu forschen, und dass in Europa und der Schweiz dies bestimmt viel einfacher sei.

Ich wurde in der Schweiz 1972 geboren und habe mich immer für internationale Zeitgeschichte interessiert. Nach dem Militärdienst, der in der Schweiz obligatorisch ist, habe ich an der Universität Basel, der Universität Amsterdam und der London School of Economics and Political Science ab 1992 Geschichte studiert. Wenige Monate vor den Terroranschlägen habe ich am 1. Juni 2001 meine schriftliche Doktorarbeit in Geschichte fertig geschrieben und an der Universität Basel eingereicht. Danach bereitete ich mich auf das mündliche Doktorexamen vor, das ich am 27. September 2001 an der Universität Basel ablegen musste.

Doch dann geschah etwas völlig Unerwartetes: Die USA wurden am 11. September 2001 durch den größten Terroranschlag der Geschichte erschüttert. Sofort war das Wort Terror jeden Tag in allen Zeitungen zu lesen. Ich lebte damals in einer Wohngenossenschaft mit anderen Studenten in Basel. Ich legte sofort einen Ordner mit den wichtigsten Stichworten an und habe vom ersten Tag an zu 9/11 geforscht, weil ich davon ausging, dass der Anschlag auch Thema bei meiner Prüfung sein könnte.

Zum Glück wurde ich im Examen nicht zu 9/11 befragt und erhielt am 27. September 2001 meinen Doktortitel in Geschichte. Dabei musste ich ein Gelübde ablegen und erklären, dass ich »verspreche, die wissenschaftliche Erforschung der Wahrheit immer als eine ernste und notwendige Aufgabe zu betrachten, dieses Ziel, soviel in meinen Kräften steht, zu fördern und bei jeder wissenschaftlichen Tätigkeit stets verantwortungsvoll, gewissenhaft und unparteiisch zu handeln«. An diesem Gelübde habe ich mich bis heute orientiert und werde das auch in Zukunft tun.

Meine Forschung zu Gladio und inszeniertem Terrorismus

In meiner Doktorarbeit habe ich mich mit den NATO-Geheimarmeen und Operation Gladio befasst. Ich habe herausgefunden, dass es in fast allen Ländern Westeuropas Geheimarmeen gab, die vom US-Auslandsgeheimdienst CIA und vom britischen Auslandsgeheimdienst MI6 nach dem Zweiten Weltkrieg aufgebaut worden waren und über Sprengstoff und Waffen verfügten. Die Geheimarmeen wurden von geheimen Ausschüssen der NATO koordiniert. Aber die Bevölkerung, das Parlament, Wissenschaftler und Journalisten in den betroffenen Ländern wussten nichts über die Existenz dieser Geheimarmeen, die erst 1990 in Italien aufgedeckt wurden. Die Geheimarmeen waren illegal, weil es in Demokratien keine bewaffneten Gruppen geben darf, welche dem Parlament nicht bekannt sind.[4]

Der Auftrag der Geheimarmeen war, im Falle einer sowjetischen Invasion von Westeuropa hinter den Linien als Stay-Behind zu kämpfen und den Sowjets die Besetzung Westeuropas so schwer wie möglich zu machen. Zu einer solchen Invasion kam es jedoch nie. Die Geheimarmeen hätten also nie aktiv werden dürfen. Doch in einigen Ländern, darunter Italien, waren sie zusammen mit rechtsextremen Gruppen und dem Militärgeheimdienst in Terroranschläge verwickelt, um die Bevölkerung in Angst und Schrecken zu versetzen und Kommunisten sowie Sozialisten zu diskreditieren, indem man ihnen die Terroranschläge in die Schuhe schob. Auf der Basis meiner Doktorarbeit war mir klar, dass man Menschen mit manipuliertem Terror in Angst versetzen kann.

Der Journalist Gunther Latsch vom *Spiegel* interessierte sich damals sehr für meine Doktorarbeit. Ich schickte ihm ein Exemplar und 2005 publizierte Latsch eine Doppelseite im *Spiegel*. Unter dem Titel »Die dunkle Seite des Westens« schrieb er: »Neue historische Forschungen belegen: Im Kalten Krieg kooperierten Nato-Geheimtrupps in acht westeuropäischen Ländern mit rechtsextremen Terroristen und Verbrechern.« Mit Verweis auf meine Forschung erklärte der *Spiegel*: »Was der Historiker in vierjähriger Forschungsarbeit herausgefunden hat, offenbart die dunkle Seite des Westens: eine klandestine Parallelwelt, deren Bewohner überall kommunistische Umtriebe witterten, zu deren Abwehr ihnen nahezu jedes Mittel recht schien … In Italien arbeiteten Angehörige dieser Geheimorganisationen mit Terroristen und Verbrechern zusammen oder waren an Staatsstreichen wie dem Militärputsch in Griechenland 1967 beteiligt.«[5]

Meine Arbeit an der Forschungsstelle für Sicherheitspolitik der ETH Zürich

Von 2003 bis 2006 arbeitete ich als Senior Researcher an der Forschungsstelle für Sicherheitspolitik der ETH Zürich. Ich untersuchte in Zusammenarbeit mit dem Schweizer Außenministerium (EDA), wie die internationale Wirtschaft den Frieden stärken kann und in welchen Fällen die Wirtschaft von Krieg profitiert. Gleichzeitig unterrichtete ich als Dozent am Historischen Seminar der Universität Basel und am Historischen Seminar der Universität Zürich.

Im Jahr 2006 baten mich verschiedene Journalisten, die wussten, dass ich zu Operation Gladio promoviert hatte und auf verdeckte Kriegsführung spezialisiert war, öffentlich meine Einschätzung zu den Terroranschlägen vom 11. September 2001 darzulegen. Weil nun fünf Jahre seit den Anschlägen vergangen waren und inzwischen auch die US-Regierung ihren offiziellen Bericht zu den Anschlägen publiziert hatte, hielt ich es für angebracht, mich erstmals öffentlich zu äußern.

Ich wusste zu diesem Zeitpunkt, dass der Physiker Steven Jones in den USA die Meinung vertrat, dass die drei Türme WTC1, WTC2 und WTC7 gesprengt worden waren. Ich hielt diese Meinung zumindest für prüfenswert. Um die Sache einfacher zu machen, ließ ich WTC1 und WTC2 weg und fokussierte nur auf WTC7, weil dieses Gebäude einstürzte, obschon es nicht durch ein Flugzeug getroffen worden war, was ich für merkwürdig hielt. Als Historiker bin ich nicht Experte für Baustatik. Ich musste mich also an Experten wenden und mit ihnen WTC7 besprechen.

Ich kontaktierte die erfahrenen ETH-Professoren für Baustatik und Konstruktion Jörg Schneider und Hugo Bachmann und traf sie zum

Gespräch in einem schönen Raum der ETH Zürich mit Blick auf den Zürichsee. Sie wussten gar nichts über den Einsturz von WTC7 und waren überrascht, als ich ihnen davon erzählte. Wie viele andere Menschen hatten sie bisher nur vom Einsturz von WTC1 und WTC2 gehört. Ich zeigte ihnen ein Video vom Einsturz von WTC7 auf einem Laptop. Wir schauten uns die Einsturzzeit und andere verfügbare Daten wie Höhe, Breite und Bauweise an.

Danach sagten mir Schneider und Bachmann, WTC7 sei »mit großer Wahrscheinlichkeit fachgerecht gesprengt worden«. Ich fragte sie, ob ich ihre brisante Aussage publizieren dürfe. Sie gaben ihr Einverständnis. Am 9. September 2006 publizierte ich ihre Aussagen in einem ganzseitigen Artikel im *Tages-Anzeiger*. Es war das erste Mal, dass in der Schweiz öffentlich über WTC7 und eine mögliche Sprengung gesprochen wurde. Ich erklärte im Artikel, es gäbe nur zwei Möglichkeiten bei WTC7: Feuer oder Sprengung. Ich legte mich damals nicht fest, was die Ursache des Einsturzes war, sondern forderte vorsichtig eine neue und gründliche Untersuchung.[6]

Die US-Botschaft in der Schweiz erklärt, es brauche keine Diskussion 2006

Nachdem ich im *Tages-Anzeiger* meinen Artikel publiziert hatte, brach ein Sturm der Entrüstung los, wie ich ihn zuvor noch nie erlebt hatte. Am 17. September 2006 diffamierte mich die *Sonntagszeitung* als »Verschwörungstheoretiker«. Die Zeitung druckte ein Bild von mir ab, daneben die brennenden Twin Towers und darüber groß die Überschrift: »ETH und UNI gehen auf Distanz zu Verschwörungstheoretiker. Experten bezeichnen Aussagen des Historikers als ›völlig absurd‹«. Als ich dies sah, wusste ich, dass nun eine Diffamierungskampagne gegen mich lief. Mir wurde klar, dass es auch in der Schweiz nicht einfach ist, kritische Fragen zu 9/11 zu stellen. Die Zeitung rief mich an und wollte ein Statement. Ich erklärte: »Da muss ich jetzt durch.« Denn ich war weiterhin davon überzeugt, dass die Frage, ob WTC7 wegen Feuer oder Sprengung eingestürzt ist, genau untersucht werden musste. Ich sah keinen Grund, auch nur einen Zentimeter von dieser berechtigten Forderung abzuweichen.[7]

Aber Professor Andreas Wenger, der Leiter der Forschungsstelle für Sicherheitspolitik, wollte keine Diskussion über WTC7. Gegenüber der *Sonntagszeitung* erklärte er: »An meiner Forschungsstelle wird nicht über Verschwörungstheorien geforscht … Herr Ganser weiß, dass ich seine Ansichten nicht teile. Ich habe ihn bereits im letzten Jahr darauf hingewiesen, dass er sich in dieser Sache nicht als Mitarbeiter der Forschungsstelle für Sicherheitspolitik äußern könne.«[8]

Auch die US-Botschafterin in Bern Carol Urban protestierte und erklärte, die USA seien zwar für das Recht auf freie Meinungsäußerung, aber im Falle von 9/11 sei es nicht nötig, Fragen zu stellen. Mir wurde klar, dass die US-Botschaft auf keinen Fall eine Debatte über den Einsturz von WTC7 wollte. Unterstützung erhielt ich in dieser schwierigen Zeit von Professor Albert Stahel von der Universität Zürich, der gegenüber der *Sonntagszeitung* erklärte, es gebe viele offene Fragen zu 9/11. »Gar nichts ist klar«, betonte Stahel. Das aber nahm die Zeitung *Sonntagsblick* zum Anlass, nicht nur mich, sondern auch Stahel öffentlich anzugreifen. Obschon wir nur Fragen stellten, wurden wir zu Unrecht beschuldigt, Verschwörungstheorien zu verbreiten. Die Zeitung schrieb: »Professor Albert Stahel (63) und Dr. Daniele Ganser (34) sind Wissenschaftler mit tadellosem Ruf, weit über die Landesgrenze hinaus. Deshalb erstaunt, welche Verschwörungstheorien zum 11. September die beiden vertreten.«[9]

Warum wird so heftig über den Einsturz von WTC7 gestritten?

Die ETH Zürich, die US-Botschaft und verschiedene Medien haben also Druck auf mich ausgeübt, die Ursache des Einsturzes von WTC7 nicht in der Öffentlichkeit zu diskutieren. Ich habe mich aber, unterstützt durch meine wunderbare Frau, diesem Druck nicht gebeugt. Um meine Forschungsfreiheit zu verteidigen, verließ ich die ETH und wechselte 2006 ans Institut für Politikwissenschaften der Universität Zürich und danach ans Historische Seminar der Universität Basel.

Natürlich muss man sich als Historiker fragen, warum so heftig über den Einsturz von WTC7 gestritten wird und warum der vorgegebene Meinungskorridor so eng ist. Es ist nicht das Prinzip der Wissenschaft, Fragen zu verbieten. Im Gegenteil: Fragen sind der Ausgangspunkt jeder wissenschaftlichen Tätigkeit. Über die Jahre habe ich alle verfügbaren Daten zu WTC7 akribisch gesammelt und die brisante Diskussion um dieses Gebäude genau verfolgt. Immer wieder ist mir aufgefallen, dass es auch heute noch Menschen gibt, die noch nie etwas über den Einsturz von WTC7 gehört haben.

Beeindruckt durch das Fernsehen glauben einige, dass am 11. September 2001 in New York nur zwei hohe Türme eingestürzt sind. Aber das stimmt nicht, es waren drei. Nämlich die bekannten je 415 Meter hohen Zwillingstürme WTC1 und WTC2 sowie das 186 Meter hohe WTC7. Im Unterschied zu den Zwillingstürmen war WTC7 zuvor nicht durch ein Flugzeug getroffen worden. Trotzdem stürzte die massive Stahlskelettkonstruktion in nur sieben Sekunden um 17:20 Uhr ein. Der Einsturz setzte plötzlich ohne erkennbare Vorzeichen ein und erfolgte vollständig in den eigenen Grundriss. »Bis heute ist der Einsturz von WTC7 ein ungelöstes Rätsel der Anschläge«, erklärte die *New York Times* ein Jahr nach dem Terroranschlag, »weil vor diesem Tag in den USA noch nie ein Hochhaus aus Beton und Stahl wegen Feuer kollabierte«.[10]

Warum berichtete BBC zu früh über den Einsturz von WTC7?

In England sorgte damals Reporterin Jane Stanley von *BBC*, die am Tag der Anschläge live aus New York über den Einsturz von WTC7 berichtete, für Verwirrung. Sie berichtete am 11. September 20 Minuten zu früh über den Einsturz von WTC7, das Gebäude stand noch und war hinter ihr klar zu sehen. »Das war ein Fehler«, räumte Jane Stanley später ein. Auch BBC-Nachrichtenchef Richard Porter entschuldigte sich 2008 für das Versehen. *BBC* argumentierte, man habe diese Nachricht von der Nachrichtenagentur Reuters erhalten. Aber woher wusste Reuters vom Einsturz von WTC7, noch bevor dieser stattfand? In der Geschichtsschreibung gibt es eine eiserne Regel, die besagt: zuerst das Ereignis, dann der Bericht. Wenn diese Regel gebrochen wird, macht das Historiker misstrauisch.[11]

Während der ersten zweieinviertel Sekunden fiel der Turm mit seinen 47 Stockwerken im freien Fall, also ohne jeden Widerstand mit Erdbeschleunigung nach unten. Das Hochhaus bewegte sich also für 25 Meter auf seiner gesamten Breite genauso schnell nach unten wie ein Fallschirmspringer ohne Fallschirm, der vom Dach des Gebäudes springen würde. Wie ist das möglich? WTC7 war ein solider Stahlskelettbau mit insgesamt 81 starken senkrechten Säulen, 57 verliefen entlang der Außenseiten, 24 Säulen bildeten den Kern. Wie kann ein Stahlskelettbau plötzlich in den freien Fall übergehen?

Die Untersuchung von Kean und Hamilton aus 2004

Nach 9/11 beauftragten US-Präsident George Bush Junior und Vizepräsident Dick Cheney eine handverlesene Gruppe mit der Untersuchung des Terroranschlages. Zuerst wollten sie den früheren Außenminister Henry Kissinger beauftragen, doch als die Familien der Opfer protestierten, musste das Weiße Haus diesen Plan fallen lassen. Daraufhin berief Präsident Bush im Dezember 2002 den früheren Gouverneur von New Jersey Thomas Kean zum Leiter der Untersuchungskommission. Als stellvertretender Leiter wurde Lee Hamilton ernannt, der bis 1999 für den Bundesstaat Indiana im Repräsentantenhaus gesessen hatte.

Zusammen mit dem Historiker Philip Zelikow schrieben Kean und Hamilton die offizielle Geschichte zum Terroranschlag und legten am 22. Juli 2004 ihren 567 Seiten dicken Abschlussbericht vor. Darin bestätigten sie die von Präsident Bush präsentierte Geschichte, gemäß der die Terroranschläge im Auftrag des Saudis Osama Bin Laden in Afghanistan geplant und durch 19 muslimische Terroristen vom Netzwerk Al Qaida durchgeführt worden seien. Die USA seien durch die Anschläge völlig überrascht worden.[12]

Nur wenige haben den Bericht von Kean und Hamilton gelesen. Und nur wenige wissen daher, dass in diesem Bericht die Anzahl der in New York eingestürzten Hochhäuser nicht stimmt, der Einsturz von WTC7 fehlt völlig. Dies ist ein grobes Versagen. Die offizielle Geschichtsschreibung von Kean zu 9/11 kann daher nicht ernst genommen werden. »Die Kommission hat ein unangenehmes Problem – die Erklärung, wie WTC7 praktisch im freien Fall einstürzen konnte – so umgangen, indem sie den Einsturz des Gebäudes einfach nicht erwähnte«, protestierte in den USA der Theologe David Ray Griffin, der intensiv zu 9/11 geforscht hat.[13]

Lee Hamilton räumte gegenüber dem Fernsehsender CBC News 2006 ein, dass er »keine Minute lang glaube, dass wir alles richtig verstanden haben. Wir haben nur eine erste Skizze der ganzen Geschichte geschrieben.« Der Druck auf die Untersuchungskommission sei derart groß gewesen, »dass es wirklich erstaunlich wäre, wenn wir alles richtig verstanden hätten«, räumte Hamilton ein. Zusammen mit Kean veröffentlichte er ein Buch, in dem er zugab, dass ihre Untersuchung »zum Scheitern verurteilt war«, weil ihnen der Zugang zu wichtigen Dokumenten und Personen verunmöglicht wurde. Dies bedeutet, dass es keine glaubwürdige offizielle Untersuchung der USA zu den Terroranschlägen vom 11. September 2001 gibt.[14]

Die Untersuchung vom NIST aus 2008

Weil der Bericht von Kean und Hamilton den Einsturz von WTC7 verschweigt und daher nicht glaubwürdig ist, hat die US-Regierungsbehörde National Institute of Standards and Technology (NIST), welche als Teil der Exekutive dem US-Präsidenten unterstellt ist, sich des Themas angenommen und am 21. August 2008 einen Bericht publiziert, in dem sie bestätigt, dass WTC7 einstürzte, und behauptet, Feuer habe das Gebäude WTC7 zum Einsturz gebracht. Auch im Online-Lexikon *Wikipedia* steht im Artikel zu WTC7, der Einsturz von WTC7 sei durch ein Feuer verursacht worden, mit Verweis auf die NIST-Studie.

Untersuchungsleiter Shyam Sunder vom NIST erzählte bei der Veröffentlichung des NIST-Berichtes zu WTC7, dass beim Einsturz des Nordturms WTC 1 um 10:28 Uhr Trümmerteile auf das 110 Meter entfernt gelegene WTC7 gefallen seien und dort Bürobrände ausgelöst hätten. Das stimmt. Es gab tatsächlich kleinere Brände im WTC7. Doch dann präsentierte Sander eine sehr kühne Behauptung: Die Feuer in WTC7 seien derart groß und stark gewesen, dass sich der horizontale Stahlträger A2001 ausdehnte und von seiner Halterung an der Säule 79 sprang. Dies wiederum habe zum freien Fall des Gebäudes geführt.[15]

Die meisten Menschen haben weder die Zeit noch das Interesse, die Berichte des NIST zu lesen. Auch der US-Mathematiker Peter Michael Ketcham, der von 1997 bis 2011 am NIST gearbeitet hatte, aber nicht an der WTC7-Untersuchung beteiligt gewesen war, hat erst im August 2016 angefangen, die NIST-Berichte zu lesen. »Ich wurde schnell wütend. Erstens über mich selber: Wie konnte ich so viele Jahre am NIST arbeiten und dies nicht bemerken? Zweitens wurde ich wütend über das NIST«, erinnert sich Ketcham. »Je länger ich nachforschte, desto klarer wurde mir, dass das NIST eine vorgefasste Schlussfolgerung präsentierte und dafür die Fakten ignoriert und weggelassen hat.« Ketcham hat völlig recht, das NIST hat einen manipulierten Bericht publiziert.[16]

Um seine Feuer-These zu untermauern, hatte das NIST ein Computermodell zum Einsturz von WTC7 veröffentlicht, bei welchem sich die Außenwände des Gebäudes stark verformen, was jedoch beim realen Einsturz des Gebäudes nicht der Fall war. Als Wissenschaftler in den USA vom NIST die Eingangsdaten der Computersimulation verlangten, lehnte das NIST ab. Wenn aber das NIST die Daten nicht öffentlich zugänglich macht, die es verwendet, dann ist das keine Wissenschaft. Das NIST argumentierte, es könne die Daten nicht herausgeben, dies würde die nationale Sicherheit gefährden. Aber das ist nicht glaubwürdig. »Es gab viele Menschen im NIST, die an diesen Berichten mitgearbeitet haben. Warum lassen wir sie nicht öffentlich mit ihrer eigenen Stimme Fragen beantworten, sodass sie ihr detailliertes Wissen einbringen können?«, schlug der frühere

NIST-Mitarbeiter Ketcham vor. Es sei ganz wichtig für die USA, die Wahrheit über 9/11 herauszufinden, denn »unsere Heilung kann nur durch Wahrheit erfolgen«, so Ketcham weise.[17]

Der Eklat in der Sendung Arena vom Schweizer Fernsehen 2017

Die Schweiz ist ein freies Land. Natürlich sollten wir offen über 9/11 diskutieren, in den Medien, aber auch an Universitäten und Schulen. Aber ganz einfach ist das nicht. Von 2012 bis 2017 war ich an der Universität St. Gallen »Lehrbeauftragter für Reflexionskompetenz« und unterrichtete zusammen mit Professor Rolf Wüstenhagen den Kurs »Geschichte und Zukunft von Energiesystemen«. Im Kurs ging es nicht um Terrorismus, sondern darum, wie man eine fossile und nukleare Gesellschaft auf erneuerbare Energien umstellen kann. Der Kurs stieß bei den Studentinnen und Studenten auf großes Interesse. Mein Lehrauftrag wurde daher jedes Jahr erneuert.

Solange die Medien nicht aktiv wurden, konnte ich in aller Ruhe an der Universität St. Gallen unterrichten. Doch im Februar 2017 wurde ich vom Schweizer Fernsehen (SRF) in die Sendung »Arena« eingeladen, um über die Glaubwürdigkeit der Medien und den neuen US-Präsidenten Donald Trump zu diskutieren. Vor laufenden Kameras habe ich dort erklärt, die Terroranschläge vom 11. September 2001 und der Einsturz von WTC7 seien nicht geklärt. SRF-Journalist Roger Schawinski, der auch an der Sendung teilnahm, hat mich daraufhin umgehend als »Verschwörungstheoretiker« diffamiert. Auch SRF-Moderator Jonas Projer versuchte, mich zu diskreditieren, und zeigte in der Sendung private E-Mails von mir, ohne zuvor meine Einwilligung eingeholt zu haben.

Sehr viele Fernsehzuschauer erkannten, dass ich in der Sendung unfair angegriffen wurde. Die Sendung löste eine Rekordzahl an Beschwerden aus. »492 Beanstandungen sind gegen die Arena-Sendung eingegangen – das ist die höchste Anzahl, seit es die Ombudsstelle gibt«, erklärte Roger Blum, der Ombudsmann der SRG. »Ausnahmslos alle Beanstandungen fallen zugunsten des Gastes, Daniele Ganser«, aus.[18]

Die Universität St. Gallen verlängert 2018 meinen Lehrauftrag nicht

Der Tumult in der Sendung Arena hatte für mich unangenehme Folgen. Denn nun begannen verschiedene Medien, auf die Universität St. Gallen Druck auszuüben. Einige Journalisten forderten meine Entlassung, weil meine Forschung zu WTC7 eine »Verschwörungstheorie« sei. Auch im Eintrag zu meiner Person im Online-Lexikon *Wikipedia* hieß es, ich verbreite Verschwörungstheorien. Diese absurde Behauptung habe ich zurückgewiesen und erklärte gegenüber dem *St. Galler Tagblatt*: »WTC7 ist ein Denkverbot, kaum jemand traut sich in der Schweizer Wissenschaft, dieses Thema genau zu untersuchen.«[19]

Der Druck der Medien auf die Universität St. Gallen wurde aber dadurch nicht kleiner. »Forschungsfreiheit ist ein hohes Gut. Doch wie frei sind Schweizer Forscher, wenn es um geopolitisch brisante Themen geht?«, fragte *Swiss Propaganda Research* nach dem Eklat in der Arena-Sendung. Der inzwischen emeritierte ETH-Professor Albert Stahel erklärte, man habe auch auf ihn Druck ausgeübt, nachdem er zusammen mit mir öffentlich Fragen zu 9/11 gestellt hatte: »Mir persönlich wurde sogar gesagt, es gibt Fragen, die darf man im Zusammenhang mit 9/11 nicht stellen. Es war fast eine Art Diffamierungskampagne«, so Stahel. »Man hat angefangen, uns beide auf breiter Front zu diffamieren.«[20]

Für die Universität St. Gallen war der ganze Druck der Medien zu viel. Nachdem die Universität zuerst noch das Prinzip der Forschungsfreiheit verteidigt hatte, teilte mir mein Vorgesetzter Geschichtsprofessor Caspar Hirschi im Frühling 2018 mit, dass mein Lehrauftrag nicht verlängert werde. Seither unterrichte ich nicht mehr an der Universität St. Gallen und bin an keiner Schweizer Universität mehr tätig.[21]

Über die Jahre ist mir klar geworden, dass, wer in der Schweiz 9/11 untersucht, seine wissenschaftliche Karriere ruiniert. Zum Glück hatte ich schon 2011 unter dem Namen *Swiss Institute for Peace and Energy Research* (SIPER) in Basel mein eigenes kleines Institut gegründet. Das Institut ist unabhängig und nicht Teil der

Universität Basel. Ich schreibe Bücher und halte Vorträge. Die Menschen, die Tickets für meine öffentlichen Vorträge erwerben und meine Bücher kaufen, finanzieren mein Institut. Dadurch bin ich auch jetzt, während ich diese Zeilen im Jahr 2020 schreibe, völlig frei und unabhängig.

Das abrupte Ende meiner langjährigen Zusammenarbeit mit der Universität St. Gallen fiel auch dem Studentenmagazin *Prisma* auf. Ein engagierter Student suchte mich auf und fragte, wie ich denn den Zustand der Schweizer Universitätslandschaft beschreiben würde? Ich antwortete so: »Die Studenten habe ich als sehr wach erlebt und ich hatte an allen Orten gute Kollegen aus dem Kreis der Dozenten. Die Schweizer Unis leisten sehr viel gute Arbeit. Sobald man aber 9/11 in Frage stellt, also nicht die offizielle Version vom damaligen Präsidenten Bush akzeptiert, gerät man unter massiven Druck. Das kommt einem Forschungsverbot gleich. Das finde ich sehr schade. Man sollte auch in der Schweiz zu 9/11 frei forschen und kommunizieren können.«[22]

Die Untersuchung der Universität Alaska Fairbanks aus 2020

Inzwischen lief die 9/11-Forschung in den USA weiter. Nachdem der Kean-Bericht aus dem Jahr 2004 den Einsturz von WTC7 vertuscht hatte und der NIST-Bericht von Sunder im Jahr 2008 die wenig glaubwürdige Erklärung mit dem Feuer verbreitet hatte, nahm sich der US-Bauingenieur Dr. Leroy Hulsey von der Universität Alaska Fairbanks (UAF) des Themas WTC7 an. Am 3. September 2019 publizierte Hulsey eine 114 Seiten lange, fundierte Studie zum Einsturz von WTC7, welche von der Gruppe Architects & Engineers for 9/11 Truth und deren Präsident Richard Gage in Auftrag gegeben worden war. Hulsey arbeitete sehr transparent und lud alle Wissenschaftler weltweit ein, seinen Bericht zu lesen und ihm Feedbacks zu geben.

Ein halbes Jahr später, am 25. März 2020, präsentierte Hulsey seine Abschlussstudie. Die Hulsey-Studie kam nach vier Jahren Untersuchung zu einem klaren und eindeutigen Ergebnis: »Feuer hat den Einsturz von WTC7 nicht verursacht. Der Einsturz des Gebäudes kann nur durch das praktisch gleichzeitige Versagen aller Säulen erklärt werden«, so der Bericht. Obschon das Wort »Sprengung« im Bericht nirgends vorkommt, ist der Befund von Hulsey eindeutig und überzeugend: WTC7 wurde gesprengt.[23]

Dieses neue Forschungsergebnis ist eine Sensation. Der Hulsey-Bericht bestätigt, was mir in der Schweiz im Jahr 2006 die erfahrenen ETH-Professoren für Baustatik und Konstruktion Jörg Schneider und Hugo Bachmann gesagt hatten: Das WTC7 wurde gesprengt. Die ganze Geschichte zum Terroranschlag vom 11. September 2001 und zu den darauf folgenden Kriegen der USA muss neu geschrieben werden.

Der Hulsey-Bericht zeigt überzeugend, dass Stahlträger A2001 niemals von der Säule 79 abrutschen konnte, das war nicht möglich. Der Träger war fest verschraubt, und auch Feuer konnten ihn nicht aus seiner Halterung schieben. Dies wiederum bedeutet, dass Säule 79 niemals frei stand, wie das NIST noch 2008 behauptet hatte. Auch die Säulen 80 und 81 wurden nicht durch Feuer zerstört, dies konnte der Bauingenieur Hulsey mit umfangreichen Tests nachweisen. »Die Säulen 79, 80 und 81 haben nicht versagt auf den tieferen Stockwerken des Gebäudes, wie das NIST behauptet«, erklärt Hulsey. Damit aber entfällt die von NIST präsentierte Ursache für den Einsturz des ganzen Gebäudes. Feuer kann nicht der Grund für den Einsturz dieses Hochhauses gewesen sein. WTC7 wurde gesprengt.[24]

Auch US-Architekt Richard Gage erkannte, dass Feuer den Einsturz von WTC7 nicht erklären kann. Zusammen mit mehr als 3 000 Architekten und Ingenieuren fordert Gage seit Jahren eine neue 9/11-Untersuchung. »WTC 7 fiel wie ein Stein im freien Fall symmetrisch«, so Gage gegenüber dem Fernsehsender CSPAN. »Die Ursache kann kein Bürobrand gewesen sein, obschon das NIST dies behauptet. Alle 81 Säulen müssen gleichzeitig ihre Stabilität verloren haben.« Die Feuer im WTC7 waren klein. Es hat in anderen Wolkenkratzern in anderen Städten viel heißere und größere Feuer gegeben, die länger brannten, und trotzdem sind diese Gebäude nicht eingestürzt.[25]

Persönlich bin ich davon überzeugt, dass die kritische Forschung zu 9/11 nicht aufgehalten werden kann. Es wird immer wieder mutige Menschen geben, welche die richtigen Fragen stellen und mutig nach Antworten suchen. Die neue Frage, die jetzt im Raum steht, lautet: Wer hat WTC7 gesprengt? Die Antwort auf diese Frage wissen wir derzeit nicht.

Der globale Krieg gegen Assange, Dissens und den Journalismus

John Pilger interviewt von Dennis J. Bernstein und Randy Credico

In diesem umfangreichen Interview[1] spricht John Pilger mit Dennis J. Bernstein[2] und Randy Credico[3] über die Verfolgung von Julian Assange und die rasante Niederschlagung des investigativen Journalismus. Sie sprechen darüber, was mit Pilgers Freund und Kollegen, dem Gründer und Herausgeber von WikiLeaks, passiert und dass seine Verfolgung der Anfang vom Ende des modernen investigativen Journalismus sein könnte. Seit Assanges medienwirksamer Verhaftung und Einkerkerung in ein Hochsicherheitsgefängnis aufgrund einer Kautionsanklage wurden Journalisten und Informanten verfolgt, verhaftet, ihre Dokumente und Festplatten in den USA, Frankreich, Großbritannien und Australien beschlagnahmt.

Bernstein: Schön, wieder mit dir zu sprechen, John. Was mit Julian Assange passiert, aber auch in Zukunft mit dem Journalismus, ist äußerst beunruhigend. Jetzt haben wir spektakuläre Überfälle auf Journalisten in Australien, Frankreich und hier in den USA in San Francisco gesehen, wo die Polizei einen Reporter in Handschellen legte, während sie sein Haus durchsuchte und seine Festplatte beschlagnahmte. Wir wissen, dass für Julian Assange die Hochsicherheitsstufe gilt und dass Chelsea Manning ebenfalls weggesperrt ist. Dies sind schreckliche Zeiten für den offenen Informationsaustausch.

Pilger: Nun, es geschieht jetzt auf der ganzen Welt und sicherlich auch auf dem Teil der Welt, der sich selbst als erleuchtet betrachtet. Wir sehen die Schikanen von Informanten und Journalisten, die die Wahrheit sagen. Es gibt einen globalen Krieg gegen den Journalismus.

Mehr noch, es gibt einen globalen Krieg gegen Dissens. Die Geschwindigkeit, mit der sich diese Vorfälle ereignet haben, ist seit dem 11. April 2019, als Julian Assange von der Polizei aus der ecuadorianischen Botschaft in London gezerrt wurde, recht bemerkenswert. Seitdem hat sich die Polizei gegen Journalisten in den Vereinigten Staaten, in Australien, spektakulär in Lateinamerika, gerichtet. Es ist, als hätte jemand eine grüne Flagge geschwenkt.

Credico: Ich habe inzwischen gedacht, Assange wäre draußen. Hast du an diesem Punkt nicht gedacht, dass er aus der schrecklichen Situation herauskommen würde, in der er sich befand, als ich ihn vor zwei Jahren das letzte Mal sah?

Pilger: Ich zögere, ein Futurist zu sein. Ich dachte, es wäre ein politischer Deal zustande gekommen. Rückblickend war das äußerst naiv, denn genau das Gegenteil war für Julian Assange geplant. Es gibt nun einen Assange-Präzidenzfall auf der ganzen Welt. In Australien gab es eine Razzia gegen den öffentlich-rechtlichen Sender, die Australian Broadcasting Corporation, bei der die Bundespolizei mit Haftbefehlen einmarschierte. Sie hatten die Befugnis, das Material von Journalisten zu löschen, zu ändern und anzupassen. Es war einer der eklatantesten Angriffe auf die journalistische Freiheit und sogar auf die Meinungsfreiheit, an die ich mich erinnern kann. Wir sahen, wie sogar Rupert Murdochs Nachrichtenagentur angegriffen wurde.

Der politische Redakteur einer von Murdochs Zeitungen, The Sunday Telegraph, beobachtete, wie die Nachichtenagentur geplündert wurde und alle persönlichen Gegenstände, intime Gegenstände, durchwühlt wurden. Die Agentur hatte berichtet, in welchem Ausmaß die australische Regierung offiziell Australier ausspioniert hatte. Ähnliches ist in Frankreich geschehen, wo Macrons Polizei gegen Journalisten der Zeitschrift Disclose vorgegangen ist.

Assange sagte dies voraus, während er schikaniert und verleumdet wurde. Er sagte, dass sich die Welt verändert und dass sogenannte liberale Demokratien zu Autokratien werden. Eine Demokratie, die ihre Polizei gegen Journalisten einsetzt und deren Notizen und Festplatten mitnimmt, nur weil diese Journalisten das enthüllt haben, von dem die Regierungen nicht wollen, dass die Menschen es erfahren, ist keine Demokratie.

Credico: Weißt du, John, einige der Mainstream-Medien hier in den USA, und ich schätze, auch in Großbritannien, jetzt, wo ihr Ochse möglicherweise aufgespießt wird, haben sich plötzlich zur Verteidigung von Assange geäußert, besonders was die Anwendung des Spionagegesetzes und die Sammlung von Informationen anbelangt. Ich möchte sie nicht anprangern, weil sie so lange gewartet haben. Aber warum haben sie so lange gewartet und welche Art von Hilfe können sie an dieser Stelle anbieten und was sollen sie tun, da auch sie im Fadenkreuz stehen?

Pilger: Schauen wir uns an, wer sich tatsächlich im Fadenkreuz befindet. WikiLeaks hat 2010 in Zusammenarbeit mit einer Reihe von Medienunternehmen die Kriegsprotokolle über Afghanistan und Irak gemeinsam veröffentlicht: *Der Spiegel* in Deutschland, *The New York Times*, *The Guardian* und *Espresso*. Die Mitherausgeber des irakischen Materials waren auch Al Jazeera, Le Monde, das Bureau of Investigative Journalism in London, Channel 4's »Dispatches« in London, das Iraq Body Count Projekt in Großbritannien, RUV inIsland, SVT in Schweden und so weiter.

Es gibt eine Liste einzelner Journalisten, die darüber berichteten und mit Assange zusammengearbeitet haben. Sie reflektierten seine Arbeit; sie waren Kollaborateure im wörtlichen Sinne. Ich sehe mir gerade eine Liste an: Für die *New York Times* sind das Mark Mazzetti, Jane Perlez, Eric Schmitt, Andrew W. Lehren, C. J. Chivers, Carlotta Gall, Jacob Harris, Alan McLean. Auf *The Guardian* gibt es Nick Davies, David Leigh, Declan Walsh, Simon Tisdall … und so geht es weiter. Alle diese Journalisten sind im Fadenkreuz. Ich glaube nicht, dass viele von ihnen in die katastrophale Lage geraten werden, in der Julian Assange sich befindet, weil sie keine Gefahr für das System darstellen, das gegen Assange und Chelsea Manning reagiert hat; aber sie haben auf den ersten Blick das gleiche »Verbrechen« begangen, das heißt, Dokumente veröffentlicht, die die US-Regierung nicht veröffentlichen wollte. Mit anderen Worten, sie sind genauso des Journalismus »schuldig« wie Assange.

Das gilt für Hunderte von Journalisten, wenn nicht sogar Tausende auf der ganzen Welt. Die WikiLeaks-Veröffentlichungen wurden – wenn nicht gemeinsam veröffentlicht – zumindest von Zeitungen und Zeitschriften sowie von investigativen Programmen im Fernsehen auf der ganzen Welt aufgegriffen. Das macht alle beteiligten Journalisten, alle Produzenten, alle Moderatoren, alle zu Komplizen. Und natürlich verhöhnen die Jagd auf Assange und die Einschüchterung anderer den Ersten Verfassungszusatz der US-Verfassung, der besagt, dass du jedes Recht auf Veröffentlichung hast; du hast jedes Recht, »zu veröffentlichen und verdammt zu werden«. Es ist eines der nachweisbar noblen Prinzipien der US-Verfassung, das vollständig aus dem Weg geräumt wurde. Und ich finde ironisch, dass diejenigen Journalisten, die auf Assange herabblickten und sogar behaupteten, er sei gar kein Journalist, jetzt in Deckung gehen. Assange ist nicht nur ein Journalist von höchster Qualität, sondern auch ein viel gewissenhafterer Journalist als die meisten von ihnen. Er – und sie in seinem Schatten – erledigten eine grundlegende Aufgabe des Journalismus. Deshalb nenne ich es einen globalen Krieg gegen den Journalismus, und der Präzedenzfall Julian Assange ist anders als alles, was wir bisher gesehen haben.

Bernstein: John, ich möchte dort weitermachen, wo du mit Randy aufgehört hast, und ich möchte mehr aufklären und das Verständnis der Menschen dafür vertiefen, wer Julian Assange genau ist und, wenn du so willst, welche Arbeitsweise er gewählt hat. Wie würdest du die Arbeitsweise von Julian Assange und der Menschen beschreiben, mit denen er zusammenarbeitet?

Pilger: Als ich Julian Assange zum ersten Mal traf, fragte ich ihn: »Was hat es mit WikiLeaks auf sich, was machst du hier?« Er hat das Prinzip der Transparenz sehr deutlich beschrieben. Er beschrieb sogar den Grundsatz der freien Meinungsäußerung: dass wir ein Recht darauf haben. […] Er hat nicht gesagt, dass es ein Recht gibt, Menschen zu gefährden. Er sagte, dass wir im normalen Geschäft der liberalen Demokratien ein Recht darauf haben zu erfahren, was unsere Regierungen in unserem Namen für uns tun, manchmal konspirativ gegen uns. Wir haben das Recht, die Wahrheit zu erfahren, die sie privat äußern und die für die Öffentlichkeit so oft in Unwahrheit umgeschrieben wird. Diese Transparenz, so sagte er, sei ein moralisches Prinzip. Das ist das »Warum« von WikiLeaks. Er glaubt leidenschaftlich daran. Das sollte natürlich bei jedem authentischen Journalisten ankommen, denn das ist es, was wir alle glauben sollten. Der Fall Assange hat uns gezeigt, dass dieser Krieg gegen den Journalismus, dieser Krieg gegen den Dissens noch nicht in die politische Blutbahn gelangt ist. […]

Bernstein: Was sagt es uns, wenn Julian Assange und Chelsea Manning, ein Publizist und einer der bedeutendsten militärischen Informanten unserer Zeit, im Gefängnis sitzen und eingesperrt sind?

Pilger: Sie wollen Julian Assange in die Finger bekommen, weil er seine Quelle geschützt hat, und sie wollen Chelsea Manning in die Finger bekommen, weil sie sich als Quelle geweigert hat, über Julian Assange zu lügen. Sie hat sich geweigert, ihn zu belasten. Sie weigert sich zu sagen, dass es eine Verschwörung zwischen ihnen gibt. Diese beiden veranschaulichen das Beste, was die Moderne an Wahrheitsbekenntnissen zu bieten hat. Sie haben uns um Menschen wie Assange und Chelsea Manning beraubt.

Ja, es gab einige gute investigative Berichte und Enthüllungen, aber wir müssen auf das Kaliber von Daniel Ellsberg zurückgreifen, um zu würdigen, was Chelsea und Julian, diese beiden heroischen Figuren, uns gegeben haben und warum sie verfolgt werden.

Wenn wir ihre Verfolgung zulassen, geht so viel verloren. Die Einschüchterung und Unterdrückung wird auf unser aller Leben wirken. In den Medien, die Assange einst beschimpft haben, spüre ich Angst. Du liest einige der Leitartikel derjenigen, die einst Julian Assange angegriffen und beschmutzt haben, wie in The Guardian, und du siehst ihre Angst, dass sie die Nächsten sein könnten. Sie lesen berühmte Kolumnisten wie Katie Benner in der *New York Times*, die Assange angegriffen haben und nun alle Journalisten durch seine Peiniger bedroht sehen. Dasselbe gilt für David Corn von Mother Jones, der jetzt eine Bedrohung für den gesamten Journalismus sieht. Sie haben berechtigte Angst.

Credico: Weshalb fürchteten sie Assange? Dass er weiterhin an neuen Wegen der Enthüllung gearbeitet hätte? Warum haben sie solche Angst vor Assange?

Pilger: Nun, ich denke, sie waren besorgt – sind besorgt –, dass unter den zwei Millionen Menschen in den USA mit einer nationalen Sicherheitsfreigabe sich auch Menschen befinden, die Assange als »Kriegsdienstverweigerer« bezeichnet hat. Ich habe ihn einmal gebeten, die Leute zu charakterisieren, die WikiLeaks benutzen, um wichtige Informationen zu veröffentlichen. Er verglich sie mit den Kriegsdienstverweigerern aus Gewissensgründen in Kriegszeiten, Menschen mit Prinzipien und mit Friedensgedanken, und ich denke, das ist eine ziemlich treffende Beschreibung. Die Behörden sind besorgt, dass es da draußen einige Chelseas gibt. Vielleicht nicht ganz so mutig oder mutig wie Chelsea. Aber wer könnte anfangen, Informationen zu veröffentlichen, die das gesamte kriegerische System untergraben?

Credico: Ja, ich habe vor etwa anderthalb Jahren, als ich in London war, mit Julian über seinen Versuch gesprochen, einen Vergleich mit Antebellum South aus der Mitte des 19. Jahrhunderts und Journalisten wie Elijah Lovejoy und David Walker zu ziehen. Beide wurden ermordet, weil sie die Brutalität und das Schicksal der Sklaverei enthüllt hatten. Ich sagte: »Weißt du, wir müssen anfangen, dich in dieses Licht zu setzen.« Er antwortete: »Weißt du, es gibt einen großen Unterschied, Randy. Diese Jungs hatten nur eine Seite zu bewältigen: die Menschen im Süden und einige Kollaborateure in New York, die Teil des Baumwollhandels waren. Aber der Rest im Norden stand ziemlich genau auf der Seite der Abolitionisten. Ich habe die

Kriegsverbrechen aufgedeckt und die Konservativen verärgert. Und dann habe ich das Fehlverhalten der Demokratischen Partei enthüllt. Also, ich ziele auf alle. Ich schließe niemanden aus, also trifft das nicht auf mich zu.«

Und genau das ist hier passiert. Ich war neulich bei einer Demonstration, ein kleiner Protest für Assange vor der britischen Botschaft, und nur ein halbes Dutzend Menschen war dort, ein paar mehr in der vergangenen Woche. Er erzeugt bisher nicht diese Art von Interesse. Und du hast Leute, die sagten: »Assange ist ein Verräter.« Ich meine, sie sind so desinformiert, und ich möchte auf das Zitat zurückkommen, als du Vandana Shiva in deinem Buch »Freedom Next Time«[4] zitiert hast. Sie sprach von dem »Aufstand des unterjochten Wissens«, kannst du darüber etwas sagen?

Pilger: Vandana Shiva ist die große indische Umweltschützerin und politische Aktivistin, deren Bücher über die Bedrohung durch die Monokultur Meilensteine sind, insbesondere die Bedrohung durch die multinationalen Agrarkonzerne, die sich gefährdeten, ländlichen Gesellschaften wie Indien aufdrängen. Sie beschrieb einen »Aufstand des unterjochten Wissens«. Das ist eine schöne Binsenweisheit. Ich habe lange Zeit geglaubt, dass die Wahrheit in einer metaphorisch unterirdischen Welt liegt. Darum geht das ganze Getöse: der Lärm der akkreditierten Politiker, der Lärm der akkreditierten Medien, derjenigen, die für die Unteren zu sprechen scheinen. Ab und zu tauchen diejenigen, die die Wahrheit sagen, von unten auf. Nehmen wir den australischen Kriegsberichterstatter Wilfred Burchett, der nach dem Atombombenangriff als Erster Hiroshima erreichte. Sein Bericht erschien auf der Titelseite seiner Zeitung The Daily Express in London. Dort stand: »Ich schreibe dies als Warnung an die Welt.« Er warnte vor Atomwaffen. Alles wurde über Burchett ausgeschüttet, um ihn zu verleumden und zu diskreditieren. Der Korrespondent der *New York Times* führte das Ganze an.

Derselbe Korrespondent bestreitet, dass Menschen unter den Auswirkungen der Radioaktivität leiden, und behauptet, sie seien ausschließlich aufgrund der Explosion gestorben. Später stellte sich heraus, dass er mit den US-Behörden im Bett lag. Wilfred Burchett litt die meiste Zeit seiner Karriere unter Verleumdungen. Das gilt für alle Whistleblower – für diejenigen, die sich von dem, was sie entdeckt haben, betroffen fühlen, vielleicht in einem Unternehmen, für das sie arbeiten, oder innerhalb einer Regierung. Sie glauben, dass die Öffentlichkeit ein Recht darauf hat, die Wahrheit zu erfahren.

The Guardian, der Julian Assange mit solcher Boshaftigkeit angegriffen hatte, während er einer der Medienpartner von WikiLeaks war, veröffentlichte bereits in den 1980er-Jahren Enthüllungen eines Beamten des Auswärtigen Amtes. Dieser hatte ihnen die Pläne der USA zur Installation von Mittelstrecken-Cruise-Missiles in Europa zugeschickt. The Guardian veröffentlichte dies und wurde dafür gebührend als Enthüllungs-Zeitung mit Prinzipien gelobt. Aber als die Regierung vor Gericht ging und ein Richter die Zeitung aufforderte, die Dokumente auszuhändigen, die offenbart hätten, wer der Informant war, verriet die Zeitung ihre Quelle. Stattdessen hätten sich die Redakteure für das Prinzip einzusetzen und sagen sollen: »Nein, ich werde meine Quelle nicht preisgeben.« Die Quelle war Sarah Tisdall und sie kam deshalb ins Gefängnis. Also müssen Informanten außergewöhnlich mutige, heldenhafte Menschen sein. Wenn man Julian Assange und Chelsea Manning ansieht, ist es, als ob ihnen die ganze Härte des amerikanischen nationalen Sicherheitsstaates, unterstützt von seinen sogenannten Verbündeten, aufgezwungen wurde. Julian stellt ein Exempel dar, das sie statuieren müssen. Wenn sie kein Exempel an Julian Assange statuieren, könnten Journalisten sogar ermutigt werden, ihre Arbeit zu tun, und dieser Job bedeutet, der Öffentlichkeit das zu sagen, worauf sie ein Anrecht hat.

Credico: Sehr gut gesagt. In deinem Vorwort oder deiner Einleitung zu deinem Buch *Freedom Next Time* zitierst du auch Harold Pinter und seine Nobelpreisrede. In dieser sprach er über den riesigen Lügenteppich, mit dem wir abgespeist werden. Er fuhr fort und sagte, dass amerikanische Verbrechen oberflächlich aufgezeichnet, geschweige denn dokumentiert und geschweige denn anerkannt wurden. Julian Assange ist aus diesem Muster ausgebrochen, großartig, und er hat Kriegsverbrechen der USA und die vom Außenministerium begangenen Betrügereien aufgedeckt. Du sprichst den großen Einfluss von Harold Pinter an.

Pilger: Ja, ich empfehle den Zuhörern die Nobelpreis-Rede von Harold Pinter[5], [...]. Sie ist ein großartiges und eloquentes Zeugnis dafür, wie und warum die Wahrheit gesagt werden sollte und warum wir keine politische Doppelmoral mehr dulden sollten. Harold Pinter verglich unsere Sichtweise auf die Sowjetunion und die Verbrechen Stalins mit den Verbrechen Amerikas. Er sagte, der Hauptunterschied sei, dass wir über das Ausmaß der Verbrechen Stalins Bescheid wüssten und wenig über die Verbrechen Washingtons. Er sagte, dass ein riesiges Schweigen unsere Verbrechen umhüllt – wenn ich sage, »unsere Verbrechen«, meine ich die der Vereinigten Staaten. Das bedeute, wie er in Erinnerung brachte: »Diese Verbrechen sind nicht passiert, sie sind nicht einmal passiert, als sie stattfanden, sie waren von keinem Interesse, sie waren nicht wichtig.«

Wir müssen uns von diesen Doppelstandards befreien, sicherlich. Wir erlebten gerade eine salbungsvolle Feier des 6. Juni, des D-Day's. Das war eine außergewöhnliche Invasion, an der viele Soldaten teilnahmen und ihr Leben beendeten. Aber sie führte nicht zum Sieg. Die Sowjetunion gewann tatsächlich den Krieg, aber die Russen waren auf der Feier nicht einmal vertreten, wurden nicht eingeladen oder erwähnt. Es ist nichts passiert, wie Pinter sagen würde. Das spielte keine Rolle. Aber Donald Trump war da und hielt der Welt Vorträge über Krieg und Frieden, eine wirklich grausame Satire. Dieses Schweigen, diese Auslassungen, laufen quer durch unsere Zeitung [...] als ob es der Wahrheit entspräche, aber das ist nicht der Fall.

Bernstein: Ich möchte mit Wilfred Burchett die Konsequenzen und das enorme Verantwortungsbewusstsein dieser großen Journalisten aufgreifen. [...] Ich denke, sie mussten Wilfred Burchett abschalten, weil das ein Türöffner dafür gewesen wäre, wie gefährlich Atomwaffen und Atomenergie sind, und so den Mythos vom friedlichen Atom zerstört hätte.

Pilger: Das ist sehr wahr, Dennis, und es hat auch die moralischen Pläne des »Guten Krieges« untergraben, des Zweiten Weltkriegs, der mit diesen beiden großen Verbrechen endete: dem Atombombenangriff auf Hiroshima und Nagasaki, nachdem Japan keine Bedrohung mehr darstellte. Glaubwürdige Historiker erzählen uns heute nicht mehr die Märchen, dass diese Atombomben zur Beendigung des Krieges gebraucht wurden. Damit ist die große moralische Mission des Krieges in vielerlei Hinsicht zerstört.

Nicht nur das. Mit der Bombardierung wurde klar, dass ein neuer Krieg begann, ein »Kalter Krieg«. Dieser hätte sehr schnell zu einem »heißen Krieg« mit der Sowjetunion werden können. Und es bedeutete, »wir« – die Vereinigten Staaten und ihre Verbündeten wie Großbritannien – hatten Atomwaffen und wir sind bereit, sie zu benutzen. Das ist der Schlüssel: Wir sind bereit, sie einzusetzen. Und die Vereinigten Staaten sind das einzige Land, das sie jemals gegen ein anderes Land eingesetzt hat.

Natürlich wurden sie dann im gesamten Gebiet der Vereinten Nationen getestet, das von den Vereinten Nationen auf den Marshallinseln treuhänderisch verwaltet werden sollte. Dadurch wurden über einen Zeitraum von 12 Jahren viele Hiroshimas ausgelöst. Damals wussten wir nichts davon. Und wie viel wissen wir derzeit über die Entwicklung nuklearer Sprengköpfe, die Präsident Obama auf den Weg gebracht und dafür etwa eine Billion Dollar zugesagt hat, die Präsident Trump sicherlich fortgesetzt hat. Und jene Verträge, die eine fragile Absicherung gegen den nuklearen Holocaust boten, Verträge mit der Sowjetunion, wie der von dieser Regierung zerschlagene Vertrag über Mittelstreckenwaffen. Eines führt zum anderen. Das ist die Wahrheit.

Bernstein: Ich möchte noch einmal darauf zurückkommen und die Bürger an die Struktur erinnern, die Julian Assange bei WikiLeaks geschaffen hat, um Informanten zu schützen. Dies ist entscheidend, weil wir jetzt gesehen haben, dass andere Journalisten etwas nachlässiger sind, und wir sehen, dass Quellen aufgespürt, verhaftet werden sowie mit hohen Gefängnisstrafen rechnen müssen. Auch denke ich, dass Julian Assange die Whistleblower auf diese Weise ehrte, indem er sie beschützte. Dies ist ein entscheidender Teil dessen, wer er ist und was er getan hat.

Pilger: Er erfand ein System, bei dem es unmöglich war zu sagen, wer die Quelle war, und es erlaubte den Menschen, einen Briefkasten zu benutzen, um Material durchsickern zu lassen, ohne dass ihre Identität preisgegeben wurde. Das WikiLeaks-System bietet ihnen diesen Schutz. Wahrscheinlich bringt genau dieses System diejenigen so in Rage, die ihn verfolgen. Menschen in Regierungen, in Unternehmen, die einen Gewissen haben und in Schwierigkeiten sind, verfügen damit über die Möglichkeit, sich gegenüber der Welt zu äußern, ohne dass ihre Identität aufgedeckt wird – ähnlich wie Chelsea Manning über das berichtete, was sie sah und zutiefst betroffen machte. Leider hat Chelsea ihre Identität jemandem offenbart, der sie verraten hat. Assanges System ist ein beispielloses Verfahren, um die Wahrheit herauszubekommen.

Bernstein: John, bitte erzähle uns von deinem jüngsten Besuch bei Assange im Belmarsh Hochsicherheitsgefängnis in Großbritannien. Wie geht es ihm?

Pilger: Ich möchte eine Sache über Julian persönlich sagen. Ich sah Julian im Gefängnis von Belmarsh und bekam ein klares Gefühl dafür, was er ertragen musste. Ich sah seine Widerstandsfähigkeit und seinen Mut, die ich seit vielen Jahren kenne; aber jetzt geht es ihm nicht mehr gut. Der Druck auf ihn ist unvorstellbar; die meisten von uns hätten sich darunter gebeugt. Hier geht es also um die Gerechtigkeit für diesen Mann und das, was er zu tun hatte; nicht nur um die Lügen, die in der Botschaft über ihn erzählt wurden, und um die Lügen, die eine vollständige Ermordung seines Charakters anstrebten. Die sogenannten seriösen Medien von der *New York Times* bis zum *Guardian*, haben alle in den Schlamm gegriffen und ihn damit beworfen. Heute ist er ein sehr verletzlicher Mensch, und ich möchte Ihren Zuhörern sagen: Er braucht deine Unterstützung und Solidarität. Mehr als das, er verdient sie.

Bernstein: Sag ein wenig mehr über die Bedingungen dort und warum es so wichtig ist, dass sie ihn für ein Jahr in einem solchen Gefängnis einsperren wollen.

Pilger: Ich nehme an, wegen der Bedrohung, die er darstellt. Selbst wenn Julian weggesperrt ist, geht WikiLeaks weiter. Das ist ein Hochsicherheitsgefängnis. Jeder, der nur wegen eines Kautionsverstoßes einsitzt, wäre nicht wie er zu 50 Wochen verurteilt worden. Er hätte vielleicht eine Geldstrafe und bestenfalls einen Monat erhalten, aber natürlich ist das jetzt in eine Auslieferung umgewandelt worden, ein Fall mit all diesen lächerlichen Anklagen, die aus der Anklage in Virginia stammen. Aber Julian ist als Mensch, was mir immer aufgefallen ist, das diametrale Gegenteil von dem, wie viele seiner Kritiker ihn darstellen. Er hat einen scharfen Verstand, also ist er klug. Er ist auch gnädig und sehr lustig. Er und ich lachen oft. Wir lachten sogar, als ich ihn das letzte Mal in der Botschaft sah, mit Kameras im ganzen Raum. Das konnte man daran erkennen, wie wir Notizen austauschten und abdecken mussten, was wir auf dem Block schrieben. Er schaffte es, darüber zu lachen. Er besitzt also einen trockenen, fast schwarzen Humor und er ist ein sehr leidenschaftlicher Mensch, aber seine Widerstandsfähigkeit hat mich immer wieder erstaunt. Ich habe versucht, mich in seine Lage hineinzuversetzen, und es gelang mir nicht. Als ich ihn im Gefängnis traf und wir uns gegenübersitzen mussten, war ich dort mit ein paar anderen Leuten. Nur um ihm nahe zu sein, ging eine aus unserer Gruppe um den Tisch herum. Da wurde ihr von einem Wächter gesagt, sie solle zurückgehen. Das muss jemand ertragen, der kein Verbrechen begangen hat, denn er hat das Verbrechen des Journalismus begangen.

Nachtrag

Für seine »Drecksarbeit« wird der Oscar- und Emmy-Preisträger John Pilger von Journalisten und Verlegern auf der ganzen Welt gefeiert und geehrt. Bereits in seinen zwanziger Jahren erhielt Pilger als jüngster Journalist die höchste britische Auszeichnung für Journalismus: »Journalist of the Year«. Zudem war er der erste, der die Auszeichnung zweimal gewann. Er verzog in die Vereinigten Staaten und berichtete über die dortigen Umbrüche in den späten 1960er- und 1970er-Jahren. Pilger befand sich im selben Raum, als der Präsidentschaftskandidat Robert Kennedy im Juni 1968 ermordet wurde.

Seine Reportagen in Südostasien und sein Dokumentarfilm *Year Zero: the Silent Death of Cambodia*[6] brachten den Menschen in Kambodscha fast 50 Millionen Dollar ein. Sein Dokumentarfilm und seine Berichte 1994 aus Osttimor[7], wo er undercover reiste und das damals von Indonesien besetzt war, trugen dazu bei, Unterstützung für die Osttimoresen zu gewinnen. In Großbritannien führte seine vierjährige Untersuchung zu einer Sonderregelung für die Kinder, die bei der Geburt durch das Medikament Thalidomid[8] geschädigt und aus dem Vergleich mit dem Pharmaunternehmen ausgeschlossen wurden. Im Jahr 2009 erhielt er den australischen Menschenrechtspreis, den Sydney Peace Prize. Universitäten in Großbritannien und im Ausland verliehen ihm die Ehrendoktorwürde. Im Jahr 2017 kündigte die British Library an, ein John Pilger Archive mit all seinen schriftlichen und filmischen Arbeiten anzulegen.

Al-Jazeera und der Syrienkrieg – Fake ist nicht Fake genug. Innenansichten eines ehemaligen Al-Jazeera-Journalisten

Aktham Suliman

Die Entstehungsgeschichte des arabischen Nachrichtensenders Al-Jazeera war zweifellos märchenhaft. Der vom Emir von Katar finanzierte Sender sollte der Stimme der Araber in einer westlich dominierten Medienwelt Gehör verschaffen. Doch die Geschichte, die Mitte der 1990er-Jahre verheißungsvoll begann, endete nicht nur für den Autor, sondern auch für viele andere arabische Journalisten und Millionen Zuschauer mit einem bösen Erwachen. Leider entpuppte sich der von Arabern lang ersehnte, eigene, authentische, unabhängige und professionelle Sender innerhalb nur weniger Jahre als ein weiterer Propaganda-Sender, der sich mittlerweile intern kaum von staatlichen arabischen Sendern und nach außen nur wenig von westlichen Mainstream-Medien unterscheidet. Dies gilt vor allem in Bezug auf die Berichterstattung über die Kriege in Syrien und Libyen.

Wenige Tage nach der Berliner Libyen-Konferenz vom 19. Januar 2020, die alle internationalen und regionalen Akteure zu einem gemeinsamen Vorgehen bei der Suche nach einer Lösung für den seit 2011 andauernden Konflikt in dem nordafrikanischen Land bewegen sollte, warf der französische Präsident Emmanuel Macron Ende Januar 2020 der Türkei erneut vor, gegen die Vereinbarung der Konferenz zu verstoßen. »In den letzten Tagen – in den letzten Tagen! – haben wir gesehen, wie türkische Schiffe in Begleitung von syrischen Söldnern auf libyschem Boden eintrafen«, sagte er im Anschluss an ein Treffen mit dem griechischen Ministerpräsidenten Kyriakos Mitsotakis in Paris.[1]

Nur einige Wochen zuvor, Ende November 2019, hatten Abgeordnete der Linkspartei vor dem Hintergrund des türkischen Einmarschs in Nordsyrien im deutschen Bundestag eine »Kleine Anfrage« an die Bundesregierung adressiert. In dieser listeten sie Fragen nach Berichten über schwere Menschenrechtsverletzungen und Kriegsverbrechen auf, die von der Türkei unterstützte »syrische bewaffnete Gruppen«, darunter die sogenannte Syrische Nationale Armee, begangen haben sollten. Außerdem fragten sie nach der Verbindung dieser Gruppen zum sogenannten Islamischen Staat (IS) und zu »Hayat Tahrir al-Sham« (HTS), ehemals »al-Nusra-Front«, beziehungsweise zum Al-Qaida-Ableger in Syrien.[2] Syrische »Söldner«? Türkisch unterstützte »Syrische Nationale Armee« und »bewaffnete Gruppen« mit Verbindungen zum IS und zur Dschihadistengruppe HTS? Plötzlich treten neue negativ besetzte sprachliche Varianten an die Stelle eines alten positiv besetzten Begriffs aus dem Jahr 2011: die »Freie Syrische Armee« (FSA). Diese gab es in der Realität niemals, sie war und blieb bestenfalls eine Erfindung der Medien. Zumindest nach der korrekten Definition einer Armee, sprich eines unter einheitlicher Führung eines Armeeoberkommandos stehenden und großen Truppenkörpers mit klarer Struktur und Hierarchie. Patentinhaber dieser in einem komplexen Verfahren herbeigezauberten »Medienarmee« ist der Al-Jazeera-Nachrichtensender aus Katar.

Hebamme einer ganzen »Armee«

Als sich Al-Jazeera-Korrespondenten und -Büroleiter im März 2012 auf einem Routine-Meeting in der Zentrale des bekanntesten arabischen Fernsehsenders in der katarischen Hauptstadt Doha trafen, machten sie sich über dieses neue »Patent« lustig. »Ich bin der Korrespondent von Al-Jazeera im Land XY, der 5. Brigade des Senders angehörig und das ist mein Journalistenausweis«, sagte einer plötzlich unter Gelächter der Kollegen und hielt mit ausgestrecktem Arm seinen Ausweis nach vorne, wie vor eine imaginäre Kamera, die auf diesen zoomen und die Identität festhalten und deren Echtheit belegen sollte. Derjenige fuhr dann fort: »Ich erkläre hiermit meine

Abspaltung vom Al-Jazeera-Sender und gebe meinen Beschluss bekannt, mich dem freien Al-Jazeera-Sender anzuschließen.«

Danach lautes Lachen, Klatschen und Allahu-Akbar-Rufe der Kollegen. Ein gelungener lustiger Streich, wenn die Lage nicht so todernst gewesen wäre. Denn dies war nichts anderes als eine kaum mehr latente Kritik an dem eigenen Sender und seinem mit dem sogenannten Arabischen Frühling einhergehenden endgültigen Abschied von den üblichen journalistischen Standards. Beim imitierten Original, das in den Monaten zuvor auf dem Al-Jazeera-Bildschirm zu sehen war, handelte es sich jedenfalls nicht um harmlose, desertierende kameraerfahrene Korrespondenten, die sich von irgendwelchen Sendern abspalteten. Ganz im Gegenteil: Die Bilder zeigten vermeintliche Soldaten und Offiziere, die samt ihren Waffen angeblich ab Sommer 2011 von der offiziellen syrischen Armee zur sogenannten Freien Syrischen Armee übergelaufen waren und dabei noch genug Zeit hatten, selbstgedrehte Videos zu fertigen und im Internet zu verbreiten.

Ende Juli 2011 rief einer dieser Offiziere, Oberst Riad Musa al-Asaad, beim Regionalbüro der Nachrichtenagentur Agence France-Presse (AFP) in Nikosia auf Zypern an und gab sich als der Kommandeur der FSA aus. Außerdem gab er an, seine Truppe umfasse mehrere Hundertschaften und befinde sich im östlichen Teil Syriens.[3] Doch der besagte Anruf diente lediglich der Konkretisierung und zusätzlichen internationalen Verbreitung der neuen »Entwicklung«, sprich der militärischen Phase des Syrienkonfliktes. Bereits Anfang Juli 2011 hatte Oberst Riad al-Asaad auf Al-Jazeera seine Abspaltung von der offiziellen syrischen Armee als Protest gegen »die Repressalien der Armeeführung gegen die Zivilbevölkerung« und die Gründung der Bewegung der »Freien Offiziere« bekannt gegeben.

Was Al-Jazeera von der selbstgedrehten Originalaufnahme nicht zeigte, waren die kurzen Anschlusskommentare mehrerer sich im Raum befindlicher Personen, die Inhalt und Form der »Ansprache« als »ausgezeichnet« bewerteten. Auch ließ der Sender die Aufforderung eines türkischsprachigen Kameramanns weg, den Militärausweis von Riad al-Asaad vor der Kamera umzudrehen, um diesen beidseitig aufnehmen zu können.[4] Nein, das türkische Engagement bei und mit der FSA begann nicht erst mit dem Einmarsch türkischer Truppen samt »Syrischer Nationalarmee« in den Jahren 2016 und 2018 in den Nordwesten sowie im Jahr 2019 in den Nordosten Syriens, auch nicht erst mit dem Transport der syrischen »Söldner« in Richtung Libyen ab dem Jahr 2020.

Selbstverständlich macht eine einzige Aufnahme noch keinen »Arabischen Frühling« in Syrien – und erfindet auch keine neue Armee. Das hätte nicht einmal alleine das Hervorheben von Gestalten wie Riad al-Asaad durch längere Interviews auf Al-Jazeera geschafft. In diesen stellte er wie Ende 2011 die kühnsten Behauptungen auf, wie etwa, dass die FSA mittlerweile 15 000 Mann zähle und nur vom Gegner erbeutete Waffen besäße.[5] Wenn sich aber die entsprechenden Aufnahmen und Interviews über Monate hinweg wiederholen, diese in Zusammenhang mit Nachrichten über angeblich nach Schutz durch die FAS rufenden Demonstranten gebracht werden und sie raffiniert getarnt die Reise vom anonymen Internet auf den Bildschirm des 1996 gegründeten arabischen Al-Jazeera und des 2006 gefolgten englischen Al-Jazeera schaffen, dann entstehen nicht nur neue Armeen, sondern auch ganze Welten aus fragwürdigen Narrativen.

Al-Jazeera-Propaganda stand nach dem »Arabischen Frühling« 2011 zwar in der Tradition anderer seit dem Ende des Kalten Krieges und dem Ausbruch des Zweiten Golfkrieges 1990 – gewollt oder weniger gewollt – kriegstreibender, vor allem westlicher Medien. Nur, diesmal lief vieles, bedingt durch die technischen Entwicklungen der Zwischenzeit, über das Internet und die sozialen Netzwerke. So desertierten immer wieder vermeintlich syrische, aber auch libysche und jemenitische Soldaten, posierten vor den Kameras und stellten die Aufnahmen zunächst ins Netz. Weltnachrichtensender wie Al-Jazeera fischten diese dann ab, strahlten sie als Hauptnachricht aus und leisteten somit unter anderem der »Freien Syrischen Armee« Geburtshilfe, ohne Verantwortung für die Echtheit der Bilder und Informationen übernehmen zu müssen.

Mit der »neugeborenen Armee« wurde dann suggeriert, dass es sich in Syrien bei den gegen die Regierungstruppen kämpfenden

Gruppierungen um Einheiten desertierter Soldaten der offiziellen syrischen Armee handelt, die aus moralischen Gründen die Seite wechselten. Und während der englischsprachige Dienst von Al-Jazeera das neue Narrativ vom arabischsprachigen Dienst übernahm und dieses dann auch jenseits der Grenzen der Arabischen Welt verbreitete, kämpften zur gleichen Zeit die dschihadistischen Gruppen unbehelligt überall im Land gegen die offizielle syrische Armee. Unter ihnen Tausende junge Männer aus Tunesien, Marokko und Libyen in Nordafrika. Denn damals ging die Reise der »Söldner« in die andere Richtung: von Nordafrika nach Syrien über das NATO-Land Türkei, ohne dass irgendein westlicher Politiker, geschweige denn irgendein Medium, die Rolle der Terrordrehscheibe Türkei kritisierte oder auch nur erwähnte. Ganz anders, wie anfangs erwähnt, sieht es bei der Bewegung der syrischen »Söldner« von Nordsyrien über die Türkei nach Libyen im Jahr 2020 aus.

Al-Jazeera erfand in Syrien in den Jahren 2011/2012 eine ganze Armee, verschwieg zugleich Dutzende dschihadistische Gruppen und schuf später Begrifflichkeiten wie »gemäßigte Rebellen«. Als die Dschihadisten dort in den Jahren 2013/2014 kaum zu übersehen waren und das Dschihadistentum im Sommer 2014 in einem Kalifat namens »Islamischer Staat« (IS) gipfelte, trug Al-Jazeera maßgeblich zur später auch in vielen westlichen Medien verbreiteten Annahme bei, das syrische »Regime« hätte den IS durch massenhafte Freilassung von Islamisten aus syrischen Gefängnissen »erfunden«. Dabei war der Ende Oktober 2019 bei einem US-Luftangriff im Norden Syriens ums Leben gekommene IS-Chef und selbsternannte Kalif Abu Bakr al-Baghdadi bekanntlich eher ein amerikanisches Produkt. Der Iraker saß zwischen Februar und Dezember 2004 im berüchtigten Camp-Bucca-Gefängnis der US-Streitkräfte im Süden des Irak, die das Land ein Jahr zuvor besetzt hatten.

Ab dem Jahr 2015 war auch die Variante »Dschihadistenreise von den syrischen Gefängnissen hinein in die Weltgeschichte« nicht mehr trag- beziehungsweise vertretbar. Oder bedarf die Bekämpfung der aus syrischen Gefängnissen freigelassenen Gefangenen einer ganzen »internationalen Allianz gegen den Islamischen Staat« von rund 60 westlichen und prowestlichen Ländern ab Herbst 2014 und bis dato? Da tauchte bei Al-Jazeera und Co. ein neues Narrativ auf: Der seit dem Jahr 2000 über Syrien herrschende Präsident Baschar al-Assad würde die Dschihadisten »wie ein Magnet anziehen« und müsse folglich abtreten. Doch jenseits missachteter journalistischer Standards und erfundener Armeen sticht bei Al-Jazeera spätestens seit dem »Arabischen Frühling« 2011 ins Auge, dass sich der Sender plötzlich so im Einklang mit der westlichen Expansionspolitik befand. Das war sehr gewöhnungsbedürftig, denn im Unterschied dazu hatte er sich bei früheren Konflikten wie dem Afghanistan- und Irak-Krieg in den Jahren 2001 und 2003 einen Namen als Stimme der Araber und Muslime beziehungsweise als Alternative zu den westlichen Medien gemacht. Nach 2011 wurde er von manchem arabischen Intellektuellen als Sprachrohr der NATO empfunden beziehungsweise bezeichnet und wird es weiterhin. Das Märchen »arabisches Medium versus westliche Medien« war somit schließlich auch Geschichte.

Ein Weltsender häutet sich live

Die Berg-ab-Reise zwischen 2002, dem Anfangsjahr meiner Tätigkeit für den Sender, und 2012, dem Zeitpunkt meines Abschieds, vollzog sich schleichend, langsam und kannte nur eine Richtung: nach unten. Während sich der Sender über die Kritik des damaligen US-Verteidigungsministers Donald Rumsfeld (2001-2006) an seiner Berichterstattung über den Irak im Jahr 2004 vor laufender Kamera als »bösartig, unpräzise und nicht verzeihbar« noch amüsierte und diese immer wieder auf dem eigenen Bildschirm ausstrahlte[6], wurde er 2011 von der damaligen US-Außenministerin Hillary Clinton (2009-2013) vor dem US-Kongress bei einer Debatte zur Medienpolitik mit den Worten gelobt: »Al-Jazeera macht echte Nachrichten.«[7]

Tatsächlich hatte sich der Sender mittlerweile klar politisch ausgerichtet und fungierte neuerdings vermehrt als Instrument der Mutter aller späteren islamistischen Bewegungen, der Muslimbruderschaft, aber auch als Instrument des katarischen Staates und somit zweier Akteure, die zu Beginn des »Arabischen Frühlings« im Dienste der Interessen der USA und deren Vorstellung vom »Großraum Mittlerer Osten« standen. Dieser Entwurf geht auf das Jahr 2004 zurück und umfasst alle islamischen Nationen von Nordafrika im Westen bis nach Pakistan im Osten als geopolitische Großregion und wurde als politische Agenda zur Umstrukturierung und – angeblich – »Demokratisierung« der Nah- und Mittelost-Region vermarktet. Tatsächlich hatte Washington die Eindämmung des zunehmenden Einflusses von Russland und China auf die Weltpolitik vor Augen. Kein Wunder, dass die Verwicklung von Al-Jazeera in die große Politik nicht nur mit einem Verlust der eigenen Glaubwürdigkeit nach außen einherging, sondern auch die Innenatmosphäre in der Zentralredaktion in Doha und in den Außenbüros nachhaltig negativ beeinflusste, vor allem auf Kosten der Mitarbeiter und der internen Kommunikation.

Anfang 2012 griff ich im Berliner Büro von Al-Jazeera hastig zum Hörer und wählte die libanesische Telefonnummer meines Kollegen Ali Hashem, den ich bis dahin nicht persönlich kannte: »Ali! Ich bin dein Kollege in Deutschland. Hast du die Enthüllungen im Internet bezüglich angeblicher E-Mail-Korrespondenz zwischen dir und der Moderatorin Rola gesehen?« Kurz zuvor war ich zufällig auf die erste Veröffentlichung dieser internen E-Mails durch die sogenannte Elektronische Syrische Armee, eine regierungsnahe syrische Hackergruppe, gestoßen, die sich dann wie Strohfeuer im Internet verbreiteten. Hashem, ein Al-Jazeera-Korrespondent in der libanesischen Hauptstadt Beirut, soll – laut den Enthüllungen – der in der Senderzentrale in Katar arbeitenden syrischen Moderatorin Rola Ibrahim erzählt haben, wie er im Sommer 2011 mit seinem Kamerateam bewaffnete syrische »Rebellen« an der Grenze zum Libanon aufgenommen hätte. Er soll ihr geschrieben haben, dass der Sender die Bilder nicht ausgestrahlt und unter Verschluss gehalten hätte, weil diese Aufnahmen bewaffnete Kämpfer zeigen würden, die nicht zum damaligen herrschenden Narrativ eines, von den angeblich desertierenden Soldaten einmal abgesehen, friedlichen Aufstandes in Syrien gepasst hätten. »Meine Vorgesetzten sagten mir, vergiss, was du gesehen hast!«, soll Hashem an Rola in einer der E-Mails geschrieben haben. Diese soll ihrerseits geantwortet haben, dass es ihr in der Zentrale nicht viel besser gehen würde. Denn die Chefredaktion hätte sie massiv unter Druck gesetzt und gedemütigt, nur weil sie den Sprecher der oppositionellen Muslimbruderschaft in Syrien in einer Nachrichtensendung durch ihre kritischen Fragen in Verlegenheit gebracht hätte. »Man drohte mir damit, nur noch die Nachrichten der Nachtschicht präsentieren zu dürfen, weil ich angeblich die Ausgewogenheit des Senders gefährdet hätte«, soll sie Hashem erklärt haben. Unvorstellbare Umstände in einem Sender, der in den Anfangsjahren als Symbol der Presse- und Meinungsfreiheit nach innen und nach außen in einer diesbezüglich ansonsten öden Arabischen Welt galt. Ich fragte Ali Hashem anschließend ungläubig, ob an der Geschichte mit den E-Mails etwas Wahres sei. Seine Antwort war kurz und erschütternd zugleich: »Doch, sie stimmt.«

Die sonst vor Stolz über die eigene Unabhängigkeit strotzende Belegschaft von Al-Jazeera nahm die schockierenden Enthüllungen kommentarlos zur Kenntnis. Die Mehrheit der Mitarbeiter nahm auch hin, dass Katar während des »Arabischen Frühlings« damit begann, Al-Jazeera subtil und hartnäckig als Instrument der Außenpolitik einzusetzen, um Freunde zu preisen und Gegner anzugreifen. Die bis dato so lebendigen internen Diskussionen bei Al-Jazeera waren plötzlich nicht mehr angesagt. Die externen auch nicht, wie ich kurze Zeit später am eigenen Leib erfahren durfte. Anfang Februar 2012 legten Russland und China ein Doppelveto im UNO-Sicherheitsrat in New York gegen eine von Marokko eingebrachte und von den USA, Großbritannien und Frankreich unterstützte Syrien-Resolution ein. In dieser Resolution sahen Moskau und Peking eine Art Einmischung in die innere Angelegenheit Syriens, die westlichen Staaten eine notwendige Reaktion der internationalen Gemeinschaft auf die gewaltsamen Entwicklungen in diesem Land.

Wenig später nahm ich als arabischer Journalist in der Bundeshauptstadt Berlin fast routinemäßig an einer TV-Diskussionsrunde des arabischen Dienstes der Deutschen Welle zum Thema Russland,

China und das Veto teil. Dabei widersprach ich dem spaltenden (An-)Satz, das Veto sei eine »Lizenz zum Töten«, und plädierte stattdessen für einen neuen gemeinsamen Anlauf aller Mitglieder des Sicherheitsrates zur Lösung des Syrien-Konfliktes, der mittlerweile internationale Dimensionen erreicht hatte. Nach Ausstrahlung der TV-Diskussionsrunde auf dem Bildschirm des deutschen Auslandssenders erhielt ich einen Anruf der Al-Jazeera-Chefredaktion. Mir wurde mit vor Aufregung zitternder Stimme mitgeteilt, dass es in den »Social Media« Kritik an meinen Aussagen in der Sendung gehagelt hätte und dass die Kommentatoren im Internet von einem Al-Jazeera-Korrespondenten sprechen würden, der eine »Lizenz zum Töten« unterstützen würde. Im Übrigen hätte ich vor meiner Teilnahme an der Sendung einen schriftlichen Antrag stellen und das »Okay« abwarten müssen. Meine Argumente, dass ich seit Jahren an deutsch- und arabischsprachigen Sendungen in Deutschland teilnehme und in der Sendung nichts Spektakuläres gesagt hatte, halfen schlicht und einfach nicht. Die Stimme am anderen Ende sagte nur: »Ich muss Sie nun in diesem Zusammenhang schriftlich verwarnen, um Sie und mich zu schützen.«

Es war weniger die schriftliche Verwarnung, die mich in der Folgezeit beschäftigte, als vielmehr die Frage, wovor oder vor wem die Chefredaktion von Al-Jazeera so viel Angst hatte, dass sie sogar an den eigenen Schutz denken musste? Schließlich war Al-Jazeera selbst der Angstmacher für die Machthaber der Arabischen Welt, wie der Kommentar des ägyptischen Präsidenten Muhammad Husni Mubarak (1981-2011) bei einem seiner Besuche in der katarischen Hauptstadt Doha verrät, als er den kleinen Newsroom von Al-Jazeera sah. »Was?«, soll er gefragt haben. »Aus dieser Streichholzschachtel kommt der ganze Ärger?«[8] Doch bei dem erwähnten Routinetreffen von Al-Jazeera-Korrespondenten und -Büroleitern im Frühjahr 2012, in dem wir uns über die selbstgedrehten Videos desertierter syrischer Soldaten lustig gemacht haben, wurde uns schnell klar, dass unsere Streichholzschachtel mittlerweile zu einer Festung mit hohen Zäunen, Sicherheitskameras und viel Wachpersonal geworden war – wie jede andere staatliche Institution in Kriegszeiten.

It's time to say goodbye

Der Syrien-Krieg ist kein Einzelfall im Zusammenhang mit dem journalistischen Versagen von Al-Jazeera. Er dauert seit nunmehr neun Jahren an und bietet daher die seltene Chance, die verschiedenen Propaganda-Strategien des Senders nach außen, aber auch die damit einhergehenden latenten Kontrollmechanismen nach innen langfristig zu beobachten: von der Erfindung ganzer Armeen bis hin zur dafür notwendigen Unterdrückung der inneren Pressefreiheit beziehungsweise des Spielraums der Mitarbeiter gegenüber der Chefetage und den Eigentümern. Moralisch gesehen markierte eher der Libyen-Krieg den Tiefpunkt der Berichterstattung in der Geschichte des Senders. Denn beim Libyen-Krieg rief Mitte Februar 2011 der damals 85-jährige Vorsitzende der »Internationalen Union muslimischer Gelehrter« und Vaterfigur der Muslimbruderschaft Yusuf al-Qaradawi explizit zur Lynchjustiz gegen das libysche Staatsoberhaupt Muammar al-Gaddafi (1969-2011) auf und zu westlicher militärischer Einmischung im Sinne eines »regime change«. Unter Verweis auf ein angeblich bevorstehendes Massaker am libyschen Volk durch »Al-Gaddafi-Brigaden«, wie Al-Jazeera und westliche Medien die libysche Armee mittlerweile nannten, sagte er: »Das hier ist eine Fatwa (ein religiöses Gutachten): Libysche Offiziere und Soldaten, die in der Lage sind, Muammar al-Gaddafi zu erreichen und ihm eine Kugel zu verpassen, sollten dies tun und das Land und die Menschen von ihm befreien.«[9]

Der in Katar lebende ägyptische Scheich tat dies live auf dem Al-Jazeera-Bildschirm während seiner wöchentlichen Sendung »Scharia und das Leben«. Bei einem Sender, der zumindest damals eine Reichweite von über 50 Millionen Haushalten in der Arabischen Welt hatte. Im Oktober 2011 wurde die Fatwa al-Qaradawis praktisch umgesetzt, bei einer zwischen NATO und den libyschen »gemäßigten Rebellen« koordinierten Operation: Die NATO griff den Autokonvoi von Muammar al-Gaddafi nahe der Stadt Sirte mit Kampfflugzeugen aus der Luft an, die »Rebellen« nahmen den Verletzten fest und erledigten unter Allahu-Akbar-Rufen »den Job«, ohne im Zeitalter des »Bürgerjournalismus« zu vergessen, alles in Ton und Bild mit Handykameras festzuhalten und über YouTube und folglich Fernsehsender weltweit zu verbreiten, auch auf Al-Jazeera.[10]

Anfang des Sommers 2012 schrieb ich der »Chefetage« in Doha per E-Mail: »Nach langem Nachdenken kündige ich hiermit – fristgerecht –… zum 1. Oktober 2012. Meine Kündigung als Korrespondent und Büroleiter von Al-Jazeera in Deutschland ist endgültig …. Ich wünsche dem Sender und all unseren arabischen Ländern bessere Zeiten als die jetzigen.« Davon, dass meine Wünsche bis dato nicht in Erfüllung gingen, zeugt fast acht Jahre später nicht zuletzt die Berliner Libyen-Konferenz 2020.[11]

Wenn Linke zu Rechten und Juden zu Antisemiten werden – die Macht der antideutschen Transatlantifa

Andrea Drescher

Immer häufiger werden Juden, Marxisten und Antifaschisten von selbsternannten »Antifaschisten« angegriffen, Juden sollen angeblich rechte Antisemiten sein. Bei derartiger Verwirrung ist es kaum mehr möglich, gut und böse auseinanderzuhalten. Antifa ist nicht gleich Antifa. Links ist nicht gleich Links. Wer nicht genau hinschaut, mit wem er es zu tun hat, findet sich leicht in falscher Gesellschaft wieder. Die ideologische Konditionierung trägt durch die Manipulation von Begriffen sehr erfolgreich dazu bei.

Zunächst müssen folgende Fragen geklärt werden: Wer oder was sind Antideutsche? Was bedeutet Transatlantifa? Sie nennen sich meist Antifaschisten – aber sind sie es wirklich? Sind sie nicht eher die, vor denen uns vermutlich der politisch engagierte, italienische Schriftsteller Ignacio Silone (1900 – 1978) gewarnt hat?:

> »Wenn der Faschismus wiederkehrt, wird er nicht sagen: ›Ich bin der Faschismus‹. Nein, er wird sagen: ›Ich bin der Antifaschismus‹.«[1]

Über Antideutsche wurden schon unzählige Artikel verfasst, u. a. die herausragende Analyse von Jens Mertens »Die LINKE – Von innen umzingelt«, in der er bereits 2010[2] umfassend auf die Verstrickungen der Partei der Linken mit den Antideutschen einging. Er beschreibt die Antideutschen als eine nach der Wiedervereinigung aus der radikalen Linken hervorgegangene Strömung, die angesichts einer Welle fremdenfeindlicher Gewalt und eines erstarkten Nationalismus eine

Art »Viertes Reich« befürchtete. Antisemitismus gehöre zum Wesen der Deutschen und sei daher als Hauptwiderspruch zu begreifen. Als Gegenentwurf zum befürchteten »Vierten Reich« beziehe sich diese Linke auf die antideutsche Koalition der Alliierten im Zweiten Weltkrieg und auf den Staat Israel als Konsequenz aus dem Holocaust. Dies führe zu ungewohnten Bildern: »Linksradikale« liefen nun auf einmal mit USA-Fahnen auf Demonstrationen herum und forderten »unbedingte Solidarität« mit Israel.[3]

Neutraler, aber vergleichbar definiert es die – sicher nicht als antisemitische Quelle verdächtige – Wikipedia:

> »Antideutsche sind eine aus verschiedenen Teilen der radikalen Linken hervorgegangene politische Strömung in Deutschland. Sie wenden sich gegen einen spezifisch deutschen Nationalismus, der insbesondere im Zuge der deutschen Wiedervereinigung erstarkt sei. Weitere antideutsche Positionen sind Solidarität mit Israel sowie Gegnerschaft zu Antizionismus, Antiamerikanismus, Islamismus, bestimmten (»regressiven«) Formen des Antikapitalismus und Antiimperialismus. Diese führten und führen zu Kontroversen innerhalb der linken Szene.«[4]

Wenn die »Antifa« Kritik an der Politik der USA bereits als Antiamerikanismus brandmarkt und mit US-Fahnen in der Öffentlichkeit auftritt, darf man sich über die Spottbezeichnung »Transatlantifa« nicht wundern. Diese »Transatlantifa« versteht nicht, dass die schärfsten Kritiker, zum Beispiel der US-amerikanischen Außenpolitik, aus den USA selbst kommen. Sich gegen Fremdenfeindlichkeit, Nationalismus und Antisemitismus zu engagieren, halte ich für eine Selbstverständlichkeit.

Wenn ein derartiges Engagement jedoch dazu führt, alles, was nicht dem verengten antideutschen Blickwinkel entspricht, mit diesen Begriffen zu diffamieren, wird es gefährlich, denn das nimmt in Deutschland inzwischen immer absurdere Züge an. Wer deren Narrative nicht akzeptiert, läuft Gefahr, von diesen Organisationen terrorisiert zu werden, bisweilen aber auch mit staatlichen Strukturen in Konflikt zu geraten.

Jeder kann – und muss – sich gegen diese Strukturen wehren, der an »altmodischen« Werten wie Meinungs-, Presse- und Versammlungsfreiheit festhalten will. Jens Wernicke, Sabiene Jahn, Moshe Zuckermann und andere sind nur exemplarische Beispiele für Menschen, die hier ihre sehr eigenen Erfahrungen machen mussten. Menschen, denen man weder rassistisches noch antisemitisches Denken und Verhalten nachsagen kann. Das gilt aber nicht für antideutsche Denunzianten. Antideutsche haben da keinerlei Hemmungen und erinnern in mancher Region bereits an eine moderne SA-Vorhut, da sie auch vor Gewalt nicht zurückschrecken, um unerwünschte Meinungen zu unterdrücken.

Vom Rosa-Luxemburg-Stipendiaten zum »rechten Querfrontler«

Das Bündnis gegen Antisemitismus in Kassel (BgA-Kassel) kann man dem antideutschen Spektrum gemäß der Wikipedia-Definition zuordnen. Mit diesem Bündnis machte der Rubikon-Herausgeber Jens Wernicke unliebsame Erfahrungen. Das BgA-Kassel ist anlässlich einer Anti-Israeldemonstration in Kassel im Januar 2009 entstanden und tritt im Netz mit dem Slogan auf: »There is no Anti-Zionism without Anti-Semitism.«

Die Anhänger der BgA-Kassel sind davon überzeugt, dass die sogenannte Israelkritik eine wichtige Platzhalterfunktion des Antisemitismus (nicht nur) in Deutschland eingenommen hat. Sie halten es in dieser Hinsicht mit dem deutschen Publizisten und Soziologen Detlev Claussen:

> »Wer von Israel spricht, thematisiert, ob er will oder nicht, die Massenvernichtung der europäischen Juden. Das Wort ›Antizionismus‹ sollte diesen Zusammenhang suspendieren. … Die Flucht in den Antizionismus nach 1968 kann man als ein Symptom für den selbstverschuldeten intellektuellen und moralischen Verfall der europäischen Linken nehmen.«[5]

Sucht man im Internet nach Jens Wernicke, findet man online u. a. auf wikimannia folgende Beschreibung:

> »Jens Wernicke absolvierte von 2001 bis 2008 ein Diplomstudium Kulturwissenschaften, Schwerpunkt Medien, in Weimar. Er war Mitglied im SprecherInnenrat der StipendiatInnen der Rosa-Luxemburg-Stiftung und zuletzt im Vorstand des Freien Zusammenschlusses von StudentInnenschaften (fzs) e. V. sowie als Sprecher des Landesausschusses der Studentinnen und Studenten (LASS) in der GEW Thüringen aktiv. Nach seinem Studienabschluss Mitte 2008 arbeitete er als Wahlkreis-Mitarbeiter einer Bundestagsabgeordneten und als Referent für Bildungs- und Hochschulpolitik für die Fraktion DIE LINKE im Hessischen Landtag. Anschließend war er als bildungspolitischer Referent beim Landesverband Hessen der Gewerkschaft Erziehung und Wissenschaft (GEW) tätig.«[6]

Der Herausgeber des Rubikon hat also den ganz typischen Lebenslauf »eines Rechten beziehungsweise Antisemiten« – zumindest muss das wohl der Fall sein, da er ins Fadenkreuz des Bündnis gegen Antisemitismus Kassel geriet. Dieses Bündnis publizierte im August 2016 einen diffamierenden Artikel gegen ihn mit dem Titel: »Wernicke und die Connection eines Bildungsreferenten. Die GEW und die Abgründe ihrer Bildungsarbeit«. Folgt man deren Argumentation, macht die GEW bereits dadurch israelfeindliche Bildungsarbeit, dass sie Bildungsreisen nach Palästina anbietet. Der zitierte Artikel, der inzwischen aus dem Netz genommen werden musste, enthielt neben mehreren falschen Äußerungen auch noch eine nicht genehmigte Bildveröffentlichung und war offensichtlich darauf angelegt, den engagierten Linken ins »rechte« Licht zu rücken.

Im Kontext von abwertenden und negativ konnotierten Begriffen wie Querfront-Milieu, Rechtspopulismus, Wahnwichtel sind Falschbehauptungen besonders ehrenrührig – von der aktiven Verbreitung von Unwahrheiten ganz zu schweigen wie »Möglicherweise ist er vor Kurzem (bei der GEW) gefeuert worden …« Nebenbei wurde für den

Artikel ein Bild von Jens Wernicke verwendet, das für diesen Zweck nicht freigegeben war. Wernicke ging juristisch gegen den strittigen Artikel vor. Als eine Abmahnung durch seinen Anwalt keine Wirkung zeigte, zog er vor Gericht und gewann. Das Urteil wurde durch die Pressekammer des Landesgerichtes Anfang Dezember 2017 gesprochen und enthielt u. a. folgende Begründung:

> »Für eine von einer Äußerung betroffene Person, die sich selbst dem linken politischen Spektrum zuordnet, stellt es eine ehrverletzende Behauptung dar, ein von ihr geführtes Interview sei erstmals in einem rechtspopulistischen Forum veröffentlicht worden.«[7]

Die Vorgehensweise des BgA war wohl auch kein einmaliger Ausrutscher. Wie man im Blog des BgA auch heute noch nachlesen kann[8], sind Angriffe auf Akteure der Friedensbewegung und -forschung nichts Ungewöhnliches. Zumindest lassen Formulierungen wie »sich Wernicke nicht als Referenten einer Bildungsgewerkschaft zu wünschen, hat mit seiner ›journalistischen Tätigkeit‹ und seiner Beziehung zu KenFM, Ken Jebsen, Rainer Mausfeld und anderen Merkwürden zu tun« kaum einen anderen Schluss zu. Ob Dr. Daniele Ganser, Werner Ruf, Jürgen Todenhöfer, Karin Leukefeld, Nirit Sommerfeld oder Ken Jebsen, um nur einige zu nennen, beim BgA gerät jeder und jede unter Generalverdacht des Antisemitismus, der oder die das pro-israelische Narrativ des Bündnisses nicht teilt oder die rassistische Apartheid-Politik der israelischen Regierung gegenüber den Palästinensern ablehnt. Zudem beruft man sich ebenfalls auf die juristisch nicht fassbare anonyme Denunziationsplattform »PSIRAM«. 2018 konnte sich auch der Friedensforscher Prof. Dr. Werner Ruf vor Gericht erfolgreich gegen Diffamierungen durch das BgA behaupten. Urteile, die hoffen lassen. Denn sie machen deutlich: Man kann sich gegen Hetze und Denunziation wehren – oder wie Christiane Borowy im Rubikon titelte: »Widerstand wirkt«.[9]

Von der Antifaschistin zur »antisemitischen Verschwörungstheoretikerin«

Die von Sabiene Jahn ins Leben gerufene Veranstaltungsreihe »Koblenz: Im Dialog« widmet sich seit dem 5. März 2018 aktuellen Themen wie Ökologie, Finanzpolitik, Demokratie, gesellschaftliche Struktur, Frieden oder Internationale Zusammenarbeit und hat sich zum monatlichen Treffpunkt und Austausch für Koblenzer Bürger etabliert. Aber auch Besucher aus Köln, Mainz und sogar aus der Schweiz reisten bereits nach Koblenz, um Journalisten, Politikwissenschaftler oder Historiker zu den Sachthemen zu hören. Die Vorträge und Dokumentarfilm-Angebote sind mit dem Grundgesetz vereinbar und tragen zur politischen Bildung bei.[10] Das bescheinigte u. a. das Bundesarchiv Koblenz dem Vortrag von Hermann Ploppa, der als erster Sprecher der Reihe nur geschützt von fünf Security-Mitarbeitern auftreten konnte, sodass der Veranstalterin die Saalmiete erlassen wurde.

Seit dieser ersten Veranstaltung läuft eine hemmungslose Diffamierungskampagne gegen Sabiene Jahn, die trotz juristischer Gegenwehr bis heute fortgesetzt wird. Hinter der Rufmordkampagne stehen Organisationen, die überraschen. Hierzu sagte Sabiene Jahn den Nachdenkseiten:

> »Namentlich haben sich die ›Antifa Koblenz‹ und eine ›Antideutsche Aktion Koblenz‹ hervorgetan. Die sind auf Personalebene auch verwoben mit ›Die Partei‹. So ist Sebastian Beuth sowohl bestimmend bei ›Die Partei‹ als auch bei ›Aufstehen gegen Rassismus Koblenz‹ (AGR). Diese AGR wiederum verbreitet schlimme und unhaltbare Verleumdungen gegen ›Koblenz: Im Dialog‹ und meine Person … Es gibt aber auch bei Grünen und LINKEN Personen, die bei der Kampagne gegen ›Koblenz: Im Dialog‹ mitmachen.«[11]

Dass Aufklärung über das neoliberale Finanzsystem, historische Zusammenhänge oder die NATO von diesen Gruppen nicht gewünscht wird, ist für Sabiene Jahn unverständlich. Die Kommunikationswirtin und Künstlerin ist überzeugte Antifaschistin. Ihre Großmutter aus Sachsen-Anhalt war im Widerstand, sie selbst ist in der DDR als Antifaschistin aufgewachsen. Ihre Person und der Bürgerdialog wurden seit Beginn als »rassistisch, antisemitisch, homophob oder AfD-nah« eingeordnet – für die parteilose Humanistin, die sich als gemäßigte Linke einordnet, eine ehrenrührige Beleidigung.

Neben Demonstrationen gegen Veranstaltungen, die nur unter Polizeischutz durchgeführt werden können, gab und gibt es immer wieder Hetze per E-Mail sowie auf mindestens sechs anonymen Facebook-Seiten und einigen Homepages. Geschäftsleute oder Vermieter von Veranstaltungsräumen wurden aggressiv angegangen, um eine Zusammenarbeit mit »Koblenz: Im Dialog« zu verhindern. Als die Kulturfabrik in Koblenz einen Nachweis zu den Unterstellungen forderte, blieb dieser aus. Es kam zu Anschlägen mit Farbbeuteln auf das zweitälteste historische Gebäude der Stadt, das Restaurant »Deutscher Kaiser« und Spraydosen-Attacken gegen Fahrzeuge der Besucher, die des Antisemitismus bezichtigt wurden.

Wie die »Transatlantifa« mit einem der Überlebenden des Massakers 2014 in Odessa umging, schildert Frank Schumann sehr eindrucksvoll:

> »Nach etwa einer Stunde stürmte eine Frau (Sprecherin des Stadtverbandes der Linken) herein, die offenkundig aus dem Kreis der Protestler kam, denn sie trug unser Buch (das Buch des Odessa-Überlebenden) in der Hand. Sie knallte es mit dem apodiktischen Satz auf den Tisch: ›Wir haben es gelesen. Das ist Scheiße!‹ – ausgerechnet vor die Nase des Juden mit dem israelischen Pass, einem der Mitautoren des Buches, in welchem es um den politisch konnotierten Massenmord an einem halben Hundert Odessaer Bürger im Jahr 2014 ging.«[12]

Seit 2018 setzt sich Sabiene Jahn gegen diese Kampagnen juristisch zur Wehr und erwirkte richterliche Unterlassungsbeschlüsse gegen all jene, die namentlich ermittelt werden konnten. Da sämtliche Vorträge auf YouTube unter »Koblenz: Im Dialog« zu finden sind, war es ein

Leichtes, die Vorwürfe und Verleumdungen gegen Sabiene Jahn und ihre Referenten zu entkräften. Sebastian Beuth, Stadtratsmitglied der Grünen, erhielt am 11. November 2019 laut aktueller Entscheidung des Amtgerichts inzwischen die dritte Ordnungsmittelstrafe in Höhe von 1 000 Euro, ersatzweise 10 Tage Haft, da er richterliche Beschlüsse des Landgerichtes Koblenz missachtet hat.[13]

Es kostet eben Geld, wenn man einen Menschen oder eine Veranstaltung als »antisemitisch« oder »verschwörungstheoretisch« bezeichnet. Und das ist auch gut so.

Wenn nur Shoah-Überlebende Meinungsfreiheit in Deutschland sicherstellen können

»Wie man Ratz, FAZ, TAZ auch Juden zu ›Antisemiten‹ machen kann« – titelte Susann Witt-Stahl im Blog barth-engelbart in einem Artikel zum Auftritt von Moshe Zuckermann am 16.11.2019 in Hamburg-St. Pauli:

> »Wenn der linke Historiker auf Vortragsreise durch die BRD ist, kann er stets einiges erleben: Anfeindungen, Bespitzelung und nach allen Regeln der Diffamierungskunst angestrengte Versuche, ihn mundtot zu machen. 2017 erklärte der CDU-Bürgermeister der Stadt Frankfurt am Main – wo Moshe Zuckermann aufgewachsen ist – den Sohn von Auschwitz-Überlebenden zur ›nicht willkommenen‹ Person. Auch bei deutschen Medienvertretern regen sich immer häufiger überwunden geglaubte Ressentiments: Wer damals als ›jüdischer Bolschewist‹ und ›vaterlandsloser Geselle‹ gehandelt wurde, ist heute ein ›granteliger, alter Marxist, der sein Land nicht leiden kann‹ – so wurde Zuckermann von Sebastian Weiermann, u. a. Autor bei *Taz* und *ND*, bepöbelt.«[14]

Nichts Neues für den ausgewiesenen Marxisten. In der Wikipedia erfährt man, dass der Sohn polnisch-jüdischer Auschwitz-Überlebender in Israel geboren und in Tel Aviv aufgewachsen ist. Seine Eltern emigrierten 1960 nach Frankfurt am Main, wo er auch studierte. Mit 21 Jahren kehrte er von Frankfurt nach Israel zurück. Dort lehrte er am Institute for the History and Philosophy of Science and Ideas der Universität Tel Aviv. Von Februar 2000 bis 2005 leitete er das Institut für Deutsche Geschichte an der Universität Tel Aviv. 2006/2007 war er Gastprofessor am Institut für Jüdisch-Christliche Forschung (IJCF) der Universität Luzern.[15]

Nach einigen Jahren als akademischer Leiter der Sigmund-Freud-Privatstiftung in Wien ist er seit Oktober 2017 emeritiert. Der linke Kritiker der israelischen Politik und Gesellschaft sowie Befürworter einer Zweistaatenlösung hat unter den Antideutschen wenig Freunde und wird entsprechend bekämpft. Susann Witt-Stahl bietet dafür eine Erklärung:

> »Zur ›deutschen Staatsräson‹ gehört längst nicht mehr nur die von Konrad Adenauer verordnete ›Israel-Solidarität‹, sondern auch das Niederhalten der israelischen Opposition und deren Verbündeten.«[16]

Dass Kritik nicht geduldet ist, bekam Zuckermann bereits 2017 in seiner Heimatstadt Frankfurt zu spüren. CDU-Bürgermeister Uwe Becker erklärte ihn zur unerwünschten Person, da jüdische und andere Israelkritiker in Frankfurt nicht willkommen seien. Für den 9. und 10. Juni war eine Konferenz mit dem Titel »50 Jahre israelische Besetzung. Unsere Verantwortung für eine friedliche Lösung des israelisch-palästinensischen Konfliktes« geplant. Es kam zu Hass-Mails und Diffamierungen, Gewaltandrohungen und der Forderung nach Raumverbot – der Bürgermeister sorgte für die Kündigung des Konferenzraumes. Es bedurfte einer einstweiligen Verfügung seitens des Frankfurter Amtsgerichts, den Weg für die Tagung freizumachen.

Wer nun annimmt, dass es sich bei den Veranstaltern, Referenten und Unterstützern der Konferenz um Antisemiten gehandelt habe, die den Attacken des CDU-Bürgermeisters der Stadt, Uwe

Becker, von Jutta Ditfurth, »Antideutschen« und anderen Neocon-Rechten ausgesetzt waren, der irrt, und zwar gewaltig. Spätestens das Grußwort von Esther Bejarano und Rolf Becker macht deutlich, wie irrational sich die Gegner der Konferenz verhielten. Esther Bejarano ist nicht irgendwer: Die Musikerin, ehemaliges Mitglied im Mädchenorchester von Auschwitz, Vorsitzende des Auschwitz-Komitees in der Bundesrepublik Deutschland e. V. und Ehrenvorsitzende der Vereinigung der Verfolgten des Naziregimes – Bund der Antifaschistinnen und Antifaschisten ist eine der wenigen noch aktiven Überlebenden der Shoah. Sie kehrte vor fast 60 Jahren mit ihrer Familie aus Israel nach Deutschland zurück. In ihrer Solidaritätskundgebung schrieb sie u. a.:

> »›Zur Zeit der Verleumder‹ überschrieb Erich Fried vor einem halben Jahrhundert sein Gedicht – nicht ahnend, dass zu den Verleumdern heute die wissenden Ditfurths und ein offenbar unwissender Bürgermeister gehören könnten, die nicht in der Lage zu sein scheinen, zwischen der Kritik an der israelischen Regierung und der Verteidigung von menschlichen Rechten auf Leben zu unterscheiden, und sich darüber hinaus anmaßen, als Deutsche darüber zu entscheiden, wer als Jude zu akzeptieren ist.«[17]

Wie weit ihre Solidarität geht, hat Weltnetz TV bereits 2017 in einem gemeinsamen Beitrag von Bejarano, Becker und Zuckermann dokumentiert, in dem u. a. auf die Antideutschen eingegangen wird.[18] Gemeinsame Auftritte mit Esther Bejarano machen es den Gegnern schwer, Veranstaltungen von Moshe Zuckermann zu terrorisieren oder zu behindern.

Die Solidarität zeigt ihre Wirkung. Noch – und die Betonung liegt auf noch – wagen sich Antideutsche nicht, die Shoa-Überlebende selbst zu diskreditieren. Auf den Punkt gebracht: Auschwitz-Überlebende dürfen in Deutschland frei sprechen, Nachgeborene von Auschwitz-Überlebenden nicht mehr, da bestimmen dann zunehmend die »Sturmabteilungen« deutscher Nichtjuden, wer ein »guter« Jude ist.

Wer ein guter Jude ist … Auftrittsverbote und andere Absurditäten

Der Fall Mosche Zuckermann ist kein Einzelfall – er hat System. Und dieses System wird auch innerhalb linker Gruppen nicht überall für gut geheißen. Im Gegenteil. In München kritisiert beispielsweise die Gruppe Antifaschistischer Aufbau:

> »Dabei werden ›die Juden‹ von den Antideutschen als volksgemeinschaftliche Einheit verstanden und Israel als ihr Staat. Folglich werden jüdische Linke mit ihrer Kritik am kapitalistischen Staat Israel als Verräter an der jüdischen Volksgemeinschaft gesehen. So erdreisten sich diese anakademisierten Deutschen, Menschen als ›selbsthassende Juden‹ zu kategorisieren und israelische Journalisten als ›Tintenstrolche‹ und ›Presseköter‹ zu bezeichnen. Die Gleichmachung der Juden auf ein Volk, in dem Klassenwidersprüche ausgeblendet werden sollen, ist offenkundig anti-emanzipatorisch und konterrevolutionär. Denn ein Ende des Mordens in Israel und Palästina kann nur durch eine soziale Revolution erreicht werden, welche die gemeinsamen Interessen der israelischen und palästinensischen Arbeiterklasse als Ausgangspunkt hat.«[19]

Mit diesen Aussagen stehen sie klar auf Seiten von Moshe Zuckermann und anderen engagierten Juden und Jüdinnen, die aufgrund ihrer Israelkritik von nichtjüdischen Deutschen verunglimpft beziehungsweise schikaniert werden. Dies macht deutlich, wie sehr die antifaschistische Bewegung heute unterwandert ist, wie durch gezielte Manipulation und planvollen Begriffsmissbrauch eine Konditionierung stattfindet, auf die letztlich auch »gemäßigte« Politiker in dem Glauben hereinfallen, das vermeintlich »Richtige« zu tun.

So erhielt Abraham Melzer 2017 in Frankfurt Auftrittsverbot, als er sein Buch *Die Antisemiten-Macher* vorstellen wollte, das gerade im Frankfurter Westend-Verlag erschienen war. Gerichte sorgten dafür, dass der Vortrag stattfinden konnte.[20] Die jüdische Deutsch-Israelin Nirit Sommerfeld, ebenfalls Tochter von Shoa-Überlebenden, wird von der »Fachstelle für Demokratie – gegen Rechtsextremismus, Rassismus und Menschenfeindlichkeit« kontrolliert. Man will sicherstellen, dass sie bei ihren Auftritten ja keine antisemitischen (israelkritischen) Inhalte zu äußern wagt. In der Jungen Welt liest man:

> »Man setzte also Aufpasser in mein Konzert: Deutsche Beamte sollten prüfen, ob eine deutsch-israelische Jüdin antisemitische Züge hat. Ist das an Absurdität, an Hohn, an ehrverletzender Verleumdung zu übertreffen?«[21]

Dass die »Jüdische Stimme für einen gerechten Frieden in Nahost« ihr Konto bei der GLS Bank verloren hat, ist nur eine der vielen Absurditäten. Die Organisation, die vor allem aus in Berlin lebenden Juden aus Israel und den USA besteht, hatte sich geweigert, sich einem von Deutschen durchgeführten Antisemitismus-TÜV zu unterziehen.[22] Eine Podiumsdiskussion mit dem bezeichnenden Titel »Meinungsfreiheit statt Zensur«, bei der u. a. Judith Bernstein für die jüdisch-palästinensische Dialoggruppe München auf der Bühne stand, konnte im Oktober 2019 nur dank einstweiliger Verfügung stattfinden.[23] Aber Judith Bernstein verfügt über fundierte Erfahrungen mit deutschen Gerichten. Bereits 2017 wehrte sie sich erfolgreich gegen die Kündigung des Veranstaltungsraumes für einen Vortrag über Jerusalem. Mitveranstalter des Vortrags waren damals das Münchner Friedensbündnis, Pax Christi, Jüdisch-Palästinensische Dialoggruppe, Palästina-Forum, Frauen in Schwarz (München), Salam Shalom/Arbeitskreis Palästina-Israel, Landesarbeitsgemeinschaft Frieden und internationale Politik der LINKEN sowie das Münchner Bündnis gegen Krieg und Rassismus.[24] Alles Organisationen, die in München offensichtlich allein aufgrund ihrer Israelkritik als Antisemiten gelten und denen man daher auch keine Bühne geben darf.

Wehrt euch!

Wer zu Unrecht angegriffen wird, muss sich wehren. Das machen die hier aufgeführten Fälle deutlich. Der juristische Weg – so mühsam und aufwendig er auch ist – hat dazu geführt, die Angreifer in ihre Schranken zu weisen. Die antideutsche Transatlantifa hat nur dann Macht, wenn man sie gewähren lässt.

Hasszerfressene und zu jeder Differenzierung unfähige Menschen und Organisationen, die für Sprüche wie »Bomber Harris do it again«[25], »Die Bombe weiß, wo sie ist«[26] oder »Nie wieder Deutschland!« stehen und in Schulen, Universitäten und Jugendclubs Flugblätter mit Aussagen wie »Deutschland muss sterben, damit wir leben können!«[27] verteilen, muss man mit allen politischen und juristischen Mitteln bekämpfen. Diesen menschenverachtenden Irrläufern darf man nicht das Feld überlassen.

Stellt sich die bittere Frage: »Was muss man eigentlich rauchen, was muss man eigentlich konsumiert haben, um sich mit derartigen Aussagen und Verhaltensweisen noch als Antifaschist zu bezeichnen? Letztlich ist antideutsches Verhalten genau die gruppenbezogene Menschenfeindlichkeit, die die antideutschen Organisationen bei ihrem vorgeblichen Kampf gegen den Antisemitismus selbst an den Tag legen.

No pasaran!

Plötzlich Persona non grata

Claudia Zimmermann

Eigentlich ging ich am Sonntagmorgen, dem 17. Januar 2016, ganz entspannt zur Talkshow mit dem Thema »Silvesternacht 2015/2016 in Köln und ihre Folgen«. Ich war nicht das erste Mal beim niederländischen Fernseh- und Hörfunksender L1, Teil des NOS (Nederlandse Omroepstichting), eingeladen. Der zum öffentlichen Rundfunk gehörende Sender interessierte sich für mich aus zwei Gründen: Ich spreche fließend niederländisch, weil ich in den Niederlanden aufwuchs, und war als Journalistin für den WDR tätig. Daher gab es immer wieder Themen, zu denen die Niederländer gerne eine Kollegin aus Deutschland hören wollten. Meist handelte es sich um Themen vor den Wahlen oder nach politischen Entscheidungen wie zur Maut oder zur Umweltplakette. Dass meine Äußerungen in dieser Talkshow zum baldigen Ende meiner Mitarbeit beim WDR führten, konnte ich noch nicht ahnen.

Die Talkshow »De Stemming« wird sonntagsmorgens in einer urigen, typisch niederländischen Kneipe, im »Café Forum«, in der Altstadt von Maastricht aufgenommen. Die Talkgäste sitzen an einem Tisch in der Mitte der Kneipe, die Zuschauer an den Tischen rundherum. Es herrscht immer eine lockere Atmosphäre mit intellektuellen Gästen, freundlichen Moderatoren und sehr guter Livemusik in den Pausen. »De Stemming« hatte dieses Mal zwar ein aufregendes Thema gewählt, doch war diese Talkshow nie speziell politisch ausgerichtet. Ich erwartete also eine nicht besonders kritische Runde. An diesem Morgen sitzen am Tisch neben mir Martijn van Helvert, Parlamentarier der christdemokratischen Partei CDA, und Hajer Harzi, Muslima, ehemaliges Mitglied des Stadtrats in Sittard-Geleen.

Der Moderator der Sendung Fons Geraets eröffnete die Runde mit einer provokanten Frage: »Die Vergewaltigungen und Diebstähle der Neujahrsnacht in Köln sorgen noch immer für viele Diskussionen. Es bleiben dennoch viele Fragen offen. Sind es nordafrikanische und arabische Asylanten, die nichts von ›unseren Werten‹ verstehen, oder ist es die sexuelle Gewalt, wie sie auch bei westlichen Männern vorkommt? Wie wird sich Deutschland durch diese wüste Kölner Nacht verändern?«

Da er Deutschland ansprach, antwortete ich direkt: »Es gibt immer neue Fakten. Es waren nordafrikanische Männer, es waren Flüchtlinge – manche Angaben widersprechen sich. Was weiß man? Wie ist die Faktenlage? Tatsache ist, dass es inzwischen etwa eintausend Verdächtige gibt. Die meisten wird man wahrscheinlich gar nicht mehr ermitteln können. Die Bilder der Überwachungskameras zeigen, dass tatsächlich die meisten ein nordafrikanisches Äußeres haben. [...] Inzwischen hat man wohl 38 Personen festgenommen. Die sollen zum größten Teil aus nordafrikanischen Ländern stammen, aus Marokko und Algerien, 18 sollen einen Asylstatus haben, sind also Flüchtlinge.«

Der Moderator fragte weiter: »Du arbeitest beim WDR – wird von Euch erwartet, dass Ihr auf eine bestimmte Art und Weise über Migranten, über Flüchtlinge berichtet?« Meine Antwort: »Wir sind ein öffentlich-rechtlicher Rundfunk, was bedeutet, von uns wird erwartet, dass wir das Problem auf eine positive Art angehen. Das beginnt mit Merkels Willkommenskultur. Als es mit dieser noch sehr gut lief, waren die Geschichten sehr positiv. Doch jetzt ist das ein wenig gekippt, [...] .«

Geraets ließ nicht locker und fuhr fort: »Stand das irgendwo schwarz auf weiß? Bekamt Ihr eine Mail: So müsst Ihr berichten?« Ich antwortete: »Nein, das nicht. Wir sind ein öffentlich-rechtlicher Rundfunk. Das bedeutet, es gibt verschiedene Ausschüsse, die letztendlich bestimmen, wie unser Programm auszusehen hat. Von uns wird erwartet, dass wir pro Regierung berichten.«

Der Politiker Martijn van Helvert unterbrach mich: »Das finde ich interessant. Verstehe ich das richtig, dass es Kommissionen gibt, die sagen: Weil Sie ein öffentlich-rechtlicher Sender sind, müssen Sie positiv mit der Regierung umgehen? Wer sitzt denn in diesen Kommissionen? Wer bestimmt das denn?«[1] Meine Antwort: »Darin sitzen Mitglieder verschiedener Vereinigungen, ein Querschnitt der Bevölkerung, der Kultur oder auch der Kirchen. Unsere Gebührenfinanzierung ist durch die Kommissionen so ausgerichtet, dass wir eher mit einer Regierungsstimme sprechen als mit einer Oppositionsstimme.«

Fons Geraets fragte nach: »Ist das nicht eigenartig?« Ich fuhr fort: »Eigentlich sollten wir neutral berichten. [...] Es gab eine politische Mission und wir haben dementsprechend berichtet.«

Sofort kommentierte van Helvert: »Das könnte ich mir in den Niederlanden nicht vorstellen.« Ich entgegnete: »Es ging damals um die Willkommenskultur. [...] Jetzt gibt es auch mehr und mehr kritische Stimmen.«

Das Interesse des Moderators war geweckt und er hakte nach: »Die Kritik war auch, dass Informationen von der Polizei und den Medien zurückgehalten wurden. Gibt es ein Schweigekartell?« Ich antwortete: »Nein, das kann man so nicht sagen. Der Polizeipräsident, der Informationen zurückgehalten haben soll, musste ja auch gehen. Jetzt gibt es auch mehr kritische Reportagen. Die Politik ist auch ein wenig gekippt. Es gibt auch einen Gesetzesvorschlag der CDU, die Magrebländer wieder als sichere Herkunftsländer einzustufen.«[2]

Danach fragte der Moderator Frau Hajer Harzi: »Waren Sie überrascht, als Sie gehört haben, dass nordafrikanische Männer für Massenvergewaltigungen in Köln verantwortlich sind?« Harzi antwortete: »Nein, ich war nicht überrascht, denn ich komme aus einer Kultur, in der das praktisch normal ist. Wenn es irgendwo in der Öffentlichkeit ein Fest gibt oder eine Demonstration, dann müssen Frauen bei uns ganz sicher zu Hause bleiben. Ich war aber sehr erschrocken.« Geraets fragte nach: »Weshalb?« Hajer Harzi: »Es wird doch hier für diese Männer gesorgt. Weshalb tun sie das?«

Festgezurrte Verantwortlichkeiten

Wahrscheinlich habe ich in der niederländischen Talkshow zu offen meine Meinung gesagt. Ich hatte ausgesprochen, was praktisch alle wissen, die im Journalismus arbeiten. Beim Thema Flüchtlingskrise hatte ich nicht mehrfach erlebt, dass kritische Berichterstattungen unerwünscht waren. Manchmal löste ich heftigste Diskussionen aus, weil ich die Meinung vertrat, man müsse über die Flüchtlingspolitik auch kritisch berichten. Doch letztlich entscheidet der verantwortliche Redakteur, was gesendet wird und was nicht, und der Reporter muss sich fügen oder gehen. Ein Journalist, der häufig unbequeme Themen anbietet, bekommt irgendwann weniger Aufträge. Eine Redakteurin, die wegen eines von ihr eingekauften und gesendeten kritischen Themas großen Ärger bekam, berichtete mir in einer Mittagspause: »Ich mache nur noch Kinder und Tiere.«

Am Montagmorgen platzte dann die Bombe. Was war geschehen? Meine Äußerungen in der Talkshow waren in Berlin angekommen. Die deutsche Presse hatte meine Aussagen sofort als Skandal aufgegriffen: »Eine WDR-Journalistin redet Klartext.«[3] Also wurde ich ins WDR-Studio Aachen zitiert. Dort fand eine Krisensitzung statt mit allen wichtigen Personen, der Studioleitung, der stellvertretenden Leitung und per Telefonschaltung der Chefredaktion und der Pressestelle. Gemeinsam hörten wir uns dann mein Interview an. Die Verantwortlichen legten mir eine Presseerklärung[4] vor, die so schnell wie möglich veröffentlicht werden sollte, um weiteren Schaden abzuwenden. Ich musste schnell entscheiden und erklärte mich einverstanden. Ich hatte tatsächlich in der Talkshow nur sehr vereinfacht und in wenigen Minuten versucht, die Aufgaben des deutschen Rundfunkrates und den Pressekodex mit der Situation in den Niederlanden zu vergleichen. Meine Aussage über Merkels Flüchtlingspolitik nahm ich jedoch nicht zurück.[5]

Später wurde daraus dann eine ganz andere Geschichte: Ich befand mich plötzlich in einer Situation vergleichbar mit der eines Politikers, der wegen eines Skandals zurücktreten muss, nur mit dem Unterschied, dass ich keinerlei Erfahrung mit solchen Situationen hatte und mir auch kein Team und keine Juristen beratend zur Seite standen. Die Stellungnahme der stellvertretenden WDR-Unternehmenssprecherin Ingrid Schmitz lautete: »Das entspricht in keiner Weise der Haltung, den Werten und dem Programmauftrag des Unternehmens.« Und sie erklärte am 18. Januar 2016, die Berichterstattung erfolge nach »höchsten journalistischen Standards und auf einer klaren gesetzlichen Grundlage – ausgewogen und unabhängig«.[6]

Diskussion unter den Freien

Am 20. Januar 2016 wurde ein offener Brief der freien Mitarbeiter und Mitarbeiterinnen des WDR veröffentlicht, mit der Überschrift »Wir bekommen keine politischen Vorgaben!«[7] Ich erfuhr, dass sehr viele Mitarbeiter diesen Brief nicht unterschreiben wollten, aber das wurde natürlich kaum in den Medien kommuniziert. Lediglich Meedia berichtete einen Tag später, am 21. Januar:

»Offener Brief war unter WDR-Freien hoch umstritten. Heute veröffentlichten freie Journalisten des WDR einen Offenen Brief. Darin wehren sie sich gegen die Unterstellungen, es gäbe bei dem öffentlich-rechtlichen Sender Anweisungen, in eine bestimmte Richtung zu berichten. Vorausgegangen war dem Schreiben eine hitzige Diskussion in der Mailingliste der WDR-Freien.«[8]

Ich kannte natürlich die Diskussion um den Brief aus den WDR-Foren und von befreundeten Kollegen. Meedia, der Onlinebranchendienst zu Medienthemen der Busch Entertainment Media, dokumentierte diese, weil sie das gesamte Bild der medialen Debatte um politische Einflussnahme bei Öffentlich-Rechtlichen nachzeichnet. In einem Leserkommentar fand es ein WDR-Freier »lohnend, darüber nachzudenken und unaufgeregt zu besprechen, inwieweit viel subtiler und vielleicht sogar unbeabsichtigt auf die Programme eingewirkt wird, zum Beispiel durch Veränderung der Arbeitsbedingungen.«[9]

Er nannte auch konkrete Beispiele: »Freie, die im Geschäft bleiben wollen, könnten versuchen, möglichst das anzubieten, was der Redaktion gefällt. […] Freie, die durch die Honorarkürzungen an den

Rand gedrängt und in der Existenz bedroht werden, könnten in der Not eventuell etwas großzügiger mit journalistischen Standards umgehen. [...] Redakteure auf Zeitstellen könnten versuchen, durch ein besonders ›gefälliges‹ Programm eine Festanstellung zu bekommen. Die Zurückhaltung, die sich Öffentlich-Rechtliche auferlegen, weil sie allen Bürgern dienen sollen, könnte von einigen missverstanden werden, dass man brav sein oder nur Mainstream liefern solle.« Schließlich könne aus seiner Sicht eine bestehende »Einflussnahme der Parteien auf die Rundfunkräte [...] Selbstzensur und Schere im Kopf verstärken«. Eine andere WDR-Freie war der Auffassung, es sei »... an der Zeit, über Eingriffe von Redakteuren zu reden, die es natürlich gibt«. Wieder eine andere schrieb, »Zensur« gebe es, da sei sie sich »sicher, sehr wohl von oben aus der Sendeleitung«.[10] Meedia ergänzte:[11]

> »Dass der Verdacht, dass es Versuche der politischen Einflussnahme gibt, nicht ganz von der Hand zu weisen ist, scheint auch den Autoren des Offenen Briefs bewusst zu sein. In einer frühen Fassung des Schreiben hieß es noch: ›Vorgaben politischen Inhaltes sind nie gemacht worden‹.«

Doch diese Formulierung entschärften die Autoren vor Veröffentlichung des Briefs. In dem veröffentlichten Offenen Brief steht nur noch weniger umfassend, weniger verfänglich und nur noch auf den Kreis der Unterzeichner bezogen: »Wir haben noch nie ein Blatt vor den Mund genommen und lassen uns durch politische Einflussversuche nicht gängeln!«

Ursprünglich wollten die Initiatoren des Offenen Briefs diesen im Namen aller WDR-Freien an die Öffentlichkeit richten. Doch dagegen regte sich Protest. Der Offene Brief sei »eine Halbwahrheit«. Ein WDR-Freier schrieb beispielsweise:

> »Was wissen wir denn, was täglich beschlossen, befördert oder verhindert wird? Warum sollen wir behaupten, ›eine Zensur findet nicht statt‹, wenn wir es nicht wissen oder wenn wir An-

> zeichen für das Gegenteil haben? Ich halte die Erklärung für falsch und unterschreibe sie nicht.«

Eine weitere WDR-Freie erklärte, sie finde die Aktion »aus mehreren Gründen nicht richtig. Damit das Ganze aber transparent bleibt, sollte man klarstellen, dass das eine Initiative einiger Freier ist, die hier zur Unterschrift auffordern«. Danach wurde beschlossen, dass diejenigen, die das Schreiben unterstützen, es persönlich unterzeichnen und den Offenen Brief nicht im Namen aller für den WDR tätigen freien Journalisten veröffentlichen.

Bezüglich der Meinungsfreiheit behauptete ein WDR-Freier:

> »Das geht im Alltags-Normal-Fall nicht über Anweisungen, sondern über Atmosphäre. Man lernt, was erwünscht und was nicht erwünscht ist. Das ist das, was die Kollegin offensichtlich verinnerlicht und im Kopf hatte. Im Zweifelsfall gibt es dann aber doch auch mal Anweisungen. Beim ersten Irakkrieg 1991 gab es im WDR zum Beispiel ein Papier von oben, das anwies, ›keine Emotionalisierung‹ zu betreiben.«

Offenbar wurden auch abseits der Diskussion auf der Mailingliste heftige Kämpfe ausgetragen. Ein Mitglied der Liste schrieb:

> »Liebe Freunde von Claudia Zimmermann, ich bitte darum, dass Ihr Euch öffentlich in der Liste hinter Eure Freundin stellt und ihren Leumund verteidigt. Private Schmähmails an meine Adresse sind nicht nur unerwünscht, sondern auch überflüssig, weil wirkungslos.«

Durch meine Äußerungen ausgelöst, betrifft die Debatte um politische Einflussnahme und Zensur ausschließlich den WDR. Doch die ARD besteht aus acht weiteren Anstalten. Ein WDR-Freier behauptete in der Mailingliste, es gebe »die glasklare Regierungsregie: Interviews mit der Kanzlerin lässt diese vor Ausstrahlung von ihrem eigenen Personal abnehmen. Man könnte auch Zensur dazu sagen.«

Ein anderer WDR-Freier schrieb über die ARD: »Wenn sich die ARD von der Regierung das Okay holt, ist das eine Form von Zensur. Die ARD müsste es nicht mitmachen, aber sie tut es. Sagen wir also: Selbst-Zensur.«

Ein Exempel wird statuiert

Das Geschilderte ereignete sich im Januar 2016. Doch zwischenzeitlich ist der Druck noch stärker geworden. Einige weitere Journalisten haben ihren Job verloren, weil sie den Mut hatten, den Mund aufzumachen. Bis heute halten mir Kollegen die Treue und berichten über unsägliche Zustände, Druck, Anpassung und sogar Karrierebehinderung. Und während Anfang 2016 in den Medien über das Thema Pressefreiheit und Anweisungen heftig diskutiert wurde, hatte ich ganz andere Sorgen. Ich bat den Deutschen Journalistenverband, bei dem ich seit über 30 Jahren Mitglied war, um juristische Hilfe bei meiner Auseinandersetzung und meinem Ausscheiden aus dem WDR. Das war ein entscheidender Fehler, aber das konnte ich damals noch nicht wissen. Mir wurde nicht gekündigt. Ich musste aber unterschreiben, dass ich keine Interviews mehr geben würde – auch nichts Vergleichbares. Zudem wurde ich mit der Überlegung konfrontiert, ob ich eine interne Tätigkeit übernehmen könnte, zum Beispiel als unterstützende Recherchekraft im Studio. In dem Augenblick war mir klar, dass ich keine Aufträge mehr erhalten würde. Mein Name sollte in keinem Abspann mehr auftauchen. An mir sollte wohl ein Exempel statuiert werden.

Bliebe mein Verhalten für mich ohne berufliche Einbußen, könnten womöglich andere Journalisten und Journalistinnen auf die Idee kommen, sich öffentlich zu Missständen zu äußern. Das sollte verhindert werden. Gleichzeitig wurde nach außen hin kommuniziert, mir sei nicht gekündigt worden. Hätte mir der Sender offiziell gekündigt, so hätte sich das als Eingeständnis für Zensur deuten lassen. Fakt ist: Ich war von einem auf den anderen Tag Persona non grata. Bereits am Montagmorgen nach meinem Interview wurde ich in Sippenhaft genommen. Nur sehr wenige der Mitarbeiter, Redakteure und festen freien Mitarbeiter im Studio Aachen redeten mit mir. Die meisten gingen im Flur mit gesenktem Kopf an mir vorbei oder blickten aufs Handy.

Dennoch kann ich das Verhalten der Studioleitung und ehemaligen Kollegen nachvollziehen. Immerhin habe ich 24 Jahre für den WDR gearbeitet und weiß, wie das System funktioniert. Man hat mir das Messer in den Rücken gestochen, aber keiner hatte eine andere Wahl. Oder doch? Ja, verbunden mit massiven Problemen, womöglich einer Versetzung oder dem Verlust des Jobs – wie ich. Hatte ich etwas anderes erwartet? Aus heutiger Sicht weiß ich, das wäre naiv. Ich habe immer wieder gesagt, dass der Druck von oben nach unten ausgeht, nicht nur beim WDR, sondern in unserer Gesellschaft und der Druck wird ganz unten am heftigsten. Erfolgreich zu werden, setzt Buckeln und Schleimen nach oben voraus und Treten nach unten. Solange das funktioniert, wird es kaum einen Aufschrei geben. Gleichzeitig wächst die Unzufriedenheit, aber es fehlt der erforderliche laute Aufschrei. In Deutschland wurde meine journalistische Karriere vernichtet: Im Internet findet man nichts über all die Themen, die ich für den WDR produziert habe, weder Fernseh- noch Hörfunkbeiträge, auch keine Textseiten – und es waren Tausende. Sie wurden offensichtlich alle gelöscht.

Wer sich über unausgesprochene Anordnungen hinwegsetzt, erhält keinen Auftrag mehr, und wer den Mund aufmacht, verliert letztendlich den Job – da bin ich nicht die Einzige. Katrin Huß vom MDR ist ein weiteres Beispiel und es trifft inzwischen nicht nur Journalisten, sondern sogar Kabarettisten, beispielsweise Uwe Steimle vom MDR.

Verschwörungstheorie als Verschwörungspraxis

Was ist da geschehen im Journalismus und in der öffentlichen Wahrnehmung? Ich erinnere mich noch gut an mein Praktikum in den 1980er Jahren in Washington bei einer Zeitung, die zur »Alternative Press« gehörte. Anfang der 80er-Jahre des letzten Jahrhunderts war der Watergate Skandal bei US-Journalisten nach wie vor ein Riesenthema. Der Skandal begann als angebliche Verschwörungstheorie und später stellte sich heraus, dass die Verschwörungstheorie Realität, also Verschwörungspraxis war. Das Gleiche gilt für die MK Ultra Mind Control Projekte aus den 1950er-Jahren.[12]

Das Wort »Verschwörungstheorie« wurde ursprünglich von der CIA als Kampfbegriff ersonnen, um die Zweifler an der offiziellen Version des Kennedy-Mordes zu denunzieren. Dieser Begriff ist eine bösartige Propagandaphrase und dient auch heute noch dazu, Journalisten und Autoren verächtlich und unglaubwürdig zu machen. Investigative Journalisten recherchieren häufig zu Themen, denen bereits der Stempel »Verschwörungstheorie« aufgedrückt wurde. Damit setzen sie sich einer Gefahr aus und umso größer ist ihre Verantwortung. Darum stellt sich bei sensiblen Vorhaben immer die Frage: Wann veröffentliche ich meine Rechercheergebnisse? Wann teile ich die Informationen der Öffentlichkeit mit und was erreiche ich damit?

Recherche-Ergebnisse zu einem politisch sensiblen Thema, insbesondere dann, wenn sie westliche Regierungen oder Behörden betreffen, werden in aller Regel von den Mainstream-Medien nicht veröffentlicht. Das ist Zensur! Nur zu oft haben sich angebliche »Verschwörungstheorien« nach Jahren als Wahrheiten herausgestellt. Dass regierungskonforme Medien so viel Kritik an alternativen Medien üben, ist aus meiner Sicht ein gutes Zeichen. Zeigt es doch, dass das Establishment offensichtlich große Angst hat vor dem größer werdenden Einfluss dieser Medien. Darum nimmt die Repression gegen die alternativen Medien zu, vor allem in Deutschland. Beiträge werden gesperrt, Kanäle werden geschlossen. Gleichzeitig wächst aber auch die Stärke derjenigen, die erkannt haben, welches schmutzige Spiel die Herrschafts-»Eliten« spielen, und die nicht bereit sind, zu schweigen und alles hinzunehmen. Niemand soll sagen können: »Ich habe es nicht gewusst.«

Narrative, Diskurskollaps und Neusprech

Ullrich Mies

> *»Denn ebenso wie es üblich ist, vom Gesicht einer Zeit, eines Landes zu reden, genau so wird der Ausdruck einer Epoche als ihre Sprache bezeichnet.«*[1]
>
> Victor Klemperer

Mit sechs Narrativen legt die Bewusstseinsindustrie den Denkkorridor in der sogenannten westlichen Wertegemeinschaft fest. Positionen außerhalb dieser Narrative bekämpfen die Zentren der Macht, die »Medien als deren Regierungsassistenten« und vor allem die PR-Propaganda-Agenturen mit allen legalen und illegalen Mitteln. Integraler Bestandteil der Kulturrevolution »von oben« ist die Transformation der Sprache. Zur Transformation des kollektiven Bewusstseins gehört auch die Political Correctness mit ihrer »Sprach-Polizei« als Türsteher »korrekter«, das heißt fortan einzig gestatteter Sprech- und Schreibweise. Die Machtzentren und ihre Propaganda- und Medienindustrie haben die politische Debatte im gesamten Westen planvoll vergiftet.

Aktualisiertes Propaganda-Modell

Ende der 1980er Jahre hatten Edward S. Herman und Noam Chomsky in ihrem Propaganda-Modell[2] formuliert, welche fünf Filter die Berichterstattung der Mainstream-Medien kennzeichnen, um abweichende Auffassungen aus ihren Veröffentlichungen herauszuhalten. Dieses Propaganda-Modell hatten sie in den Jahren 2002 und 2008 modifiziert, ihr ursprüngliches Modell gleichwohl nicht verworfen.[3] Die Mainstream-Medien hinterfragen nicht:

1. die Eigentumsverhältnisse und Profitorientierung der Kontrollgruppe,
2. die Werbung als Haupteinnahmequelle,
3. die weitgehende Abhängigkeit von Regierungs- und Unternehmensquellen, von Pentagon und State Department (Außenministerium der USA) und deren »Experten« für die Nachrichtengewinnung,
4. die vorherrschende Tendenz, Mächtige nicht zu attackieren,
5. die »religiöse Verehrung« der Marktwirtschaft beziehungsweise des Kapitalismus.

> »Der Filterprozess ist in die Medienstrukturen eingebaut und erfordert keine top-down-Befehle oder Verschwörungen.«[4]

Seit der letzten Überarbeitung dieses Propaganda-Modells sind Jahre vergangen und die neoliberale Konterrevolution ist über die sogenannten westlichen Demokratien hinweggefegt. Darum will ich diesen fünf Filtern sechs *Narrative* zur Seite stellen, weil sich im Laufe einer Generation die gesellschaftlichen Zustände massiv radikalisiert haben. Zugleich will ich aufzeigen, wie die Mainstream-Medien und ihre ideologische Gefolgschaft die Kritiker dieser Narrative diffamieren.

Erstes Narrativ:

Der Neoliberalismus als überragende Ideologie des Westens sowie der globalisierte Konzern-Kapitalismus sind unantastbar und ebenso die Europäische Union als Völker verbindendes demokratisches Projekt. Keinesfalls darf die EU als das erkannt werden, was sie ist: ein marktradikales Projekt der Herrschaftseliten. »Westliche Wertegemeinschaft« und »liberale Demokratie« unter der Herrschaft der (Finanz-)Märkte sind nicht in Frage zu stellen. Wer »die unsichtbare Hand der Märkte« in Abrede stellt, die Verheerungen des Neoliberalismus wie Reichtumsumverteilung von unten nach oben, Privatisierungen, Schadensverlagerung auf die Allgemeinheit, Regierungspolitik im Sinne der Konzerne sowie die negativen Auswirkungen der Freihandelsabkommen kritisiert, wird als Ketzer wider die allein denkbare neoliberale Ideologie verunglimpft.

Zweites Narrativ:

Pentagon, NATO, EU und Bundeswehr schützen die »westlichen Werte«. Die geopolitische Positionierung des Westens unter Führung von USA und NATO sowie der EU als militärpolitischer Partner der NATO steht nicht in Frage[5]. Die sich aus den geopolitischen Interessen ergebende Aufrüstung ist nicht verhandelbar. Kriegsvorbereitungen und neue Kriege beziehungsweise Macht- und Ressourcensicherung sind daher integrale Bestandteile westlicher Ordnungs-, Außen- und Kriegspolitik. Daraus folgt: Wer die Weltbeherrschungsobszession der USA und ihrer EU-Vasallen kritisiert, gilt als »Antiamerikaner«. Kritiker, die das Kriegskonglomerat als Schmarotzer seiner Wirtsvölker bezeichnen und die offizielle Version von 9/11 in Frage stellen, gelten als »Verschwörungstheoretiker«. Diese müssen damit rechnen, vom »gesellschaftlichen Leben« ausgeschlossen und ihrer beruflichen Existenz beraubt zu werden.

Drittes Narrativ:

Die neuen Feinde des Westens sind Russland und China. Russland ist das Reich des Bösen. Vladimir Putin ein Diktator, der alles missachtet, was dem »Westen« heilig ist. Wer sich zu Russland eine differenzierte Meinung bildet oder sogar Putins Handeln etwas Positives abgewinnen kann, gilt als Verehrer einer Diktatur und »Putinversteher«. Er oder sie wird vom öffentlichen Diskurs ausgeschlossen.

Viertes Narrativ:

Kriege zur Machtkonsolidierung und Machterweiterung »hat es schon immer gegeben«, Flüchtlings- und Migrationsströme sind daher unvermeidbar. Wer dieses Narrativ grundsätzlich in Frage stellt, wird als unrealistischer Friedens-Spinner diffamiert. Wer zusätzlich Fragen zur Migration stellt, Kriege und Sanktionen anprangert, erhält den Stempel, Chauvinist, Nazi, Rassist und/oder »Querfrontler« zu sein.

Fünftes Narrativ:

Die territoriale Erweiterungspolitik der israelischen Regierung in Palästina steht ebenso wenig zur Debatte wie die de facto Vernichtungspolitik gegen die Palästinenser.[6] Wer das als faschistoide Apartheid-Politik bezeichnet, gilt als »Antisemit«.

Sechstes Narrativ:

Ausnahmezustand und »Medizinisches Kriegsrecht« sind mit der Demokratie kompatibel. In medizinischen Krisensituationen müssen die Zentren der Macht Bürgerinnen und Bürger vor »unbedachten« Handlungen bewahren. Wer sich der »höheren Einsicht« verschließt, verhält sich unverantwortlich und unsolidarisch.

Die Analyse der Mainstream-Medien-Berichterstattung und die der Öffentlich-Rechtlichen ergibt bei fast allen Beiträgen eine massive »Schlagseite« bis hin zu offensichtlicher Manipulation und Propaganda. Faktisch betreiben die Machtzentren und die Medien als ihr korrupter Anhang »moderne Gegenaufklärung«, einen Softpower-Krieg gegen die Zivilgesellschaften. Der Softpower-Krieg soll die Zivilgesellschaften zum Gleichschritt mit den neoliberalen und kriegsaffinen Regimen veranlassen. Zwar verfasste Siegfried Krakauer seine Schrift »Totalitäre Propaganda«[7] gegen die Hitler- und

Mussolini-Propaganda, dennoch gelten seine Erkenntnisse uneingeschränkt fort:

> »Die neue Qualität, die Propaganda in den autoritären Staaten annimmt, rührt daher, dass allein mit Ihrer Hilfe die überwältigende Mehrheit der Bevölkerung zum Schutze von Interessen eingespannt werden kann, die zu ihren eigenen in vollkommenem Gegensatz stehen, und die gegen den bewussten Willen der tödlich bedrohten Majorität keinen Augenblick mehr sich behaupten könnten.«[8]

Mit den genannten sechs Narrativen und den dazugehörenden Diffamierungen legt die Bewusstseinsindustrie den Denkkorridor fest. Positionen außerhalb dieser Narrative bekämpfen die Zentren der Macht, die »Medien als Regierungsassistenten«[9] und vor allem die PR-Propaganda-Agenturen mit allen legalen und illegalen Mitteln. Wer wie Assange Regierungsverbrechen aufdeckt, wird von den faschistoiden Machtzentren physisch vernichtet. Die Herrschaftsmedien schauen weg oder klatschen sogar Beifall.

Diskurskollaps in den westlichen Fassadendemokratien

Die öffentliche Diskussion endet in den westlichen Fassadendemokratien dort, wo sie dringend notwendig wäre. Die Grundvoraussetzungen einer offenen demokratischen Gesellschaft sind jedoch seit Langem weder in Deutschland noch in den anderen Staaten der »westlichen Wertegemeinschaft« gegeben.

Die Machtzentren, ihre Propaganda- und Medienindustrie haben die politische Debatte im gesamten Westen *planvoll vergiftet*. Diese Vergiftung strahlt in alle gesellschaftlichen Segmente aus, die sich zunehmend in feindlichen Lagern gegenüberstehen. Das ist kein Zufall, *die Zersetzung ist Absicht*.

Maßgeblich betroffen davon ist die Linke Europas. Sie ist nicht zufällig in zum Teil unversöhnliche, ja sich sogar bekämpfende Lager zerfallen.[10] An der systematischen Zersetzung der Linken sind viele Akteure beteiligt, unter anderem Antideutsche[11], Geheimdienste und Undercover-NGOs. Der Zerfall der europäischen Linken sei, so Domenico Losurdo, vor allem auf den verlogenen Menschenrechtsinterventionismus der »imperialen Linken« zurückzuführen. Während diese vordergründig der Moral im Kampf gegen böse Diktatoren huldigen, seien sie jedoch tatsächlich die korrupten und moralisch willfährigen Komplizen der imperialistischen und neokolonialen Krieger der USA und ihrer Vasallen.[12]

> »Während der, ob mit der Gegenwart oder der Vergangenheit verbundene Empörungsterrorismus Druck auf sie ausübt, ist die Linke insgesamt unfähig, der reaktionären Offensive wirklich etwas entgegenzusetzen; so schließt sie sich nicht selten dieser Offensive [Losurdo meint den verlogenen »humanitären« Kriegsinterventionismus sich als »links« verstehender Kreise, der mehr Opfer fordert, als er Zivilisten schützt, U. M.] an und versucht bisweilen gar, sich als einer ihrer eifrigsten und am wenigsten nachgiebigen Protagonisten auszuzeichnen. Zumindest was die internationale Politik angeht, hat sich eine Dialektik von bitterer Komik entwickelt.«[13]

Die oben genannten Narrative bilden die »roten Linien« und grenzen jeden Andersdenkenden aus. Seit Jahren analysieren Volker Bräutigam und Friedhelm Klinkhammer die penetrant-einseitige, kriegstreiberische und regierungsnahe Medienpolitik von ARD und Tagesschau.[14] Die Politik in Deutschland wird von einer marktradikalen und kriegsaffinen Allparteienkoalition und ihrer NATO-konformen Medienallianz gesteuert; die immer wieder propagierte »Verantwortungsübernahme« ist dümmlich-propagandistisches Geschwätz, um imperiale Ambitionen zu verbergen, das ist die Sachlage.[15]

Da die deutsche neoliberale Altparteienkoalition von ihrer zerstörerischen Politik nicht ablassen will, reduziert sie ihren Glaubwürdigkeits- und Legitimationszerfall auf »Kommunikationsprobleme«. »Wir haben das nicht ausreichend kommuniziert«, gehört zu den

Standardphrasen. Und weil eine Modifikation der genannten Narrative nicht zur Debatte steht und sich Kriegstreiberei und eine Politik zu Lasten großer Bevölkerungsschichten auf Dauer nicht »gut kommunizieren« lassen, radikalisieren sich die Fronten immer mehr und das Regime muss die Propaganda-Waffen immer weiter perfektionieren.

Schleichende Kulturzerstörung – Von der Lingua Tertii Imperii zur Lingua Quarti Imperii

Integraler Bestandteil der Kulturrevolution »von oben« ist die Transformation der Sprache. Die Sprache des globalisierten marktradikalen Kapitalismus unterscheidet sich in ihrer Geistesarmut kaum von der des Dritten Reiches. Die Lingua Tertii Imperii, LTI, die Sprache des Dritten Reiches, so Klemperer, wurde durch die »Machtübernahme« der nationalsozialistischen Partei 1933 » … zu einer Volkssprache, das heißt, sie bemächtigte sich aller öffentlichen und privaten Lebensgebiete: der Politik, der Rechtsprechung, der Wirtschaft, der Kunst, der Wissenschaft, der Schule, des Sportes, der Familie, der Kindergärten und der Kinderstuben.«[16]

Zur LTI schreibt Viktor Klemperer:

> »Die LTI ist ganz darauf gerichtet, den einzelnen um sein individuelles Wesen zu bringen, ihn als Persönlichkeit zu betäuben, ihn zum gedanken- und willenlosen Stück einer in bestimmter Richtung getriebenen und gehetzten Herde, ihn zum Atom eines rollenden Steinblocks zu machen.«[17]

Genau dasselbe gilt unter den ideologischen Bedingungen des Neoliberalismus – im Konzernkapitalismus des globalisierten *Vierten Reiches*, für die Lingua Quarti Imperii:

»Was jemand willentlich verbergen will, sei es nur vor anderen, sei es vor sich selber, auch was er unbewusst in sich trägt: *die Sprache bringt es an den Tag*. Das ist wohl auch der Sinn der Sentenz: le style c'est l'homme; die Aussagen eines Menschen mögen verlogen sein – im Stil seiner Sprache liegt sein Wesen hüllenlos offen.«[18]

Zum Sprachcode des Dritten Reiches gehörten vor allem »Volk«, »Führer und Vaterland«, »neuer Lebensraum im Osten«, »erobern«, »siegen«, »Endsieg« und »ausmerzen«. Vergleichbar intensiv sind die Einpeitscher des Marktliberalismus und des militaristischen Eroberungswahns seit mehr als einer Generation damit beschäftigt, die zentralen Kampfbegriffe des Neoliberalismus als Neusprech in die Köpfe der Öffentlichkeit zu hämmern: Markt, die Märkte, Reformen, Reformstau, Effizienz, Synergieeffekte, Segnungen der Globalisierung, Exzellenz und Exzellenz-Zentren, Kompetenz und Kompetenz-Zentren, Inklusion, regelbasierte Ordnung, Verantwortungsübernahme, westliche Werte, Alternativlosigkeit, Speerspitze im Kampf gegen Russland, humanitäre Interventionen, um nur einige zu nennen. Diese Gehirnwasch-Phrasen führen die »Verantwortungsträger« des marktradikalen Kapitalismus ständig im Munde. Offensichtlich können oder wollen sie aufgrund ihrer persönlichen Deformation nicht mehr über den Tellerrand dieser Herrschafts-Codes hinaussehen.

Nur scheinbar besteht ein Widerspruch zwischen der »Formierung der Masse auf den Führer« sowie der Blut- und Boden-Ideologie des Nationalsozialismus auf der einen Seite und der Lingua Quarti Imperii auf der anderen. Denn heute lautet die verordnete Kollektivideologie: »Freier Westen« und »liberale Demokratie« vereint gegen Russland, China und alle Länder, die sich »uns« nicht unterwerfen wollen. Hier tappt die »Linke« in die Falle der globalistischen transnationalen Kapitalistenklasse (Transnational Capitalist Class, TCC)[19]: Während alle Fortschritte der Linken über die Dekaden hinweg auf nationaler Ebene erkämpft wurden, schwärmt sie von der internationalen Solidarität der Arbeiterklasse, die allein schon an Sprach- und Kulturschranken scheitert. Demgegenüber hält die TCC auch hier sämtliche »Trümpfe« in ihren Händen, von finanziellen Ressourcen über ein Millionenheer an Manipulateuren und Propagandisten, über Regierungen und Institutionen bis in die innen- und außenpolitischen Gewaltapparate.

In den Kontext von Massenmanipulation und schleichender Gehirnverschmutzung durch neue Sprachfolien gehört auch die Kulturzerstörung Zentraleuropas, maßgeblich der deutschsprachigen Länder. Das geschieht einerseits freiwillig/unfreiwillig beziehungsweise unbewusst durch die Übernahme zahlreicher Anglizismen[20] und andererseits durch den Neusprech der BWLer, Controller, Militaristen, Marktenthusiasten und Neoliberalen. Sie haben neue Sprachfolien wie Mehltau über die Länder gelegt.

Der Anglizismen-Index 2018 kategorisierte die bislang 7 700 identifizierten Anglizismen mit 3 Prozent als »ergänzend«, 18 Prozent als »differenzierend« und 79 Prozent als »verdrängend«.[21] Das bedeutet, dass 6 083 deutsche Wörter durch Anglizismen weitgehend oder komplett verdrängt wurden. Die angloamerikanische Kultur-Unterwanderung durch den inflationären Gebrauch von Anglizismen steht in direktem Bezug zur Entfaltung des marktradikalen Großkonzern-Kapitalismus angelsächsischer Provenienz nach der Wende und verlief weitgehend parallel dazu.

Zur Transformation des kollektiven Bewusstseins gehört ferner die Political Correctness[22] mit ihrer »Sprach-Polizei« als Türsteher »korrekter«, das heißt fortan einzig gestatteter Sprech- und Schreibweise. Nicht zufällig kommt der Political-Correctness-Terror aus den USA. Dort hatten die Herrschaftsapparate dem Druck gesellschaftlicher Minderheiten-Gruppen auf »Teilhabe« an Positionen und Macht in Politik und Institutionen nicht länger standhalten können. Während die alten Widersprüche des Kapitalismus und der westlichen Kriegspolitik bestehen blieben, wurden sie fortan sogar von den neuen Minderheiten verteidigt. Seite an Seite mit den alten reaktionären Herrschaftsfraktionen kämpfen sie nun um den Erhalt ihrer Privilegien: für »marktkonforme Demokratie«, Globalisierung und die neuen »humanitären Kriege«. Ein vergleichbarer Wandel wie in den USA vollzog sich bei den deutschen »Grünen«, in denen heute bellizistische Frauen oder Menschen mit Migrationshintergrund als nützliche Dienstleister der Herrschaftskasten die Politik der Verheerungen fortsetzen. Die Herrschaftszentren haben begriffen, was für sie auf dem Spiel steht, und darum alle Minderheiten in ihre »ideologischen

Apparate« integriert. Ihnen ist es vollkommen egal, welche Gruppen, Untergruppen und Minoritäten ihnen dienen.

Auch damit nicht genug: Die Torhüter der Gender*- und Minoritäten*-Sternchen*-Polizei* maßen sich an, ihren Sprachterror – bis in die Tiefe der Bildungsinstitutionen – flächendeckend durchzusetzen. Letztlich geht es darum, die Bevölkerung unter dem *vorgeblichen* Anspruch von Fairness, Menschenrechten und Nichtdiskriminierung zu disziplinieren und in ein neues Zwangskorsett zu pressen.

»Die Show gilt zunächst als ›surreal‹, weil zu wenige sich gefragt haben, was die bisher als zutiefst rassistisch, frauenfeindlich, elitär und homophob bekannten Eliten plötzlich dazu gebracht hat, sich über Nacht in begeisterte Anhänger des ›Feminismus‹, ›Nativismus‹ und von ›LBGT‹ zu verwandeln. Die Unaufrichtigkeit ihrer skurrilen Schmeicheleien über ›den differenten Anderen‹ ist Teil des Techno-Faschismus.«[23]

Nach Guido Giacomo Preparata[24] dient der Techno-Faschismus der postmodernen Globalisten

1. der diskriminierenden Bevölkerungskontrolle,
2. der »Ent-Differenzierung« zwischen männlich und weiblich, d. h. der Nivellierung der Geschlechter und der Zerstörung der Familie als Hort der Geborgenheit und
3. dazu, über Migrationsgesetze den Strom neuer Arbeitssklaven von den Peripherien in die Zentren zu garantieren.

Durch den medial inszenierten Dauerterror gegen die Öffentlichkeit sollen die Energien absorbiert werden, die sich gegen die Zentren der Macht richten müssten. Der notwendige Diskurs überfälliger Veränderungen wird – wie immer – verweigert, fundamentale Existenzfragen werden auf bedeutungslose Nebengleise abgeschoben, die gesellschaftlichen Diskursgräben immer weiter aufgerissen und die Menschen gehen wegen Nichtigkeiten aufeinander los.[25] Und es geht weiter: Die Neologismen, Sprachverdrehungen, Euphemismen, kurz der gesamte Neusprech ist Teil herrschaftssichernder Sprachdeformation und umfasst heute ohne Weiteres Hunderte, wenn nicht Tausende Begriffe, die Lexika füllen könnten.[26]

Der schleichende Kulturverfall nistet sich in immer neue Sektoren ein. Die freiwillige Selbstkastration der »neuen Akademiker und Akademikerinnen« ist daher nur folgerichtig. Viele bewegen sich im selbst gesteckten Laufstall geistiger Beschränkung, konsumieren neoliberales Junk-Food und weigern sich, ihre fest umrissenen »intellektuellen« Zumutbarkeitsräume zu verlassen. Ein geweiteter Blick könnte ihre Sicht auf die Welt ins Wanken bringen:

> »Was motiviert ausgerechnet Wissenschafter dazu, ihr eigenes Erkenntnisinteresse und das ihrer Studenten künstlich zu verengen und in moralisch vorgezeichnete Bahnen zu lenken? Warum fällt dies bei Studenten auf fruchtbaren Boden? Warum fordern manche Studenten mittlerweile mit Vehemenz moralkonforme Schonkost ein?«[27]

Der Bürger als Feind

Da die Machtzentren ihre Meinungshegemonie um keinen Preis aufgeben wollen, installieren sie den »Bürger als Feind«. Sie wittern überall dort Fake News, wo ihre Definitionshoheit auf dem Spiel steht. Die Definitionshoheit geht der herrschenden Politik und ihren Interpreten angesichts der offensichtlichen Ungerechtigkeiten, der systemischen Korruption sowie der verfassungswidrigen Angriffskriege zunehmend verloren. Um die Zivilgesellschaft zu drangsalieren und zu kontrollieren, gehen sie zur psychologischen Kriegsführung über, instrumentalisieren geheimdienstgesteuerte Terroranschläge zur Angstproduktion[28], hysterisieren die Corona-Infektionen und Instrumentalisieren sie für den präventiven Ausnahmezustand.[29]

Würde die Öffentlichkeit nicht der verordneten Hysterie anheimfallen, dann würde sie die Todeszahlen durch »Corona« mit den »ganz normalen« Todeszahlen, die das herrschende System in Permanenz durch Verkehrstote, Stellvertreterkriege, systemische Gewalt, Sepsis in den Krankenhäusern, Kriege im Nahen und Mittleren Osten etc. »produziert«, in Beziehung setzen. Dann würde sehr schnell deutlich: Bei der »Corona-Krise« handelt es sich um psychologische Kriegsführung, um einen Informationskrieg der Machtzentren gegen die Zivilgesellschaften. Wenn die ahnungslose Öffentlichkeit zudem über Atomkriegspläne, und -strategien auch nur ansatzweise informiert wäre, gäbe es keine »Corona-Hysterie«. Die ganz andere Hysterie würde sich sodann gegen die Mächtigen wenden, sie stürzen und auf dem Müllhaufen der Geschichte entsorgen.

Auch wenn der Konservative Gustave Le Bon ein Gegner der Volksherrschaft war, ist er offensichtlich zu zeitlosen Erkenntnissen über das Massenverhalten gelangt. Das, was er gegen den Sozialismus zum Besten gab, gilt um ein Vielfaches mehr für die verheerende geistige Verfassung vieler Menschen als Folge der Gehirnwäsche unter dem Regime des Neoliberalismus.

> »Nie haben die Massen nach Wahrheit gedürstet. Von den Tatsachen, die Ihnen missfallen, wenden Sie sich ab und ziehen es vor, den Irrtum zu vergöttern, wenn er sie zu verführen vermag. Wer sie zu täuschen versteht, wird leicht ihr Herr, wer sie aufzuklären sucht, stets ihr Opfer.«[30]

Die Machtzentren investieren zudem in Cyber-Krieg und Astroturfing, erteilen Auftritts- und Sprechverbote und beauftragen Privatunternehmen wie Google, Facebook, Twitter mit Gedankenreinigung und »Fake-News«-Zensur.

Trotz massiver Propaganda denken zahlreiche Zeitgenossinnen und -genossen aber gar nicht daran, sich von den Machtzentren und ihren selbsternannten Inquisitoren Vorschriften machen zu lassen. Das hat zur Folge, dass die westlichen Regierungen die Daumenschrauben gegen den »unwilligen« Teil der Bevölkerung immer stärker anziehen und nun auch noch die Restbestände der Demokratie zerstören. Sie versuchen, systemkritischen Journalisten, Wissenschaftlern und Dissidenten die Karrieren und Existenzen zu ruinieren oder die Ehre abzuschneiden. Das hat Tradition, reicht zurück bis in die Zeiten des

FBI-COINTELPRO[31] und die Kommunistenhatz der McCarthy-Ära in den USA der 1950er Jahre und die Zeit der Berufsverbote in den 1970er und 1980er Jahren in Deutschland. Oder aber sie bedrohen ihre Feinde mit dem Tod, wie Edward Snowden, Chalsea Manning, Julian Assange, deren »Verbrechen« darin bestanden, die Verbrechen und den Herrschaftsterror der US-Regierung aufzudecken. Nicht einmal diese Tatsache führte in Deutschland zur flächendeckenden Solidarisierung aller Journalisten mit den Bedrängten. Im Gegenteil: Servil degeneriert duckte sich die Medienmeute mehrheitlich feige weg oder – noch widerlicher – erklärte Assange zum Verräter[32]. Die ideologische Borniertheit der Mainstream-Lakaien ist gar nicht mehr zu erschüttern. Der potenzielle Liebes- und Vorteilsentzug durch die Machtzentren wiegt für diese Mischpoke entschieden schwerer als das Leben eines bedrängten Kollegen. Nur so viel zur unappetitlichen Selbsterniedrigung einer ganzen Branche.

Wer sich jenseits der Mainstream-Medien informiert, verweigert den Herrschaftsinterpreten meist die Gefolgschaft. Er hat den Widerspruch zu den einzig möglichen »Wahrheiten« der Torhüter der Macht durchschaut. Und immer mehr Menschen merken nicht nur, dass die Welt aus den Fugen geraten ist, sondern schauen auf die Verursacher in den Zentren der Macht. Darum nimmt auch die Schärfe der Auseinandersetzungen zwischen Mediengläubigen und ihren Kritikern zu. So ist auch nicht verwunderlich, dass Deutschland in zahllose, sich bekämpfende Lager zerfallen ist, die in geistigen Schützengräben liegen. Dabei sind Verfassungsstaat und Demokratie längst unter die Herrschafts-Räder gekommen.

Alternative Medien

Ein kleiner Kompass: Alternative Medien

Ullrich Mies

Parallel zum Glaubwürdigkeitsverlust der Mainstream-Medien – dem ideologischen Bereitschaftsdienst der Machtzentren – entwickelte sich der Aufstieg des alternativen Mediensektors im Internet. Die alternativen Medien wurden eine ernstzunehmende Gefahr für die medial verbreiteten Wirklichkeitsinterpretationen. Politik, Mainstream-Medien, Geheimdienste, Militär und Konzernwirtschaft versuchen, durch diversifizierte Gegenoffensiven und eigene NGOs die steigende Flut herrschaftskritischer Publikationen zu bekämpfen. Zu diesem Zweck gründeten sie unzählige Online-Sites, um die Öffentlichkeit noch mehr zu verwirren. Grundsätzlich unterscheidet sich der alternative Mediensektor vom wirtschaftsorientierten Medienbetrieb des Mainstreams dadurch, dass die Betriebsfähigkeit der Alternativen vorwiegend auf Spendeneinnahmen – Crowdfunding – basiert. Dadurch versuchen sie, vom Kommerzbetrieb unabhängig zu bleiben.

Da sich viele Menschen im Chaos der Informationsflut nicht zurechtfinden, will ich in aller Kürze – ohne Kommentar – eine kleine Auswahl wichtiger deutsch- und englischsprachiger alternativer Medien – soweit möglich, fachlich geordnet – nennen. Verallgemeinernd möchte ich feststellen, dass die kritischen englischsprachigen Alternativen die deutschen in ihrer Zahl erheblich übersteigen. Insgesamt ist das Angebot an qualifizierten Beiträgen, Recherchen und Wirklichkeitsinterpretationen der alternativen Medien überwältigend. Sie können Menschen auf der Suche nach Wahrheit eine neue Orientierung geben.

deutschsprachige, fachübergreifende AM

https://kenfm.de

https://www.nachdenkseiten.de

https://www.rubikon.news

https://www.infosperber.ch
https://linkezeitung.de
http://www.nrhz.de
https://deutsch.rt.com
https://de.sputniknews.com
https://www.hintergrund.de
https://de.gegenstandpunkt.com
https://eingeschenkt.tv
https://www.wsws.org/de/
http://www.vineyardsaker.de
http://scharf-links.de
http://www.aktuell.ru
http://www.free21.org
https://www.watergate.tv
https://www.voltairenet.org/de
https://neue-debatte.com
https://deutsche-wirtschafts-nachrichten.de
https://www.zeit-fragen.ch
https://multipolar-magazin.de

Datenbank transatlantischer Netzwerke
https://eulu.info/renwo/index.php/en/

Datenbank Medienpropaganda
https://swprs.org

Datenbank Regierungskriminalität
https://wikileaks.org

Anti-Lobbying
https://www.lobbycontrol.de

Anti-Krieg, Anti-Gewalt, Rüstungskontrolle, Friedensforschung, Strategiedebatte, Geopolitik
https://uncut-news.ch

http://www.us-politik.ch/aktuell.htm
http://www.bits.de/index.html
http://justicenow.de
http://www.antikrieg.com/index.htm
http://www.imi-online.de
https://www.german-foreign-policy.com
http://www.luftpost-kl.de/index.html
https://www.ialana.de
https://www.ippnw.de/startseite.html
https://www.siper.ch
http://en.interaffairs.ru

Ökosystem/Tierschutz

https://www.bund.net
https://www.nabu.de
https://www.robinwood.de
https://www.pik-potsdam.de/pik-startseite
https://www.peta.de

englischsprachige, fachübergreifende AM

https://consortiumnews.com
http://www.informationclearinghouse.info
https://www.truthdig.com
https://www.zerohedge.com
https://www.europereloaded.com
https://popularresistance.org
https://www.democracyatwork.info
https://consentfactory.org
https://www.nakedcapitalism.com
https://home.solari.com
https://thesaker.is
http://www.statewatch.org
https://www.unz.com
https://www.hannenabintuherland.com
https://mediaroots.org

https://www.thebureauinvestigates.com
http://www.tomdispatch.com
https://www.democracynow.org
https://theintercept.com
https://www.motherjones.com
https://www.thenation.com
https://bennorton.com
https://thegrayzone.com
https://www.sourcewatch.org/index.php?title=SourceWatch
http://theempirefiles.tv
https://sanctionskill.org
https://www.wsws.org
https://countercurrents.org
https://therealnews.com
http://en.interaffairs.ru
https://russia-insider.com/en
https://corporatewatch.org
https://www.commondreams.org
https://truepublica.org.uk
https://www.counterpunch.org
https://billmoyers.com
https://www.mintpressnews.com
https://www.rollingstone.com
https://mediaroots.org
https://www.thepropreport.com

Anti-Krieg, Anti-Gewalt, Rüstungskontrolle, Friedensforschung, Strategiedebatte, Geopolitik

https://www.craigmurray.org.uk
https://original.antiwar.com
https://www.gunviolencearchive.org
https://thebulletin.org
http://www.transnational.org
https://transnational.live
https://www.sipri.org

https://www.warresisters.org
https://fas.org
https://www.armscontrol.org
https://watson.brown.edu/costsofwar/
https://www.nti.org
https://militarybases.com
http://www.ronpaulinstitute.org
https://www.globalresearch.ca
https://www.strategic-culture.org
https://geopolitics.co
https://www.globalwitness.org/en/
http://chuckspinney.blogspot.com
http://guadalajarageopolitics.com
https://www.prio.org
https://www.pogo.org/straus/
https://corporatewatch.org
https://www.nationalpriorities.org
http://www.stopwar.org.uk
https://en.riss.ru
https://responsiblestatecraft.org
https://fas.org/issues/nuclear-weapons/

Deep State/Shadow Government

https://www.fortheloveoffreedom.net
https://www.mikelofgren.net
https://www.youtube.com/watch?v=kTyvLpNpa9E
https://www.peterdalescott.net
https://www.fortheloveoffreedom.net
https://deepstate.news/index.html
https://usawatchdog.com
https://covertactionmagazine.com
https://medium.com/insurge-intelligence
https://www.geoengineeringwatch.org
https://whitehouse.gov1.info/continuity-plan/index.html

Datenbanken

https://nsarchive.gwu.edu
http://archive.vn

Datenbank Regierungskriminalität

https://wikileaks.org

Ökosystem, Klimawandel

https://ipbes.net
https://www.nhm.ac.uk
https://www.youtube.com/watch?v=8cIEp_JiMPA
https://www.globalwitness.org/en-gb/
https://www.wri.org
https://climatenewsnetwork.net
https://www.millenniumassessment.org/en/Index-2.html
https://rebellion.earth
https://www.foei.org

Das Autoren-Team

Beata Arnold
Diplom-Juristin, bei SPIEGEL TV ausgebildete Redakteurin, arbeitet für diverse TV- und Print-Medien, als Beraterin bei der Bundesagentur für Arbeit und Referentin eines Abgeordneten. Ihre Schwerpunkte sind gesellschaftspolitische und Wirtschaftsthemen sowie Kunst und Kultur.

Jens Bernert
Jahrgang 1974, ist studierter Geograph und Politikwissenschaftler mit Abschluss der Universität Mannheim und arbeitet in der IT-Branche. Daneben schreibt er in seinem Weblog »Blauer Bote Magazin«, Rubikon und anderen Medien meist zu aktuellen politischen und zeitgeschichtlichen Themen.

Matthias Burchardt
Jahrgang 1966, Dr. phil., Akademischer Rat an der Universität zu Köln, Philosoph und zeitdiagnostischer Publizist. Neueste Publikation zusammen mit Jochen Krautz *Time for Change?*, 2019.

Andrea Drescher
Jahrgang 1961, arbeitet als Unternehmensberaterin, Informatikerin, Selbstversorgerin, Friedensaktivistin, Autorin und Übersetzerin für alternative Medienprojekte sowie überzeugte Antifaschistin. Zuletzt veröffentlichte sie *Wir sind Frieden* und *Selbstversorgertipps von Oma & Co.*

Wolfgang Effenberger

Jahrgang 1946, wurde mit 18 Jahren Zeitsoldat, erhielt als junger Pionieroffizier Einblick in das von den USA vorbereitete »atomare Gefechtsfeld« in Europa. Nach dem Ausscheiden aus der Bundeswehr Studium der Politikwissenschaft sowie Höheres Lehramt (Bauwesen/Mathematik). Buchveröffentlichungen unter anderen zusammen mit Reuven Moskovitz, *Deutsche und Juden vor 1939*, 2016; zusammen mit Jim Macgregor (Hg.), *Sie wollten den Krieg: Wie eine kleine britische Elite den Ersten Weltkrieg vorbereitete*, 2016; zusammen mit Willy Wimmer: *Wiederkehr der Hasardeure*, 2014; *Geo-Imperialismus: Die Zerstörung der Welt*, 2016; *Europas Verhängnis 14/18*, Teile 1-3, 2018/19.

Moritz Enders

Jahrgang 1964, ist freiberuflicher Journalist sowie Autor und Regisseur von TV-Dokumentationen, zuletzt *Schüsse auf dem Petersplatz* zusammen mit Werner Köhne und *Tod eines Bankers* zusammen mit Ingolf Gritschneder. Zur Zeit in Arbeit: *Die Neue Seidenstraße – Poker um eine neue Weltordnung*.

Daniele Ganser

Jahrgang 1972, geboren in Lugano, Dr. Historiker, Publizist; Arbeitsgebiete u. a.: Zeitgeschichte seit 1945, Internationale Politik, Friedensforschung, Geostrategie, verdeckte Kriegsführung. Bücher: *Nato-Geheimarmeen in Europa: Inszenierter Terror und verdeckte Kriegsführung*, 2009; *Europa im Erdölrausch: Die Folgen einer gefährlichen Abhängigkeit*, 2014; *Illegale Kriege: Wie die NATO-Länder die UNO sabotieren. Eine Chronik von Kuba bis Syrien*, 2016; *Imperium USA: Die skrupellose Weltmacht*, 2020.

Tilo Gräser

Jahrgang 1965, Journalist, arbeitet als Redakteur und Korrespondent für sputniknews. Mitautor in *Der Tiefe Staat schlägt zu. Wie die westliche Welt Krisen erzeugt und Kriege vorbereitet*, 2019.

Chris Hedges
Jahrgang 1956, US-amerikanischer Journalist, politischer Aktivist und Pulitzer-Preisträger. Er war 15 Jahre lang Auslandskorrespondent der *New York Times* im Nahen Osten und auf dem Balkan. Autor zahlreicher Bücher, unter anderen: *American Fascists*, 2010; *The World As It Is: Dispatches on the Myth of Human Progress*, 2011; *Days of Destruction, Days of Revolt*, 2012; *War Is a Force that Gives Us Meaning*, 2014; *Unspeakable*, 2016; *America – The Farewell Tour*, 2018.

Caitlin Johnstone
Australische »Schurkenjournalistin, ›Bogan-Sozialistin‹, Anarcho-Psychologin, Guerilla-Poetin, Utopie-Vorbereiterin«. Seit 2017 arbeitet sie unabhängig ausschließlich über Crowdfunding. Diese Position nutzt sie, um Dinge zu sagen, von denen sie meint, dass sie gesagt werden müssen, auch wenn sie »politisch unkorrekt« sind. Sie betreibt einen politischen Blog, der täglich mehrere Tausend Leser hat. Sie arbeitet zusammen und erhält Unterstützung von ihrem Seelenverwandten und »Mitverschwörer« Tim Foley.

Ullrich Mies
Jahrgang 1951, Sozialwissenschaftler, studierte Internationale Politik in Duisburg und Kingston/Jamaica. Arbeitsgebiete: Kapitalismuskritik, Demokratiezerfall, Ökologie, Antimilitarismus. Mitherausgeber von *Fassadendemokratie und Tiefer Staat. Auf dem Weg in ein autoritäres Zeitalter*, 2017, Herausgeber von *Der Tiefe Staat schlägt zu. Wie die westliche Welt Krisen erzeugt und Kriege vorbereitet*, 2019; er schreibt für die Medien Rubikon, KenFM, sputnik, Neue Rheinische Zeitung, Neue Debatte. Videos auf YouTube.

Yana Milev
Jahrgang 1964, ist habilitierte Kultursoziologin. Nach einer Karriere als Documentakünstlerin 1997 und ethnografischen Studien in Japan begann sie ein Doktoratsstudium für Philosophie an der ABK in Wien. 2008 erfolgte ihre Promotion, 2014 ihre Habilitation und Ernennung

zur Privatdozentin für Kultursoziologie der Universität St. Gallen. Sie ist Initiatorin und Leiterin der Forschung »Entkoppelte Gesellschaft – Ostdeutschland seit 1989/90«. Publikationen unter anderen: *Entkoppelte Gesellschaft – Ostdeutschland seit 1989/90. Anschluss, 2019; Demokratiedefekte. Ein Essay zum normativen Populismus, 2019; Das Treuhand-Trauma: Die Spätfolgen der Übernahme, 2020.*

Kees van der Pijl

Jahrgang 1947, Dr., lebt in den Niederlanden, emeritierter Professor für Internationale Beziehungen an der Universität von Sussex. Zahlreiche Publikationen zur transnationalen Klassenbildung. Buchpublikationen unter anderen: *Global Rivalries From the Cold War to Iraq*, 2006; *Nomads, Empires, States*, 2007; *Foreign Encounter in Myth an Religion*, 2010; *The Discipline of Western Supremacy*, 2014; *The Making of an Atlantic Ruling Class*, 2012; *Der Abschuss. Flug MH17, die Ukraine und der neue Kalte Krieg*, 2018.

John Pilger

Jahrgang 1939, geboren in Sydney, Journalist, Dokumentarfilmer und Publizist. Von 1963 bis 1986 war er Chef der Auslandsredaktion des *Daily Mirror*. Zahlreiche Auszeichnungen, zuletzt 2008 den One World Media Award für seinen Film *War on Democracy*. Zahlreiche Bücher und Filme.

Nicolas Riedl

Jahrgang 1993, ist Freigeist und Student der Theater-, Medien- und Politikwissenschaften in Erlangen. Neben dem Studium schreibt er für das Rubikon-Magazin.

Roland Rottenfußer

Jahrgang 1963, war nach dem Germanistikstudium als Buchlektor und Journalist für verschiedene Verlage tätig. Von 2001 bis 2005 Redakteur beim spirituellen Magazin connection, später für den Zeitpunkt. Aktuell arbeitet er als Lektor, Buch-Werbetexter und Autorenscout für den Goldmann Verlag. Seit 2006 ist er Chefredakteur von *Hinter den Schlagzeilen*.

Aktham Suliman

Jahrgang 1970, geboren in Damaskus, studierte Publizistik, Politologie und Islamwissenschaft an der Freien Universität Berlin. Als Nahostexperte und Journalist arbeitete er für führende deutsche und arabische Medienhäuser, u. a. für die Deutsche Welle und Al-Jazeera. Heute lebt er als freier Autor und Übersetzer in Berlin. Zuletzt erschien von ihm auf Deutsch *Krieg und Chaos in Nahost – eine arabische Sicht*, 2018, und auf Arabisch *Atwal Hurub al-Sharq* (»Der längste Krieg im Osten«), 2019.

Ulrich Teusch

Jahrgang 1958, Prof. Dr., Politikwissenschafter, arbeitet als freier Publizist und ist Mitherausgeber des Online-Magazins »Multipolar«. Buchveröffentlichungen unter anderen: *Die Katastrophengesellschaft*, 2008, *Jenny Marx*, 2011, *Lückenpresse*, 2016, *Der Krieg vor dem Krieg*, 2019.

Ernst Wolff

Jahrgang 1950, wuchs in Südostasien auf, studierte in den USA, arbeitet als Journalist, Publizist, Vortragsreisender; Arbeitsgebiete unter anderen: Wechselbeziehung zwischen Wirtschaft und Politik, globale Finanzindustrie. Buchveröffentlichungen: *Weltmacht IWF: Chronik eines Raubzugs*, 2014; *Finanz-Tsunami: Wie das globale Finanzsystem uns alle bedroht*, 2017.

Claudia Zimmermann

Jahrgang 1961, studierte Diplom-Journalistik in München. Tätigkeiten bei Lufthansa und 24 Jahre beim WDR-Studio Aachen als Hörfunk- und Fernsehreporterin. Sie arbeitete für viele verschiedene Programme und Nachrichtenformate wie Aktuelle Stunde, Frau TV, Westblick, Servicezeit. Buchpublikationen: *Terroristen der Finanzmärkte* Teil I bis III. Eigener YouTube Kanal »Gamesoftruth«.

Danksagung

Mein Dank gilt allen Autorinnen und Autoren, die an diesem Buch mitgewirkt haben, dem Team des Westend Verlages, Frankfurt, für die angenehme und vertrauensvolle Zusammenarbeit und vor allem meiner Frau und Lektorin Annette van Gessel. Ohne sie wäre dieses Buch nicht entstanden.

Anmerkungen

Widmung

1 Richard Grove, Vorwort in: Sean Stone, *New World Order. A Strategy of Imperialism*, Walterville, OR, 2016, S. ix – xxxv, hier S. xiv, xvii
Übersetzung: Ullrich Mies

Ulrich Teusch: Vorwort

1 Siehe hierzu: https://www.rubikon.news/autoren/volker-brautigam

Ullrich Mies: Einleitung

1 Siehe hierzu auch: Wenige Hunderttausend bestimmen über das Schicksal von Milliarden: »Nie haben weniger Menschen mehr Umwälzungen bewirkt!«, Deutsche Wirtschaftsnachrichten, 27.03.2020: https://deutsche-wirtschafts-nachrichten.de/503115/Wenige-Hunderttausend-bestimmen-ueber-das-Schicksal-von-Milliarden-Nie-haben-weniger-Menschen-mehr-Umwaelzungen-bewirkt
2 Rainer Mausfeld, Angst und Macht. *Herrschaftstechniken der Angsterzeugung in kapitalistischen Demokratien*, Frankfurt/Main 2019, S. 22
3 Ron Paul, Der Coronavirus-Schwindel, antikrieg: http://antikrieg.com/aktuell/2020_03_17_dercoronavirus.htm; Original: http://www.ronpaulinstitute.org/archives/featured-articles/2020/march/16/the-coronavirus-hoax/
4 Siehe hierzu Jochen Krautz, Neoliberale Bildungsreformen als Herrschaftsinstrument, in: Ullrich Mies, Jens Wernicke (Hg.) *Fassadendemokratie und Tiefer Staat. Auf dem Weg in ein autoritäres Zeitalter*, 6. Aufl. Wien 2017, S. 79 – 96
5 Rainer Mausfeld, *Angst und Macht*, a.a.O., S. 50, 76
6 Ebd., S. 49
7 https://de.wikipedia.org/wiki/Fünfte_Kolonne
8 Martin Kirsch, Verfassungsbruch in Vorbereitung, Bundeswehr plant Mobilisierung von 15 000 Soldat/innen für den Inlandseinsatz, IMI, 27.03.2020: http://www.imi-online.de/2020/03/27/verfassungsbruch-in-vorbereitung/: Corona-Krise: Jetzt kommt die Bundeswehr mit 15 000 Mann zum Einsatz, Deutsche Wirtschaftsnachrichten, 27.03.2020: https://deutsche-wirtschafts-nachrichten.de/503134/Corona-Krise-Jetzt-kommt-die-Bundeswehr-mit-15000-Mann-zum-Einsatz?src=XNASLSPREG
9 William H. McNeill, Krieg und Macht. Militär, Wirtschaft und Gesellschaft vom Altertum bis heute München 1984 spricht vom Parasitentum des Militärs an der Gesellschaft und von Wirtsvölkern. Aber es gibt noch andere Parasitenkomplexe, die sich an die Wirtsvölker angeheftet haben.
10 In fight against coronavirus, governments embrace surveillance, politico,

25.03.2020: https://www.politico.eu/article/coroanvirus-covid19-surveil lance-data/

11 Am Telefon zur Gesetzeslage in Zeiten der Corona-Krise: Dietrich Murswiek, 30.03.2020: https://kenfm.de/am-telefon-zur-gesetzeslage-in-zeiten-der-corona-krise-dietrich-murswiek/

12 Thomas Moser, Wenn Demonstranten zu »Gefährdern« erklärt werden, telepolis, 30.03.2020: https://www.heise.de/tp/features/Wenn-Demonstranten-zu-Gefaehrdern-erklaert-werden-4692869.html

13 https://www.youtube.com/watch?v=xW2oHhN3heo

14 Egon von Greyerz, Der Untergang des Finanzsystems steht bevor, Goldseiten, 19.03.2020: https://www.goldseiten.de/artikel/443929--Der-Untergang-des-Finanzsystems-steht-bevor.html

15 Naomi Klein, *Die Schockstrategie. Der Aufstieg des Katastrophen-Kapitalismus*, Frankfurt/Main 2009

16 Ebd., S. 18f

17 Milton Friedman, *Capitalism and Freedom*, Chicago 1982, S. ix, zit. bei Naomi Klein a. a.O., S. 17

18 »Coronavirus Capitalism«: Naomi Klein's Case for Transformative Change Amid Coronavirus Pandemic, Democracy Now, 19.03.2020: https://www.democracynow.org/2020/3/19/naomi_klein_coronavirus_capitalism

19 Ebd.

20 https://deutsche-wirtschafts-nachrichten.de/503129/Ehemaliger-britischer-Premier-Brown-plaediert-fuer-temporaere-Weltregierung; siehe ferner: https://www.youtube.com/watch?v=8yZ2LtdPWuE

21 Sean Stone, *New World Order. A Strategy of Imperialism*, Walterville, OR, 2016

22 Siehe hierzu ausführlich: Ullrich Mies, Jens Wernicke (Hg), *Fassadendemokratie und Tiefer Staat. Auf dem Weg in ein autoritäres Zeitalter*, 6. Auflage, Wien 2017

23 https://deutsch.rt.com/meinung/86798-cnn-trommelt-zum-krieg-gegen/; https://deutsch.rt.com/nordamerika/85980-westliche-werte-mordaufrufe-im-us/

Ullrich Mies: Neoliberale Konterrevolution als Herrschaftsprojekt

1 https://www.goodreads.com/quotes/825055-we-now-live-in-a-nation-where-doctors-destroy-health

2 Einige wichtige Vertreterinnen und Vertreter seien hier genannt. Ihnen verdanke ich wertvolle Anregungen: Carl Amery, Giovanni Arrighi, Christoph Butterwegge, Mario Candeis, Frank Deppe, Ulrich Duchrow, Dany-Robert Dufour, Bernd Hamm, David Harvey, Hannes Hofbauer, Paul Lafargue, Domenico Losurdo, Rainer Mausfeld, Philip Mirowski, Hermann Ploppa, Ralf Ptak, Herbert Schui, Toon Veerkamp, um nur einige zu nennen.

3 Harald Trabold, *Kapital Macht Politik. Die Zerstörung der Demokratie*, Marburg 2014, S. 248

4 Siehe hierzu: Bernd Hamm (Hg.) *Gesellschaft zerstören. Der neoliberale Anschlag auf Demokratie und Gerechtigkeit*, Globale Analysen Band I, Berlin 2004

5 Bernd Hamm, *Das Ende der Demokratie – wie wir sie kennen*, in: Ullrich Mies, Jens Wernicke (Hg), a. a.O., S. 27-46

6 https://thebulletin.org

7 Willy Wimmer, Pressegeschütze schon in Stellung gebracht – Es wird ernst

gegen China, 26.11.2019: https://de.sputniknews.com/kommentare/20191126326037522-china-medienattacke-wimmer/; z. a. 26.11.2019

8 Siehe hierzu: Jens Wernicke, Dirk Pohlmann (Hg.), Die Ökokatastrophe. Den Planeten zu retten, heißt die herrschenden Eliten zu stürzen, Mainz, 2019 mit Beiträgen von 28 Autorinnen und Autoren

9 Kevin Zeese und Margaret Flowers, Hongkongs Finanzkapitalismus beharrt auf Freifahrtschein für Kriminalität, 05.11.2019: https://www.zeit-fragen.ch/de/ausgaben/2019/nr-24-5-november-2019/hier-geht-es-um-weltmacht-kaempfe.html; z. a. 20.11.2019

10 Dany-Robert Dufour, *Die Kunst Köpfe zu schrumpfen. Die neue Knechtschaft des befreiten Menschen im Zeitalter des totalen Kapitalismus*, Wien 2011, S. 213

11 https://eeas.europa.eu/topics/eu-global-strategy_en

12 Newsletter des Vereins »Abgeordnetenwatch« vom 26. Mai 2019

13 Lobby Control, *Gekaperte Gesetzgebung. Wenn Konzerne politische Prozesse dominieren und unsere Rechte bedrohen*, Köln 2018

14 Guy Debord, *Die Gesellschaft des Spektakels*, 2. Auflage, Berlin 2013, S. 45

15 Wendy Brown, *In the ruins of Neoliberalism. The Rise of Antidemocratic Politics in the West*, New York, Chichester, West Sussex 2019, S. 160; Übersetzung: Ullrich Mies

16 Franz Kotteder, *Die Billiglüge. Die Tricks und Machenschaften der Discounter*, München 2005

17 Siehe hierzu: Jochen Krautz, Neoliberale Bildungsreformen als Herrschaftsinstrument, in: Ullrich Mies, Jens Wernicke (Hg), a. a.O., S. 79-96

18 Ullrich Mies, Wie die »westliche Wertegemeinschaft« den Kalten Krieg 2.0 installierte, in: Ullrich Mies, *der Tiefe Start schlägt zu*, a. a.O., S. 163-192

19 Siehe hierzu die zahlreichen »Corona«-Beiträge auf https://www.rubikon.news

20 Rainer Mausfeld, *Angst und Macht: Herrschaftstechniken der Angsterzeugung in kapitalistischen Demokratien*, Frankfurt a. Main 2019

21 Sean Stone, *New World Order. A Strategy of Imperialism*, Walterville, OR, Chicago, 2016

22 Egon von Greyerz, Der Untergang des Finanzsystems steht bevor, Goldseiten, 19.03.2020: https://www.goldseiten.de/artikel/443929--Der-Untergang-des-Finanzsystems-steht-bevor.html

23 Carl Amery, *Hitler als Vorläufer*, München 2002, S. 168

24 Ebd., S. 166

25 Würden sich die herrschenden neoliberalen Regierungen nur halb soviel für den schleichenden Niedergang unserer natürlichen Lebensgrundlagen und die Zerstörung des Sozialstaates interessieren, wie für den »Wettbewerb«, so wäre schon viel gewonnen. Zur aktuellen Lage der Biodiversität siehe: Millennium Ecosystem Assessment, http://www.maweb.org/en/index.aspx; siehe ferner: http://www.spektrum-direkt.de/artikel/843242

26 Jens Wernicke, Dirk Pohlmann (Hg.), a. a.O.

27 Michael Odenwald, Regierung will Weltraumgesetz vorlegen. Der 700-Trillionen-Euro-Plan: Wie die Industrie das All ausbeuten will, *Focus*, 01.02.2019: https://www.focus.de/wissen/weltraum/odenwalds_universum/rohstoffe-im-weltraum-so-will-die-industrie-das-all-ausbeuten_id_9288902.html

Caitlin Johnstone: Zwölf Tipps für ein besseres Verständnis der Welt

1 Caitlin Johnstone, Twelve Tips For Making Sense Of The World, 12.06.2018: https://medium.com/@caityjohnstone/twelve-tips-for-making-sense-of-the-world-43348077cf80; z. a. 19.11.2019; Übersetzung: Ullrich Mies
2 https://www.quora.com/What-percentage-of-people-are-psychopaths-sociopaths/answer/Simon-Chatzigiannis; z. a. 19.11.2019
3 Siehe hierzu: Daisy Grewal, How Wealth Reduces Compassion, As riches grow, empathy for others seems to decline, 10.04.2012: https://www.scientificamerican.com/article/how-wealth-reduces-compassion/;
Drake Baer, Rich People Literally See the World Differently, 14.02.2017: https://www.thecut.com/2017/02/how-rich-people-see-the-world-differently.html; z. a.: 14.11.2019
4 https://www.youtube.com/watch?v=5tu32CCA_Ig; z. a. 19.11.2019
5 https://www.youtube.com/watch?v=34LGPIXvU5M&feature=emb_logo; z. a. 19.11.2019
6 https://www.youtube.com/watch?time_continue=51&v=HrdFFCnYtbk&feature=emb_logo; z. a. 19.11.2019

Matthias Burchardt: Die große Manipulation – Wegbereiterin des Totalitarismus

1 Edward Bernays, Propaganda. *Die Kunst der Public Relations*, 3. Auflage, o. O. 2011
2 Ullrich Mies, Jens Wernicke (Hg.), *Fassadendemokratie und Tiefer Staat. Auf dem Weg in ein autoritäres Zeitalter*, 6. Auflage, Wien 2017
3 Wendy Brown, *Die schleichende Revolution. Wie der Neoliberalismus die Demokratie zerstört*, Frankfurt 2018
4 https://de.wikipedia.org/wiki/Kongress_für_kulturelle_Freiheit (letzter Aufruf: 6.1.2020)
5 https://www.dievielen.de/erklaerungen/; https://politicalbeauty.de/index.html; (letzter Aufruf: 6.1.2020)
6 Bitte nicht missverstehen: Selbstverständlich gibt es schlichte oder auch gebildete Menschen mit nationalsozialistischer Gesinnung. Sie sind zähneknirschend zu tolerieren, solange sie in Wort und Tat nicht mit dem Gesetz in Konflikt geraten. Aber deren öffentliche Inszenierung, Skandalisierung und die inflationäre Verwendung des »Nazi«-Vorwurfs versieht Akteure und Positionen mit mehr Aufmerksamkeit als sie verdienen, macht sie erst zu einem Faktor der öffentlichen Diskussion. Dadurch entstehen zweckdienliche Wahrnehmungs- und Beurteilungsraster der öffentlichen Kontrolle: Insbesondere die Pauschaldiffamierung ostdeutscher Wähler erweist sich hier als Folge dieses Diskurskonstrukts. Verstehen, Dialog und Demokratie sind dann nicht mehr nötig.
7 Rainer Mausfeld, Angst und Macht: *Herrschaftstechniken der Angsterzeugung in kapitalistischen Demokratien*, Frankfurt a. Main 2019
8 Hannah Arendt, *Elemente und Ursprünge totaler Herrschaft*, Frankfurt am Main 1958
9 Nur mal als Experiment: Suchen Sie im Netz nach alten Parteiprogrammen von SPD und CDU aus den 90er Jahren.
10 Daniel Ulrich, Sarah Diefenbach, Es war doch gut gemeint. Wie Political Correctness unsere freiheitliche Gesellschaft zerstört, München 2017; Clemens

Knobloch, Das sogenannte Gute. Zur Selbstmoralisierung der Meinungsmacht, Siegen 2018

11 Vgl. hierzu die Ausführungen von Jochen Krautz, Neoliberale Bildungsreformen als Herrschaftsinstrument, in: Mies/Wernicke, a. a.O., S. 79–96; Dennis Niemann, Changing Patterns in German Education Policy Making –The Impact of International Organizations, Bremen 2009: http://www.sfb597.uni-bremen.de/pages/ pubApBeschreibung.php?SPRACHE=de&ID=139; letzter Aufruf: 6.1.2020;
Richard Münch, *Der bildungsindustrielle Komplex. Schule und Unterricht im Wettbewerbsstaat*, Weinheim 2018

Caitlin Johnstone: Was ehrbare Bürger und was verrückte Verschwörungstheoretiker glauben

1 Caitlin Johnstone, What Upstanding Citizens Believe Vs. What Crazy Conspiracy Theorists Believe, 02.01.2020: https://caitlinjohnstone.com/2020/01/02/what-upstanding-citizens-believe-vs-what-crazy-conspiracy-theorists-believe/; zuletzt aufgerufen = z. a.: 09.01.2020; Übersetzung und Vorspann: Ullrich Mies

Ullrich Mies: Gehirnverschmutzung im Zeitalter der Gegenaufklärung

1 Tiziano Terzani, Das Ende ist mein Anfang. Ein Vater, ein Sohn und die große Reise des Lebens, 14. Auflage, München 2008, S. 108, 110, 114

2 Zlatko Percinic, US-Außenminister Pompeo: »Wir logen, wir betrogen, wir stahlen«, rt, 24.04.2019: https://www.youtube.com/watch?time_continue=7&v=DPt-zXn05ac&feature=emb_logo; zuletzt aufgerufen = z. a.: 05.01.2020

3 Walter Lippmann, *Die öffentliche Meinung. Wie sie entsteht und manipuliert wird*, Frankfurt a. M. 2019

4 Edward Bernays, *Propaganda. Die Kunst der Public Relations*, o. O., 7. Auflage 2016

5 Klaus Kocks im Vorwort zu Edward Bernays, a. a.O., S. 11

6 Siehe hierzu ausführlich: Ullrich Mies, Jens Wernicke (Hg), *Fassadendemokratie und Tiefer Staat. Auf dem Weg in ein autoritäres Zeitalter*, 6. Auflage, Wien 2017

7 Immanuel Kant, Beantwortung der Frage: Was ist Aufklärung?, In: Ders., *Die Kritiken*, Frankfurt a. M. 2008, S. 635, Hervorhebung im Original

8 http://ethik-werkstatt.de/Kategorischer_Imperativ.htm#Gesetzesformel

9 Siehe hierzu: Ullrich Mies, Wie die »westliche Wertegemeinschaft« den Kalten Krieg 2.0 installierte, in: Ders.: *Der Tiefe Staat schlägt zu. Wie die westliche Welt Krisen erzeugt und Kriege vorbereitet*, Wien 2019, S. 163–192

10 Guido Giacomo Preparata, *Die Ideologie der Tyrannei: Neognostische Mythologie in der amerikanischen Politik*, Berlin 2015

11 Karl Marx, die deutsche Ideologie, Erster Band Kritik der neusten deutschen Philosophie in ihren Repräsentanten Feuerbach, B. Bauer und Stirner, in: Karl *Marx, Kapital und Politik*, Frankfurt am Main 2008, S. 194

12 Karl Marx, *die deutsche Ideologie*, a. a.O., S. 193

13 Rainer Mausfeld, *Angst und Macht. Herrschaftstechnik in der Angsterzeugung in kapitalistischen Demokratien*, Frankfurt am Main 2019

14 Ebd. S. 15

15 Jonathan Cook, How We Stay Blind to the Story of Power, Global Research

25.02.2020: https://www.globalresearch.ca/how-we-stay-blind-story-power/5704646

16 William I. Robinson, *Global Capitalism and the Crisis of Humanity*, New York 2014

17 Ebd.

18 Siehe hierzu: Peter Phillips et. al., Selling Empire, War, and Capitalism. Public Relations Propaganda Firms in Service to the Transnational Capitalist Class, in: Mickey Huff, Andy Lee Roth, *Censored 2017*, Fortieth Anniversary Edition, New York, Oakland, 2016, S. 285–315, hier S. 293f

19 Peter Phillips et. al., *Selling Empire, War, and Capitalism*, a. a.O., S. 295

20 David Rothkopf, Superclass: *The Global Power Elite and the World They are Making*, New York 2008

21 Siehe hierzu: Peter Phillips et. al., *Selling Empire, War, and Capitalism,* a. a.O., S. 294

22 Peter Phillips, The Giants, *The Global Power Elite*, New York 2018, S. 37

23 Ebd., S. 49

24 Werner Rügemer, *Die Kapitalisten des 21. Jahrhunderts. Gemeinverständlicher Abriss zum Aufstieg der neuen Finanzakteure*, Köln 2018

25 Willy Wimmer, Corona oder die Zeichen an der Wand, sputnik, 14.03.2020: https://de.sputniknews.com/kommentare/20200314326604083-corona-oder-die-zeichen-an-der-wand/

26 Peter Phillips, The Giants, *The Global Power Elite*, a. a.O., S. 59

27 Ebd., S. 56

28 Peter Phillips et. al., *Selling Empire, War, and Capitalism*, a. a.O., S. 296

29 Ebd. S. 296f

30 https://www.statista.com/statistics/645836/public-relations-pr-revenue/

31 Ben Norton, U. S. paid P. R. firm $540 million to make fake al-Qaida videos in Iraq propaganda program. Report: Pentagon paid a company founded by Margaret Thatcher's P. R. guru half a billion for secret war propaganda: https://www.salon.com/2016/10/03/u-s-paid-p-r-firm-540-million-to-make-fake-al-qaida-videos-in-iraq-propaganda-program/

32 Peter Phillips, Ray McClintock, Melissa Carneiro, Jacob Crabtree, Twenty-First-Century Fascism. Private Military Companies in Service to the Transnational Capitalist Class, in: Mickey Huff, Andy Lee Roth, *Censored 2017*, Fortieth Anniversary Edition, New York, Oakland, 2016, S. 255–276: http://www.projectcensored.org/wp-content/uploads/2015/10/C16_Ch08_Phillips_21stCenturyFascism.pdf

33 Peter Phillips et. al., *Selling Empire, War, and Capitalism*, a. a.O., S. 285–315, hier S. 288

34 Peter Phillips et. al., *Selling Empire, War, and Capitalism*, a. a.O., S. 301–304; siehe auch: https://littlesis.org/search?q=WPP

35 Ebd., S. 298f

36 https://littlesis.org/org/212-Omnicom_Group_Inc.

37 https://www.publicisgroupe.com/sites/default/files/investors-document/ADC_PG_2019_UK_WEB2.pdf

38 https://www.publicisgroupe.com/en/services/the-power-of-one

39 https://littlesis.org/org/160163-Publicis_Groupe_S. A.

40 Peter Phillips et. al., *Selling Empire, War, and Capitalism*, a. a.O., S. 305f; siehe

auch: https://littlesis.org/org/374-The_Interpublic_Group_of_Companies,_Inc./datatable

41 https://www.interpublic.com/our-companies/
42 https://corporatewatch.org/edelman-company-profile/
43 http://www.ag-friedensforschung.de/regionen/USA/pentagon.html
44 Thomas Röper, Die Propaganda-Fabrik, Rubikon, 10.10.2018: https://www.rubikon.news/artikel/die-propaganda-fabrik
45 US government spent over $500m on fake Al-Qaeda propaganda videos that tracked location of viewers, independent, 06.10.2016: https://www.independent.co.uk/news/world/us-government-pentagon-fake-al-qaeda-propganda-videos-a7348371.html
46 https://swprs.org/der-propaganda-multiplikator/
47 Peter Phillips et. al., Selling Empire, War, and Capitalism, a. a.O., S. 289, Übersetzung: Ullrich Mies
48 Ebd. S. 286
49 Jörg Becker, Mirjam Beham, *Operation Balkan: Werbung für Krieg und Tod*, Baden-Baden 2008
50 Ebd., Anhang S. 92–123
51 https://www.youtube.com/watch?v=k-Yt6HVECww; weitere Youtube-Videos zur Kriegspropaganda siehe unter Jörg Becker
52 Siehe auch: Jörg Becker, *Medien im Krieg – Krieg in den Medien*, Wiesbaden 2015
53 Peter Phillips, Ray McClintock, Melissa Carneiro, Jacob Crabtree, *Twenty-First-Century Fascism*, a. a.O.
54 Jörg Becker, Mirjam Beham, *Operation Balkan*, a. a.O., S. 89
55 Ullrich Mies, W*ie die »westliche Wertegemeinschaft« den Kalten Krieg 2.0 installierte*, a. a.O.
56 Peter Phillips et. al., *Selling Empire, War, and Capitalism*, a. a.O., S. 291
57 Peter Phillips, Ray McClintock, Melissa Carneiro, Jacob Crabtree, *Twenty-First-Century Fascism*, a. a.O., S. 256
58 Siehe hierzu: Nicolas J. S. Davies, Die Blutspur der US-geführten Kriege seit 9/11: Afghanistan, Jemen, Libyen, Irak, Pakistan, Somalia, Syrien in: Ullrich Mies (Hg.).: *Der Tiefe Staat schlägt zu. Wie die westliche Welt Krisen erzeugt und Kriege vorbereitet*, Wien 2019, S. 105–123
59 William Astore, The Reason America's Forever Wars May Actually Never End, Truthdig, 25.02.2020: https://www.truthdig.com/articles/the-reason-americas-forever-wars-may-actually-never-end/

Chris Hedges: Vorwärts, christliche Faschisten

1 Übersetzung aus dem Englischen mit freundlicher Genehmigung des Autors: Ullrich Mies; Originaltext: Chris Hedges, Onward, Christian Fascists, truthdig, 30.12.2019: https://www.truthdig.com/articles/onward-christian-fascists/; zuletzt aufgerufen = z. a.: 08.01.2020
2 https://corpwatch.org/article/what-neoliberalism
3 https://en.wikipedia.org/wiki/Deindustrialisation_by_country
4 https://www.simonandschuster.com/books/American-Fascists/Chris-Hedges/9780743284462
5 William Cummings, We'll likely 'never see a more godly' president than Trump, Michele Bachmann says, *US Today*, 17.04.2019:

https://eu.usatoday.com/story/news/politics/onpolitics/2019/04/17/michele-bachmann-trump-most-godly-biblical-president/3495256002/; z. a.: 08.01.2020

6 Jane Coaston, Jerry Falwell Jr., and the allegations against him, explained. Why one of the best-known American evangelicals is facing big-time scrutiny, Vox, 13.09.2019: https://www.vox.com/identities/2019/9/13/20857490/jerry-falwell-jr-liberty-university-real-estate-self-dealing-polls-trump; z. a.: 08.01.2020

7 Gabby Orr, ›Render to God and Trump‹: Ralph Reed calls for 2020 obedience to Trump, *POLITICO*, 10.09.2019: https://www.politico.com/news/2019/10/09/ralph-reed-trump-book-040920; z. a.: 08.01.2020

8 https://www.axios.com/trump-impeachment-evangelical-leaders-christianity-today-3d2301e8-8fbe-4d0a-8b65-08df0138b5a0.html; z. a.: 08.01.2020

9 Mark Galli, Trump Should Be Removed from Office. It's time to say what we said 20 years ago when a president's character was revealed for what it was, Christianity Today, 19.12.2019: https://www.christianitytoday.com/ct/2019/december-web-only/trump-should-be-removed-from-office.html?fbclid=IwAR2tuAvWptloEeah9ByZoT1ZsPrzxhSav4sEsbcXFTkInvN4voPf7AQKT7w; z. a.: 08.01.2020

10 Mark Murray, NBC/WSJ poll: Public remains split on Trump's impeachment and ouster from office. About half of all voters also say they are certain to vote against the president next November, NBC News 18.12.2019: https://www.nbcnews.com/politics/meet-the-press/nbc-wsj-poll-public-remains-split-trump-s-impeachment-ouster-n1104356; z. a.: 08.01.2020

11 Grace Segers, 99 Prozent of Republican white evangelical Protestants oppose impeaching and removing Trump, new poll finds, CBS News, 24.10.2019: https://www.cbsnews.com/news/99-of-white-evangelical-protestants-oppose-impeaching-and-removing-trump/;
z. a.: 08.01.2020

12 Christina Rizga, Betsy DeVos Wants to Use America's Schools to Build »God's Kingdom«. Trump's education secretary pick has spent a lifetime working to end public education as we know it, Mother Jones, March/April Issue: https://www.motherjones.com/politics/2017/01/betsy-devos-christian-schools-vouchers-charter-education-secretary/; z. a.: 08.01.2020

13 Katherine Stewart, Caroline Fredrickson, Bill Barr Thinks America Is Going to Hell. And he's on a mission to use the »authority« of the executive branch to stop it, *New York Times*, 29.12.2019: https://www.nytimes.com/2019/12/29/opinion/william-barr-trump.html?smid=nytcore-ios-share; z. a.: 08.01.2020

14 Jeremy Diamond, Paula White: Trump's televangelist in the White House, CNN Politic, 08.11.2019: https://edition.cnn.com/2019/11/07/politics/paula-white-televangelist-white-house/index.html; z. a.: 08.01.2020

15 https://www.hhs.gov/about/agencies/iea/partnerships/about-the-partnership-center/index.html; z. a.: 08.01.2020

16 Mark Joseph Stern, The Federalist Society Just Proved It's All In for Trump. After the sickening spectacle of last week's convention, there can be no doubt

that the group's leaders have embraced Trumpism, SLATE, 18.11.2019: https://slate.com/news-and-politics/2019/11/federalist-society-barr-mcconnell-trump.html; z. a.: 08.01.2020

17 The Johnson Amendment In 5 Questions And Answers, 03.02.2017: https://www.npr.org/2017/02/03/513187940/the-johnson-amendment-in-five-questions-and-answers?t=1578520123855; z. a.: 08.01.2020

18 https://www.uua.org/offices/people/james-luther-adams; z. a.: 08.01.2020

19 https://www.britannica.com/topic/German-Christian; z. a.: 08.01.2020

20 https://en.wikipedia.org/wiki/Secular_religion#Political_religion; z. a.: 08.01.2020

21 Matthew Cole, The Complete Mercenary, How Eric Prince Used the Rise of Trump to Make an Implorable Comeback, The Intercept, 03.05.2019: https://theintercept.com/2019/05/03/erik-prince-trump-uae-project-veritas/; z. a.: 08.01.2019

22 https://www.frcaction.org/about; z. a.: 08.01.2019

23 https://www.frc.org/about-frc; z. a.: 08.01.2019

24 https://www.frcaction.org/record-high-245-members-of-congress-score-100-percent-on-frc-actions-new-scorecard; z. a.: 08.01.2019

25 https://www.splcenter.org/fighting-hate/extremist-files/group/family-research-council; z. a.: 08.01.2019

Roland Rottenfußer: Die Zeitgeistmacher

1 Noam Chomsky, Profit over People, Neoliberalismus und globale Weltordnung, 2. Aufl., München 2006, S. 61.

2 Franz Müntefering am 9. Mai 2006 in der Bundestagsfraktion der SPD zum geplanten »SGB II-Optimierungsgesetz«, Quelle: ZEIT online 10.05.2006

3 In der Sendung »Hart aber fair – Hartz gleich arm – geht diese Rechnung auf?« vom 26.03.2018, auf youtube abrufbar

4 Christian Felber, Neue Werte für die Wirtschaft, 1. Auflage, Wien 2008, Seite 2009

5 L. Grassmann: Was ist positives Denken?, auf Webseite https://horst-koch.de/positives-denken/

6 *Rocky Balboa* (2006 bei Sony Pictures Entertainment), Regie: Sylvester Stallone

7 Meinhard Miegel, Sendung »Sabine Christiansen« vom 21.9.2003

8 Michael Walter in Jens Wernicke (Hrsg.): *Lügen die Medien? Propaganda, Rudeljournalismus und der Kampf um die öffentliche Meniung*, 1. Auflage, Frankfurt/Main 2017, S. 197

9 Ebd., S. 199

10 Ebd., S. 200

11 Rede Roman Herzogs im Hotel Adlon, Berlin, 26. April 1997

12 Siegfried Jäger, Quelle: Wikipedia, Eintrag »Gutmensch«

13 Zeit online, Artikel »CDU für verschärfte Migrationspolitik vom 11.02.2019

14 Quelle: Interview Annegret Kramp-Karrenbauer mit der *Frankfurter Rundschau*, »Wir brauchen ein intelligentes Grenzregime«, 03.12.2018

15 Ebd.

16 Alex Cary, *Taking the Risk Out of Democracy: Corporate Propaganda versus Freedom and Liberty*, University of Illinois Press 1995, S. 18

Yana Milev und Beata Arnold: Kriegsrecht und Politagenda im Corona-Ausnahmezustand

1 Mit freundlicher Genehmigung durch ria novosti. Original-Interview: https://de.sputniknews.com/interviews/20200320326639483-coronavirus-ausnahmezustand-gefahr/; dieses Interview wurde für die Buchausgabe sprachlich geringfügig geändert.
2 https://de.sputniknews.com/panorama/20200317326617373-italien-videobotschaften-projekt/
3 https://de.sputniknews.com/panorama/20200227326515442-hitler-antisemitismus-ausstellung/
4 https://de.sputniknews.com/gesellschaft/20200310326568905-ostdeutschen-diskriminierung-soziologin/
5 https://de.sputniknews.com/gesellschaft/20200313326597308-treuhand-schicksale-ausstellung/
6 https://de.sputniknews.com/kultur/20200311326569777-coronavirus-kultur-folgen/
7 https://de.sputniknews.com/bilder/20200314326598356-treuhand-ausstellung-bilder/

Wolfgang Effenberger: Wie uns die transatlantischen Herrschaftscliquen in neue Kriege lügen

1 Siehe Rede von George Friedman am 2. April 2014 vor dem Chicago Council on Global Affairs: https://www.youtube.com/watch?v=u3a23h4xKbo; zuletzt aufgerufen = z. a.: 1.10.2019
2 Michale von Taube: *Der großen Katastrophe entgegen*, Leipzig 1937, Seite 379
3 https://www.cia.gov/library/readingroom/docs/1947-07-26.pdf; z. a.: 21.10.2019
4 Vgl. Wolfgang Effenberger: *Das amerikanische Jahrhundert Teil 1 »Die verborgenen Seiten des Kalten Krieges«* Norderstedt 2011.
5 Siehe hierzu: John Perkins: *The Economic Hitman, Unterwegs im Dienste der Wirtschaftsmafia*, 2. Auflage, München 2004
6 Mária Huber, Demokratieexport nach Osteuropa: US-Strategien in der Ukraine. – *Blätter für deutsche und und internationale Politik*. Jg. 2005, Nr. 12, Seite 1463–1472
7 Rainer Rupp: US-Wühlarbeit in Hongkong. Finanzhilfen und mediale Unterstützung für »Occupy Central«-Proteste: Führende Aktivisten der »Regenschirmrevolution« sind mit sogenannten Nichtregierungsorganisationen in den USA verbandelt vom 7. Oktober 2014: http://www.ag-friedensforschung.de/regionen/China1/hongkong4.html; z. a. 03.01.2020
8 Peter G. De Krassel: *Custom Maid for New World Disorder, Political Dust Storms, Corrosive & Slick Oil*, Hong Kong 2004, S. 358
9 Vergleiche dazu Woijech Jaruzelski: *Mein Leben für Polen*, München 1993, S.40/41
10 https://www.spiegel.de/politik/ausland/polen-frank-walter-steinmeier-mahnt-deutschland-zur-verantwortung-fuer-europa-a-1284689.html; z. a.: 02.01.2020
11 Christoph von Marschall: Milliardenforderungen aus Polen Muss Deutschland noch für Kriegsverbrechen zahlen? https://www.tagesspiegel.de/politik/

milliardenforderungen-aus-polen-muss-deutschland-noch-fuer-kriegsver brechen-zahlen/24931278.html;
z. a.: 02.01.2020

12 Christoph von Marschall: Milliardenforderungen aus Polen, a. a.O.

13 Michael Backfisch und Jochen Gaugel: Polen für Stationierung von Atomraketen in Europa offen vom 23.08.2019 – 23:00 Uhr: https://www.zeit.de/news/2019-08/24/polen-offen-fuer-stationierung-von-atomraketen; z. a.: 02.01.2020

14 Der Rüstungsdeal soll sich voraussichtlich auf rund 6,5 Milliarden US-Dollar belaufen: https://www.handelsblatt.com/politik/international/verteidi gung-us-regierung-genehmigt-milliardenschweren-kampfjet-verkauf-an-polen/25007140.html; z. a.: 28.09.2019

15 Polen kauft Patriot-Abwehraketen aus den USA: https://www.dw.com/de/polen-kauft-patriot-abwehraketen-aus-den-usa/a-43169024; z. a.: 24.10.2019

16 Monika Sieradzka: US-Konzerne modernisieren Polens Militär 15.9.19: https://www.mdr.de/nachrichten/osteuropa/politik/polen-armee-aufruestung-100.html; z. a.: 02.01.2020

17 https://www.n-tv.de/politik/Polen-wuenscht-sich-ein-Fort-Trump-article 20630535.html; z. a.: 02.01.2020

18 https://www.deutschlandfunk.de/nato-manoever-deutschland-wird-dreh scheibe-bei.1939.de.html?drn:news_id=1055190; z. a.: 02.01.2020

19 https://www.zeit.de/politik/ausland/2019-04/70-jahre-nato-jens-stoltenberg-generalsekretaer-donald-trumpStoltenberg verteidigt Aufrüstung gegen Russland

20 Daniel Neun: Geheimabkommen zwischen Uno und Nato kann nicht im Sinne der Weltgemeinschaft sein vom 30. November 2008: https://www.radio-utopie.de/2008/11/30/geheimabkommen-zwischen-uno-und-nato-kann-nicht-im-sinne-der-weltgemeinschaft-sein/; z. a.: 02.01.2020

21 Ebenda

22 Wolfgang Effenberger: Barack Obamas globaler Führungsanspruch für die USA: Schärfen der Schwerter vom 25. 11. 2009: http://www.nrhz.de/flyer/beitrag.php?id=14510&css=print; z. a.: 02.01.2020

23 http://www.ag-friedensforschung.de/regionen/USA/clinton.html; z. a.: 02.01.2020

24 Zitiert aus Jürgen Heiducoff: Amerikas künftiger Kriegsschauplatz – der asiatisch-pazifische Raum: http://www.ag-friedensforschung.de/regionen/USA/pazifik7.html; z. a.: 02.01.2020

25 https://usacac.army.mil/sites/default/files/publications/Army%20Operating%20Concept%202014%20%28TP525-3-1%29.pdf vom 14. Oktober 2014; z. a.: 26.8.2019

26 Doctrine Command-Pamphlet 525-5 vom 1. August 1994

27 Gene Sharp: From Dictatorship to Democracy: A Conceptual Framework for Liberation, o. O. 2012 ; z. a.: 02.01.2020

28 Barack Obama, Rede von Barack Obama vor der Militärakademie West Point, 28.Mai 2014, Voltairenet: https://www.voltairenet.org/article184101.html; z. a.: 29.9.2019

29 Willy Wimmer: Der 1. September 2019 in Warschau ist die Fortsetzung des Verhängnisses von Versailles 1919 unter: https://politik.der-privatinvestor.

de/der-1-september-2019-in-warschau-ist-die-fortsetzung-des-verhaengnisses-von-versailles-1919;
z. a.: 02.01.2020

30 Donald J. Trump: *Great again!* Kulmbach 2016, S. 60
31 Zbigniew Brzezinski: *»Die einzige Weltmacht. Amerikas Strategie der Vorherrschaft«*, 4. Aufl. 2001, Frankfurt a. Main, S. 92
32 Frank Siol und Eva Maria Cardoso Maciel: China–USA: Der bevorstehende Bankrott der USA: Geopolitische Folgen und Zeitrahmen unter vom 12.12.2018: http://www.nrhz.de/flyer/beitrag.php?id=26001; z. a.: 02.01.2020
33 Frank Siol und Eva Maria Cardoso Maciel: China–USA: Der bevorstehende Bankrott der USA: Geopolitische Folgen und Zeitrahmen unter vom 12.12.2018: http://www.nrhz.de/flyer/beitrag.php?id=26001; z. a.: 02.01.2020
34 https://presentdangerchina.org/; z. a.: 22.10.2019
35 Ursula von der Leyen: The World Still Needs NATO, NYT am 18. Januar 2019
36 Ebenda
37 Top oder Flop? Die aussichtsreichsten Kandidaten für die EU-Spitzenpositionen: htts://de.sputniknews.com/politik/20190703325375732-kandidaten-eu-spitzenposten/; z. a.: 02.01.2020
38 Wolfgang Effenberger: NATO und EU teuflische Institutionen – kreiert durch US-Geheimdienste? Mit EU-Triumvirat in den NATO-Krieg gegen Russland und China: http://www.nrhz.de/flyer/beitrag.php?id=26077&css=print; z. a.: 22.10.2019
39 Willy Wimmer zur Personalie von der Leyen: Operation am offenen Herzen: https://www.youtube.com/watch?v=Gkad2mnz8NI; z. a.: 02.01.2020
40 Paul Craig Roberts in »Washington Is Destroying The World«, October 6, 2014: https://www.paulcraigroberts.org/2014/10/06/washington-destroying-world-paul-craig-roberts/; z. a.: 20.8.2019
41 Dr. Eric T. Karlstrom, Emeritus Professor of Geography, California State University, »NATURAL CLIMATE CHANGE«: https://naturalclimatechange.org/; z. a.: 23.9.2019
42 Introduction by webmaster (Dr. Eric T. Karlstrom, Emeritus Professor of Geography, California State University, Stanislaus) unter https://app.getpocket.com/read/2734640418; z. a.: 23. 9. 2019
43 Karl Jaspers: Dankesrede 1958 unter https://www.friedenspreis-des-deutschen-buchhandels.de/sixcms/media.php/1290/1958_jaspers.pdf; z. a.: 23.9.2019

Tilo Gräser: Mediale Propaganda als Begleitmusik zu Intervention und Krieg

1 http://www.ossietzky.net/7-2012&textfile=1814
2 Harold L. Lasswell: »Propaganda Technique in World War I« London 1927, S. 47
3 Arthur Ponsonby: »Falsehood in Wartime: Containing an Assortment of Lies Circulated Throughout the Nations During the Great War« London 1928, S. 7
4 Anne Morelli: *Die Prinzipien der Kriegspropaganda*, Springer 2004
5 Ebd., S. 11
6 Karl Marx am 30. Juli 1859 in *Das Volk* (London), MEW, Bd. 13, S. 444
7 Morelli 2004, S. 27
8 Mark Twain: »Der geheimnisvolle Fremde«, in: Mark Twain *Der Prinz und der Bettelknabe/Der geheimnisvolle Fremde* Berlin und Weimar 1984, S. 337

9 https://de.sputniknews.com/politik/20181009322575501-nato-uebungen-ruestung-russland/
10 https://de.sputniknews.com/politik/20200216326471430-akk-stimmt-in-anti-russland-chor-ein/
11 Morelli 2004, S. 42
12 http://www.ossietzky.net/10-2011&textfile=1424
13 Morelli 2004, S. 45
14 https://www.rnz.de/nachrichten/heidelberg_artikel,-Heidelberg-Egon-Bahr-schockt-die-Schueler-Es-kann-Krieg-geben-_arid,18921.html
15 https://www.streifzuege.org/2000/menschenrecht-bricht-staatsrecht/
16 Adolf Hitler: *Mein Kampf* Erster Band, München 1934, S. 104f.
17 zitiert nach Reinhard Opitz (Hg.): *Europastrategien des deutschen Kapitals 1900-1945*, Bonn 1994, S. 433
18 Morelli 2004, S. 61
19 John R. MacArthur: *Die Schlacht der Lügen – Wie die USA den Golfkrieg verkauften*, München 1993, S. 62ff.
20 http://www.ossietzky.net/25-2018&textfile=4620
21 https://jghd.twoday.net/stories/real-war-and-fake-news-die-kaempfe-um-mossul-und-aleppo/main
22 Morelli 2004, S. 80
23 https://www.rubikon.news/artikel/beredtes-schweigen
24 Morelli 2004, S. 95
25 https://www.wissenschaft-und-frieden.de/seite.php?artikelID=2127
26 Morelli 2004, S. 97
27 Morelli 2004, S. 103
28 Klaus Bittermann: »Der Intellektuelle als Kriegshetzer« in: Klaus Bittermann (Hg.): »Serbien muss sterbien – Wahrheit und Lüge im jugoslawischen Bürgerkrieg« Berlin 2000, S. 201
29 Morelli 2004, S. 114
30 http://www.ag-friedensforschung.de/regionen/Irak/kinder5.html
31 Morelli 2004, S. 124
32 Morelli 2004, S. 132
33 Albrecht Müller: »Glaube wenig. Hinterfrage alles. Denke selbst. Wie man Manipulationen durchschaut« Frankfurt/Main 2019, S. 133
34 Ebd., S. 92f.

Nicolas Riedl und Ullrich Mies: Wir.dienen.nicht.Deutschland …

1 Siehe hierzu: Ullrich Mies, Wie die »westliche Wertegemeinschaft« den Kalten Krieg 2.0 installierte,in: Ders. (Hg.), Der Tiefe Staat schlägt zu. Wie die westliche Welt Krisen erzeugt und Kriege vorbereitet, 2. Auflage, Wien 2019, S. 163 ff.
2 Siehe hierzu umfassend: https://nsarchive.gwu.edu/briefing-book/russia-programs/2018-03-16/nato-expansion-what-yeltsin-heard; zuletzt aufgerufen = z. a.: 30.12.2019
3 https://www.youtube.com/watch?v=3t_tJnOJ5lc; z. a.: 16.11.2019; Siehe ferner, Mathias Bröckers, Christian C. Walther, *11.9. Zehn Jahre danach. Der Einsturz eines Lügengebäudes*, 3. Auflage, Frankfurt 2011; David Ray Griffin, *Beunruhigende Fragen zur Bush-Regierung und zum 11. September*, Band I, Berlin 2016; Ders.: *Das neue Pearl Harbor, Der 11. September. Vertuschung und Ent-*

hüllung, Berlin 2016; Ders.: *Kognitive Infiltration, Der Plan eines Regierungsbeauftragten, die 9/11 – Verschwörungstheorie zu unterminieren*, Berlin 2018; Ansgar Schneider, *Stigmatisierung statt Aufklärung, Das Unwesen des Wortes »Verschwörungstheorie« und die unerwähnte Wissenschaft des 11. Septembers als Beispiel einer kontra- faktischen Debatte*, Berlin 2018

4 Siehe hierzu: Nicolas J. S. Davies, Die Blutspur der US-geführten Kriege seit 9/11: Afghanistan, Jemen, Libyen, Irak, Pakistan, Somalia, Syrien, in: Ullrich Mies (Hg.) *Der Tiefe Staat schlägt zu …*, S. 131–152

5 Anmerkungen zur Kündigung des Atomabkommens mit Iran durch D. Trump, Der Inhalt des Atomdeals, Gegenstand. *Politische Vierteljahresschrift, 2-18*: https://de.gegenstandpunkt.com/artikel/kuendigung-atomabkommens-iran; z. a.: 21.12.2019

6 https://www.bundeswehr.de/de/einsaetze-bundeswehr; z. a.: 21.12.2019

7 Thomas Mickan, Bundeswehr – der attraktive Konzern von nebenan?, IMI: http://imi-online.de/download/TM-BW-Konzern.pdf; z. a.: 21.12.2019

8 Uli Cremer, Supersnelle Flitsmacht der NATO nimmt Konturen an, 06.07.2015: http://www.gruene-friedensinitiative.de/cms/supersnelle-flitsmacht-der-nato-nimmt-konturen-an/; z. a.: 30.12.2019

9 Willy Wimmer, Gedenkveranstaltung in Warschau: Der 1. September 1939 und Deutschlands Krieg gegen Polen, rt 01.08.2019 https://deutsch.rt.com/meinung/90758-jahr-in-warschau-1-september/; z. a.: 30.12.2019

10 Vgl. Bundeswehr-Journal, 2019: »Rund 34,5 Millionen Euro für die Nachwuchswerbung«: http://www.bundeswehr-journal.de/2019/rund-345-millionen-euro-fuer-die-nachwuchswerbung/; z. a.: 30.12.2019

11 Vgl. Berger, Jens: »Freie Fahrt für die Bundeswehr«, in NachdenkSeiten, 19.08.2019: https://www.nachdenkseiten.de/?p=54232; z. a.: 09.12.2019

12 Siehe hierzu: Walter Lippmann, *Die öffentliche Meinung – Wie sie entsteht und manipuliert wird*, Frankfurt am Main 2018. S. 85–92.

13 Castenow, 2019: https://www.castenow.de/cases/; z. a.: 09.12.2019

14 Siehe: Ariane Bemmer, »Was sind das für Typen, die das genehmigen?«, in *der Tagesspiegel*, 27.06.2019.

15 Vgl. Jens Berger, »Wenn es noch einen Beleg für die Rechtsverschiebung des politischen Diskurses braucht, dann ist dies das Schweigen zu Kramp-Karrenbauers ›Hunnenrede‹«, in NachdenkSeiten, 08.11.2019. URL: https://www.nachdenkseiten.de/?p=56209; z. a.: 28.12.2019

16 Vgl. Michael Hüter, »Kindheit 6.7 – Ein Manifest«, Melk an der Donau, 2019, S. 43–44.

17 Vgl. Swantje Unterberg, »Das machen Jugendoffiziere und Karriereberater«, in Spiegel Online, 02.04.2019: https://www.spiegel.de/lebenundlernen/schule/bundeswehr-an-schulen-das-machen-jugendoffiziere-und-karriere berater-a-1260832.html; z. a.: 09.12.2019

18 Vgl. Nina Forberger, »Die Bundeswehr macht Schule«, in Rubikon, 23.12.2017: https://www.rubikon.news/artikel/die-bundeswehr-macht-schule; z. a.: 09.12.2019

19 Vgl. Swantje Unterberg, a. a.O.

20 arbeitgeber-ranking.de, 2018: https://www.arbeitgeber-ranking.de/rankings/schueler; z. a.: 09.12.2019

21 Vgl. Christian Dewitz, »29,9 Millionen Euro für Bundeswehr-Nachwuchswerbung«, in Bundeswehr-Journal, 19.04.2015: http://www.bundeswehr-journal.de/2015/299-millionen-euro-fuer-bundeswehr-nachwuchswerbung/; z.a.: 09.12.2019

22 Tilo Jung, »Supercut: Die Bundesregierung hat nichts hinzuzufügen«, auf YouTube, 26.04.2015. URL: https://www.youtube.com/watch?v=YQ1QC1lq63o

23 vgl. Spiegel Online, 28.11.2018: »Rechtes Netzwerk in der Bundeswehr? Opposition verlangt Aufklärung«: https://www.spiegel.de/politik/deutschland/bundeswehr-rechtes-netzwerk-opposition-verlangt-aufklaerung-a-1240926.html; z.a.: 09.12.2019

24 Manfred Spitzer, et. al., a.a.O.

25 Markus Pflüger, »Krieg ist der größte Klimakiller«, in Informationsstelle Militarisierung e.V., 21.06.2019: https://www.imi-online.de/2019/06/21/krieg-ist-der-groesste-klimakiller/; z.a.: 09.12.2019

26 Siehe hierzu: Bundesministerium der Verteidigung: »Rede der Ministerin an der Universität der Bundeswehr in München«, 7.11.2019: https://www.bmvg.de/de/aktuelles/rede-der-ministerin-an-der-universitaet-der-bundeswehr-muenchen-146670; z.a.: 28.12.2019

Kees van der Pijl: Der MH17-Prozess – Rechtsprechung als politisches Theater

1 Dies ist Teil I eines Projekts, das gemeinsam mit Hector Reban und Max van der Werff nach der Rückkehr des Autors von der Teilnahme an der Konferenz MH17-The Quest for Justice im August 2019 in Kuala Lumpur durchgeführt wurde. Vielen Dank an Herrn John Philpot, internationaler Strafrechtsanwalt, für seine wertvollen Kommentare. Der Herausgeber dankt Kees van der Pijl für die Überlassung des unveröffentlichten Manuskripts. Übersetzung des Textes, Vorspann und Fußnotenbearbeitung: Ullrich Mies
Alle Links aufgerufen am 29. und 30. Januar 2020

2 Bonanza Media, MH17–Call for Justice (Yana Yerlashova, Max van der Werff) 2019: https://www.kickstarter.com/projects/832749946/mh17-5-years-on?lang=de; Cyril Rosman, ›Brandbrief MH17-nabestaanden aan Maleisische premier: »Stop met verdeeldheid zaaien«.‹ Algemeen Dagblad 30 August 2019: https://www.ad.nl/binnenland/brandbrief-mh17-nabestaanden-aan-malei sische-premier-stop-met-verdeeldheid-zaaien~aafc6451/?referrer=https://www.google.com/

3 Hague District Court, ›About the MH17 Trial‹: https://www.courtmh17.com/en; Hervorhebung vom Autor

4 Hague District Court, ›About the MH17 Trial‹, a.a.O.; https://www.icty.org;

5 Michael Mandel, *How America Gets Away With Murder. Illegal Wars, Collateral Damage and Crimes Against Humanity*. London: Pluto Press, 2004

6 Ein LLM ist ein juristischer Postgraduierten-Abschluss

7 https://en.wikipedia.org/wiki/Scottish_Court_in_the_Netherlands

8 Das Flugzeug wurde im Jahre 1988 durch eine Bombe vernichtet und stürzte im schottischen Lockerbie ab: Roy Rowan, ›Pan Am 103 Why Did They Die?‹ *Time*. June 24. 2001: http://content.time.com/time/magazine/article/0,9171,159523,00.html;
https://en.wikipedia.org/wiki/Pan_Am_Flight_103

9 Rijkswet Onderzoeksraad voor veiligheid. 2010: https://wetten.overheid.nl/BWBR0017613/2010-10-10#Hoofdstuk5

10 Siehe: Kees van der Pijl, *Flight MH17, Ukraine and the new Cold War. Prism of disaster*, Manchester: Manchester University Press 2018, S. 139–143; in Deutscher Sprache: Ders., *Der Abschuss: Flug MH17, die Ukraine und der neue Kalte Krieg*, Köln 2018, S. 277–283

11 Kees van der Pijl, *Flight MH17, Ukraine and the new Cold War*, a. a.O., S. 137–138 on the circumstances of the establishment of the JIT. Numbers of victims in Hague District Court, ›About the MH17 Trial‹; Ders., Der Abschuss: Flug MH17, die Ukraine und der neue Kalte Krieg, Köln 2018, S. 265–273

12 Bonanza Media, MH17–Call for Justice. A separate 143-page report on the falsification of the phone taps is available as Digital Forensic Services. 2019. Project MH17. Digital Forensic Reporting–Final Report V1.0.: https://www.dropbox.com/s/o3s03aqzz1g4pm3/Project-MH17-DigitalForensicsReporting-FinalV1.0-260519-Legal-Updated.pdf
(Bonanza Media. MH17 Video and Audio Forensic Analysis): https://www.youtube.com/watch?time_continue=4&v=wkDWwYk4-Ho&feature=emb_logo

13 https://de.wikipedia.org/wiki/Open_Source_Intelligence

14 Guy Debord, *La Société du Spectacle*. Paris: Gallimard, 1967. Deutsche Ausgabe: Guy Debord, *Die Gesellschaft des Spektakels*, 2. Auflage, Berlin 2013

15 Ebd.

16 International Centre for Counter-Terrorism (ICCT). ›Terrorists on Trial: The Lockerbie Case‹, Netherlands Institute for Advanced Studies in the Humanities and Social Sciences (NIAS) 2011:https://icct.nl/project/terrorists-on-trial/; Hervorhebung vom Autor; ich bin bei der Untersuchung des Falles Lockerbie auf dieses Projekt gestoßen, aber auch andere werden von ihm untersucht.

17 Cyril Rosman,›Brandbrief MH17-nabestaanden aan Maleisische premier‹, a. a.O.; Johan van Heerde, ›Nabestaanden MH17: Geef Rusland pas stemrecht in Raad van Europa als het meewerkt met onderzoek‹. Trouw, 23. June 2019: https://www.trouw.nl/nieuws/nabestaanden-mh17-geef-rusland-pas-stemrecht-in-raad-van-europa-als-het-meewerkt-met-onderzoek~b81e763e/

18 Kees van der Pijl, ›Towards an alternative international investigation of Flight MH17? Personal impressions from the conference MH17: The Quest for Justice, Kuala Lumpur, 17 August 2019.‹ (21 August 2019): http://keesvanderpijl.nl/tag/mh17/

19 Hague District Court, ›About the MH17 Trial‹, … bietet eine detaillierte Liste der Personen, die als Verwandte in Frage kommen, um dieses Privileg zu erhalten.

20 ICCT, ›Terrorists on Trial: The Lockerbie Case‹, a. a.O., Hervorhebung vom Autor

21 Paul McKeigue, David Miller, Jake Mason, and Piers Robinson. ›Briefing Note on the Integrity Initiative‹, Working Group on Syria Propaganda and Media, 21 December 2018: http://syriapropagandamedia.org/working-papers/briefing-note-on-the-integrity-initiative

22 Moon of Alabama, ›The »Integrity Initiative«–A Military Intelligence Operation, Disguised As Charity, To Create The »Russian Threat«.‹ 15 December 2018: https://www.moonofalabama.org/2018/12/the-strange-mind-of-christopher-nigel-donnelly.html

23 Max Blumenthal and Mark Ames ›New Documents Reveal a Covert British Military-Intelligence Smear Machine Meddling In American Politics‹. TheGrayZone,

8 January 2019: https://thegrayzone.com/2019/01/08/new-documents-reveal-a-covert-british-military-intelligence-smear-machine-meddling-in-american-politics/

24 Cited in Mohamed Elmazi and Max Blumenthal, The Integrity Initiative and the UK's Scandalous Information War', MintPress, 18. December. 2018: https://www.mintpressnews.com/the-integrity-initiative-and-the-uks-scandalous-information-war/253014/;
Moon of Alabama, ›British Government Runs Secret Anti-Russian Smear Campaigns.‹ 24 November 2018: https://www.moonofalabama.org/2018/11/british-government-behind-secret-anti-russian-disinformation-campaign.html

25 Ursprünglich war der niederländische Partner das Haager Institut für Strategische Studien, aber die Zusammenarbeit wurde eingestellt. Moon of Alabama,. ›British Government Runs Secret Anti-Russian Smear Campaigns.‹, a. a.O.

26 Blumenthal and Ames, 'New Documents Reveal a Covert British Military-Intelligence Smear Machine Machine Meddling, a. a.O.

27 George Eliason, ›The Terrorists Among US – The Coup Against the Presidency‹, The Saker, 16 September 2019: https://thesaker.is/the-terrorists-among-us-the-coup-against-the-presidency/; Hervorhebung vom Autor

28 Blumenthal and Ames, ›New Documents Reveal a Covert British Military-Intelligence Smear Machine Meddling In American Politics‹..

29 McKeigue et al. ›Briefing Note on the Integrity Initiative‹, a. a.O.

30 Keir Giles, Philip Hanson, Roderic Lyne, James Nixey, James Sherr and Andrew Wood, *The Russian Challenge*. London: The Institute of International Affairs, 2015; Moon of Alabama. ›British Government Runs Secret Anti-Russian Smear Campaigns‹, a. a.O.

31 Blumenthal and Ames, ›New Documents Reveal a Covert British Military-Intelligence Smear Machine‹; Moon of Alabama, ›The »Integrity Initiative« – A Military Intelligence Operation, Disguised As Charity‹, a. a.O.

32 Craig Unger, ›Trump's Russian Laundromat. How to use Trump Tower and other luxury high-rises to clean dirty money, run an international crime syndicate, and propel a failed real estate developer into the White House.‹ *The New Republic*, 13 July.2017 (online).

33 Moon of Alabama. ›British Government Runs Secret Anti-Russian Smear Campaigns‹, a. a.O.

34 Hector Reban, ›MH17 and open source intelligence, a suspicious narrative--part 1.‹ MH17, 26 September:
https://hectorreban.wordpress.com/2019/09/26/mh17-and-open-source-intelligence-a-suspicious-narrative-part-1/

35 Kees van der Pijl, *Flight MH17, Ukraine and the new Cold War*, a. a.O. S. 139. Der Douma-Fall wurde inzwischen von einem OPCW-Informanten als Betrug entlarvt, was Higgins' Glaubwürdigkeit weiter untergräbt; Kees van der Pijl, Der Abschuss: Flug MH17, die Ukraine und der neue Kalte Krieg, Köln 2018, S. 275f

36 Yevgeniy Golovchenko, Mareike Hartmann and Rebecca Adler-Nissen, ›State, media and civil society in the information warfare over Ukraine: citizen curators of digital disinformation‹ International Affairs, 94 (5) 2018, S. 975–994

37 Oliver Boyd-Barrett, *Western Mainstream Media and the Ukraine Crisis. A study in conflict propaganda*, London: Routledge 2017; Siehe auch Kees van der Pijl, *Flight MH17, Ukraine and the new Cold War*, a. a.O.

38 Kees van der Pijl, Der Abschuss: Flug MH17, die Ukraine und der neue Kalte Krieg, Köln 2018, S. 295f

39 Golovchenko et al., ›State, media and civil society‹, a. a.O., S. 991, 986, Figure 1, respectively. Inzwischen hat sich Omtzigt für das Magnitsky-Gesetz eingesetzt, das antirussische Sanktionsprojekt des Betrügers William Browder, der Mitglied des Clusters Integrity Initiative UK ist; Moon of Alabama, ›British Government Runs Secret Anti-Russian Smear Campaigns‹, a. a.O.

40 Golovchenko et al., ›State, media and civil society‹, a. a.O., S. 992ff.

41 Cited in Mohamed Elmaazi, and Max Blumenthal, ›Inside The Temple Of Covert Propaganda: The Integrity Initiative & UK's Scandalous Information War‹. Zero Hedge, 26 December 2018: https://thegrayzone.com/2018/12/17/inside-the-temple-of-covert-propaganda-the-integrity-initiative-and-the-uks-scandalous-information-war/

42 Moon of Alabama, ›The »Integrity Initiative«–A Military Intelligence Operation, Disguised As Charity‹, a. a.O.

43 Boyd-Barrett, *Western Mainstream Media*, a. a.O., S. 115

44 Kees van der Pijl, *Flight MH17, Ukraine and the new Cold War*, a. a.O., Kapitel 3

45 Mark Galeotti, ›Putin's KGB record: not a high-flier or leader, but a solid B‹. Raam op Rusland, 1 November 2019: https://raamoprusland.nl/dossiers/kremlin/1448-putin-s-kgb-record-not-a-high-flier-or-leader-but-a-solid-b

Jens Bernert: Britische Qualitätspropaganda

1 https://www.aljazeera.com/news/2015/08/qa-syria-white-helmets-150819142324132.html; alle Links zuletzt aufgerufen zwischen 6.1.2020 und 7.1.2020

2 https://www.rubikon.news/artikel/die-lugen-der-weisshelme

3 https://www.rubikon.news/artikel/volkerrechtsbrecher-und-terrorpaten; siehe hierzu umfassend das einschlägige Material auf: http://blauerbote.com

4 http://blauerbote.com/2018/07/23/weisshelm-terroristen-eine-fotostrecke/

5 http://blauerbote.com/2018/08/19/white-helmets-weisshelme-im-syrien krieg/

6 http://blauerbote.com/2016/10/07/bundestagsabgeordnete-nouripour-und-brantner-gruene-forderten-friedensnobelpreis-fuer-al-kaida/

7 http://blauerbote.com/2017/09/17/white-helmets-ueberfuehren-sich-selbst-mit-erdbeben-fassbomben-luege/

8 https://www.rubikon.news/artikel/die-lugen-der-weisshelme

9 https://peds-ansichten.de/2019/12/opcw-giftgas-syrien-douma-skandal/; https://consortiumnews.com/2019/10/25/panel-finds-gaping-holes-in-opcw-report-on-alleged-syrian-chemical-attack/; https://www.rubikon.news/artikel/die-fakten-leugner

10 https://www.craigmurray.org.uk/wp/wp-content/uploads/2020/01/actual_toxicology_meeting_redacted.pdf

11 Ebd.

12 https://www.theblogcat.de/uebersetzungen/zombie-staat-02-01-2020/

13 https://twitter.com/wikileaks/status/1210568660118573057

14 http://blauerbote.com/2019/02/19/bbc-journalist-enttarnt-weisshelme/

15 https://www.youtube.com/watch?v=oi3dPYR6gFc

16 http://blauerbote.com/2018/11/24/Douma-giftgasangriff-2018/
17 https://www.rubikon.news/artikel/die-terrorhelfer; https://southfront.org/there-are-some-problems-with-gas-cylinders-videos-used-by-white-helmets-as-evidence-of-douma-attack/; https://twitter.com/AsaadHannaa/status/982998575222312961
18 https://www.youtube.com/watch?v=CgkI3Ub2lZw
19 https://twitter.com/ProfessorsBlogg/status/985481508155740160
20 http://www.tagesschau.de/multimedia/sendung/ts-25111.html
21 https://thegrayzone.com/2020/01/22/ian-henderson-opcw-whistleblower-un-no-chemical-attack-douma-syria/; https://www.antiwar.com/blog/2020/01/20/author-of-leaked-opcw-engineering-report-on-douma-speaks-at-un-security-council/; https://twitter.com/FWarweg/status/1221770986409938945; https://twitter.com/FWarweg/status/1219623309849059330; https://twitter.com/FWarweg/status/1222466343322243072; http://blauerbote.com/2020/01/27/opcw-experte-bestaetigt-vor-un-sicherheitsrat-der-opcw-duma-bericht-wurde-massiv-manipuliert/; http://webtv.un.org/watch/player/6125087582001
22 https://thegrayzone.com/2020/01/22/ian-henderson-opcw-whistleblower-un-no-chemical-attack-douma-syria/
23 https://propagandaschau.wordpress.com/2016/09/27/die-dummheit-der-nato-propagandisten-von-bellingcat-entlarvt-die-wahrheit-hinter-dem-angriff-auf-syrischen-hilfskonvoi/
24 http://blauerbote.com/2017/09/17/white-helmets-ueberfuehren-sich-selbst-mit-erdbeben-fassbomben-luege/
25 https://www.rubikon.news/artikel/professionelle-heuchelei-3-4; https://mronline.org/2019/07/09/should-universities-care-about-the-truth/
26 http://www.nrhz.de/flyer/beitrag.php?id=21812
27 http://www.nachdenkseiten.de/?p=14560
28 https://www.voltairenet.org/IMG/pdf/possible-implications-of-bad-intelligence.pdf; http://blauerbote.com/wp-content/uploads/2018/11/ghouta_fake_2013_scientists.png
29 http://www.ag-friedensforschung.de/regionen/Syrien1/chemie2.html
30 https://www.parliament.uk/business/news/2013/august/commons-debate-on-syria/
31 https://propagandaschau.wordpress.com/2015/07/25/bbc-saving-syrias-children-die-fabrizierten-luegenmaerchen-westlicher-propaganda/
32 https://www.bbc.com/news/av/world-23892594/syria-crisis-incendiary-bomb-victims-like-the-walking-dead
33 https://onedrive.live.com/?cid=B42FED9BD194CFA7&id=B42FED9BD194CFA7%21161&parId=root&o=OneUp; https://vimeo.com/140567469
34 https://www.amboss.com/de/wissen/Verbrennung
35 http://spiegelkabinett-blog.blogspot.de/2016/04/der-ard-weltspiegel-verappelt-seine.html; http://www.rationalgalerie.de/schmock/ard-macht-nonsens-nachrichten.html;

http://spiegelkabinett-blog.blogspot.de/2016/01/wie-aus-einer-meldung-wahrheit-wird.html;
http://spiegelkabinett-blog.blogspot.fr/2016/01/die-ard-tagesschau-steigt-herab-vom.html

36 http://spiegelkabinett-blog.blogspot.de/2016/04/der-ard-weltspiegel-verappelt-seine.html

37 https://thegrayzone.com/2018/06/06/syrian-observatory-for-human-rights-funding-sohr-uk-government/

38 http://blauerbote.com/2019/12/03/die-folter-spezialisten/

39 https://www.rubikon.news/artikel/der-prugelknabe

40 https://twitter.com/wikileaks/status/855143438701875200

41 https://www.theguardian.com/uk-news/2015/jan/31/british-army-facebook-warriors-77th-brigade

42 https://caitlinjohnstone.com/2019/10/01/twitter-suspends-accounts-for-propaganda-has-literal-propagandist-as-high-level-executive/; das online Portal rt bezeichnet MacMillan als Psyops-Soldaten bei der britischen Armee.
https://deutsch.rt.com/europa/92954-redaktionsleiter-von-twitter-ist-psyops-soldat-britische-armee/

43 http://blauerbote.com/2017/03/09/bana-alabed/; siehe hierzu umfassend das einschlägige Material auf: http://blauerbote.com

44 https://archive.is/20161203133922/https://twitter.com/alabedbana/status/781597903924125697
http://blauerbote.com/2019/10/13/twittermaedchen-bana-alabed-twitter-redaktionsleiter-naher-osten-ist-nebenbei-psyops-offizier-der-britischen-armee/

45 http://blauerbote.com/wp-content/uploads/2017/07/alabed_terror.png

46 http://blauerbote.com/2017/07/05/bana-alabed-aus-aleppo/;
https://de.sputniknews.com/panorama/20161223313903793-bana-terroristen-hilferufe/;
https://twitter.com/AlabedBana/status/811542255286808576/photo/1

47 https://twitter.com/kosh_1/status/1011003975385124864;
https://www.youtube.com/watch?v=fvLaSnPod7E;
https://twitter.com/walid970721/status/1011210850760355840?lang=de;
http://www.dumont-buchverlag.de/verlag/aktuelles/detail/2018-freedom-award-fuer-madeleine-albright/;
https://www.atlanticcouncil.org/events/freedom-awards/2018-honorees

48 http://blauerbote.com/2018/08/27/meetings-with-sergei-skripal/

49 http://blauerbote.com/2018/04/03/yukia-skripal-trotz-koma-im-internet-und-sergej-skripal-bei-einlieferung-bei-bewusstsein/

50 http://www.salisburyjournal.co.uk/news/16064166.Russian_spy_is_one_of_two_in_hospital_after_medical_emergency_at_Maltings/

51 https://twitter.com/dgaytandzhieva/status/989839702491586561

52 https://pbs.twimg.com/media/DYv-U2wXkAEPhtR?format=jpg&name=small

53 https://publikumskonferenz.de/blog/2018/08/25/der-fall-skripal/

54 https://www.rubikon.news/artikel/beweise-bitte

55 https://www.rubikon.news/artikel/lugen-ohne-ende

56 https://www.rubikon.news/artikel/lugen-ohne-ende

57 https://www.craigmurray.org.uk/archives/2019/10/no-inquest-for-dawn-sturgess/

58 https://www.nzz.ch/international/neuer-nowitschok-fall-in-salisbury-verunsichert-einwohner-ld.1400965
59 https://www.thesun.co.uk/news/5760557/nick-bailey-detective-sergeant-russian-spy-sergei-skripal-daughter-yulia-poison-plot-leave-hospital-recovering/
60 Hinweis des Autors: Das ist ein Fehler im Guardian-Bericht. 4. März ist richtig.
61 https://www.nzz.ch/international/neuer-nowitschok-fall-in-salisbury-verunsichert-einwohner-ld.1400965
62 https://www.welt.de/politik/ausland/article175172143/Russlands-kuriose-Fragen-Wo-sind-die-Haustiere-in-welchem-Zustand-sind-sie.html
63 https://www.mirror.co.uk/news/politics/sergey-skripals-cat-guinea-pigs-12311861
64 http://johnhelmer.net/british-defence-ministry-document-reveals-skripal-blood-evidence-is-missing-fake-chain-of-custody-makes-novichok-evidence-worthless/;
https://www.judiciary.uk/wp-content/uploads/2018/03/sshd-v-skripal-and-another-20180322.pdf

Moritz Enders: Das Papstattentat 1981 – Fallbeispiel einer Medienmanipulation

1 »Schüsse auf dem Petersplatz«. Ein Film von Moritz Enders und Werner Köhne. Produktion: Prounen Film und SD Cinematografica für ZDF/Arte, 2015.
2 Aldo Giannuli, *Come funzionano i servizi segreti*, Mailand 2009
Aldo Giannuli, *Come i servizo segreti usano i media*, Mailand 2012
3 https://de.wikipedia.org/wiki/Johannes_Paul_II.
4 Sämtliche Zitate stammen, so weit nicht anders vermerkt, aus den Transkriptionen der Interviews, die wir für die Dokumentation geführt haben.
5 Die Frage, warum der Auftraggeber eines Verbrechens durch seine Anwesenheit am Tatort sein Alibi hätte ruinieren sollen, haben wir nicht klären können. Antonov wurde freigelassen, nachdem er einige Zeit im Gefängnis verbracht hatte. Die sogenannte Mitrokhin-Kommission https://en.wikipedia.org/wiki/Mitrokhin_Commission, die den Bulgaren den Anschlag anlastet und dessen Vorsitz Guzzanti innehatte, wurde von Mario Scaramella beraten. Scaramella war u. a. eine der mutmaßlich letzten Personen, die den mit Polonium vergifteten Agenten Alexander Litvinenko aufgesucht hatten.
6 Dass die Existenz des Stay-Behind-Netzwerkes – in Italien nannte es sich »Gladio« – aufgedeckt wurde, ist dem italienischen Ermittlungsrichter Felice Casson zu verdanken. Casson konnte nachweisen, dass für einen Anschlag, der zunächst den Roten Brigaden angelastet wurde, ein Sprengstoff verwendet worden war, der aus einem NATO-Depot zu stammen schien. »Stay Behind« war ursprünglich von der CIA und dem britischen Geheimdienst MI6 gegründet worden, um bei einem etwaigen sowjetischen Einmarsch in Westeuropa Guerilla-Aktivitäten durchführen zu können. Mit der Zeit war das Netzwerk dann zunehmend an Operationen »unter falscher Flagge« beteiligt.
7 Dabei will Bruno eine Zusammenarbeit oder zumindest stille Komplizenschaft zwischen der westlichen und östlichen Seite gar nicht ausschließen: »… also müssen wir davon ausgehen, dass die wichtigsten Geheimdienste der Welt, also die CIA und das KGB, in gewisser Weise – wenn auch sicher nicht solidarisch miteinander waren – so doch wohl wussten, was die andere Seite plante, und sie haben gewähren lassen.« Und weiter: »An einem gewissen Punkt sehen sich

die Sowjetunion und die Vereinigten Staaten mit einem Papst konfrontiert, der als erster, anders als seine Vorgänger und vor allem angetrieben von seiner Herkunft aus der kommunistischen Welt, eine herausragende politische Rolle spielte, die das Gleichgewicht der Kräfte durcheinanderzubringen drohte. Also warum soll es nicht möglich sein, dass beide Seiten, die Vereinigten Staaten und die Sowjetunion, den Papst stoppen wollten?« Bruno vertritt zudem die These, dass der Attentäter den Papst gar nicht töten, sondern nur verwunden sollte. In der Tat hat Johannes Paul II. den Anschlag ja überlebt. Wir haben ehemalige Polizisten gebeten, auf einem Übungsgelände auf eine Puppe vergleichbarer Größe zu schießen, und neigen zu der Auffassung, dass ein derart präzises Vorgehen kaum umsetzbar gewesen wäre.

8 Marco Ansaldo, Yasemin Taskin, *Uccidete il Papa!*, Milano 2011

9 Valeska von Roques, *Verschwörung gegen den Papst – Die Hintergründe des Attentats auf Johannes Paul II.*, München 2003

10 Auszug aus einem Interview, das ich den Nachdenkseiten im Dezember 2015 gegeben habe: http://www.nachdenkseiten.de/?p=29570, siehe auch: Valeska von Roques, Verschwörung gegen den Papst, a. a.O.

Ernst Wolff: Der Herrhausen-Mord – Fiktion und Wirklichkeit

1 Am 25. Juli 1980 bei einem Autounfall umgekommenes RAF-Mitglied

2 »Mit dem Fluidum des Eroberers«, Artikel von Nina Grunenberg in zeitonline am 27.10.1989: https://www.zeit.de/1989/44/mit-dem-fluidum-des-eroberers; zuletzt aufgerufen (= z. a.) am 08.02.2020

3 »Lieber Alfred …« – Artikel in »Die Welt« vom 30.11.2004: https://www.welt.de/print-welt/article355453/Lieber-Alfred.html; z. a.: 08.02.2020

4 Antwort der Bundesregierung auf eine parlamentarische Anfrage der Bundestagsfraktion der Grünen am 13. Februar 1995: http://dipbt.bundestag.de/extrakt/ba/WP13/1196/119658.html; z. a.: 08.02.2020

5 Harald Freiberger, Der gute Mensch aus dem Bankenturm, Süddeutsche Zeitung vom 17. Mai 2010: https://www.sueddeutsche.de/wirtschaft/alfred-herrhausen-der-gute-mensch-aus-dem-bankenturm-1.128149; z. a.: 08.02.2020

6 Werner Birkenmaier, Banker mit Mut zu linken Ideen, Stuttgarter Zeitung vom 26. November 2014: https://www.stuttgarter-zeitung.de/inhalt.herrhausen-mord-vor-25-jahren-ein-bankier-mit-mut-zu-linken-ideen.a8aba4fc-94fa-427f-99cb-cb7e5f924854.html; z. a.: 08.02.2020

7 https://www.youtube.com/watch?v=mn6HRKvqiNk; z. a.: 08.02.2020

Daniele Ganser: Wahrheitsforschung mit Konsequenzen: Wer in der Schweiz 9/11 untersucht, ruiniert seine akademische Karriere

1 Daniele Ganser: »Die Sprengung. Die Geschichte der Terroranschläge vom 11. September 2001 muss neu geschrieben werden, denn nun ist belegt: WTC7 wurde gesprengt«, Rubikon 7. September 2019

2 Elaine Jarvik: »Professor Thinks Bombs, Not Planes, Toppled WTC«, *Deseret Morning News*, 10. November 2005

3 Steven Jones, Robert Korol, Anthony Szamboti, Ted Walter: »15 years later: On the physics of high rise building collapses«, *Europhysics News 47/4*, 2016, S. 21–26

4 Verleiche: Daniele Ganser: *NATO Geheimarmeen in Europa. Inszenierter Terror und verdeckte Kriegsführung,* Orell Füssli 2008
5 Gunther Latsch: »Zeitgeschichte: Die dunkle Seite des Westens«, *Spiegel* Nr. 15, 2005, Seite 48–50
6 Daniele Ganser: »Der erbitterte Streit um den 11. September« *Tages-Anzeiger* 9. September 2006
7 Christian Maurer: »ETH und UNI gehen auf Distanz zu Verschwörungstheoretiker«, *Sonntagszeitung* 17. September 2006
8 Christian Maurer: »ETH und UNI gehen auf Distanz zu Verschwörungstheoretiker«, *Sonntagszeitung* 17. September 2006
9 Alexander Sautter: »Verschwörungs-Theoretiker: Amerikaner wehren sich«, *Sonntagsblick* 17. September 2006
10 James Glanz: »Burning Diesel Is Cited in Fall Of 3rd Tower«, *New York Times* 2. März 2002
11 »The Conspiracy Files: 9/11 – The Third Tower«, *BBC News* 6. Juli 2008
12 Thomas Kean (Chair) und Lee Hamilton (Vice Chair): *The 9/11 Commission Report. Final Report oft he National Commission on Terrorist Attacks upon the United States* (Norton 2004)
13 David Ray Griffin: *The 9/11 Commission Report. Omissions and Distortions* (Olive Branch Press 2005), Seite 28
14 Evan Solomon interviews Lee Hamilton: »9/11: Truth, lies and conspiracy« *CBC News* 21. August 2006. Sowie: Thomas Kean und Lee Hamilton: Without *Precedent. The inside Story of the 9/11 Commission* (Knopf Doubleday Publishing Group 2006).
15 E. Lipton: Report Says Fire, Not Explosion, Felled 7 W. T. C. *New York Times* 22. August 2008. Sowie: NIST: »Global Structural Analysis oft he Response of World Trade Center Buidling 7 to Fires and debris Impact Damage«, US Departement of Commerce November 2008. Siehe auch: Wikipedia Eintrag »World Trade Center 7«, Abgerufen am 21. Oktober 2019
16 Peter Michael Ketcham: Thoughts from a Former NIST Employee. *Europhysics News* 25. November 2016
17 Peter Michael Ketcham: Thoughts from a Former NIST Employee. *Europhysics News* 25. November 2016
18 Ganser-»Arena«: Noch nie gab es so viele Beschwerden. Die Zuschauer finden, Historiker Daniele Ganser wurde in der SRF-Sendung unfair behandelt. 492 Beanstandungen sind eingegangen. *Tages-Anzeiger* 17. März 2017
19 Michael Genova: »Wissenschaft: Universität St.Gallen verteidigt umstrittenen Historiker« *St. Galler Tagblatt* 30. April 2017
20 »Anschlag auf die Forschungsfreiheit.« Swiss Propaganda Research. März 2018
21 »Daniele Ganser verliert seinen letzten Lehrauftrag – Uni St. Gallen wirft kritischen Forscher raus« RT Deutsch 12. April 2018
22 Fabian Kleeb: Daniele Ganser: »Es gibt in der Schweiz ein 9/11-Forschungsverbot«, Prisma 22. Mai 2018
23 Leroy Hulsey, Zhili Quan, Feng Xiao: »A Structural Reevalutaion of the Collapse of World Trade Center 7« University of Alaska Fairbanks 25. März 2020, Abstract Seite ii
24 Ebd., Seite 6
25 Richard Gage in der Sendung »Washington Journal«, CSPAN 1. August 2014

John Pilger, Dennis J. Bernstein und Randy Credico: Der globale Krieg gegen Assange, Dissens und den Journalismus

1 Original: John Pilger: »The Global War on Assange, Journalism & Dissent, consortiumnews«, June, 14, 2019: https://consortiumnews.com/2019/06/14/john-pilger-the-global-war-on-assange-journalism-dissent/; Übersetzung Ullrich Mies mit freundlicher Genehmigung durch John Pilger.

2 Dennis J. Bernstein ist Gastgeber von »Flashpoints« im Radiosender Pacifica und Autor von »Special Ed: Stimmen aus einem versteckten Klassenzimmer.« Sie können auf die Audioarchive unter Flashpoint zugreifen. Sie können sich mit dem Autor unter dbernstein@igc.org in Verbindung setzen.

3 Randy Credico ist amerikanischer mehrjähriger politischer Kandidat, Komiker, Radiomoderator, Aktivist und ehemaliger Direktor des William Moses Kunstler Fund for Racial Justice.

4 John Pilger, *Freedom Next Time*, London 2007

5 https://www.youtube.com/watch?v=PH96tuRA3L0&feature=youtu.be

6 http://johnpilger.com/videos/year-zero-the-silent-death-of-cambodia

7 http://johnpilger.com/videos/death-of-a-nation-the-timor-conspiracy

8 http://johnpilger.com/videos/thalidomide-the-ninety-eight-we-forgot

Aktham Suliman: Al-Jazeera und der Syrienkrieg – Fake ist nicht Fake genug Innenansichten eines ehemaligen Al-Jazeera-Journalisten

1 https://www.tagesspiegel.de/politik/syrische-soeldner-transportiert-macron-wirft-erdogan-schweren-verstoss-in-libyen-vor/25487430.html; z. a. 31.01.2020

2 http://dip21.bundestag.de/dip21/btd/19/153/1915315.pdf; z. a. 29.01.2020

3 https://www.news24.com/World/News/Syrian-colonel-claims-big-defection-20110730; z. a. 20.12.2019

4 https://www.youtube.com/watch?v=buDt7qjBFiQ; z. a. 28.12.2019

5 https://www.youtube.com/watch?v=8arRIIt8PTU; z. a. 29.12.2019

6 https://taz.de/!754316/; z. a. 15.01.2020

7 https://www.alrakoba.net/; z. a. 15.01.2020

8 https://magazin.zenith.me/de/archiv/pressefreiheit-und-al-jazeera; z. a. 01.02.2020

9 https://www.youtube.com/watch?v=QrXN1FVIhio; z. a. 05.02.2020

10 https://www.youtube.com/watch?v=PKXEzWEk2zc; z. a. 08.02.2020

11 Mehr zur Rolle der Medien bei den gewaltsamen Entwicklungen im Nahen und Mittleren Osten siehe: Suliman, Aktham: *Krieg und Chaos in Nahost – eine arabische Sicht*, Frankfurt am Main, 3. Auflage 2018

Andrea Drescher: Wenn Linke zu Rechten und Juden zu Antisemiten werden – die Macht der antideutschen Transatlantifa

1 https://de.wikipedia.org/wiki/Ignazio_Silone; zuletzt aufgerufen = z. a.: 02.01.2020

2 Jens Mertens, Die LINKE – Von innen umzingelt, Hintergrund, 17.03.2010: https://www.hintergrund.de/politik/inland/die-linke-von-innen-umzingelt/; z. a. 02.12.2019

3 Ebd.

4 https://de.wikipedia.org/wiki/Antideutsche; z. a.: 02.01.2020

5 https://bgakasselblog.wordpress.com/wer-wir-sind/; z. a.: 02.01.2020

6 https://de.wikimannia.org/Jens_Wernicke; z. a.: 02.01.2020
7 https://www.rubikon.news/artikel/widerstand-wirkt; z. a.: 02.01.2020
8 https://bgakasselblog.wordpress.com/tag/jens-wernicke/; z. a.: 02.01.2020
9 https://www.rubikon.news/artikel/widerstand-wirkt; z. a.: 02.01.2020
10 Offener Brief an die Koblenzer Stadtratsfraktionen vom 21.11.2019
11 https://www.nachdenkseiten.de/wp-print.php?p=50662; z. a.: 02.01.2020
12 http://www.ossietzky.net/8-2019&textfile=4741; z. a.: 02.01.2020
13 Offener Brief an die Koblenzer Stadtratsfraktionen vom 21.11.2019
14 http://www.barth-engelbart.de/?p=217861; z. a.: 02.01.2020
15 https://de.wikipedia.org/wiki/Moshe_Zuckermann; z. a.: 02.01.2020
16 http://www.barth-engelbart.de/?p=217861; z. a.: 02.01.2020
17 https://www.kopi-online.de/wordpress/?p=3691; z. a.: 02.01.2020
18 https://www.youtube.com/watch?v=CrGnJvadT7s; z. a.: 02.01.2020
19 http://antifa-aufbau.org/2018/10/26/einige-meiner-besten-freund_innen-sind-antideutsche/; z. a.: 02.01.2020
20 http://between-the-lines-ludwig-watzal.blogspot.com/2017/10/verwaltungsgericht-frankfurt.html; z. a.: 02.01.2020
21 https://www.jungewelt.de/artikel/365277.%C3%BCberwacht-und-schikaniert.html; z. a.: 02.01.2020
22 https://taz.de/BDS-und-Antisemitismus/!5601897/; z. a.: 02.01.2020
23 https://www.faz.net/aktuell/rhein-main/frankfurt/diskussion-zu-meinungsfreiheit-statt-zensur-findet-doch-statt-16433289.html; z. a.: 02.01.2020
24 http://bds-kampagne.de/2017/09/29/9832/; z. a.: 02.01.2020
25 https://www.focus.de/politik/deutschland/bomber-harris-do-it-again-dieser-nackt-protest-gegen-pegida-schockt-dresden_id_4420184.html; z. a.: 02.01.2020
26 https://www.merkur.de/politik/dresden-tweet-von-jutta-ditfurth-loest-empoerung-aus-zr-9895245.html; z. a.: 02.01.2020
27 https://www.zeit.de/zeit-magazin/2017/12/antideutsche-israel-linke-deutschland/komplettansicht; z. a.: 02.01.2020

Claudia Zimmermann: Plötzlich Persona non grata

1 https://www.1limburg.nl/duitse-omroep-moest-positief-berichten-over-vluchtelingen?context=section-1
2 Ebd.
3 »WDR moest positief berichten over vluchtelingen« 17.01.2016: https://nos.nl/artikel/2081062-wdr-moest-positief-berichten-over-vluchtelingen.html
4 WDR Presselounge: »Keine Vorgaben für Berichterstattung« 18.01.2016; (die Presseerklärung wurde vom WDR vorher schon an viele Medien geschickt, dieses Original liegt mir nur in Kopie vor): https://presse.wdr.de/plounge/wdr/unternehmen/2016/01/20160118_fluechtlinge_berichterstattung.html
5 Ebd.; es ging inhaltlich um die Aussage, dass der WDR Anweisungen geben würde, zwar nicht schriftlich, eher positiv über die Flüchtlingspolitik von Merkel zu berichten.
6 https://presse.wdr.de/plounge/wdr/unternehmen/2016/01/20160118_fluechtlinge_berichterstattung.html
7 Ver.di Senderverband WDR Dschungelbuch Offener Brief »Wir bekommen keine politischen Vorgaben«; (Der Brief wurde inzwischen von der Seite gelöscht)

8 Meedia: »Wir bekommen keine politischen Vorgaben: WDR Freie wehren sich in offenem Brief« 21.01.2016 https://meedia.de/2016/01/21/wir-bekommen-keine-politischen-vorgaben-wdr-freie-wehren-sich-in-offenem-brief/

9 Meedia: »Kein Persilschein« »Offener Brief war unter WDR Mitarbeitern hochumstritten« 21.01.2016 16.30 Uhr https://meedia.de/2016/01/21/kein-persilschein-offener-brief-war-unter-wdr-freien-hochumstritten/

10 Meedia: Leserkommentare 21.01.2016 zum Beitrag »Kein Persilschein« Offener Brief war unter WDR Mitarbeitern hochumstritten«: https://meedia.de/2016/01/21/kein-persilschein-offener-brief-war-unter-wdr-freien-hochumstritten/

11 Alle folgenden Zitate aus: https://meedia.de/2016/01/21/kein-persilschein-offener-brief-war-unter-wdr-freien-hochumstritten/

12 Sunstein, Cass R. and Vermeule, Adrian, Conspiracy Theories (January 15, 2008). Harvard Public Law Working Paper No. 08-03; U of Chicago, Public Law Working Paper No. 199; U of Chicago Law & Economics, Olin Working Paper No. 387. Available at SSRN: https://ssrn.com/abstract=1084585 or http://dx.doi.org/10.2139/ssrn.1084585

Ullrich Mies: Narrative, Diskurskollaps und Neusprech

1 Victor Klemperer, a.a.O., S. 20

2 Edward S. Herman und Noam Chomsky, Manufactoring Consent. The Political Economy of the Mass Media, New York 1988;
Hier: Mark Achbar (Hg.), Noam Chomsky – Wege zur intellektuellen Selbstverteidigung. Medien, Demokratie und die Fabrikation von Konsens, Grafenau 2001, S. 51; Siehe auch: Joan Pedro-Carañana, Daniel Broudy, Jeffery Klaehn (eds.), The Propaganda Model Today. Filtering Perception and Awareness, London 2018: https://www.uwestminsterpress.co.uk/site/books/10.16997/book27/

3 Edward S. Herman, Still Manufacturing Consent. The Propaganda Model at Thirty, in: Andy Lee Roth, Mickey Huff, Censored 2018, Press Freedom in a »Post-Truth-World«, New York, Oakland, London, 2018, S. 209–223

4 Ebd., S. 210

5 Claudia Haydt, Jürgen Wagner, Die Militarisierung der EU. Der (un)aufhaltsame Weg Europas zu militärischen Macht, Berlin 2018

6 Siehe hierzu: Nirit Sommerfeld, Wes Lied du singst. In Israel rufen faschistoide Nationalreligiöse offen zum finalen Sieg über die Palästinenser auf, Rubikon, 27. 02. 2020: https://www.rubikon.news/artikel/wes-lied-du-singst;
Gideon Levy, Die israelische Armee hat keine Scharfschützen an der Grenze zu Gaza. Das sind Jäger, antikrieg, März 2020: http://www.antikrieg.com/aktuell/2020_03_10_dieisraelische.htm

7 Siegfried Krakauer, Totalitäre Propaganda, Frankfurt a.M. 2013

8 Theodor W. Adorno, Kurzfassung des Textes von Siegfried Krakauer, Zur Theorie der autoritären Propaganda, in: Siegfried Krakauer, Totalitäre Propaganda, Frankfurt a.M. 2013, S. 268

9 Noam Chomsky, Media Control. Wie die Medien uns manipulieren, 2. Aufl. Hamburg 2003, S. 123–146

10 Siehe hierzu: Guido Giacomo Preparata, The Ideology of Tyranny: The Use of Neo-Gnostic Myth in American Politics: https://www.researchgate.net/profile/Guido_Preparata; Ders.: Die Ideologie der Tyrannei.: Neognostische Mythologie in der amerikanischen Politik, Berlin 2015

11 Susann Witt-Stahl, Michael Sommer (Hrsg.) »Antifa heißt Luftangriff!« Regression einer revolutionären Bewegung, Hamburg 2014

12 Domenico Losurdo, Wenn die Linke fehlt ..., Gesellschaft des Spektakels, Krise, Krieg, Köln 2017, hier das Kapital VIII: Zwischen imperialen und populistisch-anarchoiden Linken – Die Lage im Westen, S. 289 – 340

13 Domenico Losurdo, Wenn die Linke fehlt ..., Gesellschaft des Spektakels, Krise, Krieg, Köln 2017, S. 289

14 Siehe: https://www.rubikon.news/autoren/volker-brautigam

15 Immer wieder »eindrucksvoll« sind die Äußerungen des deutschen Außenpolitikdarstellers und NATO-Propagandisten Heiko Maas

16 Ebd., S. 29

17 Ebd., S. 33

18 Ebd., S. 20, Hervorh. U. M.

19 Siehe hierzu meinen Beitrag in diesem Band: Gehirnverschmutzung im Zeitalter der Gegenaufklärung

20 Verein Deutsche Sprache (Hg.), Der Anglizismen-Index, Paderborn 2018; siehe ferner auch die Internetausgabe: https://vds-ev.de/denglisch-und-anglizismen/anglizismenindex/ag-anglizismenindex/; z. a.: 01.12.2019

21 Ebd.

22 Siehe hierzu: Daniel Ullrich, Sarah Diefenbach, Es war doch gut gemeint. Wie Political Correctness unsere freiheitliche Gesellschaft zerstört, München 2017

23 Guidi Giacomo Preparata, The Ghibelline Globalists of the Techno-Structure: On the Current Destinies of Empire an Church, Nachwort in Sean Stone, New World Order. A Strategy of Imperialism, Walterville, OR, 2016, S. 147–192, hier S. 186

24 Ebd., S. 186

25 Siehe hierzu: Guido Giacomo Preparata, The Ideology of Tyranny, a. a. O.

26 Siehe hierzu u. a.: Daniel Baumann, Stephan Hebel, *Gute-Macht-Geschichten. Politische Propaganda und wie wir sie durchschauen können*, 2. Aufl., Frankfurt am Main 2016

27 Sandra Kostner, Der eindimensionale Akademiker, *Neue Zürcher Zeitung*, 13.01.2020, S. 25. In meinem Schreiben an die Autorin u. a.: »Bedauerlicherweise sind Sie jedoch selbst Opfer akademischer Selbstbeschränkung insofern, als sie den disziplinierenden und idiotisierenden Effekt der neoliberalen Durchdringung des Hochschulwesens völlig unterschlagen. Sie verlassen damit den selbstgesteckten Laufstall nicht! Sie finden einen geschickten Dreh, die linke Hochschulpolitisierung der 1960er und 1970er Jahre als *alleinigen Marker* für »Agendawissenschaften« herzustellen. Fakt ist, dass die Linke oder was sich dafür hält, in die moralisierenden Nischen abgetaucht ist, die Sie zu Recht aufspießen. Das hat aber nichts mit »links« zu tun, sondern mit Verblödung. Das Hauptproblem des ganzen Irrsinns heute wird bedauerlicherweise von Ihnen gar nicht adressiert: Das wahre Agenda-Setting durch die neoliberalen Transformatoren. Mit denen wollen Sie sich offensichtlich nicht anlegen, ...«

28 Daniele Ganser, *NATO Geheimarmeen in Europa, Inszenierter Terror und verdeckte Kriegsführung*, Zürich 2008;

J. Michael Springmann, *Die CIA und der Terror. Wie über US-Konsulate Terror-Netzwerk aufgebaut werden. Der Insider Bericht eines US-Diplomaten*, Rottenburg 2016

29 Lungenarzt schlägt Alarm: »Wirtschaft und Politik wollen das Corona-Virus für ihre Zwecke instrumentalisieren«, Deutsche Wirtschaftsnachrichten, 11.03.2020: https://deutsche-wirtschafts-nachrichten.de/502747/Lungenarzt-schlaegt-Alarm-Wirtschaft-und-Politik-wollen-das-Corona-Virus-fuer-ihre-Zwecke-instrumentalisieren?src=rec-newsboxes;
Nafeez Ahmed: »Die Corona-Pandemie«, Rubikon, 14.03.2020: https://www.rubikon.news/artikel/die-corona-pandemie

30 Gustave Le Bon, *Psychologie der Massen*, 15. Aufl., Stuttgart 1982, S. 78

31 COINTELPRO = Counterintelligence Program

32 Tief aus der Medienkloake: https://www.welt.de/debatte/kommentare/article191867307/Julian-Assange-Journalist-Aufklaerer-Narzisst-Verraeter-und-nuetzlicher-Idiot.html

Tagungsbände zum Jahreskongress der Neuen Gesellschaft für Psychologie

ISBN: 978-3-86489-290-5
350 Seiten
Auch als eBook erhältlich

Die hier versammelten AutorInnen fragen nach der Verantwortung der Intellektuellen angesichts der immer mehr ausgeweiteten Kriege und ihrer politischen Rechtfertigung. Sie thematisieren die zunehmende und stärkere Beteiligung Deutschlands an Kriegseinsätzen, die ausgeweitete deutsche Waffenproduktion und bieten Ansätze, diese in ihren Zusammenhängen, ihren Ursachen und Auswirkungen zu verstehen.

Mit Norman Paech, Susanne Schade und David Lynch, Werner Ruf, Werner Rügemer, Katharina Stahlmann und vielen anderen.